Foto: Hildegard Jäckel

es 1986
edition suhrkamp
Neue Folge Band 986

Walter Felsenstein, der 1947 die Komische Oper in Berlin gründete und dann deren erster Intendant war, äußerte sich häufig und umfassend zu unterschiedlichen Fragen des Theaters. Mit der Gründung der Komischen Oper vor 50 Jahren hatte Felsenstein sich die Möglichkeit geschaffen, seine Idee von Musiktheater, die von der Forderung, daß »alles Sichtbare Musik und alles Hörbare Handlung« sein muß, geprägt war, umzusetzen.

In dem von Ilse Kobán zusammengestellten Band entsteht durch Briefe, Aufsätze und Essays ein Bild von den Ideen wie auch der praktischen Arbeitsweise eines der größten Theaterschaffenden dieses Jahrhunderts.

Walter Felsenstein

Die Pflicht, die Wahrheit zu finden

Briefe und Schriften eines Theatermannes

Aus Materialien des Felsenstein-Archivs
der Stiftung Archiv der Akademie der Künste
Berlin-Brandenburg

Herausgegeben von Ilse Kobán

Suhrkamp

edition suhrkamp 1986
Neue Folge Band 986
Erste Auflage 1997

Erstausgabe

Satz: Jung Satzcentrum, Lahnau
Druck: Nomos Verlagsgesellschaft, Baden-Baden
Umschlagentwurf: Willy Fleckhaus
Printed in Germany

1 2 3 4 5 6 – 02 01 00 99 98 97

Inhalt

Ulla Berkéwicz
Es hängt von uns ab, was wirklich ist

Am Anfang war nicht das Wort, am Anfang war der Spielraum, in den wurden Adam und Eva gestellt, die fingen an, miteinander zu spielen, und füllten den Spielraum mit Kindern und mit Kindeskindern, die nahmen das Spiel auf und spielten es fort und sind noch nicht gestorben, aber leben sie heute noch?

Felsenstein starb vor zwanzig Jahren. Sein Spielraum ist nicht eingestürzt. Die Putten und die Pane schieben noch immer Wache an den Rängen und Balkonen, nackt sind die, ihr Fleisch strotzt, die Körper halten stand. Nach mehr als zwanzig Jahren sehen sie »Hoffmanns Erzählungen« wieder, weigern sich, das Wiedersehn zu feiern, verziehen keine Miene zum neuen Spiel, hören mit Gipsaugen, sehen mit Gipsohren und waren doch ehedem die Eingeweihten dieses Eleusinons, die im Felsenstein-Telestrion so lange die Homerische Hymne intonierten, bis die Tore der inneren Kammern aufflogen und der Lappen hochging.

Aber an diesem Abend zischen sie. Zischen bei offener Szene, zischen die Szene aus, in der Hoffmann die Ballade von »Klein Zack« singt. Zischen, wenn ihm die Ballade umbricht in die Vision von der Geliebten, wenn sein Gesang ihn im Liebesrausch vom Allegro non troppo für vier Takte ins Molto lento reißt, zischen, wenn er, außer sich, zwei Takte ins Andante gerät, wenn die Post von a-Moll nach G-Dur abgeht, zischen über, wenn's Molto animato bis zum Anschlag wird, zischen die ganze e-Moll-Phrase aus – denn die Bühne bleibt Holz, der Sänger bleibt kahl, der Zuschauer kriegt nicht kykeon noch mykes, wird nicht zum Eingeweihten mit dem Kiefernzapfen in der Hand, mit dem Raben auf der Schulter, über die Rampe, die Gauklermauer, kommen nicht Demeter noch Persephone, um ihn ins Wesen der Wirklichkeit zu führen, um ihm zu flüstern: Es hängt von uns ab, was wirklich ist.

Unter den Sängern auf der Bühne wird wohl der eine oder andere noch sein, der von Felsensteins Trommel getrunken, von seiner Zimbel gegessen hat und jetzt remote controlled in random noise herumsteht, Herzschlag und Noten leiert, den Herzschlag den Noten hinterherleiert und plötzlich, durch einen Streichersatz vielleicht, daran erinnert wird, daß er der Spieler war, der vordem in Felsensteins Cyberspace mit seinem Spiel erst die Musik erzeugte, daß er der Spieler war, der jeden Abend seine Form vollendete, bis sie zersprang.

Wer ist Felsenstein, fragt die blonde Verkäuferin am Verkaufsstand neben dem Kartenvorverkauf der Komischen Oper, Berlin-Mitte.

Felsenstein, 1901 geboren, 1919 angefangen mit dem Bühnendasein, angefangen, »diesem Beruf mein Leben unterzuordnen«, 1922 ein Gastspiel von Tairows »Entfesseltem Theater« gesehen, den russischen Theaterrevolutionären, die gegen Naturalismus und Ästhetizismus Sturm liefen, auf der Spur geblieben, die Forderung Tairows, Wachtangows, Meyerholds, Ochlopkows, Obraszows nach der Retheatralisierung des Theaters, nach dem Universaltheater aufgenommen und später die Maximen Fehlings, »der die Sprache riecht, der das zweite Gesicht hat, das doppelte Gehör, insbesondere das für die Dämonen, die in uns umgehen«. Felsenstein, Musiktheatergründer, Musiktheaterleiter, Musiktheaterspielleiter, Musiktheatersozialist, von '47 bis '75 Intendant der Komischen Oper Berlin-Ost. Felsenstein! Das klingt uneinnehmbar, unbestechlich, klingt nach Urzeit, Vorzeit. Felsenstein – Vergangenheit?

Was soll man dem blonden Mädchen sagen? Soll man ihm sagen, daß er gesagt hat: »Präzision auf der höchsten Stufe schlägt in Freiheit um«, daß er gesagt hat: »Das Selbst ist die höchste Form der Präzision«, soll man ihm sagen, daß seine Disziplin, die Präzision, nur Ritual war, Vehikel, mit dem er den Verstand überfahren und die Vernunft zur Strecke bringen konnte, mit dem er vorstoßen konnte in den Freiheitsraum, den Spielraum, wo man kapiert, daß die Möglichkeit virtueller Wirklichkeit nicht unbegrenzter ist als die Möglichkeit unserer Wirklichkeit selbst, wo man kapiert, daß wir selbst es sind, die hier spielen? Soll man ihm sagen, daß seine Hinterbliebenen, die Überlebenden, den Kloß in den Hals kriegen, den Stein auf die Brust, wenn sie den Namen hören oder sehen oder sagen? Und soll man ihm sagen, warum?

Nebbich, nein! Man soll es einladen. Ins Adlon? Ins Ganymed? In die Möwe? Man soll es einladen in den Johannishof, es lohnt sich um jede Seele (auch um die blonden), die dem Theater sonst verlorengeht, soll ihm sagen, was er gesagt hat, was er nicht müde wurde zu sagen: »Theatermachen heißt, die Wirklichkeit hinter der Wirklichkeit suchen, die andere Wirklichkeit, die Wahrheit. Form ohne Wahrheit ist Dreck.« – Hat er das gesagt? Steht der Johannishof noch? Kann man dem blonden Mädchen dort noch Soljanka und Citruslimonade bestellen? Hat er gesagt: »Du mußt die Wahrheit mit den Augen hören, mit den Ohren schmecken, mit der Zunge riechen«, hat er gesagt: »Es gibt nicht Bilden noch Belehren am Theater, nur Zaubern und Vergewaltigen durch die Kraft der Talente«, hat er das gesagt oder wer? Überfordert man das blonde Mädchen, wenn man ihm sagt, daß er gesagt hat, »dem Menschen, der in einer geheimnislosen Zivilisation erstarrt ist, ist eine unbestimmte Sehnsucht nach dem Elementaren geblieben, und wenn er im Theater die Wiederherstellung des Elementaren erlebt, findet er das Elementare in sich selbst zurück, ergreift ihn hemmungslose Sehnsucht danach«?

Das blonde Mädchen ist blaß geworden, schiebt die Soljanka und die Citruslimonade weg, bestellt einen Nordhäuser Doppelkorn.

»Der Alltag gibt keinem genug«, hat er gesagt.

Das blonde Mädchen bestellt sich einen zweiten Korn.

Hemmungslose Sehnsucht, hat er gesagt? Das blonde Mädchen kippt den Korn. – Wie hat er das gesagt?

Hemmungslos sehnsüchtig.

Hemmungslos sehnsüchtig reißt einem die Erinnerungshaut, und die Bilder drängen, stoßen nach außen, stürmen den Johannishof, nehmen ihn ein, füllen ihn aus, spielen, singen, tanzen, blasen, trommeln, ziehen die Züge, fahren das Licht.

Die Komische Oper ist besetzt! Nix Sozialismus, Fräuleins, sagt der Inspizient, aus, Ende! sagt er. Kolonialismus, Annexionismus, Land- und Theaternahme! Gespielt wird jetzt in anderen Räumen, auf anderer Frequenz mit anderen Amplituden, sagt er und drückt auf alle Knöpfe seines Pults.

Licht, Ton, der Meister kommt aus der Versenkung auf die Bühne, staunt, wie die Kinder staunen, lacht wie die, lobt Technik, Aufbau, Pünktlichkeit, sagt mit dem ihm eigenen Wiener Tonfall des Jahrhundertwendeschauspielers: »Ich glaube an das Musiktheater als eine mögliche Realität, ich glaube an seine schöpferische Wahrheit, ich glaube fest, daß es in seiner konsequenten Vollendung die höchste und umfassendste Form der theatralischen Äußerung ist, und, meine Damen und Herren, Kolleginnen und Kollegen, ich glaube an Ihren Glauben daran.«

Ein Tutti, ein Hymnus bricht aus, ein Wald greift Raum

im Johannishof, der Chor singt sein einziges großes O. Staunen die Tiere, wenn sie feiern? Singen die Bäume, wenn sie staunen? »Das schlaue Füchslein« und sein Fuchs laufen zum Pfarrer, die Grillen, Heuschrecken, Fliegen, Mücken, Libellen, Spechte, Eulen, Eichelhäher, Frösche, Dachse tanzen den Hochzeitstanz.

Das blonde Mädchen hält sich am Tischbein fest, es wedelt mit dem Schwanz, spitzt seine Ohren, tatzt nach dem Meister. Der sieht ihm in die Fuchsaugen, krault ihm das Fell und erklärt: »Es gibt nur ein Ziel: den singenden Spieler zum schöpferischen Träger der Handlung zu entwickeln. Er muß die Szene gleichsam neu erfinden. Von theatralischer Qualität der Oper kann erst gesprochen werden, wenn Musik und Gesang unentbehrliche menschliche Äußerungen geworden sind, sich also auf einer Ebene vollziehen, wo die normale Sprache nicht ausreicht, dann, Hahn und Hühner, Hofhund und Frosch, Mücken und Grillen, muß Gesang als in diesem Augenblick einzig mögliche Äußerung empfunden werden.«

Das blonde Mädchen ist nicht mehr zu halten, es springt auf die Bühne, mischt sich unter die Tiere, die Musik zieht auf.

»Das glaubhafte Musizieren ist ein alle Organe des Darstellers beanspruchender Schöpfungsakt«, ruft der Meister dem Mädchen nach. »Rhythmus, Metrum, Harmonie, Tempo, Dynamik scheinen einzig von ihm bestimmt und erzeugt!«

Der ganze Wald tanzt. Der Meister tanzt. Es ist ein Jubel. Das blonde Mädchen hat seinen Part gefunden, reiht sich bei den blonden Libellen ein und jubelt mit.

Die Bühne dreht sich, die Spieler ziehen sich um, die Dekoration kommt einem spanisch vor, das Licht ist grell, es scheint heiß zu sein, der Asphalt des Bretterbodens scheint zu dampfen. Stille, kein Ton aus dem Orchestergraben.

»Es gibt kein Orchester im Musiktheater. Das, was man aus dem Graben hört, zu hören glaubt, ist das, was die Bühne tut, ist einzig das, was dort oben veranlaßt wird. Das Publikum muß glauben, daß die mit ihren Instrumenten da unten noch nicht wissen, was sie zu spielen haben, muß glauben, daß sie's erst von der Bühne erfahren. Allein das Lebewesen auf der Bühne, Lebe-Wesen«, ruft der Meister und zieht das blonde Mädchen aus dem Libellenhaufen, der schon die Fühler und die Flügel abgeschnallt hat und sich als Zigarettenmädchen kostümiert, »allein das Bühnenlebewesen erzeugt die Musik.« Der Meister nimmt das blonde Gesicht in seine vom Alter dunklen Hände: »Los jetzt«, sagt er, »mach dich auf die Suche nach dem Anlaß zum Singen!« und stößt das blonde Mädchen zurück auf die Bühne.

Das blonde Mädchen wird schwarz, es wird rabiat, sein Dekolleté ufert aus, seine Röcke fließen ihm weg, es singt die Habanera, bis José verrückt wird, es singt die Seguidilla, bis José sich einsperren läßt. Der Meister läßt durchlaufen, läßt das Mädchen in die Geschichte hineinlaufen, bis Escamillo auftritt, bis der Chor ihm im Vierviertel seinen Marsch von Kampf und Liebe bläst, bis er in die Schenke von Lillas Pastia kommt, bis Carmen ihn sieht. Die Szene kocht hoch, das blonde Mädchen mit dem rabenschwarzen Haar spielt und singt. Etwa nicht hemmungslos sehnsüchtig genug, schreit es außer sich, als der Meister die Szene abbricht.

Probenende, Finsternis. Ist der Traum schon aus?

In der Johannishofgarderobe hat man ein provisorisches Büro eingerichtet. Dort ist die Referentin auf der Suche nach der vergangenen Zeit, sie blättert die Blätter durch, die man in diese Zeit hinüberschlagen kann. »Alles ist Erinnerung und Wiedersehen.« Wer hat das noch gesagt? Der Meister?

Hier, sagt die Referentin und hält dem Mädchen, das wieder blond geworden ist, ein Blatt vor: Die Komische Oper hatte die geringste Republikfluchtzahl aller Berliner Bühnen. Und hier: Die Hälfte des Ensembles bestand beim Mauerbau aus Westberlinern. Mehr als zwei Drittel der Kolleginnen und Kollegen verblieben unter materiell eingeschränkten Verhältnissen im Verband unseres Hauses, trotz der Diffamierungen, denen sie deshalb im Westen ausgesetzt waren, trotz des wesentlich geringeren Verdienstes, trotz der kleineren Rente, sagt sie. Sein Arbeitsethos und sein Sozialgefühl, das war's, sagt sie. Sein Gerechtigkeitssinn, sagt sie und blättert weiter, die Kompromißlosigkeit sich selbst gegenüber, seine Askese, seine Sehnsucht.

Der Stab kommt, will zum Meister. Die Assistenten und die Dramaturgen, der Inspizient, Repetitoren, Kapellmeister, Bühnenbildner plus zwei Hospitanten aus der Jetztzeit sind neulich zu uns durchgebrochen, haben kapiert, wenn sie sich jetzt nicht umsehn, ist bald Ende, erklärt die Referentin und läßt sie vor. Man drängt sich um den Meister. Der hat die Brille abgenommen, reibt sich die Augen, atmet schwer. Er trotzt sich noch im Tod das Leben ab und gibt es weiter, sagt die Referentin.

»Leute erleben etwas, alle im selben Raum, alle zur gleichen Zeit, gleichnishaft für ihr Leben, aber auf einer anderen Ebene, das verbrüdert sie, das schafft ein Feld, einen Geist, eine Gemeinschaft. Es gibt nichts Sozialistischeres als Theater«, sagt der Meister. »Ein Theaterkünstler«, sagt er und legt den Hospitanten die großen dunklen Hände auf die schmalen Schultern, »muß Sozialist sein. Es gibt nicht allzu viele Parteigenossen, das können Sie mir glauben«, sagt er, »die so konsequente Sozialisten sind wie ich. Und als solcher, als Sozialist, habe ich die Pflicht, davon zu reden, was falsch ist, was wir besser machen müssen«, fährt der Meister fort. »Es gibt Dinge, die wir nicht können, weil wir sie nicht haben, aber es gibt auch Dinge, die durch Dilettantismus und Impotenz fehlen. Und Leute gibt es, gute, wertvolle, eine Menge, die ins System verwickelt sind, die aber nie informiert werden über das, was wirklich passiert, und die infolgedessen nicht die richtigen Maßnahmen ergreifen können. Es gibt zu viele Jasager, zu großen Mangel an Passion.«

Die Schöpfung ist nach vorne, in die Zukunft, offen, sagt Neher und krempelt die Ärmel hoch.

Es hängt von uns ab, was wirklich ist, sagt Heinrich und steckt einen Pflasterstein in die Tasche.

Mit den Mitteln des Theaters, unter Einhaltung seiner alten strengen Gesetze sind wir durchaus in der Lage, die Wirklichkeit zu korrigieren, sagt die Dramaturgin.

Zu konstruieren, sagt die Assistentin.

Mit dem Bühnenhammer kannst du die Wände jedes Wachbewußtseins aufkloppen, sagt Neher.

Ein Spielraum nach dem andern öffnet sich, die Eisernen fahren nach oben ab, sagt Heinrich.

Demut, ruft der Meister –

ist Gnade, ergänzt der eine Assistent.

Naivität, Disziplin, ruft der Meister –

sind Voraussetzung, ergänzt der andere.

Unerbittlichkeit, Unbeirrbarkeit, ruft der Meister.

Besessenheit? fragen die beiden Hospitanten.

Besessenheit, na ja, was heißt das schon, sagt der Meister. Pflichtbewußtsein, sagt er.

Sehnsucht? fragt das blonde Mädchen.

Der Meister steht auf, klemmt das Regiebuch untern Arm, verabschiedet sich von jedem mit der ihm eigenen Höflichkeit und geht durch die Wand.

Es ist spät in der Nacht, der Johannishof leert sich. Nur die Hinterbliebenen, die Überlebenden, die Sänger, Tänzer,

Musiker, die Pförtner, Garderobieren, Maskenbildner, Maler, Schneider, Schlosser, Bühnentechniker sitzen noch im Speisesaal, lungern schon seit Probenende, hängen trostlos über den Tischen, schlucken Nordhäuser Doppelkorn, werden flach und breit. Die Referentin und die vom Stab, die noch hierhergehören, die beiden Hospitanten und das blonde Mädchen hocken sich dazu und schlucken mit.

Da will man die Nacht durchmachen, da will man ein Endlos gegen das Ende setzen, da kippt man seinen Korn, da nimmt man die Rolle des Ich auf sich.

Er war mein Meister auch, sag' ich.

Was ist ein Meister? fragt das blonde Mädchen.

Ich kippe Korn und sage: Ich hab' im Felsenstein die Thekla gespielt.

Im Wallenstein, korrigiert die Referentin, 1972, sagt sie, am Münchner Residenztheater.

Er hat nicht oft im Westen inszeniert, seit er am 5. Juni '47 die Komische Oper übernommen hat, klinkt sich ein Vorhangzieher ein.

Zu einer Zeit, der Bühnenpförtner wendet sich dem blonden Mädchen zu, das soll sie wissen, da weder Berlin geteilt noch die Errichtung der Mauer vorauszusehen war.

Zu einer Zeit, erklärt ein alter Sänger, da einem, der in sogenannter Mischehe gelebt hatte, der seine jüdische Frau und seine zwei Söhne durchs Tausendjährige Reich geschlagen hatte, die antifaschistische Ostrepublik als der bessere der beiden neuen deutschen Staaten erscheinen mußte.

Aber warum, fragt einer der zwei Hospitanten, ist er denn Österreicher geblieben?

Weil er Österreicher gewesen ist, sagt einer aus der Schlosserei.

Weil er der Überzeugung war, »daß politische Grenzziehungen«, ergänzt ein alter Tänzer, »für den Theaterberuf untragbar sind«.

»Opposition«, hat er gesagt, »ist eine der Grundwurzeln meines ganzen beruflichen Lebens«, erinnert sich ein Bühnenmeister.

Im Osten hat er für uns alle immer wieder Kopf und Kragen riskiert, erinnert sich einer aus dem Malersaal.

Dafür haben sie ihn im Westen unter Absingen übelster politischer Haßtiraden mit Bildzeitungsmunition zur Strecke zu bringen versucht, erinnert sich ein Beleuchter.

Politik, sagt das blonde Mädchen, interessiert mich nicht. Ich war bis '87 Thälmann-Pionier, ich bin nicht mehr bereit! Nie mehr bereit! Jetzt interessiert mich nur noch das Theater.

Die Residenztheaterlemuren '72, von '68 unbeleckt, Stürmerbilder vom Westmensch, tauglich als Propagandamittel Ost, fahre ich ab (und vergesse dabei die Ausnahmen, die selbst in diesen Mauern das Regelgesetz noch bestätigen, den Schwedenhauptmann und die Theklamutter will ich nennen, die für die Handvoll andern hier gut stehen können), Sehnsuchtskanäle, so jemals angelegt gewesen, dicht, Totalstenose durch Theatersiff, beherrschten ihren Spagat, den Hand- und Kopfstand plus die Rolle rückwärts, schickten nach vierzehn Probetagen ihren Intendanten an die Rampe, der selber Kaschper war, der seinen Terzky-Part durch Standbein-Spielbein-Spiele zu bestreiten suchte, und ließen den, im Probenlicht um zehn Uhr früh, dem Meister sagen: »Bittschön, Herr Professer, Sie müssen uns net sagen, was mer zu denken und zu fühlen hobn, keine Untertexte bittschön, sagens uns, wann mehr zu gängern un zu stängern hobn, den Rest mochma söjba, mir san schließlich alle ojde Routineeeeees.«

Und Felsenstein, der Meister, der mich Adoleszierende bei der vorausgegangenen Abendprobe beschworen hatte, so schnell wie möglich in die Pubertät zurückzukehren und dort zu bleiben, lebenslänglich, der mir erklärt hatte, die

Pubertät, das sei die Quelle, aus der Theatermenschen sich ständig zu besaufen hätten, der mir eröffnet hatte, das Wichtigste für einen Spieler sei, den Unterschied zu kennen zwischen Vision und Imagination, der mir die Lebensbilder vom toten Pappenheimer Max so lange eingeworfen hatte, der mich so lang geschüttelt hatte, bis mit der Schüttelhysterie als Sprit mein Apparat ansprang, losschepperte, mir Bilder von Neustadt und vom Schwedenlager lieferte, vom toten Pferd, vom toten Max, der Meister, der jedem Ulanen, Kürassier, Dragoner aus »Wallensteins Lager« seine eigene Vision gegeben hatte, seine Geschichte, Herkunft, Hoffnung, der gesagt hatte: »Wenn einer die Verwandlung in die Gestalt versäumt, sich aber trotzdem anmaßt, ein Kostüm anzulegen, Schminke ins Gesicht zu schmieren und sich auf die Bühne zu stellen ...«, brach die Probe ab, und das Kaschpervolk marschierte schnurstracks in die Kantine, um sich die Fernsehübertragung vom Mißtrauensvotum des Bundestages gegen den Kanzler Brandt aus Protest gegen dessen Ostpolitik reinzuziehen.

Aber der Meister, fragt das blonde Mädchen.

Hat seinen Rückflug nach Berlin bei mir bestellt, sagt die Referentin.

Saß im leeren Zuschauerraum, sage ich.

Ist aber nicht geflogen, sagt die Referentin und zieht mich wie die Herzogin von Friedland, die gute Theklamutter, zwischen Arm und Beine, wiegt mich.

Und da kommt mir der Thekla-Text zurück: »Der Zug des Herzens ist des Schicksals Stimme.«

Hat die Inszenierung zu Ende gebracht, sagt die Referentin, wiegt mich weiter.

»Ich bin die Seine«, der Theklatext wird meiner.

Und hat am Ende noch Kloppe von der Presse gekriegt, weil die Kaschperbarden sein Konzept in Grund und Boden gesungen haben, sagt die Dramaturgin.

»Sein Geschenk allein / Ist dieses neue Leben, das ich lebe«, folge ich meinem Text.

Jetzt nimmt die weibliche Phantasie mit der poetischen Lizenz zur romantischen Verwirrung ihr Recht auf Ausflucht ins Zitat in Anspruch, sagt der eine Hospitant.

Jetzt bietet sie eine apollinisch beeinflußte Spielart der Ekstase, sagt der andere.

Jetzt hänge ich.

Jetzt spielt die Referentin die Souffleuse: »Sein Geist ist's, der mich ruft.«

Jetzt halte ich für möglich, daß jetzt alles möglich ist, höre die Stimme mit dem Wiener Tonfall des Jahrhundertwendeschauspielers aus meinem eigenen Innenohr: Vergessen Sie nie, was Sie von mir angenommen haben, und geben Sie es weiter, selbst wenn es im fünffüßigen Jambus von Schiller wäre! – und kann durch die zugemauerten Johannishoffenster den grauen Morgen sehn, kann hören, daß draußen gebaggert und gekrant wird, kann sicher sein, daß dort kein Stein mehr auf dem andern bleibt, gieße mir ein Glas Wasser übern Kopf und nehme mir vor, wieder sachlich und sächlich zu werden.

Da springt das blonde Mädchen auf einen Tisch: Nix Nostalgie, nix Wehmut! Kampf, ruft es, Kolleginnen und Kollegen, hißt die blutrote Theaterfahne und kämpft um euer Territorium! Macht euch klar, daß hier nur solche Arbeit kriegen, die das gute Gewissen machen für den Mist, mit dem sich die desorientierten Massen vom Wahren abzulenken suchen, vergeßt nicht: Bilderflut bedeutet Bedeutungsverschonung, und Krach bedeutet Schutz vor Stille. Kolleginnen und Kollegen, es gilt, das Regime der Berechenbarkeiten zu stürzen, der Algorhythm muß übertönt werden, die vox humana braucht Megaverstärker, nicht der Wirklichkeitssinn, der Möglichkeitssinn ist gefragt, Kolleginnen und Kollegen: Es hängt von uns ab, was wirklich ist!

Die Hinterbliebenen schließen einen Bund. »Das theatralische Manifest« wird abgefaßt:

Der neuen Berechenbarkeit, der Bildschirmwelt und der KI-Verseuchung, in der das eigene Fühlen nur noch das Fühlen der Angst vor dem Fühlen ist, steht die wilde alte Unberechenbarkeit des Theaters gegenüber, dem Autismus der Computer-literacy der Rausch des kollektiven Erlebens. Dem soziologischen Phänomen Theater, »bei dem, wenn es der Aufführung gelingt, der Zuschauer, in die Metamorphose einbezogen, zum Mithandelnden wird und höhere Wirklichkeit und tiefere Gemeinsamkeit als sonst gekannt erlebt«, kann kein von der Technik geschaffenes Produkt Konkurrenz werden. Das Theater spielt ausschließlich in der Gegenwart und ist somit realer als das menschliche Bewußtsein selbst. Das Theater mit seinem Protagonisten, dem Menschen, ist das letzte Bollwerk gegen die Macht der Maschine. Stellt den Menschen unter Naturschutz! Wenn aber viele der zu vielen zu vielerorts an der Macht bleiben und also die Herausforderung, die zum Beispiel die Arbeit Felsensteins bedeuten müßte, bagatellisiert oder wegvergessen wird, wenn das Prinzip Felsenstein unwidersprochen im Fundus der ostzonalen Theatergeschichte begraben werden darf, dann wird uns nicht nur das Bollwerk Theater binnen kurzem aus der Hand rutschen, dann werden nicht nur die Subventionen gestrichen und die Häuser vermauert, dann ist das Signal für die Ausrottung jeglicher Selbstbestimmung des human being gesetzt, dann werden die High-Tech-, Gen- und KI-Wissenschaftler mit Recht den Endsieg nahe wähnen und ihre alter creationes rücksichtslos und allerorten ins Geschäft einschleusen, dann wird uns der Respekt vor dem Lebendigen binnen kurzem völlig abgewöhnt, dann wird das menschliche Gehirn zur meat machine erklärt, dann rotten wir uns selber aus, weil wir dann nur noch überholte Hardware sind, die stinkt und sterblich ist. Und keiner wird mehr dasein, der bezeugen könnte, daß man uns das Umkippen unseres technisch-wissenschaftlichen Kapitalismus in ein Regime der Katastrophen, bis hin zu dem von Scull & Bones und Loge 1, 2, 3, 4, 5, 6, 7 (ach, wo ist der Hans geblieben!) programmierten Untergang, verkauft hat als Kampf um Zivilisation und Fortschritt, und keiner wird mehr dasein, der die Analogie zum Führerbefehl der Selbstvernichtung des deutschen Volkes herstellen könnte, und nicht mal einer wird mehr dasein, der sagen könnte, er hätte von nichts gewußt.

Am Abend steht das blonde Mädchen wieder an seinem Platz neben dem Vorverkauf in der Komischen Oper, Berlin-Mitte. Es teilt das Manifest mit vollen Händen aus und hat ein großes Blatt auf einen Stock gesteckt, auf dem zu lesen steht: »Laßt uns immer wieder erkennen, daß es an uns liegt, wenn das Publikum uns nicht versteht und nicht begehrt. Walter Felsenstein.«

Über Theater und Musiktheater

Das Theater muß ja überhaupt erst die seit Jahrzehnten verlorene Universalität und universelle Gültigkeit seines Daseins zurückgewinnen. Schon die Aufteilung in die verschiedenen Genres – Schauspiel, Oper, Operette – ist in gleichem Maße wie die Trennung von Epischem und Dramatischem eine Spezialisierung, die von der eigentlichen Bestimmung des Theaters wegführt, also destruktiv ist.

(1971)

[Die Ursache muß erkenntlich sein] 1974

Wir wollen nicht von der Unappetitlichkeit des Theaterspielens und des Sich-Verstellens sprechen. Vereinzelt kommen diese Fehler auch bei uns immer noch vor. Aber – Gott sei Dank – sehr selten. Aber dieses Ich-Sein in der Situation des Stückes, dieses Ich-Sein in der Rolle, ohne privat und naturalistisch zu sein! – das ist das Aufgerissene, das, was ich vorher nicht weiß und was das Publikum im Moment als etwas Sensationelles empfindet – nicht nur als *Wortinhalt,* sondern als *Vorgang.* Einige von Ihnen, die besonders begabt sind, kennen solche Momente, ohne sie vorher studiert zu haben. Sie wissen aber ganz genau, daß diese Momente nicht pausenlos sind. Es gibt immer wieder Augenblicke, wo Sie gezwungen sind, aufgrund Ihrer hochentwickelten Kunst zu »spielen«. Damit ist die Vorstellung nicht mißglückt, wenn sie gut gespielt ist. Es ist halt nur kein *unmittelbares Theatererlebnis.* [...]

Aber wenn Sie jetzt auch gegen manches sind oder manches für übertrieben halten, versuchen Sie, darüber nachzudenken! Ich kenne niemanden von Ihnen, den ich für unbegabt genug halten würde, das absolut nicht zu können. Wie weit er es treiben kann, wie weit er es bringt, ist eine andere Frage. Aber diese studierte, rezitierte, aus der Garderobe mitgebrachte fertige Äußerung, die ich dem Partner ins Gesicht schmeiße, ist eine Schweinerei! Ich kann es nicht anders bezeichnen.

Es gibt keine Aufführung, welche es auch immer ist, die morgen oder übermorgen so ist wie heute und gestern. Sie muß ja auch nicht immer *besser* sein, aber sie muß neu sein, sie muß zum *erstenmal* dasein! Und bis jetzt ist es ja – toi, toi, toi – mit Ausnahmen so, daß die Besucherzahl der Komischen Oper uns vorläufig noch ermutigt, daß das Publikum an diesen Willen von uns glaubt und auch glaubt, diese Dinge bei uns vielleicht besser finden zu können als an manchen anderen Bühnen.

Das, was ich meine, ist: Ich bin ich, ich kann mich nicht spielen, ich kann mich nur in der *Situation einer Rolle* befinden, in der ich mit *meinen privaten Mitteln*, mit meinem Schrei, mit meiner Träne und mit meinem Lachen arbeite, ohne mich zu verstellen, ohne zu übertreiben. Ich muß ich sein, und es muß die *Ursache* erkenntlich sein. Das ist das, was einen Weg weiterführen würde zu dem, was wir *Theater* nennen und wo mich dann der Unterschied zwischen Theater oder Musiktheater und Oper oder Operette wirklich nicht mehr interessiert. *Es gibt in diesem Sinne nur Theater oder Nichttheater.*

Wenn wir – ich will mich vorsichtig und optimistisch ausdrükken – im Verlauf der nächsten zwei Jahre 20 oder 30 Prozent unserer Aufführungen in diese Nähe kriegen, dann hat sich die Komische Oper weiterentwickelt und wird ihre Gültigkeit und Existenzberechtigung behalten. Denn *nur darin* besteht sie! [...]

[Zum Beginn] 1947

»Komische Oper« ist zwar die wörtliche Übersetzung von »Opéra comique«, verleitet aber – wörtlich genommen – zu einer Sinngebung, die dem vom französischen Namen unmißverständlich bezeichneten Genre des musikalischen Theaters nicht ganz gerecht wird. Was im allgemeinen in Deutschland Singspiel, Buffo-Oper, Operette, Spieloper genannt wird, trifft zum Teil für die hier gemeinte Gattung zu, bleibt aber auch zum großen Teil im musikalischen wie geistigen Anspruch hinter ihr zurück.

Es ist heute kein Anlaß zu opernhistorischen Betrachtungen. Was wir wollen, ist nicht neu. Vor etwa vierzig Jahren hat die »Komische Oper« an der Weidendammer Brücke unter Hans Gregor mit ähnlichen Zielen Vorbildliches geleistet. Nur die Tatsache, daß unser Unternehmen unter ungleich schwereren Bedingungen beginnt, möge unser Bedürfnis erklären, Sie bei Ihrem ersten Besuch dieses Theaters mit einigen Grundsätzen bekannt zu machen, deren Erfüllung ein drittes Opernhaus in Berlin rechtfertigen würde und die – eben der vielen erschwerenden Verhältnisse wegen – in unseren ersten Taten vielleicht noch nicht so eindeutig sichtbar werden können. Andererseits – welcher Zeitpunkt wäre einem derartigen Versuch günstiger als heute, da inmitten von Zerstörung, in aller materiellen und geistigen Bedrängnis Deutschlands alle Dinge, die sich im Namen der Schönheit und der Freude begehrenswert machen möchten, unnachsichtig auf ihre Wahrheit, ihren tieferen und bleibenden Wert geprüft werden?

Die Komische Oper hat sich zur Aufgabe gestellt, die künstlerisch erlesensten und zugleich volkstümlichsten Werke des internationalen heiteren Musiktheaters aus Vergangenheit, Gegenwart und Zukunft im wechselnden Spielplan zu pflegen. Und zwar mit durchaus gleichmäßiger Betonung beider Teile des Wortes *Musik-Theater.* Denn Musik, die nicht aus dem dargestellten Vorgang wächst, hat nichts mit Theater zu tun, und eine Darstellung, die sich nicht präzis und künstlerisch gültig mit der Musik identifiziert, sollte besser auf Musik verzichten. Der dramatische Einfall schafft die Situation, in der die Musik unentbehrlich und der Gesang zur einzig möglichen Aussage des Darstellers wird. Gesang als Einlage und als nur klangliche Produktion einer Stimme ist eine Degradation des Theaters und die mehr oder weniger unverbindliche instrumentale Begleitung eines durchaus selbständigen szenischen Vorgangs ein Mißbrauch wertvoller Musik.

Von diesen selbstverständlichen, schwer erfüllbaren und oft vernachlässigten Grundsätzen aus gesehen ist die »Fledermaus« von Johann Strauß – nach den unvergleichlichen Musikkomödien Mozarts und Verdis »Falstaff« – eines der repräsentativsten und vollkommensten Werke des heiteren Musiktheaters. Nicht nur jede Nummer dieser Partitur, jeder Takt offenbart den jeweiligen Witz einer Situation und ist gleicherweise von ihm inspiriert. Der mitunter hintergründige Humor, die stellenweise sogar revolutionär-gesellschaftskritische Ironie dieses dennoch stets sprühend übermütigen und lebensbejahenden Werkes – erst Offenbach hat dem Meister des Wiener Walzers Mut zum ersten Bühnenwerk gemacht – erweisen, daß nur der bedeutende Spaß, ernst genommen, zur wahren und unvergänglichen Heiterkeit führt. Abseits vom belanglosen Amüsement und abseits vom unpopulären Experiment soll die Komische Oper Freude bereiten.

[Dialog über die Oper] 1961

Walter Felsenstein: Oper ist in Europa eine öffentliche, ja nationale Institution, der ein hohes Maß von Repräsentation zugemessen wird. Ich habe nie verstanden, was da eigentlich repräsentiert wird. Mehr als zwanzig Jahre lang habe ich versucht, in dem an dieser Institution herrschenden Betrieb Opern zu inszenieren. Schließlich sah ich ein, daß das für mich unmöglich war. Am Ende beschloß ich, nie mehr ein musikalisches Werk für die Bühne einzustudieren, es sei denn unter Bedingungen, die mir die allein denkbaren und richtigen schienen. So ist es 1947 zur Gründung der Komischen Oper gekommen.

Siegfried Melchinger: Sie haben immer wieder geäußert, daß Oper Musiktheater sein kann, aber nicht sein muß. Wenn ich Ihren eigenen Worten folgen darf, ist »Oper eine auf der ganzen Welt verbreitete und sehr beliebte Unterhaltungsart mit einem umfangreichen Repertoire«. Schon in diesem Satz kommt jedoch die mögliche Zwiespältigkeit dieser Kunstgattung zum Ausdruck. Es gibt Werke, denen eine theatralische Vision zugrunde liegt, und Werke, die keinen Anspruch darauf erheben, dramatisch folgerichtig und menschlich glaubhaft zu sein. Die letzteren dienen dem »Ohrenschmaus und der Musikschau«. Nun haben Sie die Existenzberechtigung der »kulinarischen Oper«, wie wir sie (nach Brecht) nennen wollen, durchaus nicht bestritten.

Ich liebe Musik über alles, ich finde Musik für jede Art des poetischen Ausdrucks ein ideales Medium, sei es in den Tönen der Instrumente, sei es in denen der menschlichen Stimme. Und nun erlebe ich in Opernaufführungen immer den unbelehrbaren, fanatischen Ehrgeiz, laut zu singen. Der Sänger will seine Stimme »zeigen«.

Er will das Haus füllen ...

Wenn solche Stimmprotzen den Mund aufmachen, rast das Publikum. Sie rufen tobsüchtige Verzückungen hervor, obwohl sie – ich bestehe darauf – gar nicht singen, sondern brüllen. Das finde ich unerträglich.

Ich möchte nicht so streng sein. Ein schmetterndes Fortissimo, wo es hingehört, kann schon hinreißend sein.

Aber bei den Stimmprotzen ist es ja gar nicht stark, sondern nur laut! Forte heißt nämlich stark. Laut ist nicht stark.

Wann ist ein Forte nur laut und nicht stark?

Wenn die Emotion fehlt, die es hervorzubringen hat, wenn es nicht wahr ist, wenn es an der Stelle, wo es steht, nicht gesungen werden muß. Es ist eine Art Einheits-Intensität, die auf alles und jedes paßt und nichts mit dem zu tun hat, was der Komponist mit den Noten gemeint hat.

Sofern diese Noten von Dramatikern geschrieben worden sind.

Die großen Opern sind von Dramatikern geschrieben worden. Mozart und Verdi waren unvergleichliche Dramatiker.

Der Unterschied zwischen der Emotion, die der Stimmprotz von sich gibt, und der, welche Sie verlangen, wäre also darin zu suchen, ob ein Sänger Schauspieler ist oder nicht?

Nein, auch beim Schauspieler gibt es diese Einheits-Emotion. Der Regisseur sagt: »Sei jetzt intensiv!« Was ist intensiv? Ich weiß es nicht. Es kann nur der Ersatz für irgend etwas sein, das nicht da ist. Wenn ich bestürzt oder freudig erregt bin, dann ist doch immer etwas da, *worüber* ich bestürzt oder erregt bin. »Intensiv« fand ich immer einen der mißverständlichsten Ausdrücke im Jargon des Theaters.

Aber liegt nicht auch in der Emotion des Sängers, der nur schmettert und nichts anderes anstrebt als den Effekt beim Publikum, genauer: den Applaus, etwas eminent Theatralisches?

Sie meinen, weil da ein ganzes Haus hingegossen lauscht und vor Wonne zittert?

Ja. Es mag theatralisch sein, aber auf jeden Fall ist es kulinarisch. Was geht in diesem Sänger vor? Er singt irgendeinen, mit einem Text verbundenen Ton. Er könnte genausogut einen anderen Text nehmen. Niemand weiß, warum er in einer Dekoration steht und ein Kostüm trägt, ganz davon abgesehen, daß es völlig unbegreiflich ist, warum er überhaupt singt.

Könnte es nicht sein, daß das Dramatische gewissermaßen unbewußt mitströmt, während der Sänger sich an den Tönen berauscht?

Glauben Sie, daß Mozart jemals eine Arie unbewußt geschrieben hat? Zunächst frage ich immer: Warum hat er sie denn für das Theater geschrieben und nicht für den Konzertsaal? Warum ist zum Beispiel die Rosen-Arie für den »Figaro« komponiert und nicht für irgendein Fest bei Hof? Sie kennen die Rosen-Arie? Folgende Situation: Susanna kann es nicht lassen, sich an Figaro für dessen grundlose Eifersucht zu rächen. Sie weiß, daß Figaro irgendwo versteckt ist und ihr auflauert. Jetzt entschließt sie sich, dem Grafen, der gar nicht da ist, eine Liebesszene vorzuspielen. Und sie spielt sie so gut, daß Figaro in seinem Versteck glaubt, der Graf wäre wirklich da. Der Arie ist ein Rezitativ vorangestellt: Susanna benützt es, um ihre Komödie vorzubereiten. Und dann auf einmal, während sie singt, beginnt sie, die geplante Teufelei zu vergessen. Und sie vergißt sie immer mehr, denn sie liebt ja nur Figaro und ist ihm treu. An die Stelle des Grafen, den sie ursprünglich als imaginäre Figur benützte, um sich an Figaro zu rächen, tritt in ihrem Innern Figaro selbst: So wird aus der Rache-Arie eine Liebes-Arie. Das ist eine der größten Erfindungen, die je für das Theater geschrieben wurden. Die Erfindung eines Dramatikers, der sich mit Shakespeare messen kann. Und wie wird das auf den Opernbühnen gespielt?

Eben als schöne Arie ...

Schon das Rezitativ wird als Arie benutzt. Und darin liegt der entscheidende Mißbrauch, denn Mozart hat für dieses Rezitativ »Allegro vivace assai« vorgeschrieben. In den ersten vier Takten, die von allen Dirigenten in diesem Tempo gespielt werden, drückt sich das Lampenfieber, die Erregung aus, von der Susanna angesichts des nicht ungefährlichen Plans erfüllt ist. Dann kommen drei Gesangstakte: »Endlich naht sich die Stunde ...« Und das wird von allen Sängerinnen, ohne Widerspruch des Dirigenten, Adagio gesungen. Lyrisch. Sehnsüchtig. Und ebenso selbstverständlich werden die nächsten vier Orchestertakte wieder Allegro vivace dirigiert und gespielt. Dieser mozartfeindliche Tempowechsel setzt sich fort bis zum Beginn der eigentlichen Arie. Stellen Sie sich vor, wie schön diese Arie erst ist, wenn ihr durch die richtige Tempo-Wiedergabe des vorangegangenen Rezitativs der Sinn gegeben wird, um dessentwillen Mozart sie erfunden hat.

Ein gutes Beispiel.

Ja, weil man die Rosen-Arie ohne weiteres auch im Konzertsaal singen kann vor Leuten, die keine Ahnung von der Situation haben, für die sie komponiert worden ist, die sich auch gar nicht dafür interessieren, weil sie nichts anderes hören wollen als eine herrliche Stimme, Musik von zarter Poesie, schöne Töne. Da spielt es keine Rolle, ob die Sängerin weiß, was sie singt, oder ob sie die Noten nur phonetisch schön wiedergibt. Es ist vermutlich auch nichts dagegen einzuwenden, daß das Konzertsaalpublikum solche Genüsse verlangt und vorgesetzt bekommt. Nur wenn das Stück »Figaro« auf der Bühne gespielt wird, sollte diese Arie ihren dramatischen Sinn erhalten. Meinen Sie nicht?
[...]

Negativ im Sinne des Musiktheaters sind also Opern, bei denen sich die Wahrheit der Handlung nicht deckt mit der Wahrheit der Musik, oder umgekehrt.

Warum gibt es kein Werk von Verdi, das sich für das Musiktheater nicht eignet? Warum nur eines von Mozart, bei dem ich hilflos bin, ohne genau zu wissen, warum...

Da bin ich neugierig...

»Così fan tutte«. Sicherlich liegt die Schuld bei mir.

Vielleicht, weil Sie ein Moralist sind?

Das glaube ich nicht, Kritik würde mich reizen.

Aber »Così fan tutte« kann nicht kritisch genommen werden: Mozart identifiziert sich ja hier mit dem erotischen Leichtsinn seiner Zeit.

Wie erklären Sie sich aber die Willkürlichkeit und Austauschbarkeit einiger Arien? Meines Wissens ist man sich nicht einmal einig darüber, welche Arien nachkomponiert sind und welche von Anfang an in der Partitur standen. Über die richtige Reihenfolge einzelner Nummern habe ich nirgends eine einhellige Meinung gefunden, und das ist ungewöhnlich bei Mozart. »Don Giovanni« zum Beispiel ist trotz der Farbigkeit der Handlung und trotz der komplizierten Konflikte im Grunde ein handfestes, fast primitives Drama.

Ist nicht auch im »Don Giovanni« etwas von der erotischen Leichtfertigkeit der »Così« mitkomponiert?

Wo? Der Don Juan der Klischeevorstellung, der unwiderstehliche Verführer, hat ein Duett von eineinhalb Minuten am Beginn der Oper. Damit ist es aus mit der Unwiderstehlichkeit. Für immer.

»Reich mir die Hand, mein Leben«?

Aber die Verführung der Zerline mißlingt doch! Er hat kein Glück bei ihr. Außerdem ist diese Nummer besonders schlecht und falsch übersetzt.

Aus dem Milieu und der Zeit der Handlung läßt sich doch schließen, daß der Komtur nicht der erste Mensch ist, den Don Giovanni umbringt. Warum überfällt ihn gerade an der Leiche dieses Opfers die ungeheure Angst, die aus den paar Takten nach dem Tod des Komturs klingt? Diese Angst, die ihn das ganze Werk hindurch nicht mehr verläßt? Hier beginnt Don Giovannis Flucht vor sich selbst, Don Giovannis Ende, das Thema der Oper.

Und die Champagner-Arie?

Ein hysterischer Traum, eine Erinnerung an das, was war, an das, was sein sollte und nie mehr sein kann!

Also hat auch die Haltung, die er vom ersten bis zum letzten Akt durchhält – wie steht er noch dem steinernen Komtur gegenüber! –, ihr Motiv nicht in dem Bewußtsein der

Unwiderstehlichkeit, das Sie als die Klischeevorstellung vom Don Juan bezeichnen?

Er gibt nicht auf. Sein Charakter ist unveränderlich. Darin hat er Größe. Aber an der Leiche des Komturs ist etwas in ihm geschehen. Er verbirgt seine Angst nach außen, aber er weiß, daß er ihr nicht entrinnt. Sein Ende hat begonnen.

Sie sind ein Moralist.

Aber ich bin sicher, daß ich alles, was ich hier ausspreche, nur aus der Musik erfahren habe. Sie ist völlig konsequent und beweist, daß es keine Note bei Mozart gibt, die nicht dramaturgisch begründet ist. Und darin macht »Così fan tutte« meines Erachtens eine Ausnahme. Es handelt sich nicht um die Moral, sondern um die dramaturgische Ordnung.

Ich könnte sagen, diese Musik will gar nicht »ordentlich« sein. Sie hat eine rätselhafte Ambivalenz zwischen Ironie und Ernst. Sie fällt aus der Rolle und wieder in sie hinein.

Aber wir müssen doch glauben können, was auf der Bühne geschieht. Wie ist es zum Beispiel mit dem Sich-Totstellen der Männer? Ist das Posse? Oder was sonst?

Es ist der Gipfel der Libertinage. Man macht sich lustig über den Tod.

Gut. Aber den Frauen wird doch zugemutet, daß sie es glauben. Sie glauben wirklich, daß die beiden tot sind.

Mozart weiß so gut wie das Publikum, daß es nicht wahr ist. Die Frauen sollen lächerlich gemacht werden. Es ist die Pointe der verkehrten Moral.

Ich jedenfalls komme damit nicht zurecht...

Hier handelt es sich, glaube ich, nicht um jenen Mangel an Ernst, den Sie der kulinarischen Oper und dem Opernbetrieb vorwerfen, sondern um das Spielen mit dem Ernst am anderen Ende des Weges, wo einer, dieser Größte von allen, mit dem Ernst der Menschen spielt. Genug davon.

Ich denke, Sie haben das Wichtigste über die Gründe gesagt, die Sie bewogen haben, aus der Oper, wie Sie sich Ihnen zeigte, zu emigrieren.

[Methode und Gesinnung] 1963

Vor zwölf Jahren wurde mir die Frage vorgelegt: Ist das Musiktheater eine Angelegenheit des Volkes? Vor den Vertretern der Besucherorganisationen und der Presse erklärte ich damals, daß diese Frage nicht gestellt zu werden brauchte, wenn das Musiktheater eine Angelegenheit des Volkes wäre. Ich versuchte darzulegen, warum das Musiktheater noch keine Angelegenheit des Volkes ist und wie es zu einer Angelegenheit des Volkes werden könnte.

Die Komische Oper war damals gerade vier Jahre alt. Ich suchte nach einer Definition für unser Bemühen und sagte – teils um mir selbst Rechenschaft zu geben, aber auch, um mich von künftig geforderten Rechtfertigungen loszukaufen – unter anderem: »Das Musizieren und Singen auf der Bühne zu einer überzeugenden, wahrhaften und unentbehrlichen menschlichen Äußerung zu machen, war und ist die Kernfrage, wenn man überhaupt von Musiktheater sprechen will. Dagegen sind alle dramaturgischen und Inszenierungsprobleme sekundär. Musiktheater ist, wenn eine musikalische Handlung mit singenden Menschen zur theatralischen Realität und vorbehaltlosen Glaubhaftigkeit wird. Das dramatische Geschehen muß sich auf einer emotionalen Ebene vollziehen, wo Musik das einzige Ausdrucksmittel ist. Der Darsteller darf nicht als Instrument, Figurine oder Bestandteil einer bereits vorhandenen Musik wirken, sondern als ihr schöpferischer Gestalter.«

Ich glaube, gegen diese Forderung als solche hat – heute wie damals – kaum jemand etwas einzuwenden, nur ob sie

– wörtlich genommen – erfüllbar ist, darüber gehen die Meinungen begreiflicherweise auseinander. Denn, daß eine in Musik gesetzte Handlung auf der Bühne *wahr* ist, daß der Gesang auf der Bühne die unentbehrliche Äußerung eines Menschen ist, daß es allen, die in dem Theater Musik machen, um etwas so unsagbar Bedeutendes und Bewegendes geht, daß sie sich nicht anders als musizierend mitteilen können – wann und wo erlebt man das schon? So selten, daß von dem überwiegenden Teil der Menschheit, der für das musikalische Theatererlebnis zweifellos fähig wäre, nur ein winziger Bruchteil dieses Erlebnis in seiner ganzen Möglichkeit und Unvergleichlichkeit selber erfahren hat und über alle Enttäuschungen hinweg daran glaubt. Der weitaus größere Teil, der diese Forderungen zwar gutheißt, sie aber noch nicht erfüllt sah, sondern immer wieder feststellen muß, daß sie von den Operninterpreten entweder nicht zur Kenntnis genommen oder mißverstanden werden, hält dieses Erlebnis für Utopie, für ein Abstraktum, mit dem Fachleute und Kunstintellektuelle operieren – und mit dem man sich gar nicht erst auseinandersetzt. Er wird der Oper gegenüber gleichgültig oder zieht – mit Recht – dem mißglückten Experiment *die* Genüsse vor, die eine Opernaufführung unter Umständen auch abseits vom gültigen Theater zu bieten hat.

Das ist die reale Situation, wie ich sie vom Publikumsstandpunkt aus – der mir im Augenblick wichtiger als der des Fachmanns scheint – betrachte und von der ich in unserem heutigen Gespräch ausgehen möchte. [...]

Es geht also nach wie vor – und immer wieder – um die Humanisierung der Oper, um die Einheit von Mensch und Gesang. Nicht jedem, der eine schöne Stimme hat, ist es gegeben, bühnengerecht zu singen. Manche können es nicht, manche glauben, es nicht nötig zu haben. Und viele, für die dieses Singen erlernbar wäre, haben keine Stimme.

Die Diskrepanz zwischen menschlicher Realität und gesanglicher Unnatur verringert sich erfahrungsgemäß mit der zunehmenden Potenz der Persönlichkeit. Solange es aber an großen Darstellerpersönlichkeiten mit schönen Stimmen mangelt, heißt es, für die menschlich und darstellerisch ausreichend begabten Stimmbesitzer den Bühnengesang erlernbar zu machen. Das klingt für manche theaterfremde Gesangspädagogen vielleicht verletzend, ist aber tatsächlich eine noch lange nicht gelöste Kardinalaufgabe.

Die Erfordernisse und Schwierigkeiten des Bühnengesanges sind uns allen bekannt, ich brauche in diesem Kreis die in Wort und Schrift vielfach geäußerten Erkenntnisse, Thesen und Anklagen nicht zu wiederholen. Ich erinnere zum Beispiel nur an den Aufsatz »Das Singen auf der Bühne« meines Mitarbeiters Götz Friedrich, der vor fünf Jahren in »Theater der Zeit« und in dem Buch »10 Jahre Komische Oper« erschien und in dem praktische Erfahrungen und Postulate – wie sie sich aus meiner Arbeit ergeben haben – bereits einigermaßen methodisch geordnet sind. Sie haben sich seither stetig erweitert.

Wenn also – wie es scheint – unsere Erkenntnisse und Intentionen umfangreicher und gefestigter sind als die Möglichkeiten, sie überzeugend, konsequent und verläßlich anzuwenden, wenn die Diskrepanz zwischen Theorie und Praxis nicht nachweislich zu überwinden ist, dann besteht die Gefahr der Fragwürdigkeit für das Prinzip selbst, nämlich für die Realisierung der Einheit von Musik und Theater.

Seit vielen Jahren wird sie gepredigt, gefordert und gerühmt. Aber Hand aufs Herz: Wann ist sie schon vollkommen gelungen? Wann war die Dualität Musik und Szene, Gesang und Darstellung völlig aufgehoben? In seltenen Sternstunden, für deren Wiederholung es noch keine Gewähr gibt. Arbeiten wir konsequent genug an der Beseitigung dieser Dualität? Ich verneine diese Frage. Je tiefer man in den Fragenkomplex der Gesangsdarstellung vordringt, desto empfindlicher macht sich die Bewußtseinsspaltung bemerkbar. Hier ist meines Erachtens der sehr vernachlässigte Ansatzpunkt für die Annäherung zwischen Theorie und Praxis.

Immer wieder stoße ich in der Arbeit auf einen der schwersten Fehler, der nicht nur unbewußt begangen wird, sondern als Fehler unbekannt ist: die Musik als eine Gegebenheit zu betrachten, statt als ganz ungewöhnliche Äußerung. Was ist denn gegeben? Doch nur die Handlung und die aus der Handlung entstandene menschliche Situation. Aus ihr resultiert der Zustand des Darstellers und aus diesem Zustand seine weitere Handlung. Dieser Zustand aber ist gleicherweise ein physischer wie psychischer. Also ist auch das Singen diesem Zustand zugehörig und untergeordnet. Das ist für mich nicht glaubhaft, solange ich das Musizieren und Singen auf der Bühne als studiert und aus dem Gedächtnis reproduziert empfinde.

Der Darsteller muß mich glauben machen können, daß jede seiner Äußerungen einem für mich erkennbaren Anlaß entspringt, daß nur aus diesem Anlaß seine Emotion wächst, die ihn das Singen finden läßt. Und zwar genauso finden läßt, wie es der Komponist vorgeschrieben hat. Sie werden mir bestätigen, daß die größte Verhinderung des glaubhaften Bühnendaseins und damit des elementaren Theatererlebnisses das Memorieren ist. In der Oper nicht weniger als im Schauspiel. Deshalb ist die Fähigkeit, in jedem Augenblick der Rollengestaltung den richtigen Anlaß für die erforderliche Äußerung in sich zu produzieren, der Grundstein jeder Arbeitsmethode und die einzige Sicherheit, das Memorieren zu vermeiden.

Nur durch den Besitz dieses Anlasses ist dem Darsteller auch die unerläßliche musikalische Führung möglich. Ohne die musikalische Führung durch den handelnden

Menschen ist die Glaubhaftigkeit des dramatischen Vorganges und die Anteilnahme des Publikums nicht zu gewinnen. Was aber heißt musikalische Führung? Doch nicht nur gut studiert sein, so daß man vom Dirigenten unabhängig ist, sondern den Instrumentalpart veranlassen! [...]

Der Sänger sollte sich deshalb so früh wie möglich – in jedem Fall, noch bevor Text und Noten sich seinem Gedächtnis eingeprägt haben – das Darstellungskonzept erarbeiten. Dieses Konzept kann natürlich nur aus der Partitur gewonnen werden und ist nur brauchbar, wenn es für alle am Gestaltungsprozeß Beteiligten verbindlich wird. Es muß daher vor Beginn der Einstudierung nicht nur fixiert, sondern auch akzeptiert sein. Ob bei seiner Entstehung der Regisseur oder der Dirigent oder der Darsteller den größeren Anteil hatte, ist belanglos; entscheidend ist, daß alle es sich zu eigen machen, auch die Repetitoren und der Gesangslehrer. Ist es aus profundem Werkstudium entstanden, entspricht es in allen Einzelheiten der Partitur und wird es von allen Beteiligten überzeugt vertreten, dann gibt es *keine* Äußerungen und Aktionen auf der Bühne, die nicht musikalisch sind. Jede instrumentale und vokale Tonfolge ist dramatische Aktion, und alle dynamischen, metrischen und Tempoangaben sind in erster Linie nicht technische, sondern Ausdrucksbezeichnungen. Kurz: alles Sichtbare ist ebenso Musik, wie alles Hörbare Handlung ist. Die im Probenjargon üblichen und nur der fachlichen Abgrenzung dienenden Vokabeln »musikalisch« und »szenisch« werden entbehrlich. Der Sänger kann dann nicht mehr das Opfer verschiedener »Auffassungen« werden, er dringt durch das solcherart obligate Partiturstudium tiefer in die Intentionen des Komponisten ein und entdeckt die vokale Dramatik seiner Partie. Er ist nicht mehr gehorsam, gelangt zu einem eigenen »Programm« und erhält die Chance, seine schöpferische Aufgabe zu erfüllen.

Freilich ist die Behinderung des darstellerischen Ausdrucks durch gesangstechnische Bewußtseinsfaktoren nur dann verläßlich auszuschalten, wenn der Sänger bereits in seiner frühesten Ausbildung lernt, alle technischen Vorgänge in der jeweiligen – von der Rolle geforderten – Emotion auszuführen. Das kann er meines Erachtens nicht, wenn er nicht schon während der Stimmbildung einen ganz persönlichen, für ihn gültigen Begriff vom »menschlichen Einsatz der Stimme« erhält, der ihm stets die Außergewöhnlichkeit des Singens bewußtmacht und ihn für seine ganze Berufslaufbahn vor der Gewohnheit des Singens bewahrt.

Aus meinen umfangreichen Erfahrungen mit Sängern vermute ich, daß viele Gesangspädagogen versäumen, die Erlebnisfähigkeit des Schülers zu prüfen, seine persönlichen Emotionsvoraussetzungen und -möglichkeiten kennenzulernen und sie in den verschiedensten Situationen zu üben, um sie bei der Stimmbildung berücksichtigen zu können. Dadurch wird auch versäumt, den künftigen Gesangsdarsteller zu befähigen, selbst die Identität von Gesang und Darstellung zu überprüfen. Wäre es anders, dann brauchte die Mehrzahl auch begabter Sänger auf die richtige Benutzung ihrer eigenen Psyche nicht erst aufmerksam gemacht zu werden. Dann bestünde auch nicht – nach wie vor – die weitverbreitete Meinung, der Besitz einer technisch richtig ausgebildeten schönen Stimme berechtige bereits zum Bühnendasein, und es gäbe dann für die Zulassung zum Gesangsstudium ein Ausleseprinzip, das zur Überzeugungskraft und Popularisierung des Musiktheaters wesentlich beitragen würde.

Die Tatsache, daß nur die wenigsten Opernsänger sich mit den oft grundsätzlich verschiedenen Arten von Gesang auseinandersetzen, die von dramatischen Situationen gefordert werden, deutet darauf hin, daß schon beim Gesangsstudium die Kenntnis des Werkes, die Suche nach dem Anlaß zum Singen vernachlässigt wurden, daß die stimmliche Produktion weit mehr Bedeutung erhielt als die menschliche Aussage. Daraus entsteht unweigerlich die Neigung zur »Darbietung« des Gesanges, und es ist dann nicht mehr weit zur vokalen Selbstgefälligkeit. Daß dabei das Bedürfnis nach der Partnerbeziehung – als elementare Voraussetzung für die Glaubwürdigkeit einer Bühnenaktion – verlorengeht, ist ebenfalls klar. Je nach künstlerischem Niveau und Verantwortungsgefühl wird die Beziehung zum Partner vorgetäuscht oder ganz aufgegeben.

Ein gutes Beispiel ist die Arie der Marie im 1. Akt der »Verkauften Braut«. Ich darf die Geschichte kurz in Erinnerung rufen: Hans, der vor Jahren zugunsten seines Stiefbruders verstoßene Sohn des Bauern Micha, ist vor einiger Zeit als Feldarbeiter und unerkannt zurückgekehrt, Marie und er haben einander kennen- und liebengelernt. Da er weiß, daß Marie von beiden Elternpaaren seinem Stiefbruder versprochen ist, verschweigt er auch ihr – trotz ihrer wiederholten Bitten – seine Herkunft, um den Heiratsplan hintertreiben zu können, aber auch, um ihre Liebe auf die Probe zu stellen. Marie sucht ihn auf und berichtet verzweifelt, daß sie soeben von ihrer unmittelbar bevorstehenden Verlobung erfahren habe. Seine aus Vorsicht zur Schau getragene Gelassenheit und die abermalige Weigerung, sein Geheimnis preiszugeben, bringen sie auf die Vermutung, er wäre ihr untreu.

»Wenn ich das einmal erfahr', könnt' ich nimmer dir verzeih'n!« heißt der Anfang ihrer Arie, die bittend, dann unnachgiebig bohrend und verzweifelt, bis zur Drohung mit blutiger Rache, von Hans eine Erklärung zu erzwingen versucht. Also ein höchst dramatisches Gespräch eines leidenschaftlichen Mädchens, deren Liebe, Not und Eifersucht den Gesang nicht nur überzeugend, sondern als ihr einziges

Ausdrucksmittel erscheinen läßt, mit einem durch die dramatische Situation zum Schweigen gezwungenen Partner, der sein Schweigen in wachsender Qual aufrechterhält. Ein packendes einstimmiges Duett.

Wenn diese Szene nicht stattfindet, weil die Darstellerin der Marie nicht mit Hans, sondern mit sich beschäftigt ist und diese Arie – wie es, verleitet durch die falsche deutsche Übersetzung, oft geschieht – mit sentimentaler Lyrik vorträgt, dann ist nicht nur der Sinn der Komposition entstellt, sondern die Beziehung zwischen Hans und Marie und die ganze nachfolgende Handlung werden unverständlich.

Ein anderes Beispiel: die Arie des Max aus dem »Freischütz«:

Durch die Wälder, durch die Auen
zog ich leichten Sinns dahin.
Alles, was ich konnt' erschauen,
war des sichern Rohrs Gewinn!

Was ist das? Ein Volkslied – oder eine melodiöse Weidmannsreportage? Wenn der Gesang an das Publikum gerichtet ist, zweifellos. Dann gibt es für den Sänger auch keinen Partner außer dem Publikum. Aber bei Carl Maria von Weber und Friedrich Kind – deren Werk eine der tiefsten und schönsten Dichtungen der deutschsprachigen Opernliteratur ist – verhält es sich doch anders. Dem Jägerburschen Max muß ein Probeschuß gelingen, damit er Agathe zur Frau und mit ihr die fürstliche Erbförsterei erhält. Seit einiger Zeit aber ist ihm – dem besten Schützen im Revier – das Jagdglück so abhold, daß Agathes Vater ihm rät, an einem Preisschießen der Bauern teilzunehmen, um wieder Selbstvertrauen zu gewinnen. Auch hier versagt er, wird von den Bauern verspottet, sieht sich von bösen Mächten verfolgt und fühlt alle Hoffnung schwinden. Da überfällt ihn – bevor die tiefste Verzweiflung aus ihm hervorbricht –

die Erinnerung an seine glückliche Zeit, eine Vision seiner selbst: Max als unfehlbarer Jäger. Max, bewundert und geliebt von Agathe, dann – in jähem Wechsel zur Gegenwart – Agathe vergeblich auf den Schützenkönig wartend. Ein fieberhafter Wachtraum, ebenso dramatisch wie musikalisch und in Prosa gar nicht denkbar; freilich auch still, denn die Traum-Wirklichkeit würde von jedem unbedachtsamen Drauflossingen zerstört. Der Sänger singt zu seiner Vergangenheit, das abgespaltene Ich zu den anderen Erscheinungen. Und tatsächlich ist für diesen Teil der Arie »piano« vorgeschrieben. Dieser Monolog mit Partnern kann nur glaubhaft werden, wenn der Zuschauer überzeugt ist, daß dem Darsteller sein Gesang nicht bewußt wird.

Die Arie der Marie ist ein Beispiel für die konkrete, bewußte dramatische Aussage, die sich emotionell aus dem Rezitativ in den ariosen Ausdruck steigert.

Die Max-Arie ist das Beispiel für eine dramatische Situation, in der der Darsteller – in einem geistig entrückten Zustand – von einem Vorgang erfaßt wird, der – sozusagen *ohne sein Zutun* – in ihm singt. Ich nenne es den »stummen« Gesang.

Sowohl für den *beredten* wie für den *stummen* Gesang ließen sich noch sehr viele Beispiele in den verschiedensten Varianten anführen. Es wird sich in unserer heutigen Diskussion hoffentlich ausreichend Gelegenheit dazu bieten. In allen Fällen aber erweist sich, daß das musikdramatische Geschehnis sich nur dann glaubhaft realisiert, wenn die Musik keine vorausgesetzte »Gegebenheit« darstellt, sondern – ebenso wie das Wort – aus der Situation und der realen oder fiktiven Partnerbeziehung zu entstehen scheint, wenn der Gesang keine normale, sondern eine ganz ungewöhnliche Äußerung der dramatischen Person ist und wenn Musik und Gesang so mitgeteilt werden, daß der Zuhörer sie ausschließlich als Handlung aufnehmen kann. Allerdings gibt es auch Sänger auf der Bühne, beispielsweise im »Rosenkavalier« beim Lever der Marschallin, oder den Gesang als Mittel zum Zweck, wie die Arie, die Rosina im »Barbier von Sevilla« ihrem Vormund Bartolo vorsingt, um ihn einzuschläfern und von ihrem Tête-à-tête mit Lindoro abzulenken; oder den Gesang als Zitat, zum Beispiel das »Melodie-Duett« Antonia-Hoffmann in »Hoffmanns Erzählungen«. Aber gerade in diesen und vielen ähnlichen Fällen könnte ja Gesang als solcher gar nicht empfunden werden, wenn in der übrigen Aufführung alle Äußerungen als »Gesangsdarbietung« vorgebracht würden.

Sarastro in der »Zauberflöte«, der Vorsitzende des Ordens der Weisheitslehre, ist ein Philosoph von durchaus irdischem Zuschnitt. Seine erste »Arie« ist ein inbrünstiges Gebet, das vom Ritus und vom Anliegen her die Musik nicht entbehren könnte. Seinem herrlichen Lied im nächsten Bild – unsinnigerweise »Hallen-Arie« genannt – liegt bekanntlich folgender Vorgang zugrunde: Er hat vor Jahren – dem Wunsche des verstorbenen Königs folgend – dessen Tochter Pamina entführt, um sie dem Einfluß der Mutter zu entziehen und für die vorbestimmte Ehe mit dem Prinzen Tamino zu bewahren. Er besiegt seine Liebe zu ihr, um diese Aufgabe zu erfüllen. Eben war er Zeuge, wie die Königin ihrer Tochter den Dolch in die Hand drückt, damit sie ihn, Sarastro, ermorde, wie Monostatos Pamina den Dolch entriß und sie damit bedrohte, um sie sich willfährig zu machen. Nun – nach der Flucht des Monostatos – liegt der Dolch vor ihm, er hebt ihn auf, überreicht ihn Pamina. Ist sie zu der ihr aufgetragenen Tat fähig, dann hat er sich nicht nur in dem geliebten Mädchen getäuscht, dann ist sein großes Ziel, durch die Vereinigung Paminas mit dem eingeweihten Prinzen Weisheitslehre und Staatsmacht zu vereinen, zunichte – dann bricht für ihn die ganze Weisheitslehre zusammen. Da aber Pamina – hilflos den Dolch in der Hand haltend –

Jüdischer Verlag

Gershom Scholem
Tagebücher, Aufsätze und Entwürfe bis 1923

2. Halbband: 1917–1923
Herausgegeben von Karlfried Gründer, Herbert Kopp-Oberstebrink und Friedrich Niewöhner
Etwa 500 Seiten. Leinen
ca. DM 78,– / öS 569,– / sFr. 71.–
(Oktober 1997)

Jüdisches Städtebild Berlin

Herausgegeben von Gert Mattenklott
Mit einer stadtgeschichtlichen Einführung von Inka Bertz
Mit etwa 25 Fotografien von Wolfgang Feyerabend
Etwa 300 Seiten. Gebunden
ca. DM 48,– / öS 350,– / sFr. 44.50
(September 1997)

Chaim Cohn
Der Prozeß und Tod Jesu aus jüdischer Sicht

Aus dem Englischen übersetzt von Christian Wiese und Hannah Liron
Etwa 400 Seiten. Gebunden
ca. DM 58,– / öS 423,– / sFr. 52.50
(September 1997)

Else Lasker-Schüler
Werke und Briefe

Kritische Ausgabe
Im Auftrag des Franz-Rosenzweig-Zentrums der Hebräischen Universität Jerusalem, der Bergischen Universität Wuppertal und des Deutschen Literaturarchivs Marbach am Neckar herausgegeben von Norbert Oellers, Heinz Rölleke und Itta Schedletzky

Band 2: Dramen

Herausgegeben von Georg-Michael Schulz
Etwa 400 Seiten. Leinen
ca. DM 98,– / öS 715,– / sFr. 89.–
Subskriptionspreis:
ca. DM 80,– / öS 584,– / sFr. 72.50
(Oktober 1997)

Jüdischer Almanach 1998

des Leo Baeck Instituts in Jerusalem
Herausgegeben von Jakob Hessing und Alfred Bodenheimer
Etwa 170 Seiten. Broschur
ca. DM 28,– / öS 204,– / sFr. 26.–
(Oktober 1997)

Diese hier vorgestellten Neuerscheinungen finden Sie in allen Buchhandlungen. Andernfalls erklärt sich Ihr Buchhändler gerne bereit, jedes von Ihnen gewünschte Buch in kürzester Zeit zu besorgen.
Für weitere Informationen und Prospekte wenden Sie sich an Ihren Buchhändler oder direkt an den Verlag.

Fotonachweis: Holger André (A.F.Th. van der Heijden), Jerry Bauer (Lídia Jorge), C. Fischer (Marlene Streeruwitz), Isolde Ohlbaum (Mario Vargas Llosa), Peter Peitsch (Louis Begley), Simone Sassen (Cees Nooteboom), Michael Utz (Andreas Höfele)
Suhrkamp Verlag, Postfach 10 19 45, 60019 Frankfurt am Main. Preisänderungen vorbehalten. 6/97 (90164)

alles was Brecht ist ...

Begleitbuch zu den gleichnamigen Sendereihen von 3sat und S2 Kultur
Herausgegeben von Werner Hecht
Mit zahlreichen Abbildungen
Etwa 300 Seiten. Broschur
ca. DM 28,– / öS 204,– / sFr. 26.–
(Oktober 1997)

Anläßlich des 100. Geburtstages strahlen die Sender 3sat und S2 Kultur von Dezember 1997 bis Februar 1998 umfangreiche Retrospektiven zu Brecht aus. Werner Hechts Begleitbuch bietet nähere Informationen zu diesen Sendungen und eine umfassende Bibliographie zu den Filmen und Hörspielen.

Bertolt Brecht
Werke

Mit den Bänden 28, 29, 30 und einem Registerband ist die Ausgabe in 30 Bänden (33 Teilbänden) nun abgeschlossen.

Große kommentierte Berliner und Frankfurter Ausgabe. 30 Bände
Herausgegeben von Werner Hecht, Jan Knopf, Werner Mittenzwei, Klaus-Detlef Müller

Band 28: Briefe 1
Band 29: Briefe 2
Band 30: Briefe 3

Bearbeitet von Günter Glaeser unter Mitarbeit von Wolfgang Jeske und Paul-Gerhard Wenzlaff
Jeweils etwa 800 Seiten
(Oktober 1997)

Registerband

Bearbeitet von Günter Berg, Karin Flörchinger und Wolfgang Jeske unter Mitwirkung aller an der Ausgabe Beteiligten
Etwa 1000 Seiten. Leinenausgabe
je ca. DM 78,– / öS 569,– / sFr.
(bei Bestellung der Gesamtausgabe), s
je ca. DM 98,– / öS 715,– / sFr. 8
Lederausgabe
je ca. DM 178,– / öS 1299,– / sFr. 158.
(bei Bestellung der Gesamtausgabe), son
je ca. DM 198,– / öS 1445,– / sFr. 176.–
(Februar 1998)

Bertolt Brecht
Lektüre für Minuten

Ausgewählt von Günter Berg
Etwa 192 Seiten. Gebunden
ca. DM 14,80 / öS 108,– / sFr. 14.–
(Oktober 1997)

»Was ist ein Dietrich gegen eine Aktie? Was ist ein Einbruch in eine Bank gegen die Gründung einer Bank?« Viele solcher Zeilen wurden als *Lektüre für Minuten* zusammengetragen: Eine Fundgrube, die erfreuen, belehren, trösten, ermutigen und vor allem: *vergnügen* will.

Bertolt Brecht
Über Verführung

Erotische Gedichte. Mit Radierungen von Pablo Picasso
Zusammengestellt von Günter Berg
Etwa 80 Seiten. Gebunden im Schuber. Großformat
ca. DM 98,– / öS 715,– / sFr. 89.–
(Oktober 1997)

Neben den Sonetten, die während Brechts sommerlichen Reisen, aus Langeweile und Lust, entstanden, gibt es andere erotische Gedichte, von denen die schönsten für diesen Band zusammengestellt wurden. Aus dem Sommer 1968 stammen die Radierungen Pablo Picassos, die diese Gedichte begleiten.

Mario Vargas Llosa

Jorge de Sena

Lídia Jorge

»Betschwestern, zurückbleiben bitte. Bei van der Heijden geht's scharf zur Sache. Er ist der wohl sprachmächtigste Dichter, den die Niederlande augenblicklich besitzen, der mit Sicherheit sinnlichste, ein Saft- und Kraftgenie, wie Holland es seit dem Barock nicht mehr hatte.« *Der Tagesspiegel*

Cees Nooteboom
Die Dame mit dem Einhorn

Europäische Reisen
Aus dem Niederländischen
von Helga van Beuningen
Etwa 300 Seiten. Leinen
ca. DM 48,– / öS 350,– / sFr. 44.50
(August 1997)

»Eines Tages habe ich einen Rucksack gepackt, Abschied von Mutter und den Zug nach Breda genommen, und mich eine Stunde später an den Straßenrand gestellt und den Daumen hochgestreckt; und damit habe ich eigentlich nie mehr aufgehört.«
In seinem neuen Reisebuch nimmt Cees Nooteboom den Leser mit in sein Amsterdam und in europäische Metropolen wie Paris, Berlin, Wien, Brüssel, Mailand oder Florenz.

Mario Vargas Llosa
Die geheimen Aufzeichnungen des Don Rigoberto

Roman
Aus dem Spanischen von Elke Wehr
Etwa 480 Seiten. Gebunden
ca. DM 48,– / öS 350,– / sFr. 44.50
(August 1997)

»›La main baladeuse‹. Wie würde man das übersetzen? Die reisende Hand? Die wandernde Hand? Die vagabundierende Hand? Die dahingleitende Hand? Die flüchtige Hand?«
Ein lustvoll erotischer Roman im vollen, im schönsten Wortsinn, raffiniert und klug, sinnlich und suggestiv.

Roberto Calasso
Der Untergang von Kasch

Aus dem Italienischen von
Joachim Schulte
Etwa 450 Seiten. Gebunden
ca. DM 58,– / öS 423,– / sFr. 52.50
(September 1997)

Mit seinem wichtigsten und bekanntesten Buch legt Roberto Calasso eine Kritik der Moderne vor, die sich nicht in

Form der Kritik, sondern in Geschichten äußert: Das Zeitalter der Revolutionen erzählt, wie es Schiffbruch erlitt.

Buchmesse Schwerpunkt Portugal

Jorge de Sena
Feuerzeichen

Roman. Aus dem Portugiesischen von Frank Heibert
Etwa 660 Seiten. Gebunden
ca. DM 68,– / öS 496,– / sFr. 62.–
(September 1997)

Im Mittelpunkt dieses kraftvollen Romans aus dem Portugal der dreißiger Jahre steht Jorge, ein Sechzehnjähriger, de Senas ›Alter ego‹. Er erlebt erste Liebe und Sexualität, muß zum ersten Mal Verantwortung für sein Handeln übernehmen und entdeckt seine Bestimmung: schreiben zu müssen.

Buchmesse Schwerpunkt Portugal

Portugiesische Literatur

Herausgegeben von Henry Thorau
Etwa 500 Seiten. Gebunden
ca. DM 54,– / öS 394,– / sFr. 49.–
(September 1997)

Portugiesische Literatur ist ein unentbehrliches Kompendium für alle, denen dieser Bereich der Literatur bislang unbekannt war, eine Orientierungshilfe bei der Erkundung eines neuen literarischen Terrains.

Buchmesse Schwerpunkt Portugal

Lídia Jorge
Paradies ohne Grenzen

Roman. Aus dem Portugiesischen von Karin von Schweder-Schreiner
Etwa 450 Seiten. Gebunden
ca. DM 58,– / öS 423,– / sFr. 52.50
(September 1997)

Die portugiesische Autorin beschreibt ein Lissabon, das es satt hat, mit anmutiger Melancholie am Rande Europas zu verharren. Ihr Roman über eine Gruppe von Menschen, die die eigenen, einengenden Grenzen überschreiten wollen, ist ein scharfer Schnitt durch die innere Verfassung des modernen Lissabon.

Literatur aus Israel

Lea Aini
Eine muß da sein

Roman
Aus dem Hebräischen von Katharina Hacker
Etwa 204 Seiten. Gebunden
ca. DM 38,– / öS 277,– / sFr. 35.–
(September 1997)

Die 17jährige Gila stiehlt Bücher, die sie verschlingt, in denen sie lebt und aus denen sie den Blick auf ihre Wirklichkeit wirft. Leidenschaftlich sammelt sie seltene Wörter, um sie vor der Vernichtung zu retten.

Literatur aus Israel

Itamar Levy
Buchstaben von der Sonne Buchstaben vom Mond

Roman
Aus dem Hebräischen von Vera Loos und Naomi Nir-Bleimling
Etwa 260 Seiten. Gebunden
ca. DM 48,– / öS 350,– / sFr. 44.50
(September 1997)

Itamar Levy sieht die Ereignisse der Intifada mit den Augen eines 12jährigen palästinensischen Jungen, der die Buchstaben des arabischen Alphabets im Laufe dieses Romans selbst erlernt. Jedes Kapitel dieses surrealen Romans hat einen arabischen Buchstaben als sprechenden Titel.

Literatur aus Israel

Jaakow Shabtai
Vollendete Vergangenheit

Roman
Aus dem Hebräischen von
Anne Birkenhauer
Etwa 320 Seiten. Gebunden
ca. DM 48,– / öS 350,– / sFr. 44.50
(September 1997)

Dieses Buch ist eine poetische Meditation über die Zeit und den Tod. Der Autor starb 1981 während der Arbeit an seinem Roman 47jährig an einem Herzschlag. – Wer dieses Buch liest, wird es nicht vergessen. Es schlägt den Leser durch seinen Verlauf, seine Sprache und Form in den Bann.

Paul Celan
Werke

Historisch-kritische Ausgabe
I. Abteilung: Lyrik und Prosa
Besorgt von der Bonner Arbeitsstelle
für die Celan-Ausgabe

Band 9: Lichtzwang

Herausgegeben von Rolf Bücher
unter Mitarbeit von Andreas Lohr
und Axel Gellhaus
Band 9.1: Text. Etwa 139 Seiten
Band 9.2: Apparat. Etwa 270 Seiten
Leinen. ca. DM 164,– / öS 1197,– / sFr. 146.–
Subskriptionspreis:
ca. DM 140,– / öS 1020,– / sFr. 125.–
(September 1997)

Die Gedichte entstanden 1967, in einer Zeit tiefer persönlicher Krisen, einer Zeit aber auch, da sich Celans Ruf als bedeutendster Lyriker der Nachkriegszeit festigte.

Marcel Proust
Frankfurter Ausgabe
Werke III · Band 3:
Gegen Sainte-Beuve

Herausgegeben von Mariolina
Bongiovanni Bertini in
Zusammenarbeit mit Luzius Keller
Aus dem Französischen von
Helmut Scheffel
Etwa 320 Seiten. Leinen
ca. DM 56,– / öS 409,– / sFr. 51.–
Subskriptionspreis:
ca. DM 48,– / öS 350,– / sFr. 44.50
Leder. ca. DM 166,– / öS 1212,– /sFr. 148.–
(September 1997)

Durch alle Texte zieht sich ein roter Faden; nämlich Prousts gegen Sainte-Beuve aufgestellte These, wahre Literatur könne nicht im Gelärme der Welt entstehen, sondern nur in Stille, Tiefe und in der unerbittlichen Hingabe an das Werk.

Spectaculum 64

Fünf moderne Theaterstücke
und Materialien
Etwa 260 Seiten. Gebunden
ca. DM 36,– / öS 263,– / sFr. 33.–
Im Abonnement:
ca. DM 32,– / öS 234,– / sFr. 29.50
(Oktober 1997)

Werner Fritsch: Es gibt keine Sünde im Süden des Herzens, Höllensturz
Peter Handke: Zurüstungen für die Unsterblichkeit
Véronique Olmi: Passagiere
Botho Strauß: Ithaka
Urs Widmer: Top dogs

Louis Begley

A. F. Th. van der Heijden

Cees Nooteboom

Louis Begley
Schmidt

Roman
Aus dem Amerikanischen von
Christa Krüger
320 Seiten. Gebunden
DM 39,80 / öS 291,– / sFr. 37.–
(Juli 1997)

Nach Jahrzehnten des beruflichen Erfolgs beginnt die Welt des Albert Schmidt zusammenzubrechen. Vor allem seine Tochter Charlotte wendet sich von ihm ab, weil sie einen Mann heiraten will, der Teil ihrer eigenen Welt ist: hungrig nach Erfolg, dabei skrupellos und, vor allem, ein banaler Yuppie. Der Leser begreift mit Schmidt, daß das Auftauchen einer neuen Generation immer auch den Untergang einer alten, liebgewordenen Welt bedeutet. Doch Schmidt hat noch eine Hoffnung: die Liebe.

»Dies ist Begleys weitaus bestes, ein entspanntes und weises Buch.«
The New York Review of Books

Pjotr Aleschkowski
Der Iltis

Roman
Aus dem Russischen von
Alfred Frank
Etwa 232 Seiten. Gebunden
ca. DM 38,– / öS 277,– / sFr. 35.–
(August 1997)

Eine russische Kindheit der Gegenwart: die Mutter eine Trinkerin, der Vater nicht bekannt – wie Daniil, genannt Iltis, sich seinen Platz in der Gesellschaft erkämpft und welche Wege er im modernen Rußland geht, davon erzählt dieser faszinierende Roman.

A. F. Th. van der Heijden
Fallende Eltern

Roman
Aus dem Niederländischen von
Helga van Beuningen
Etwa 520 Seiten. Gebunden
ca. DM 48,– / öS 350,– / sFr. 44.50
(August 1997)

Ein Roman über den Fluch der Herkunft und die hundertfachen Anstrengungen, ihr zu entrinnen.

Marlene Streeruwitz

Andreas Höfele

Patrick Roth

Marlene Streeruwitz
Lisa's Liebe.

Roman in 3 Folgen.
3 Bände broschiert, zusammen etwa 270 Seiten. Mit zahlreichen Abbildungen
ca. DM 34,– / öS 248,– / sFr. 31.50
(September 1997)

Indem sie Medien der Erinnerung, das Photoalbum und das Tagebuch, benutzt, erzählt Marlene Streeruwitz die Geschichte einer Frau, die immer alles richtig machen möchte und der darüber die Zeit vergangen ist. Ein literarischer »Comic« unserer Tage.

Friederike Mayröcker
das zu Sehende, das zu Hörende

Etwa 64 Seiten. Bütten-Broschur
ca. DM 19,80 / öS 145,– / sFr. 19.–
(August 1997)

Ohne Frage: eine verzweifelte Liebesgeschichte, die am Ende ihrer Möglichkeiten ist, ein »Radiospiel« – ein Quartett aus klagender, melancholischer Musik und Wortkünsten.

Ralf Rothmann
Berlin Blues

Ein Schauspiel
Etwa 100 Seiten. Bütten-Broschur
ca. DM 19,80 / öS 145,– / sFr. 19.–
(August 1997)

Ein Stück aus unseren Tagen, ein Blues über den Erfolg, der arm macht. Eine zwar traurige, doch auch dem Berliner Witz zugeneigte Komödie: »Was kann noch kommen nach dem großen Erfolg? Der Erfolg des Erfolges? Ein leckerer Mord? Der Leib des Herrn auf der Speisekarte?«

Urs Faes
Ombra

Roman
Etwa 240 Seiten. Gebunden
ca. DM 36,– / öS 263,– / sFr. 33.–
(August 1997)

Die fiktive Lebensgeschichte des Renaissancemalers Piero della Francesca, die Liebesgeschichte eines Dozenten der Universität von Perugia und das Verschwinden eines kunstbegeisterten Schriftstellers im umbrischen Italien:

Bibliothek Suhrkamp
(2. Halbjahr 1997)

Marieluise Fleißer: Die List
BS 1250. ca. DM 19,80/öS 145,–/sFr. 19.–

György Dalos: Die Beschneidung
BS 1251. ca. DM 24,80/öS 181,–/sFr. 23.–

René Depestre: Hadriana in all meinen Träumen
BS 1252. ca. DM 19,80/öS 145,–/sFr. 19.–

Gershom Scholem: Judaica 1
BS 106. ca. DM 27,80/öS 203,–/sFr. 26.–

Jurek Becker: Bronsteins Kinder
BS 1253. ca DM 27,80/öS 203,–/sFr. 26.–

Ryūnosuke Akutagawa: Das Leben eines Narren
BS 1254. ca. DM 18,80/öS 137,–/sFr. 18.–

Cesare Pavese: Der Teufel auf den Hügeln
BS 1255. ca. DM 22,80/öS 166,–/sFr. 21.–

Ossip Mandelstam: Die Reise nach Armenien
BS 801. ca. DM 22,80/öS 166,–/sFr. 21.–

Hans Magnus Enzensberger: Kiosk
BS 1256. ca. DM 19,80/öS 145,–/sFr. 19.–

Paul Bowles: Fern der Heimat
BS 1257. ca. DM 18,80/öS 137,–/sFr. 18.–

Adolfo Bioy Casares: Ein schwankender Champion
BS 1258. ca. DM 18,80/öS 137,–/sFr. 18.–

Hans Magnus Enzensberger: Die Verteidigung der Wölfe
BS 711. ca. DM 19,80/öS 145,–/sFr. 19.–

Anna Maria Jokl: Essenzen
BS 1259. ca. DM 19,80/öS 145,–/sFr. 19.–

André Bréton: Nadja
BS 1260. ca. DM 22,80/öS 166,–/sFr. 21.–

Giuseppe Ungaretti: Das verheißene Land / La Terra promessa / Das Merkbuch des Alten / Il Taccuino del vecchio
BS 1261. ca. DM 22,80/öS 166,–/sFr. 21.–

Samuel Beckett: Erzählungen und Texte um Nichts
BS 82. ca. DM 22,80/öS 166,–/sFr. 21.–

Hans Erich Nossack: Um es kurz zu machen
BS 1265. ca. 19,80/öS 145,–/sFr. 19.–

Joseph Brodsky: Haltestelle in der Wüste
BS 1266. ca. DM 22,80/öS 166,–/sFr. 21.–

Mário de Sá-Carneiro: Lucios Bekenntnis
BS 1267. ca. DM 19,80/öS 145,–/sFr. 19.–

Robert Walser: Geschwister Tanner
BS 450. ca. DM 29,80/öS 218,–/sFr. 27,50

Gerhard Meier: Land der Winde
BS 1268. ca. DM 19,80/öS 145,–/sFr. 19.–

Gershom Scholem: Judaica 6. Die Wissenschaft vom Judentum
BS 1269. ca. DM 22,80/öS 166,–/sFr. 21.–

Rafael Alberti: Der verlorene Hain
BS 1270. ca. DM 29,80/öS 218,–/sFr. 27.50

Regina Ullmann: Ausgewählte Erzählungen
BS 651. ca. DM 24,80/öS 181,–/sFr. 23.–

Hermann Hesse
Die Welt im Buch

Rezensionen und Aufsätze
1911–1916
Zweiter Band
In Zusammenarbeit mit Heiner Hesse
herausgegeben von Volker Michels
Etwa 620 Seiten. Leinen
ca. DM 78,– / öS 569,– / sFr. 71.–
(Oktober 1997)

Dies ist der zweite von fünf Bänden, die den unbekanntesten Teil von Hesses Werk und den gewiß interessantesten Bereich des umfangreichen Nachlasses erstmalig vollständig erschließen: seine nahezu 3000 Besprechungen und Empfehlungen guter Bücher.

Olof Lagercrantz
Vom Leben auf der anderen Seite

Ein Buch über Emanuel Swedenborg
Aus dem Schwedischen von
Angelika Gundlach
Etwa 208 Seiten. Gebunden
ca. DM 44,– / öS 321,– / sFr. 41.–
(September 1997)

Eine »Traumkrise« war Ausgangspunkt eines der umfassendsten Gedankengebäude der europäischen Kultur. Olof Lagercrantz beschreibt und erklärt die universelle Gedankenwelt des Emanuel Swedenborg in einer Art, die den Leser zu geistigen Entdeckungsfahrten verführt.

Amos Oz
So fangen die Geschichten an

Aus dem Hebräischen von
Ruth Achlama
Etwa 170 Seiten. Gebunden
ca. DM 38,– / öS 277,– / sFr. 35.–
(September 1997)

»Wer hat denn noch nie so vor einem weißen Blatt gesessen, das einen mit zahnlosem Maul anbleckt: Bitte schön, laß mal sehen, ob du das Zeug hast, mich anzurühren.« *Amos Oz*
Amos Oz forscht nach, warum Schreibende genau diesen einen Satz wählen, um ihren Roman zu beginnen. So erfahren wir hier nicht nur etwas über andere Autoren, sondern auch über den Schriftsteller Oz selber, über seine Poetik und seine Leseethik.

Hans Erich Nossack
Die Tagebücher 1943–1977

In drei Bänden
Herausgegeben von Gabriele Söhling
Mit einem Nachwort von Norbert Miller
Band 1 etwa 700 Seiten
Band 2 etwa 700 Seiten
Kommentarband etwa 400 Seiten
Insgesamt etwa 1840 Seiten
Leinen. ca. DM 178,– / öS 1299,– / sFr. 158.–
(Oktober 1997)

Hans Erich Nossack wurde 1901 in Hamburg geboren: ein hanseatischer Kaufmannssohn, der Schriftsteller wurde. Die Tagebücher erscheinen zum 20. Todestag Nossacks am 2. November 1997: »Vielleicht liest einer in zwanzig Jahren dies, und es gibt ihm Mut zum Durchhalten.«

»Ein Puzzle, eine Art Rätseltext, der wie in einer Detektivgeschichte auf den Spürsinn des Lesers vertraut.«

Andreas Höfele
Der Spitzel

Roman
336 Seiten. Gebunden
DM 39,80 / öS. 291,– / sFr. 37.–
(Juli 1997)

Dieser temporeiche Roman, der im England des 16. Jahrhunderts spielt, erzählt Geschichten von Freundschaft und Verrat, von Lebensgier und Mord und schildert auf packende Weise das Leben eines der ersten Geheimdienstagenten der Geschichte.

Patrick Roth
Meine Reise zu Chaplin

Ein Encore
Etwa 100 Seiten. Gebunden
ca. DM 28,– / öS 204,– / sFr. 26.–
(August 1997)

Nach seiner *Riverside-Trilogie* überrascht Patrick Roth mit einer Hommage an einen schon fast mythischen Filmemacher zu dessen 20. Todestag im Dezember 1997: Charlie Chaplin. Roth erzählt von seiner Jugendliebe zu diesem »Filmgott« und seiner 1976 unternommenen Reise nach Vevey, zum Hause Chaplins – zwei Jahre vor dessen Tod.

Tankred Dorst
Harrys Kopf

Mitarbeit Ursula Ehler
Etwa 140 Seiten. Leinen
ca. DM 30,– / öS 219,– / sFr. 27.50
(September 1997)

Wer war Heinrich Heine?
Tankred Dorst hat mit Ursula Ehler ein Stück geschrieben: lebensvolle und melancholische, komische Szenen, ein Capriccio über einen Dichter, den die Unruhe seines Herzens, die Engstirnigkeit und der Druck der politischen Zustände in Deutschland in die Fremde getrieben haben.

Rainer Malkowski
Hunger und Durst

Gedichte
Etwa 88 Seiten. Gebunden
ca. DM 28,– / öS 204,– /sFr. 26.–
(August 1997)

Hunger und Durst – ein Begriffspaar, das Rainer Malkowski »das kostbarste Erbgut« nennt, denn es äußert sich in der *Frage*, also in dem Verlangen nach Antwort auf etwas, das wir nicht wissen.

Das Loch in der Schuhsohle / war wirklich ein Loch. / Ich konnte einen Finger hindurchstecken. // Eine der größten / Befriedigungen meines Lebens: / als ich das Paar / in die Mülltonne warf. / Rom / war es wert.

Franz Hodjak
Ankunft Konjunktiv

Gedichte
Etwa 96 Seiten. Gebunden
ca. DM 28,– / öS 204,– / sFr. 26.–
(August 1997)

Die Orte der Gedichte des Franz Hodjak bewegen sich zwischen Ost und West, zwischen den Erinnerungen an einen »Siebenbürgischen Herbst«, den Stadtrand Bukarests« oder das »Donaudelta« und den Aufenthalten in Lüneburg und Minden, Paris und Reykjavík oder Amsterdam – vor den Bildern des van Gogh.

Mark Strand
Dunkler Hafen

Gedichte
Aus dem Amerikanischen von Michael Krüger, Rainer G. Schmidt und Richard Weibe
Etwa 112 Seiten. Gebunden
ca. DM 39,80 / öS 291,– / sFr. 37.–
(September 1997)

Die Gedichte von Mark Strand offenbaren, wenn man sich länger mit ihnen befaßt, immer wieder Neues, Überraschendes. In ihnen geht es eigentlich um das »Nichts« – also um alles: um das Leben, um das Lieben und um das Lesen.
Mark Strand, von Kennern längst gerühmt, kann nun endlich auch von deutschen Lesern entdeckt werden.

Ilma Rakusa
Ein Strich durch alles

Neunzig Neunzeiler
Etwa 104 Seiten. Gebunden
ca. DM 28,– / öS 204,– / sFr. 26.–
(August 1997)

Ilma Rakusa hat sich eine strenge Form verordnet: Alles, was ihr in *Ein Strich durch alles* zum Gedicht wird, ist neun Zeilen stark, mehr nicht – aber was sich in diesen neunzig Neunzeilern auf wundersame Weise tut, mündet, der Strenge zum Trotz, in einen Kosmos der Sinnlichkeit, der Phantasie.

Jurek Becker
Jakob der Lügner

Roman
Etwa 320 Seiten. Leinen
ca. DM 39,80 / öS 291,– / sFr. 37.–
(August 1997)

Zum ersten Mal im Suhrkamp-Hauptprogramm: *Jakob der Lügner* als schön gebundene Ausgabe. Was als Gabe des Verlages zum 60. Geburtstag seines Autors gedacht war, wird nun zu einem Dokument der Erinnerung an den im März 1997 verstorbenen Jurek Becker.

Sonderausgabe

Peter Handke
Mein Jahr in der Niemandsbucht

Ein Märchen aus den neuen Zeiten
1072 Seiten. Leinen
ca. DM 35,– / öS 256,– / sFr. 32.50
(August 1997)

»Schon die erste Lektüre läßt ahnen, daß wir es mit dem wichtigsten und riskantesten Werk Handkes zu tun haben.« *Sigrid Löffler, ORF*

Bertolt Brecht
100. Geburtstag · 10. Februar 1998

Bertolt Brecht Ausgewählte Werke in sechs Bänden

Jubiläumsausgabe zum 100. Geburtstag
ca. 4000 Seiten. Leinen in Kassette
ca. DM 98,– / öS 715,– / sFr. 89.–
(Oktober 1997)

Anläßlich des 100. Geburtstages von Bertolt Brecht am 10. Februar 1998 gibt der Suhrkamp Verlag eine Jubiläumsausgabe ausgewählter Werke heraus: Die großen Stücke, eine Auswahl seiner Lyrik-Sammlungen und schönsten Einzelgedichte, seine erzählerische Prosa sowie die wichtigsten Schriften zu Theater, Medien, Philosophie und Zeitgeschehen.

Werner Hecht Brecht Chronik 1898–1956

Mit zahlreichen Abbildungen
Etwa 1200 Seiten. Leinen im Schuber
ca. DM 148,– / öS 1080,– / sFr. 132.–
(Oktober 1997)

Der Band ist gegliedert nach den wichtigsten Aufenthaltsorten Brechts: Augsburg, München, Berlin usw. Zum jeweiligen Datum wird u. a. darüber informiert, woran Brecht gearbeitet, mit wem er sich getroffen, welche Briefe er geschrieben oder erhalten hat. Wichtige Ereignisse der Zeitgeschichte werden angeführt, Reisen und Theaterproben genannt, mit Fotos dokumentiert, und Kritiken in Auszügen vorgestellt.

Suhrkamp Literatur

100. Geburtstag Bertolt Brecht
Pjotr Aleschkowski · Jurek Becker · Louis Begley
Roberto Calasso · Paul Celan · Tankred Dorst
Urs Faes · Peter Handke · A. F. Th. van der Heijden
Hermann Hesse · Franz Hodjak · Andreas Höfele
Lídia Jorge · Olof Lagercrantz
Rainer Malkowski · Friederike Mayröcker
Cees Nooteboom · Hans Erich Nossack · Amos Oz
Marcel Proust · Ilma Rakusa · Patrick Roth
Ralf Rothmann · Jorge de Sena · Mark Strand
Marlene Streeruwitz · Mario Vargas Llosa
Literatur aus Israel · Portugiesische Literatur
Spectaculum · Edition Zweite Moderne
Bibliothek Suhrkamp · Jüdischer Verlag

schluchzend um Gnade für die Mutter fleht, gerät Sarastro in eine nie gekannte Euphorie der Erlösung und Dankbarkeit und verkündet Pamina Liebe und Vergebung als den Inhalt der Menschenwürde – zart, heiter, in fast volksliedhaftem Melos, das durch Pathos und Basses Gewalt völlig zerstört würde. In allen übrigen Szenen spricht Sarastro oder bedient sich der gehobenen Rezitativsprache. Alles das wäre unglaubhaft und hinfällig, wenn der Darsteller dem Publikum als Sänger von Beruf erschiene. Oder Verdis »Othello«: Hier sind die Affekte des Titelhelden – Siegestriumph, Jähzorn, Liebesrausch, Eifersucht und Verzweiflung – bis in die Tenorlage getrieben und erschütternder als im Drama Shakespeares. Bleiben diese Emotionen in ihrer Verständlichkeit und Glaubhaftigkeit hinter den stimmlichen Äußerungen zurück, dann findet die Tragödie nicht statt. Denn das Publikum nimmt entweder den Darsteller nicht ernst, oder es lauscht genießerisch den stimmlichen Leistungen des Tenors, ohne sich für das Werk zu interessieren. Verdi wäre mißbraucht, das Theater entwürdigt.

Es gibt zweifellos viel mehr erfahrene Opernsänger, als ich kenne, die der hier dargelegten Betrachtungsweise theoretisch zustimmen. Aber die meisten von ihnen halten die sich daraus ergebenden Forderungen in letzter Konsequenz für technisch unerfüllbar oder nur in Arbeitsgängen für erreichbar, deren zeitlichen Umfang sich weder ein Theater noch ihr persönliches Erwerbsinteresse leisten können. Die so denken, überschätzen die Schwierigkeiten der erforderlichen Arbeitsmethode, weil sie in ihren Gewohnheiten und erlernten Prinzipien festgefahrener sind, als sie wahrhaben wollen, und weil sie nicht wissen, daß die entsprechende Gesinnung technisch vieles erleichtert. Beides aber – Methode und Gesinnung – ist während der Gesangsausbildung und in der frühesten beruflichen Entwicklung eher zu gewinnen als in später Erkenntnis und durch Umkehr.

Die Einheit von Musik und Theater ist also gleichbedeutend mit der Einheit von Ausdruck und Technik in der Gesangsdarstellung. Sie zustande zu bringen ist nicht dem »Genie« oder dem Zufall vorbehalten, sondern für jeden wirklich musikalischen und ausdrucksbegabten Inhaber einer schönen Stimme erlernbar.

Sie ist erreicht, wenn allein die dramatische Handlung alle körperlichen, vokalen und auch instrumentalen Äußerungen bestimmt. Erst dann – und nur dann – kann der Sänger eine dramatisch gültige Musikpartitur genau nach den Intentionen des Komponisten nachdichten, nur dann wirkt er so frei und gelöst, daß alles Physische an ihm – so wie alles Materielle um ihn herum – Musik wird und der Gesang tatsächlich sein überzeugendstes Ausdrucksmittel ist.

Die menschliche Wahrheit des dargestellten und gesungenen Vorganges erreicht dann solche Überzeugungskraft, daß der Zuschauer in die Metamorphose einbezogen, zum Mithandelnden wird und eine höhere Wirklichkeit und Gemeinsamkeit erlebt, als er sie bisher kannte und wie sie vielleicht außerhalb dieses Theaterereignisses nicht möglich sind.

[Methodische Grundfragen des Musiktheaters] 1965

Für alle, die dieses Kolloquium initiiert und vorbereitet haben oder die zur Teilnahme aufgerufen wurden, steht – glaube ich – eine Frage im Vordergrund: Worin wird sich diese Veranstaltung von den mit dem Musiktheater beschäftigten Kongressen, Foren und Diskussionen der letzten Jahre unterscheiden? Im eigenen Lande wie auch im internationalen Austausch haben wir an solchen Zusammenkünften teilgenommen beziehungsweise uns anhand von Publikationen darüber informiert, wir haben manche wertvolle Anregung erhalten, unsere Intentionen bestätigt gefunden oder als korrekturbedürftig erkannt und persönliche Kontakte gewonnen, die wir nicht mehr missen möchten. Man ist von solchen Begegnungen und Aussprachen nachdenklich, mitunter bereichert und zu neuen Konsequenzen entschlossen, heimgekehrt.

Aber hat sich die Opernpraxis im Bereich derer, die an akut gewordenen Interpretationsproblemen aufrichtig interessiert sind, wesentlich geändert? Sind die in heißen Diskussionen und schriftlichen Auseinandersetzungen vorgebrachten Erkenntnisse und Forderungen auch im Opernalltag angewandt und erfüllt worden? Denn nur der Opernalltag kann für die Beurteilung unserer Leistungen als verbindlich erachtet werden und breitere Kreise von der theatralischen Gültigkeit der Musikbühne überzeugen. Die Premierenerfolge und die für Festivals und Gastspiele zustande gebrachten Spitzenleistungen bestätigen und ermutigen uns zwar, sie sind aber doch auf einen kleinen Publikumskreis beschränkt, und ihr oft lautes und wohltuendes Echo ist nicht nur geeignet, unsere Selbstkritik zu betäuben, es erzeugt auch beim Repertoirebesucher Erwartungen, die nur zu oft enttäuscht werden.

Was also läßt sich von dieser Veranstaltung – gemessen an den Ergebnissen und Auswirkungen der bisherigen – erwarten? Diese Frage stelle ich nicht, um unsere Versammlung mit Skepsis zu infizieren, sondern um einer zweifellos vorhandenen Skepsis Rechnung zu tragen und zu versuchen, Sie zu einer fruchtbaren Diskussion zu provozieren. Diese – wenn auch uneingestandene – Skepsis ist durchaus verständlich und begründet in der stetig wachsenden Diskrepanz zwischen Theorie und Praxis.

In der Einladungsbroschüre wird als Ziel des Kolloquiums die Erarbeitung eines Opernbegriffes vorgeschlagen, der es »als Voraussetzung einer modernen Interpretation ansieht, das Musizieren und Singen auf der Bühne zu einer überzeugenden, wahrhaften und unentbehrlichen menschlichen Äußerung zu machen«. Mit demselben Leitsatz habe ich vor zwei Jahren einen Vortrag begonnen. Ich weiß nicht, ob Sie diese Festlegung nicht als Einengung empfinden, zumal meine vor vierzehn Jahren formulierte Forderung durchaus nicht als interfachlich akzeptiert betrachtet werden kann. [...]

Nun – sie ist noch nicht erfüllt, weder in der Komischen Oper noch anderswo. Aber Ansätze und Teilergebnisse haben bewiesen, daß sie erfüllbar ist. Und dort, wo sie als echtes Anliegen der Interpreten erkennbar wird, ist die Reaktion des Publikums außerordentlich positiv. Das hat in zunehmendem Maße Ausübende der konventionellen Opernbranche, die sich dadurch in der Publikumsgunst bedroht fühlten, sowie manche Musikologen, denen die Opernkonvention bisher gestattet hatte, auch eine »Don Giovanni«- oder »Othello«-Partitur als absolute Musik zu beanspruchen, zu Angriffen und Diskreditierungen veranlaßt, die in jedem Falle verfrüht sind, weil sie sich auf Unvollkommenheiten, Fehler und Mißverständnisse eines Interpretationsweges stützen, dessen Anfang erst beschritten ist. [...]

In Wort und Schrift werden diese Auseinandersetzungen von Kritikern, Dramaturgen und Schriftstellern bestritten, nur selten von Regisseuren und Dirigenten, weil diese von der Praxis voll beansprucht sind, und fast niemals von Sängern, weil die sich für Theorie meist nicht interessieren. Die möglichen Folgen liegen auf der Hand. [...]

Die Theoretiker – in ihrem Eifer, den Erfahrungswerten auf dem Gebiet der musikalischen Szene das unerläßliche wissenschaftliche Fundament zu verschaffen, Erkenntnisse und Prinzipien gegenüber Ignoranz und Anfeindungen zu verteidigen – geraten oft in so komplizierte ästhetische Erörterungen, daß diejenigen, für deren praktischen Gebrauch sie bestimmt sind, ihnen nicht mehr folgen können. Sie sind über die Erkenntnisfähigkeit des Sängers, über den Stand seiner ästhetischen Bildung nicht ausreichend informiert und nicht in der Lage, ihn in seiner methodischen Entwicklung zu beeinflussen und zu fördern.

Andererseits ist der Sänger-Darsteller von seinem Berufsweg und seiner Ausbildung her in seiner künstlerischen Meinung nur sehr selten autokrat und uneingeschränkt im Einsatz seiner stimmlichen und körperlichen Mittel. Er fühlt sich daher von den Ansprüchen, die eine fortschrittliche Opernbühne heute an ihn stellt, meistens von vornherein überfordert und den Regisseuren und Kapellmeistern ausgeliefert. Wird er nicht in seinem Selbstvertrauen und seinem Verantwortungsbewußtsein im Sinne eigener Erkenntnis und methodischer Konsequenz bestärkt, ist er als schöpferischer Interpret nicht einzusetzen. Wie divergent auch immer die Auffassungen von zeitgenössischer Operninterpretation heute sein mögen – und vielleicht auch in diesem Kreise sind –, über die zentrale Bedeutung des singenden Menschen können keine Zweifel bestehen.

Zwischen Konvention und Erneuerung der Opernkunst, speziell in Fragen der musikalischen Handlung, der Darstellung im Gesang und der Funktion der Musik im Drama tobt ein Krieg, das läßt sich nicht leugnen. Und es läßt sich auch nicht leugnen, daß vereinzelte Kampfhandlungen und Auswirkungen dieses Krieges auch in unserer eigenen Werkstatt zu finden sind. Solange die Praxis des realistischen Musiktheaters noch unvollkommen und allein nicht überzeugungskräftig ist, kommt der Theorie eine erhöhte Bedeutung zu. Wird sie aber ausschließlich von denen bestimmt und formuliert, die nicht auf der Bühne stehen, dann findet der Krieg ohne kämpfende Truppe statt. [...]

Was das mir gestellte Thema selbst betrifft, so nehme ich an, daß die Grundfragen des Musiktheaters in diesem Kreis bekannt, wenn auch verschieden bewertet sind. Sie erwachsen uns in ihrer Vielfalt täglich neu und bewegen uns zeitlebens. Es ist aber die Frage zu stellen, welche dieser Probleme als gelöst und welche als ungelöst zu betrachten sind, ob und wieweit methodische Lösungen möglich oder bereits gefunden sind. Ich glaube, eine allgemein verbindliche Antwort darauf zu suchen wäre unfruchtbar und widerspräche dem Wesen künstlerischer Berufsausübung, es muß sie jeder für sich und für seinen Arbeitsbereich allein finden, allerdings sich auch verpflichtet fühlen, diese Antwort – ungeachtet, ob sie Anerkennung findet oder nicht – weiterzugeben, weil grundsätzliche Interpretationsfragen nicht Angelegenheit einer Persönlichkeit, eines Ensembles oder einer Nation sind, sondern Angelegenheit der dem Theater verbundenen Welt.

Und so glaube ich, zu diesem Gespräch am ehesten etwas beitragen zu können, wenn ich mich auf die Erörterung einiger Arbeitserfahrungen beschränke, in denen sich bestimmte Probleme immer wieder als ungelöst erweisen. An erster Stelle steht nach wie vor die funktionelle Spaltung des Darstellers, seine Schwierigkeit, oft Unfähigkeit, den beabsichtigen Ausdruck mit seiner Gesangstechnik zu identifizieren. Ich spreche nicht von minderbegabten Darstellern oder von Opfern einer falschen Stimmbildung, sondern von Menschen, deren darstellerische Begabung, stimmliche Qualität und Intelligenz ausreichen würden, um ein brauchbares Mitglied eines Musiktheaters zu werden. Sie haben sich – unter hilfreicher Anleitung – in der einen oder anderen Aufgabe bereits bewährt, aber bei jeder neuen Einstudierung stellt sich ihnen das Problem von neuem in den Weg. Haben sie einen im Umgang mit Sängern erfahrenen, verständigen und geduldigen Regisseur und pädagogisch interessierte musikalische Leiter vor sich, dann wird – falls die erforderliche Zeit zur Verfügung steht – in langwieriger Arbeit eine gesanglich und darstellerisch einigermaßen homogene Leistung erreicht, die aber ausschließlich an die derart erarbeitete Aufführung gebunden und sowohl der Konzeption wie der Methode der leitenden Herren unterworfen ist.

Geraten diese Sänger an Regisseure, deren szenische und darstellerische Intentionen sich über individuelle Schwierigkeiten hinwegsetzen, oder an Dirigenten, die nur an der Erfüllung ihrer klanglichen Vorstellung interessiert sind, dann kommt – wenn nicht eine eklatante Fehlleistung – höchstens eine unpersönliche Dressur zustande. In beiden Fällen befindet sich der Träger der Bühnenhandlung in einem unschöpferischen Abhängigkeitsverhältnis. Er ist gedächtnismäßig zu sehr in Anspruch genommen, als daß er zu einer glaubhaft selbständigen Äußerung gelangen könnte, und folglich darauf angewiesen, seine Rolle zu rezitieren. Derart mit sich selbst beschäftigt, vernachlässigt er die Beziehung zum Partner oder täuscht sie vor. Die drei Todsünden des schöpferischen Bühnendaseins sind begangen: *persönliche Unfreiheit, Rezitation und fehlende Partnerschaft*. Begangen nicht von einem Dilettanten – das wäre nicht erwähnenswert –, sondern absurderweise von einem, der gelernt hat und aus Erfahrung weiß, was diese Fehler bedeuten. Aber er kann sie aus eigener Kraft nicht vermeiden. Dadurch behindert er seinen Partner, dem eine ausdrucksgemäße Stimmtechnik bereits den Weg in die Selbständigkeit eröffnet hat, er gerät in Konflikt mit dem Regisseur und – indem er diesem gerecht zu werden versucht – in Konflikt mit dem Dirigenten; je nach Umfang seiner Aufgabe beeinträchtigt oder gefährdet er die gesamte Produktion. [...]

Wer aber die anfangs zitierte Forderung nach dem Bühnengesang als »überzeugende, wahrhafte und unentbehrliche menschliche Äußerung« – wörtlich genommen – akzeptiert, muß den singenden Darsteller als schöpferische Erscheinung fordern und jede Unfreiheit in dessen persönlicher Äußerung unbedingt ablehnen.

Die beschriebene funktionelle Spaltung des Sängers ist fraglos die kardinalste Unfreiheit und die Ursache der immer wieder einander behindernden Dualität von Musik und Szene.

Aber es ist nachweisbar, daß jeder musikalische und konzentrationsfähige Sänger, der über durchschnittliche Phantasie, darstellende Begabung und Intelligenz verfügt, dessen Stimme gesund und technisch nicht verbildet ist, die in seiner Ausbildung versäumte und ihm unerreichbar erscheinende Gleichzeitigkeit von vollgültigem Ausdruck und einwandfreier Stimmführung erwerben kann. Er muß geistig und durch geeignete Ausdrucksübungen lernen, die physisch-phonetische Funktion der Stimme in seinem Bewußtsein zurückzudrängen zugunsten der besonderen Aussage, er muß die Gewohnheit des Singens vergessen. [...] Im Gegensatz zu seiner rein technischen Stimmübung soll der Sänger sich eine Scheu vor jeder Tonbildung anerziehen, die nicht etwas Bestimmtes meint oder sagt. [...] Hat er einmal diese grundsätzliche Einstellung gewonnen, dann wird es ihm widerstreben, Noten und Text einer Partitur zu memorieren und sich mit der Kenntnis des äußeren Handlungsablaufs zu begnügen. Indem er sich auf das besinnt, wofür er singt, indem er nachspürt, warum eine Phrase so und nicht anders komponiert ist, entdeckt er den Anlaß zum Singen, er kommt den Absichten des Komponisten auf die Spur, er begnügt sich auch nicht mehr mit dem Gesangs-Part allein, er fühlt den Zusammenhang mit dem Instrumental-Part, die Kenntnis der Partitur wird ihm unentbehrlich. [...]

Der handelnde Sänger, der zu diesem Grad von Selbständigkeit gelangte Musikdarsteller, kann auch nicht mehr die Partnerbeziehung, eine der wichtigsten Voraussetzungen für die Glaubhaftigkeit des musikalischen Bühnenvorganges, vernachlässigen. Er wird den Partner nicht mehr »ansingen«, sondern sich ihm singend mitteilen. Auch jede selbstgefällige Vokalproduktion, an die viele seiner Kollegen ihr künstlerisches Bewußtsein verlieren, ist unter seiner Würde. Er weiß, daß die Schönheit eines wohllautenden Organs auf nichts anderem als auf der Wahrheit seiner menschlichen Aussage beruht.

Dieser souveräne Musikdarsteller existiert freilich nur in wenigen Exemplaren. Das bedeutet aber nicht, daß die Heranbildung von Koryphäen des Musiktheaters eine Utopie wäre. Der Bedarf an qualifizierten Sängern ist weitaus größer geworden als das Angebot der Ausbildungsstätten, deren Lehrpläne und oft auch deren Lehrkräfte den Ansprüchen einer zeitgenössischen Operninterpretation nicht Rechnung tragen oder unzureichend sind. An den Repertoire-Bühnen gibt es gar nicht so wenige Begabungen, aber die meisten von ihnen – nicht fertig ausgebildet – finden nicht die für sie geeignete Führung und ersticken in der Produktionsquantität. Die vorhin in groben Zügen dargelegte Erarbeitung einer Opernpartie, von der Entdeckung der eigenen Stimmfunktion über die Beherrschung der Interpretationsorgane und die Erkenntnis der Aufgabe bis zum Probenprozeß und zur Aufführungsreife, erfordert Zeiträume, die kein Theater – auch nicht die Komische Oper – zur Verfügung hat. Wenn die bestehenden Ausbildungsinstitute und die privaten Lehrkräfte dem ausreichend begabten Studenten die Vereinheitlichung seiner stimmlichen und darstellerischen Mittel nicht näher zu bringen vermögen als bisher, wenn die Opernbühnen nicht studioartige Sonderlehrgänge mit geeigneten Speziallehrkräften schaffen, dann wird sich die gegenwärtige Interpretationsqualität in absehbarer Zeit kaum ändern, weil die maximal für eine Einstudierung verfügbaren Zeiträume zum größten Teil für Elementarunterricht und nur zum kleineren Teil für schöpferische Proben verwendet werden.

Daß es so wenige in der Erkenntnis ihrer Aufgabe und in der Arbeitsmethode selbständige Sänger gibt, bürdet einerseits den Musikleitern und Regisseuren eine pädagogische Verantwortung auf, die sie so oft nicht wünschen und der sie oft nicht gewachsen sind. Andererseits entsteht oft – je nach Potenz, Ehrgeiz und Machtbefugnis – eine Vordergründigkeit der Inszenierung beziehungsweise der Dirigentenleistung, die – ungeachtet der Reaktion eines für persönliche Sensation empfänglichen Publikums – der Werkinterpretation nicht bekommt. Alles dies sind Quellen bekannter und gänzlich unfruchtbarer Konflikte zwischen dem Dirigenten und dem Regisseur, zwischen dem Sänger und beiden oder einem von beiden.

Selbstverständlich muß die verantwortliche künstlerische Leitung eines Ensembles in den Händen eines theaterverbundenen Dirigenten oder eines hochmusikalischen Regisseurs liegen; sie beide – und zwar nur beide zusammen – sind die führende Kraft. Aber die zentrale Figur ist und bleibt der Sänger-Darsteller. Nur der Regisseur, der dieses Gebot anerkennt und ihm dient, wird der Versuchung entgehen, sich zu inszenieren anstelle des Werkes, und der Dirigent, der sich zu diesem Gebot zwingen muß, statt es in sich zu tragen, wird vielleicht virtuose Klangwirkungen entfesseln können, aber niemals eine wahre Beziehung zum Musiktheater erhalten.

Es gibt – glaube ich – keinen Regisseur, der so ist, wie der Dirigent ihn sich wünscht, und keinen Dirigenten, an dem der Regisseur nichts auszusetzen hätte. Aber wenn man sich bei der Behandlung dieses Themas auf Männer beschränkt, die – jeder für sich – die Berechtigung zur Ausübung ihres Berufes haben, wenn man voraussetzt, daß beide ihrem Haus und ihrem Ensemble verhaftet und nicht auf Reisen sind, dann gibt es für die Möglichkeit ihrer produktiven Zusammenarbeit nur ein Kriterium: die Kenntnis des Werkes, und zwar in einem Maße, wie es eine ebenso schöpferische wie werkgerechte Interpretation erfordert. Das heißt, daß keiner von beiden glauben darf, das Werk hinreichend zu kennen und auf eine gemeinsame Analyse verzichten zu können, weil er es bereits inszeniert beziehungsweise dirigiert hat. Da es unmöglich ist, in einem Meisterwerk die Intentionen des Komponisten vollständig und bis ins letzte kennenzulernen, ist die Erkenntnismöglichkeit – je nach Reife und Erfahrung des Interpreten – jedesmal neu und lohnend. Begegnet der Regisseur oder Dirigent dem Werk erstmalig, so hat er die Chance, den anderen nicht nur zu belehren, sondern an dessen frischen und unbelasteten Reaktionen Irrtümer und Fehler in der bisherigen Interpretation zu erkennen und zu bereinigen.

Im gemeinsamen Ringen um die Aneignung des Werkes kann es zu heftigen und fruchtbaren Streiten kommen, aber zu keinem Zerwürfnis, es sei denn, Eitelkeit und Geltungsbedürfnis sind stärker als das schöpferische Anliegen. Beide aber erweisen sich in ihrer wahren Gestaltungskraft – mehr als an allen Inszenierungs-Kunststücken und mehr als an der virtuosesten Klangzauberei – an der Führung der Sänger, an der Schaffung eines aus selbständigen Persönlichkeiten bestehenden Ensembles.

Diese Hauptaufgabe kommt bei sehr vielen Regisseuren und Dirigenten zu kurz, weil ihnen im Trachten nach persönlichem Erfolg andere Arbeitsweisen rentabler erscheinen oder weil ihre fachlichen und pädagogischen Fähigkeiten nicht ausreichen. Bekennen sie sich aber dazu, die Heranbildung eines künstlerisch eigenverantwortlichen

Ensembles als erste und höchste Verpflichtung zu betrachten, dann muß der Dirigent – oder müssen die Dirigenten – eine Einstudierung nicht nur von Anfang an mitmachen und entscheidend beeinflussen, sondern auch alle Aufführungen leiten und keine Gäste und Substituten ans Pult lassen. Denn in der Aufführung ist der Dirigent der allein tätige Regisseur, der Anwalt für die allabendliche Gültigkeit und Verständlichkeit der Konzeption, der Mentor und Freund des eigenschöpferischen Darstellers.

Die Konzeption kollektiv entstehen zu lassen und zu entwickeln erfordert Fähigkeiten, die auch heute – in der Zeit der Überbewertung des Regisseurs – diesseits wie jenseits der Rampe erstaunlich unterschätzt werden. Nicht erst der Theaterleiter und die Kassiererin sollten die Anwälte des Publikums sein, sondern bereits der Regisseur, von der ersten Beratung mit dem Dramaturgen an, schon in der ersten Werklektüre mit dem musikalischen Leiter und dem Bühnenbildner und bei der Erwägung der Rollenbesetzung. Es genügt nicht, daß seine Sicht des Werkes und seine eigenen Interpretationsabsichten interessant sind, er muß damit sowohl die musikalischen und szenischen Mitarbeiter wie auch die Darsteller so anregen und herausfordern können, daß deren Mitarbeit weit über Gefolgschaft oder Nachgiebigkeit hinausgeht.

Eine Werkkonzeption kann durch Befolgung der Regieabsichten bei der Premiere verständlich und erfolgreich sein. Verständlich und überzeugend bleiben kann sie nur, wenn sie während des Probenprozesses zur eigenen Konzeption aller Mitwirkenden geworden ist und von ihnen in jeder Aufführung selbständig vertreten wird. Das erreicht nur ein Regisseur, der – unabhängig von seinem Alter und seiner Reife – das Vertrauen aller Mitarbeiter erstrebt und auch gewinnt, der es – unter Hintanstellung persönlicher Sympathien und Antipathien – fertigbringt, die Produktion sich in der Chronologie der Erkenntnisse entwickeln zu lassen, und nicht Wirkungen vorwegnimmt, die noch nicht als möglich oder notwendig erkannt und erarbeitet sind. Er muß praktische Bühnenerfahrung haben und in den Disziplinen Gesang, Darstellung, Tanz einigermaßen bewandert sein. Nicht, um den Darstellern ihre Rollen vorzuspielen, sondern um sich im Bezirk des Unnennbaren mitteilen zu können. Er muß auch verhindern, daß sich die Arbeit des Bühnenbildners separiert. Dieser muß an der erkenntnismäßigen und darstellerischen Entstehung der Konzeption gleichberechtigt und mitverantwortlich teilhaben, damit er nicht erst in die Versuchung kommt, Dekors zu schaffen, sondern sich um eine Raum-Komposition bemüht, die den darstellerischen Vollzug nicht nur ermöglicht, sondern herausfordert; die mit optischen Akzenten arbeitet, die den Zuschauer zur Teilnahme und zur richtigen Bewertung der einzelnen Vorgänge zwingen. Damit wäre die Frage der optischen Konzeption angesprochen, die in der Diskussion hoffentlich ausführlicher behandelt werden kann.

Ich habe meine Redezeit einseitiger benutzt, als Sie es vom Titel meines Referates vermutlich erwartet haben, und bitte deshalb um Verzeihung. Ich hätte selber das Bedürfnis, auch noch andere Grundfragen zu erörtern, aber alle meine Erfahrungen und meine Besorgnis über die mangelhaften Beziehungen zwischen Theorie und Praxis veranlaßten mich, vorwiegend für die größere Interpretationsverantwortung des singenden Darstellers, für seine schöpferische Selbständigkeit zu plädieren. Und ich wüßte dafür keine geeignetere und zeitgerechtere Gelegenheit als dieses Kolloquium.

[An Ernesto Grassi, Venedig]

29. 11. 1965

Sehr verehrter, lieber Herr Professor Grassi!

Ich muß Ihnen noch einmal für Ihre herrlichen Ausführungen in Leipzig Dank sagen, denn ich bin immer noch voll davon und warte sehnsüchtig auf den Wortlaut, den Sie mir versprochen haben. Sie haben den Begriff Realismus – zu einem Zeitpunkt, da er zu einem Schlagwort geworden ist, über dessen Sinn sich kaum mehr jemand Rechenschaft gibt – wieder auf das zurückgeführt, was ihn als Klammer von Kunst und Leben zu einem Element und Bekenntnis unseres Schaffens macht. Ja, mehr noch, in der Betrachtungsweise, zu der Sie uns alle befähigt haben, ist dieser Begriff noch nie erkannt und gebraucht worden. Wenn Ihnen das nicht zu pathetisch ist, so möchte ich sagen, daß Sie eine seit langer Zeit schon nach Ausdruck und Mitteilung suchende Sehnsucht in mir erstmals formuliert und damit anwendbar gemacht haben.

Jedenfalls war Ihr Beitrag der einzige wirklich vorantreibende Höhepunkt des Leipziger Kolloquiums. Diese Veranstaltung war nicht nur ausgezeichnet vorbereitet und durchgeführt, durch die umfängliche Teilnahme und das anhaltende Interesse zweifellos ein Erfolg.

Inhaltlich aber wurde sie durch eine etwas unüberlegte Taktik eingeengt und mancher vorhandenen Möglichkeiten beraubt. Das begann mit der Einladungsbroschüre, die ich leider erst gedruckt kennenlernte. Die ausführlichen Zitate aus meinen Äußerungen über das Musiktheater wären nach meinem Tod, zumindest in meiner Abwesenheit durchaus angebracht und diskussionsfördernd gewesen, in meiner Gegenwart und aus dem Munde des einladenden DDR-Zentrums wirkten sie belehrend und als Lenkung der Diskussion.

Die Arbeit der Komischen Oper und andere aus ihr hervorgegangene Versuche haben bewiesen, daß dieser Weg – konsequent fortgesetzt – zu einer theatral gültigen Operninterpretation führen kann. Die vorerst ganz natürlichen Mängel der in Aufführungen sichtbaren Arbeitsergebnisse werden aber von all denen, die das in der Publikumsgunst wachsende Neue als ihren Interessen und persönlichen Möglichkeiten entgegengerichtet erkennen, nicht als Unvollkommenheiten auf dem Weg zu einem sichtbaren Ziel kritisiert, sondern zum Anlaß genommen, das Ganze in Bausch und Bogen als Utopie oder Irrweg abzutun. Um die Erfolge der Komischen Oper nicht als Ergebnis einer aus der Praxis gewonnenen Methode anerkennen zu müssen, versuchte man, sie auf die Geschicklichkeit des Regisseurs Felsenstein zurückzuführen und sie auf seine Person zu beschränken. Das war der Leitung des Kolloquiums nicht bekannt oder wurde nicht genügend in Betracht gezogen. Ich hatte mein Referat so nüchtern wie möglich abgefaßt und darauf angelegt, durch scharfe Postulate und Behauptungen Diskussion und Widerspruch herauszufordern, um Einwände wie »Utopie«, »praktisch undurchführbar« mit Beispielen aus der Praxis zu widerlegen.

Aber die gutgemeinte Laudatio von M. Darcante, die meinem Referat unmittelbar voranging, schuf – in Zusammenhang gebracht mit den in der Einladungsbroschüre verkündeten Thesen Felsensteins – um den Referenten und seine Darlegungen eine Art »Tabu«.

Die Diskussion über mein Referat fand nicht statt.

Einen Tag später war die Komische Oper bereits eine »einsame Insel«, die Arbeit Felsensteins die für andere bis auf weiteres unerreichbare »Gipfelmarkierung«. Weniger wohlwollend und nahezu absurd war es, als man mehrfach – nicht eindeutig ausgesprochen, aber unüberhörbar gemeint – mich des Dogmatismus und der Intoleranz bezichtigte, absurd, weil mein ganzes Referat eigentlich nur auf die Entwicklung des schöpferischen und selbständigen Sängerdarstellers ausgerichtet war, auf die Forderung, ihn alle für seinen Gesang erforderlichen Erkenntnisse selbst finden zu lassen und jegliche Methode völlig elastisch und individuell anzuwenden.

Entschuldigen Sie diese lange Suada, die Sie vermutlich nicht über sich ergehen lassen müßten, wenn ich nicht im Bett läge. Aber ich hatte das Bedürfnis, diese Gedanken an Sie und an keinen anderen loszuwerden. [...]

Mit allen guten Wünschen und Grüßen, auch an Ihre verehrte Frau Gemahlin in großer Dankbarkeit

Ihr Ihnen aufrichtig ergebener
(Walter Felsenstein)

PS: Eben erhalte ich von einem Ausschnittbüro den Artikel des Herrn Panofsky von der Süddeutschen Zeitung über das Leipziger Kolloquium. Vor gar nicht langer Zeit war ein derart entstellter Bericht bestenfalls in der Bild-Zeitung möglich. Daß nun die Süddeutsche Zeitung so etwas duldet oder vielleicht gar Herrn Panofsky ein Mindest-Soll an Giftspritzerei auferlegt hat, finde ich sehr betrüblich. Besonders bezeichnend aber, daß Ihr Referat mit keinem Wort erwähnt ist.

Wegen der Äußerung über Wieland Wagner, die Herr Panofsky mir in den Mund legt und die frei erfunden ist, habe ich einen Widerruf gefordert.

[Das ist das Thema, das mich bewegt] 1968

Manfred Haedler: Auf dem Musiktheater-Kolloquium des Internationalen Theaterinstituts im November 1965 in Leipzig haben Sie ein leidenschaftliches Bekenntnis für den

»singenden Darsteller als schöpferische Erscheinung« abgelegt und gleichzeitig davon gesprochen, wir lebten in einer »Zeit der Überbewertung des Regisseurs«. Diese Worte aus dem Munde des Regisseurs Felsenstein haben damals nicht wenige Ihrer Kollegen verwundert. Was hat Sie zu dieser Erkenntnis geführt, und wie sehen Sie für die Zukunft das Verhältnis zwischen Sänger, Regisseur und Dirigent?

Walter Felsenstein: Ihre Frage tut mir als solche sehr wohl, denn auf dem Musiktheater-Kolloquium hatte ich anläßlich meines Hauptreferates nicht den Eindruck, daß über das Zuhören und anschließenden Applaus hinaus Wesentliches davon aufgenommen wurde. Sie sind eigentlich der erste, der mich daran erinnert, daß es wirklich ein leidenschaftliches Bekenntnis war.

Ich glaube, es ist das aktuellste Thema in der Entwicklung des realistischen Musiktheaters überhaupt: die schöpferische Potenz des singenden Darstellers. Das ist ja nicht neu. Es gab in den großen Zeiten des Theaters, die wir ja nicht erlebt haben, immer schöpferische Erscheinungen auf der Bühne zu einer Zeit, da es keine Regisseure gab. Daß der Regisseur diese Bedeutung erlangt hat und in meinen Augen heute überbewertet wird, liegt in der absinkenden Schöpferkraft des Darstellers und der Spezialisierung des Theaters in Schauspieler und Sänger. Die hat ja nicht von allem Anfang an existiert – siehe Schikaneder, siehe die Uraufführung der »Entführung«, wo nur Belmonte und Konstanze »ausgebildete« Sänger waren, die anderen waren Schauspieler, die singen konnten.

Dieses Referat, wenn ich es heute lese, ist ja nicht mit einem wissenschaftlichen Vokabular versehen, sondern sehr verständlich. Ich verstehe nur nicht, warum man sich nicht verpflichtet fühlt, sich dem zu stellen. Es ist nicht angekommen, was ich gesagt habe, deshalb hätte ich das Bedürfnis, in einem Artikel noch einmal etwas dazu zu sagen.

Etwas über Gesang, über die Einstudierung, über die Arbeit des Kapellmeisters mit dem Sänger, über Gesangslehrer. Das also noch einmal auseinandergenommen, was ich in Leipzig gesagt habe. Das ist das Thema, das mich bewegt.

Ich habe anläßlich des 20. Jubiläums der Komischen Oper in unserem Hause eine interne Ansprache gehalten, über deren Wirkung ich sehr enttäuscht war. Ich habe, weil ich zu einem solchen Anlaß nicht direkt schimpfen wollte, Fragen gestellt: »Glaubt ihr, das wir das und das erfüllt und erreicht haben?« Ich habe das angesprochen, denn es ist auch an meinem Haus bei meinen Mitarbeitern nicht das Hauptprogramm, *wie* und *warum* singt man.

Über welche Arbeitsbedingungen muß ein Ensemble, ein Operntheater verfügen, um diesen idealen Forderungen an ein Kollektiv wenigstens annähernd zu entsprechen?

Meinen Sie die Arbeitsbedingungen, die ein Theater zu bieten hat, oder die Studienvoraussetzungen?

Nicht nur die Arbeitsbedingungen, sondern auch die Bedingungen, die einem Theater geboten werden.

Von wem?

Von der Gesellschaft!

Bei uns werden dem Theater, glaube ich, wenn auch nicht unbeschränkt, alle Bedingungen geboten, die – richtig genutzt – zu diesem Arbeitsziel führen könnten. Daß das Ergebnis nicht zustande kommt, liegt am Mangel geeigneter Leute, es liegt an der nicht immer richtigen Verwertung der gebotenen Mittel, es liegt auch an mangelnden Leitern. Wobei ich unter Theaterleiter nicht nur den Intendanten und Chefregisseur meine, sondern vor allem seinen Stab, seine Mitarbeiter.

Bevor ich aber über einzelne Bedingungen spreche, muß ich etwas sagen: die erste Bedingung, die herrschen muß, nicht nur von der Gesellschaft, die Bedingungen schafft, sondern auch von denen, die diese Bedingungen entgegennehmen und ausführen, ist die Gesinnung: zu wissen, warum man spielt, für wen man spielt und welches das Mindestniveau ist, das man einer Gesellschaft anbieten kann und darf. Denn die Bereitschaft großer Publikumskreise, sich mit Unvollkommenem zu begnügen und höflich zu schweigen, statt mit faulen Äpfeln zu werfen, ist ja noch sehr verbreitet, ebenso wie auch von seiten der Presse – und das finde ich das schlimmste – die Bereitschaft zum lobenden Superlativ, der sehr leicht aus dem Handgelenk fließt. Aber ich bin der Meinung, daß ein Theater, das – ob mit viel oder wenig Zeit – nicht das Höchstmaß seiner Möglichkeiten in der Interpretation zeigt, keine Existenzberechtigung hat. Denn das Publikum, mehr oder weniger vorgebildet, hat einen untrüglichen Instinkt dafür, ob das für dieses Ensemble Höchstmögliche auch geboten wird. Und das ist zu wenig, innerhalb des Theaters, zu wenig bekannt: Zur Gesinnung gehört die wirkliche Verantwortung für das, was man abends zu bieten hat – Verantwortung und Respekt vor dem Publikum.

Welche Folgerungen ergeben sich aus den Forderungen nach einem solchen Interpretenkollektiv für die Ausbildung des Musiktheaternachwuchses?

Diese Frage, seien Sie mir nicht böse, wage ich gar nicht zu beantworten, denn die Folgerungen, die sich aus solchen Forderungen ergeben müßten, sind ja absehbar. Der Musiktheaternachwuchs ist ja erst dann gesichert, wenn die Lehrkapazitäten vorhanden sind, denn das Können müßte gelehrt werden auf Schulen, die wir aber einfach nicht haben. Ich kenne z. B. an verschiedenen Hochschulen Lehrer, die sich aber in der Hierarchie, die an solchen Schulen existiert, nicht durchsetzen können, nicht gegen die Gesangslehrer zum Beispiel. Gesangslehrer, die, mit wenigen Ausnahmen, eine Stimme, die Stimme eines Menschen benutzen, um daraus das zu machen, was sie sich denken. Sie sind in den seltensten Fällen wirklich daran interessiert, die Stimme weiterzubilden, sie technisch so zu trainieren, daß sie den emotionellen Anforderungen, die an sie im Theater gestellt werden, genügt. Es wird oft nur auf einen billigen Ästhetizismus hingearbeitet, auf eine Klangkultur, günstigstenfalls wird die Stimme individualisiert. Aber der so ausgebildete Sänger steht dann den Forderungen, die ihm ein anspruchsvoller Dirigent oder Regisseur stellen, hilflos gegenüber.

Wäre nicht ein größeres Engagement der Praktiker des Theaters hierbei vonnöten, um die Lücke zu füllen?

Das wäre *die* Lösung. Aber da muß ich mich selber anklagen bzw. von meiner eigenen Erfahrung sprechen. Ich hatte und habe das Bedürfnis, junge Leute auszubilden, Unterricht zu geben. Ich habe sowohl in der Zeit, als ich noch nicht Theaterleiter war, Schauspiel- und Opernklassen geleitet, als auch an der Komischen Oper – wie Sie wissen – ein Opern-Studio gegründet, das ich – in Ermangelung geeigneter Lehrer – wieder aufgegeben habe. Ich habe während meiner Tätigkeit an der Komischen Oper auswärts mehrwöchige Seminare durchgeführt. Das war – für mich jedenfalls – das Höchstmaß, was ich zeitlich aufbringen konnte. Und dieses zeitliche Höchstmaß finde ich völlig unzureichend, um Leute auszubilden. Es ist auch nicht von großem Wert, wenn jetzt fünf Felsensteins ihre kurze Zeit aufteilen und auf dieselben Leute losgelassen werden, die dann nur verwirrt werden.

Das sind ja nicht Probleme, die uns alleine beschäftigen, sondern die auf der ganzen Welt gleich sind.

Zu der Frage gehört ja auch die Regisseurausbildung. Ich bin 45 Jahre am Theater, davon 40 Jahre als Regisseur. Ich kann Ihnen sagen, wie man Regisseure ausbilden soll. Meiner Ansicht nach – und das entsetzt viele Wissenschaftler, die das von mir hören, aber ich sage es immer wieder – autodidaktisch. Ich meine damit folgendes. Ich habe in meinem eigenen Stall sehr begabte Leute, sehr begabte Regisseure, das wissen Sie, die aber auf keiner Bühne gestanden haben. Ich bin der Meinung, daß jeder Regisseur, ob im Schauspiel oder in der Oper, selbst Erfahrungen in der Darstellung gemacht haben muß. Ich gehe so weit, daß ein Regisseur, auch wenn er keine Stimme hat, einen Teil der Gesangsausbildung mitmachen muß, um die Probleme, die technischen Probleme des Sängers, mit dem er zu arbeiten hat, zu kennen. Das gilt für alle Arbeiten am Theater, ob die des Inspizienten, des Bühnenarbeiters, Dekorateurs – die muß er kennen und praktisch mitgemacht haben.

Meine Ausbildungszeit als Schauspieler liegt ja mehrere Generationen zurück. Aber als Regisseur hat mich niemand ausgebildet, Gott behüte! Es wäre furchtbar gewesen! Es war eben die Zeit, in der der Regisseur noch nicht so wichtig war.

Zur Regisseurausbildung gehört auch das Bewußtsein: wo sind die Grenzen, wie weit kann man einen Darsteller beeinflussen, wie weit darf oder soll er befehlen? Diese Grenzen müssen gezogen sein für einen schöpferischen Darsteller. Der Regisseur muß dem Darsteller, wenn der keine eigene Konzeption hat, die Konzeption geben. Aber Sie wissen doch, daß es sehr viele junge Regisseure gibt, die den Darsteller in ihrem Ehrgeiz unbewußt entmenschen, ihn zum Requisit machen, als Werkzeug benutzen für ihre Phantasieprodukte.

Könnten Sie noch etwas zu den anderen, Dirigent oder Ausstatter, sagen?

Die Ausbildung des Ausstatters ist nur in den seltensten Fällen günstig, nämlich dann, wenn er als Assistent in die Hände eines Bühnenbildners kommt. Da kann er lernen, daß das Bühnenbild nie selbständig sein kann, kein Dekor sein sollte, sondern eben der Spielort für eine Aufführung, die ganz bestimmte Absichten hat. Das ist eine Notwendigkeit, die sich noch gar nicht in Europa durchgesetzt hat. Sie wissen, daß auch heute noch sehr begabte, interessante Maler mit Bühnenbildern Triumphe feiern, die der Regisseur vorher nicht gesehen hat und in die also ein Arrangement hineingestellt wird.

Die Ausbildung kann also eigentlich nur individuell und in der praktischen Zusammenarbeit mit dem Bühnenbildner erfolgen. Ebenso ist es beim Dirigenten. Der Dirigent, der nur Musikologe ist, der stört eine Theateraufführung unter Umständen. Er kann vielleicht ein Klangzauberer sein, aber die Plastik einer Partitur, einer Bühnenpartitur, das muß er lernen zu erkennen.

Vielfach wird behauptet, daß Ihre hohen Maximen der möglichst vollkommenen musikalisch-theatralischen Verwirklichung einer Opernpartitur nur angesichts der materiellen Möglichkeiten und organisatorischen Bedingungen der Komischen Oper einigermaßen befriedigend zu realisieren sind. Daraus ergibt sich dann die bequeme Schlußfolgerung, Ihre Forderungen seien nicht anwendbar auf andere Theater.

Die Frage enthält mißverständliche Voraussetzungen. Die finanziellen Voraussetzungen sind gar nicht so toll. Es ist eine Frage der Relation: sicher kriegt die Komische Oper mehr Geld als das Theater in Plauen z. B. Aber die Deutsche Oper in Westberlin verbraucht an Zuschuß das Doppelte wie die Komische Oper. Die Komische Oper bekommt meiner Ansicht nach ausreichend Geld und müßte dieses Geld nur noch besser verwalten und verwenden, das geschieht aber nicht! Und die anderen Bedingungen – die phantastischen Möglichkeiten für Felsenstein – muß man auch mal näher untersuchen. Wenn die Komische Oper einen Intendanten hätte, denn sie hat keinen!, wenn sie ihn also hätte, wäre der Regisseur, Herr Felsenstein, in der Lage, seine Forderungen zu stellen und durchzusetzen, sicher unter fürchterlichem Gestöhne und Verzweiflung des Theaterleiters. Aber da nun Herr Felsenstein verdammt und verurteilt ist, dieses Theater zu leiten, so muß er sich selbst Beschränkungen auferlegen, die er sich an einem anderen Theater gar nicht bieten ließe. Die Einstudierungszeiten, die ja mit Geld verbunden sind, sind Ihnen ja bekannt. Ich habe »Das schlaue Füchslein« in fünf Wochen gemacht, für den »Don Giovanni« vier Monate gebraucht – mit Pausen dazwischen, aber für zwei Besetzungen. Ich kann an den Arbeitszeiten (die manchmal an der Komischen Oper auch sehr üppig sind), aber an den gesunden Arbeitsbedingungen und der Arbeitsdurchführung kann ich beweisen, daß dieses zwar nicht ganz, aber zum großen Teil auch an jedem anderen Theater zu schaffen wäre. Widersprechen Sie bitte!

Auch an Häusern, die aufgrund eines kleineren Besucherkreises auf eine sehr kurzfristige Premierenfolge angewiesen sind? Sie erinnern sich sicher an das Gastspiel in Venedig, was dort die jungen Regisseure erzählt haben ...

Das nach wirtschaftlichen Gesichtspunkten geführte Theater – das würde mit drei Proben mehr auch nicht besser dastehen. Überhaupt ist es ja so, nicht alle, aber viele Theater, die ich kenne, ob La Scala oder Teatro La Fenice, stehen ja über lange Zeiten leer, wo sie eigentlich zu Proben benutzt werden könnten. Aber im Gegensatz zu uns werden die Proben dort nicht bezahlt. Es gibt ein gutes Aufführungshonorar, aber in dem sind alle Proben enthalten. Es liegt aber an etwas anderem, daß die Theater in vierzehn Tagen ein Stück herausbringen müssen: die Leute, die da singen, sind nämlich in sechs Städten gleichzeitig verpflichtet und stehen eben nur für vierzehn Tage Probe zu Verfügung. Es geht um die Marktlage der Sänger.

Es scheint fast so, als würden Sie es verneinen, daß

Künstler, die unter diesen Bedingungen arbeiten müssen, von Ihren Erfahrungen lernen könnten.

Nein, das verneine ich nicht! Es gibt da genug praktische Beispiele. Erstens einmal gibt es eine Reihe sehr begabter, ungewöhnlich begabter Künstler, die von mir gar nichts zu lernen brauchen, die können das schon seit der Wiege, nicht? Die anderen, die das lernen wollen oder müßten, können, wenn sie starke Persönlichkeiten sind, auch an einem schlecht geführten Theater mit wenigen Proben durchsetzen, daß für sie selbst mehr gearbeitet wird, oder sie arbeiten entsprechend an sich selbst. Aber Ihre Frage zielt ja auf etwas anderes. Nämlich darauf, daß gesagt wird: die Bedingungen, die an der Komischen Oper herrschen, sind so einmalig, daß alles nicht nachzuahmen ist. Aber das ist nicht der Fall. Denn das einzige, was zu den Erfolgen der Komischen Oper führt, ist ja die Methode, und nicht die Bedingungen. Außerdem gibt es an der Komischen Oper, das wissen Sie doch auch, gute Aufführungen, aber andere sind mittelmäßig, und es gibt auch schlechte. Es wird also auch hier sehr mit Wasser gekocht.

Im Grunde genommen haben Sie auch durch Arbeiten an sogenannten Repertoire-Theatern, wie Hamburg und Stuttgart, oder Götz Friedrich in Kopenhagen bewiesen ...

Ja, eben leider nicht! Ich habe es nicht bewiesen, merkwürdigerweise. Weil diese Aufführungen in der Relation zum sonstigen Spielplan im Moment Rauscherfolge waren. Sie haben sich auch nicht gehalten, weil sie nicht genügend repetiert wurden ...

Das sind aber wieder Organisationsfragen eines Hauses und reparabel.

Darüber haben wir noch gar nicht gesprochen: Nicht nur die Qualität eines Spielplanes, sondern die Gesinnung des Personals hängt davon ab, wie man es fertigbringt, eine Mindestqualität an jedem Abend zu verlangen. Und das geht ja, wie Sie wissen, bei der Komischen Oper auf Kosten der Quantität. Wir versuchen, die Repertoire-Aufführung, die Routine zu verhindern. Es gelingt nicht, aber es gelingt mehr als anderswo. Und das wird sonst überall versäumt. Ich habe einmal auf einer ZK-Tagung gesagt, wenn es möglich ist, eine »Zauberflöte« annähernd in der Premierenqualität nicht nur einem Premierenpublikum, das überwiegend aus Funktionären besteht, sondern zweihundert mal tausend Menschen, also zweihunderttausend Menschen zu zeigen, so ist das sozialistischer, als wenn man ein Gegenwartsstück erzwingt mit drei Aufführungen, nicht wahr? Ich habe es dort besser gesagt. Das gehört doch auch dazu, wenn man von den Werktätigen spricht. Das sind doch soundsoviel Hunderttausende, und für die muß das da sein. Ich kann doch eine Aufführung nicht verschlampen lassen.

Sie haben 1957, zum zehnjährigen Bestehen der Komischen Oper, in einem Artikel »Pro domo« geschrieben: »Unsere Bemühungen um das musikalische Theater möchte ich nicht allein auf die Oper beschränkt wissen, sondern eher als einen Teil der großen Bewegung auffassen, die aus der recht verzweigten Spezialisierung der darstellenden Kunst zurückstrebt zur Universalität des Theaters; zu seiner Vielfalt und Kraft, die immer dann am stärksten waren, wenn das Theater sich im organischen Zusammenklang von Bühne und Zuschauerraum zu einer unentbehrlichen Einrichtung und Äußerung des öffentlichen Lebens erhob.« Diese Worte lesen sich heute wie eine konkretisierte Vorwegnahme des recht unkonkreten Schlagwortes vom »Totalen Theater«. Glauben Sie, daß diese große Bewegung zur Universalität des Theaters in den vergangenen zehn Jahren weiter vorangekommen ist?

Was ich in dem Artikel »Pro domo« geschrieben habe, wenn ich das heute wieder lese, so muß ich feststellen, daß ich damals um etliche Jahre jünger und optimistischer war als heute. Es war ein Glaubensbekenntnis, das ich ausgesprochen hatte und das vor allem für mich persönlich gilt. Ehrlich gesagt: ich möchte diesen Optimismus aufrechterhalten, aber eine Reihe von Erfahrungen in den Jahren seither lassen mich eindeutig antworten, daß diese Universalität des Theaters, die zweifellos feststellbar ist in der Tendenz, nur unwesentlich vorangekommen ist. Vorangekommen ist sie bei einer Reihe von Persönlichkeiten, die aber nicht sehr zahlreich sind. Aber wenn ich an Jerome Robbins denke, an Strehler, Brook, um nur einige Kollegen zu nennen, so bestätigen die mir diese Tendenz, die nicht nur theoretisch besteht, sondern auch in praktischen Versuchen. Auf der anderen Seite ist die internationale Kulturpolitik etwas reichlich spezialisiert und steht dieser Entwicklung insofern im Wege, als sie die Bequemlichkeit der Theater-Praxis eher unterstützt.

Es wäre auch begrüßenswert, wenn Autoren und Komponisten sich auch einmal mit dieser Frage beschäftigen würden. Denn, was heißt denn: eine Oper schreiben, ein Schauspiel schreiben?

Sie kennen doch Fehling. Er produziert nicht mehr, aber er ist für mich der größte Regisseur der letzten hundert Jahre. Fehling hat sich mit mir oft darüber unterhalten: »Mensch, du machst Oper, Operette. Na schön, ich möchte mal was machen, wo du mit Sängern arbeitest, ich mit den Schauspielern, der Choreograph mit den Tänzern – aber das sind alles dieselben Darsteller, da wird gesprochen, gesungen, getanzt, illuminiert, aber das schreibt für mich niemand.«

Wenn ich unser Gespräch über die Bedingungen und die Situation des Operntheaters in unserer Zeit überdenke, möchte ich fast daraus folgern, daß Sie, Herr Professor Felsenstein, sich nicht der provokativen Forderung von Pierre

Boulez anschließen wollen, alle Opernhäuser in die Luft zu sprengen?

Ich bin dagegen, daß alle Opernhäuser in die Luft gesprengt werden, ich bin dafür, die Opernhäuser zu erhalten und die Leute, die darin arbeiten und in diesen Opernhäusern keine Kunst machen, zu vergiften. Denn diese Leute vergiften die Opernhäuser. Das ist eine Pointe, nicht?

[Leben ohne Liebe ist Tod] 1974

Hermi Löbl: Warum haben Sie sich gerade dieses vertrackte »Käthchen von Heilbronn« zum Inszenieren ausgesucht?

Walter Felsenstein: Dieses Stück ist, wie alle Stücke von Kleist, ein Schlüssel zu seinem Wesen. Sein privates Leben war zerrissen, unglücklich, und er hat sich immer nur in seinem Beruf zu bestätigen gesucht.

Geht uns Kleist heute noch etwas an?

Das ist, als ob Sie einen Psychoanalytiker fragen würden, ob ihn Menschen etwas angehen. Auch der braucht Behutsamkeit, Liebe, Kraft und viel Geduld, um etwas herauszuschälen. Das gleiche gilt am Theater für den Regisseur und für ein Publikum, das zuhören will. Aber dann darf Theater nicht Repräsentation sein, wo man Schmuck und Abendkleider zeigen will. Wenn Kleist sagt, daß »Leben ohne Liebe Tod« bedeutet, dann ist das etwas, was uns auch heute angeht. Natürlich kann man alles reduzieren. Dann ist Theater Prostitution. Aber Theater ist Eros. Mit allem, was man darunter versteht: Geist, Herz und Blut...

... ich wollte, ich müßte nicht skeptisch ins Theater gehen.

Wahrscheinlich haben Sie sogar recht. Wir kochen heute, der Umstände wegen, vielfach mit Wasser. Das ist deprimierend für einen alten Theatersklaven wie mich. Aber wer sich diesen Beruf aussucht, ist selber schuld. Damals war ja alles anders. Meine Sprachlehrerin hier in Wien hat mich sogar geschlagen, wenn ich etwas nicht richtig gekonnt hab'. Dann bin ich nach Lübeck gegangen und habe in einem Jahr neunzehn Rollen gespielt, vom Romeo bis zum Prinzen in »Alt-Heidelberg« – als Abschiedsvorstellung. Denn da war ich schon ein »Star« und größenwahnsinnig, weil man mich nach Mannheim für das erste Fach verpflichtet hatte. Dort hat mich gleich zu Anfang ein Regisseur gefragt: »Wer hat dir ins Maul geschissen?« Von da ab hab' ich geschaut, auch ohne Regisseur zurechtzukommen. Ob ich deshalb selber einer wurde? Ich weiß es nicht. Damals war es eher Überheblichkeit, heute seh' ich es als tragischen Umstand.

Der Direktor hatte mir den Fritz in »Liebelei« von Schnitzler versprochen. Dann fiel der Regisseur aus. »Dann mache ich eben beides«, sagte ich. Es war so ein Erfolg, daß ich gleich anschließend »Bohème« inszenieren durfte. So begann es. Ich wurde nach Basel verpflichtet und habe dort in zwei Jahren in Unkenntnis und Rausch achtunddreißig Inszenierungen gemacht. Herterich wollte mich anschließend am Burgtheater haben und Ebert in Darmstadt. Da habe ich meine Grenzen erkannt und bin nach Freiburg gegangen.

Dann kamen Köln und Frankfurt; ich wurde wegen meiner jüdischen Frau aus der Reichstheaterkammer ausgeschlossen und ging nach Zürich. Heinrich George hat es trotzdem gewagt, mich nach Berlin ans Schiller-Theater zu holen. Und nach dem Krieg – aber das wissen Sie ja alles: hier im Ronacher »Die Räuber« und »Der Widerspenstigen Zähmung«, im Akademietheater »Die Irre von Chaillot« und »John Gabriel Borkman«. Und dann wollten die Amerikaner nicht, daß ich wiederkomme, weil ich inzwischen in Moskau war und die Komische Oper im russischen Sektor von Berlin übernommen hatte. Die leite ich nun seit 27 Jahren. Das ist lang.

Möchten Sie aufhören?

Wenn ich ein Egoist wäre, würde ich es tun. Man kann aber ein Kind nicht im Stich lassen. Und ich habe es versäumt, einen Nachfolger heranzuziehen. Aber ich habe vieles verwirklichen können, was woanders vielleicht nicht möglich gewesen wäre, nämlich: Musiktheater zu machen. Theater muß immer etwas Totales sein.

Über Werke und Konzeptionen

Die aus der Werkkenntnis erwachsenden Aufführungsabsichten müssen zur werkgerechten Regiekonzeption führen. Man spricht jetzt sehr viel von Konzeptionen – solange sie aber nur Selbstzweck sind oder nur das subjektive Verhältnis des Regisseurs zum Werk widerspiegeln, solange sie nicht auch im Detail dem Werk objektiv entsprechen, sind sie unbrauchbar. Deshalb lehne ich auch Aktualisierungen ab. Wo das unabdingbar erscheint, ist offenbar die Aktualität des Werkes fragwürdig, und dann soll man lieber ein neues Stück schreiben.

(1962)

[Ich bin ein Fanatiker der Wahrheit] 1961

Jedes Werk, das wir aufführen, wird in den Zustand völliger Unbekanntheit zurückversetzt.

Das ist die Konsequenz aus zahllosen Erfahrungen. Es ist unfaßlich, was eingesessene Vorurteile, schlechte Erinnerungen und falsche Bildungsinformationen anrichten. Wenn ich nur an die »Zauberflöte« denke. Seit der Gründung der Komischen Oper war ich immer wieder gedrängt worden, sie zu inszenieren. Immer wieder wich ich aus. Ich hatte nicht den Mut, meinen Mitarbeitern und den Freunden, die mich drängten, einzugestehen, daß ich sie für ein schlechtes Stück hielt – ich hatte sie deshalb auch noch nie inszeniert – und daß sie mich streckenweise sogar langweilte. Ich war infiziert von der allgemeinen Meinung, die sich über die »Zauberflöte« gebildet hatte. So konnte und kann man das doch überall lesen: ein dummes Stück von einem Wiener Vorstadttheaterdirektor, zu dem Mozart herrliche Musik geschrieben hat; eine unmögliche Handlung mit einem Bruch, der mittendurch geht; irgend etwas muß diesen Schikaneder während der Arbeit bewogen haben, aus der Königin der Nacht, die zuerst eine gute Frau war, eine böse zu machen, und umgekehrt aus dem Sarastro, der im ersten Akt ein böser Mann ist, einen guten. Das hatte ich blindlings übernommen – kein Wunder, denn die Aufführungen, die ich gesehen hatte, waren ja so gespielt worden. Trotzdem, ich konnte mein ungeprüftes Widerstreben auf die Dauer nicht verantworten. Ich mußte mich endlich mit Libretto und Partitur des Werkes gründlich befassen. Die Oper wurde angesetzt. Wir kamen zunächst nicht weiter. Aber während einer unserer Arbeitslektüren – ich denke noch heute an den Tag – kam der Augenblick, in dem ich aufsprang vor Überraschung und Aufregung. Wir entdeckten ein neues, ein nie gespieltes Stück, ein Stück, das offenbar nur einer gekannt hatte, der, der die Musik dazu geschrieben hat. Damals nahm ich mir vor, nichts mehr zu glauben, was in den Büchern steht, nichts mehr blindlings zu übernehmen, was sich in meiner Vorstellung festgesetzt hatte, jedesmal völlig neu anzufangen, den Text und die Musik erst einmal so zu verstehen, als wären sie noch nie interpretiert und »aufgefaßt« worden. Ich nenne das: »Wörtlichnehmen«. Und zwar ist es in erster Linie die Musik, die wörtlich genommen werden muß. [...]

»Das schlaue Füchslein« von Leoš Janáček
Komische Oper 1956

[Das Ungesagte zum Ausdruck bringen] 1958

Daß ich aufgefordert wurde, an dieser Diskussion teilzunehmen, verdanke ich lediglich dem Umstand, daß ich ein einziges Werk von Janáček interpretiert habe, nämlich »Das schlaue Füchslein«. Und das ist meines Erachtens zu wenig, um in diesem Kreis bedeutender Fachleute bestehen zu können. Ich bin auch in keiner Weise auf ein Referat oder etwas Ähnliches vorbereitet. Und so gestatten Sie mir, auf ganz persönliche und unmaßgebliche Art – aus meiner noch jungen Erfahrung –, etwas ganz Unwissenschaftliches über Janáčeks Besonderheit und über seine Interpretation zu sagen.

Ich glaube, der Mensch ist am einsamsten in den Erlebnissen und Empfindungen, an welche die Wissenschaft und die Ratio nicht heranreichen, in denen er sich in seiner Sprache auch niemandem mitteilen kann. Es ist die vornehmste Aufgabe der Kunst – und in ihr am ehesten der Musik –, den Menschen in diesen Bereichen von seiner Einsamkeit zu erlösen, die Menschen miteinander zu verbinden und sie an ihre Gemeinsamkeit glauben zu lassen. Große und unvergängliche Meister haben diese Aufgabe erfüllt und unzähligen Menschen geholfen, dieses Leben zu »bestehen«. Aber keiner noch hat diese Dinge, für die es keine Namen gibt, so direkt, so unmittelbar, so tief und nackt, so unmißverständlich und bestürzend gesagt wie Janáček.

Wo unsere unvergänglichen Klassiker und neueren Meister das musikalische Gleichnis für eine große Emotion finden, im Satz einer Sinfonie, in der Szene oder Arie einer Oper die Atmosphäre bezeichnen, dort findet Janáček in wenigen Takten die genaue und schonungslose *Vokabel* für das Unnennbare. Manchmal kommt es einem vor, als wäre in seiner Schrift die Musik ein völlig neues Mittel in der menschlichen Verständigung.

Ich bitte um Entschuldigung, daß ich mich in so ganz unwissenschaftlichen Äußerungen ergehe, aber ich glaube, daß Janáčeks Studium und Beherrschung der Sprachmelodie, des Volksliedes, jeder hörbaren Äußerung der Kreatur überhaupt, ein Studium, wie es noch kein Musiker vor ihm angestellt hat, daß dies alles ein einziger großer Akt seiner Liebe zum Leben und seines Mitleids mit dem Menschen ist. Alles erworben und immer wieder aufs neue versucht, um sich *wirklich allen Menschen* mitteilen zu können, um in ihre Vereinsamung vorzudringen und um sie entdecken zu lassen, daß sie nicht ganz allein sind. Und darum glaube ich, daß Freunde Janáčeks, wenn sie zusammenkommen, in erster Linie überlegen sollten, wie das Vermächtnis des Meisters am ehesten *allen* Menschen zugänglich gemacht werden könnte. Denn die Verbreitung des Werkes Janáčeks – darüber sind sich wohl alle klar – steckt erst in den Anfängen.

Es ist dies in erster Linie eine Frage der Interpretation. Jedes Publikum, das Janáček noch nicht gehört hat, ist ausnahmslos nicht in der Lage, seine Musik bei der ersten Begegnung zu verstehen. Das liegt daran, daß das Publikum seit Generationen an eine breitere Mitteilungsart von Musik gewöhnt ist. Es ist ihm sowohl in der älteren wie in der neueren Musik mehr Zeit gelassen, einen musikalischen Ausdruck aufzunehmen, sei es durch die Dauer einer musikalischen Phrase oder durch deren Wiederholung. Janáček dagegen hat eine Knappheit und Dichte der Mitteilung, die auf die Aufnahmebereitschaft und Aufnahmefähigkeit des Publikums nahezu überhaupt keine Rücksicht nimmt. Überdies ist der größte Teil des Publikums an eine überwiegend genießende, also passive Aufnahme von Musik gewöhnt. Janáček aber zwingt zur Kenntnisnahme des Inhaltes, weil jeder Text, jeder Ton eine unmittelbare Aussage darstellt.

Es kommt also bei der Interpretation auf äußerste Deutlichkeit und auf Plastik an, damit die Aufmerksamkeit und Neugier des Zuhörers zumindest so weit wachgerufen wird, daß der Wunsch in ihm entsteht, dieses Werk noch einmal zu hören und besser kennenzulernen.

Unter Deutlichkeit und Plastik der Interpretation verstehe ich – soweit es die Sichtbarmachung eines Janáčekschen Bühnenwerkes betrifft – eine möglichst allgemeinverständliche Darstellung alles dessen, was hinter den Worten und hinter dem Orchesterklang steht. Also keine vordergründige Inszenierung, die sich auf den äußeren Handlungsablauf beschränkt, sondern eine hintergründige Inszenierung, die das Verständnis der Musik wirklich fördert.

Aber auch die rein musikalische Interpretation ist nur dann deutlich und plastisch, wenn die Tempi, die Dynamik und der Instrumentalvortrag nicht für ein Auditorium von Musikfachleuten und Janáček-Spezialisten, sondern für ein zwar bereitwilliges, aber unvorbereitetes Publikum berechnet sind.

Ein weiterer Hauptfaktor der Interpretation ist die Übersetzung der Bühnenwerke in andere Sprachen. Gerade weil Janáček eine einmalige Erscheinung ist und bleiben wird, jedoch für die Zukunft unsagbar viel Anregungen zu geben und Einfluß auszuüben vermag, ist seine Verbreitung in allen Ländern erforderlich. Weil aber jeglicher Gesang in seinen Werken in erster Linie von der Sprachmelodie bestimmt wird, ist es von allergrößter Bedeutung, bei einer möglichst wort- und notengetreuen Übersetzung auch die Diktion und Melodie der jeweiligen Sprache in ausreichendem Maße zu berücksichtigen. Leider gibt es Beweise dafür, daß dies bisher nicht überall geschehen ist. Letztlich – und nicht in geringerem Maße – ist die Art der gesanglichen Wiedergabe für das Verständnis des Werkes und seiner Absichten von entscheidender Bedeutung. Vergessen wir nicht, daß die Mehrzahl aller Sänger an den Opernbühnen dem Vokalklang den Vorrang vor der Sprachplastik gibt, die Legato-Kantilene auch dort anstrebt, wo sie gar nicht hingehört. Bei Janáček kommt das reine Arioso nur in kurzen Strecken, manchmal nur ganz vereinzelt vor. Die Singstimme wird überwiegend für den sprachlichen Ausdruck, für die Charakteristik der Gestalt und der Situation eingesetzt. Das Cantabile ist – wo es Verwendung findet – viel öfter dem Instrumentalpart zugeteilt und bringt das

»Ungesagte« zum Ausdruck. Ich habe eine Aufführung von »Katja Kabanowa« im Gedächtnis, in der die Sänger nicht viel anders sangen als bei Puccini. Das Werk war unverständlich und langweilig.

Dagegen habe ich – als ich »Das schlaue Füchslein« an der Mailänder Scala einstudierte – die Erfahrung gemacht, daß alle Sänger, die doch gewiß mehr als andere im italienischen Belcanto zu Hause sind, von der Ausdrucksart und der Sprache Janáčeks fast ausnahmslos gefangen waren und in erstaunlich kurzer Zeit – wenn auch nicht ohne Widerstände und im Schweiße ihres Angesichts – sich zu der erforderlichen Deklamation führen ließen. Das Arbeitsverhältnis war wirklich sehr gut und die Aufführung von einem gänzlich Janáček ungewohnten Publikum ein eindeutiger Erfolg.

Ich glaube nicht, daß ich mit meinen Ausführungen den hier Anwesenden etwas Neues gesagt habe. Aber ich wollte auf die Grundsätze der Interpretation, die mir am wesentlichsten erscheinen, hinweisen, denn ich betrachte Janáček und sein Werk nicht nur dreißig Jahre nach seinem Tode, sondern auch noch vierzig und fünfzig Jahre danach als revolutionierend und richtungweisend für das gegenwärtige und für das zukünftige musikalische Theater.

»Ein Sommernachtstraum« von Benjamin Britten
Komische Oper 1961

[An Siegfried Melchinger, Stuttgart]

11. 3. 1961

Lieber Herr Doktor Melchinger!

Ihr Brief war eine große Freude. Herzlichsten Dank! Morgen sind es genau sieben Wochen seit meinem Unfall.

Der Zeitverlust ist unsagbar folgenreich und läßt alle Schmerzen, die ich ausgestanden habe, hinter sich. Ab kommenden Montag probiere ich wieder. Zunächst die in dieser Spielzeit erste Wiederaufnahme des »Othello« (zum erstenmal strichlos), daneben und anschließend konzentriert den »Sommernachtstraum« in der Hoffnung, ihn Ende Mai noch vor Schwetzingen herausbringen zu können.

Etwas sehr Komisches muß ich Ihnen erzählen. Da ich den »Sommernachtstraum« als sehr schwierig empfinde, habe ich zu meiner eigenen Beruhigung am Anfang meines Krankenhausaufenthaltes ausführlichere Regie-Notizen niedergeschrieben. Daraus entwickelte sich mit zunehmender Angst, nicht mehr fertig zu werden, allmählich ein für jeden einzelnen Takt ausgearbeitetes Anleitungsmanuskript, damit mein Assistent in meiner Abwesenheit wenigstens technisch, inhaltlich und choreographisch vorbereitende Informationsproben mit den Darstellern und den Kindern durchführen konnte. Mal sehen, ob und wieviel Zeit das erspart. Komisch finde ich das deshalb, weil ich mich seit vielen Jahren – freilich nach einem klaren Grundkonzept – aufs Improvisieren verlasse.

Ich freue mich natürlich, wenn Sie zur »Sommernachtstraum«-Premiere kommen können und werde Sie noch rechtzeitig vom genauen Termin benachrichtigen.

Mit herzlichen Grüßen

Ihr (Walter Felsenstein)

Regieausarbeitung

Die Handwerker

[...] Hier muß etwas über das Verhältnis der Handwerker zueinander eingefügt werden, das – soweit es ihr Dasein als Laienspielgruppe betrifft – nicht unkompliziert ist.

Der Kopf und allein geeignete Leiter ist aufgrund seiner Gediegenheit und – für einen Zimmermann beachtlichen – Belesenheit natürlich *Peter Squenz*. Aber seinen künstlerischen Ambitionen entspricht weder eine darstellerische Begabung noch sonst irgendeine attraktive Persönlichkeitswirkung, und so bleibt er zu seinem Leidwesen auf die Funktion des Spielleiters beschränkt. Da auch dieser durch Zettels Geltungsbedürfnis durchaus Grenzen gesetzt sind, sucht er durch Pedanterie und eine gewisse Lehrhaftigkeit seine Autorität zu wahren.

Des Webers *Klaus Zettel* Geltungsbedürfnis, Selbstbewußtsein und Spielwut sind allerdings grenzenlos, übertreffen sowohl sein künstlerisches Talent wie seinen Bildungsgrad bei weitem und sind für jeden, der ihm geistig nicht unterlegen ist, schwer erträglich. Aber sein Temperament, seine imposante – wenn auch keineswegs apollinische – Erscheinung und seine charmante Frechheit lassen an seinem Führungsanspruch keinen Zweifel hochkommen, und so sind sein Protagonistentum und seine Unentbehrlichkeit von allen – unbeschadet der Beurteilung seiner Eigenschaften – unbestritten.

Am meisten zu schaffen macht dies dem Bälgflicker *Kaspar Flaut*. Besteht sein Handwerk auch hauptsächlich in der Anfertigung und Reparatur von Blasebälgen und sonstigem Lederzeug, so versteht er sich immerhin auch auf die Dudelsack-Herstellung und -pfeiferei und fühlt sich – nicht nur deshalb und auch nicht mit Unrecht – den anderen in künstlerischen Dingen überlegen. Aber Selbstbewußtsein und Talent stehen bei ihm gerade in umgekehrtem Verhältnis zueinander wie bei Zettel. Seine körperliche Zartheit und die etwas hohe Stimme prädestinieren ihn zwar für weibliche Rollen, geben ihm aber zugleich das Gefühl männlicher Unterlegenheit. Zettel gegenüber befindet er sich in einem rührenden und unlösbaren Konflikt:

einerseits verachtet er dessen künstlerisches Tun als amusischen Dilettantismus und haßt die tyrannische Angeberei, andererseits bewundert er dessen Elan und Initiative, ohne die ihm seine eigene Spielleidenschaft unerfüllbar erschiene.

Ein vorbehaltloser Anhänger Zettels ist dagegen der Schreinermeister *Schnock*, ein – freilich nur körperlich – sehr gewichtiger Mann, in dessen Adern trotz Behäbigkeit und »langer Leitung« Theaterblut rollt. Zettel ist für ihn geradezu das, was er sein möchte und nicht sein kann.

Der tierische Ernst, mit dem der etwas bequeme Spengler *Tom Schnauz* seine mangelnde Körpergröße auszugleichen glaubt, gehört eigentlich zu der von Squenz vertretenen Vernunft und Mäßigung, aber Zettels Temperament, Hemmungslosigkeit und Willkür erscheinen ihm viel zu erstrebenswert, als daß er sie verurteilen könnte.

Der Schneidermeister *Matz Schlucker* hat's nicht leicht. Er ist lebhaft und intelligent, aber nicht sehr mutig und leider opportunistisch veranlagt. Sein Bestreben, sich mit Squenz und Zettel, aber auch mit Flaut stets in Übereinstimmung zu befinden, bereitet erhebliche Schwierigkeiten. – Aber trotz aller persönlichen Schwächen, trotz aller künstlerischen Unzulänglichkeit: wie ihr Anliegen diese sechs Leutchen über alle Gegensätzlichkeiten hinweg einigt, macht sie liebenswert und könnte manche Berufsschauspieler neidisch machen.

Zettels Verzauberung in einen Esel

2. Akt, 9. Bild
(Nummer 21/Takt 10 – Nummer 22/Takt 12)

Flaut hat nach dem kleinen Zwischenfall mit Schnauz das Bedürfnis, etwas Besonderes zum besten zu geben und improvisiert eine in der Rolle nicht vorgesehene »Thisbe-

Szene«, indem er neckisch (und rhythmisch genau) zum Vorhang tänzelt und hindurchschaut.

Squenz, der nach den Requisiten-Komplikationen endlich zu seinem Trunk kam, wird durch Schluckers Gelächter aufmerksam, geht zum Vorhang, zieht (Nummer 21/Takt 15) Flaut energisch zurechtweisend weg und will (21/16) zu seinem Platz zurück.

Auf Flauts treuherzig blöde Frage »Kom' ich jetzt dran?« dreht er sich verzweifelt um, erklärt ihm eindringlich erregt die Sachlage und setzt sich (22/12) wieder auf seinen »Regiesessel« – über das Buch gebeugt. Dies alles geschieht zum nicht geringen Amusement von Schnauz, der sich wieder auf seinen Platz setzt, Schnock und Schlucker, der (22/10) in Erwartung des Probenfortganges aufhört zu essen und den Proviantsack verschließt. Flaut stellt sich schuldbewußt und nunmehr doppelt ehrgeizig in Thisbe-Positur vor die linke Vorhangseite, Geste und Blick nach rechts gerichtet.

23/1-23/13

Er begeistert sich so an seinem Gesang, daß er (23/4) es sich nicht verkneifen kann, die Wirkung auf Schnauz und Schnock zu prüfen, die ihm applaudieren. Dadurch bemerkt der in sein Buch versunkene Squenz, daß Thisbe auf der falschen Seite steht, springt hin, stellt Flaut (23/6) auf seinen Platz vor die rechte Vorhangseite und setzt sich.

Flaut singt in wirklich rührender Ekstase, wird aber plötzlich textunsicher, dreht sich (23/10) um und bückt sich schnell nach seiner Rolle, die rechts I neben der Laterne liegt.

Schlucker, Schnauz und Schnock waren von seinem Vortrag so ernst angetan, daß sie an dieser Panne erschreckt teilnehmen und ihm gerne helfen möchten.

Squenz vermißt Text und schaut (23/13) erstaunt auf.

23/14-25/18

Flaut ist wieder im Bilde, wirft sich in zärtlich verzückte

Pose und singt – viel zu schnell – in bewußtloser Begeisterung drauflos.

Schnauz, Schnock und Schlucker zweifeln nicht einen Augenblick daran, daß sie Zeuge der theatergeschichtlich gültigsten Thisbe-Interpretation sind. Sie schauen – um seine beifällige Anerkennung herauszufordern (24/8) – auf Squenz, der aber (24/9) über Flauts Irrtum entsetzt aus seinem Buch aufschaut (25/1), nach links laufend ihm entgegentritt (Mitte links I) und Flaut – der (24/10) die Fermate selbstgefällig und lautstark zu seinen Kollegen singt –, aufgeregt gestikulierend und (25/5) ihm das Regiebuch vor Augen haltend, kritisiert. Während Flaut, ganz durcheinandergebracht, nochmals rasch in die Rolle guckt, nimmt Squenz (25/12) den Vorhang etwas beiseite, ruft nach hinten und geht (25/15) eilig auf seinen Platz zurück. Sein Verhalten Flaut gegenüber findet bei den anderen kein Verständnis. Sie sind daher sehr froh, als Flaut (25/16) mit neuem Elan die Phrase wiederholt.

25/19-25/20

Über dem Vorhang erscheint – für die Handwerker unsichtbar – Puck. In diesem Augenblick beginnt der Wald (sämtliche Kulissen fahren etwa 30 cm nach links, anschließend wieder nach rechts) zu taumeln. Mit Ausnahme von Flaut, der seinen Gesang mit geschlossenen Augen und in innigster Erwartungspose beendet, und Squenz, der keinen Blick von seinem Buch wendet, schauen die anderen entgeistert in die Höhe und um sich, so daß sie nicht sehen können, wie aus der Mitte des Vorhangs, hinter dem man den Gesangseinsatz Zettels hört, in der zweiten Hälfte des Taktes (25/20) ein Geschöpf heraustritt, das einem auf den Hinterbeinen gehenden Esel zum Verwechseln ähnlich sieht, dessen Gesicht aber unverkennbar die Züge von Zettel trägt. (Es ist für diese, vor allem aber für die darauffolgende Szene mit Titania von entscheidender Bedeutung, daß dieser Vorgang als glaubhafte Verzauberung und nicht als Belustigung wirkt. Es kann sich also – fern von jeder Maskerade – nur um eine in jedem Detail lebendige Verwandlung handeln). Erst auf das Stichwort »Thisbe« – während Puck wieder hinter dem Vorhang verschwindet – wenden sich Schnauz, Schnock und Schlucker Zettels Stimme zu, springen – da sie ihn sehen – mit einem Entsetzensschrei auf und sind im ersten Augenblick wie gelähmt:

Schnauz steht am hintersten Ende der linken Proszeniumswand, Schnock kniet Vorbühne links innen, Schlucker steht an das vordere Ende der rechten Proszeniumswand gepreßt.

Durch ihren Schrei aufmerksam gemacht, merken Squenz und Flaut jetzt erst, was geschehen ist.

26/1-26/2

Squenz fällt von seinem Klappstuhl, Flaut taumelt entsetzt (bis recht Mitte I außen) zurück. Die anderen drei schreien, aber wagen nicht, sich zu rühren. Da Zettel von seiner Verzauberung nichts weiß, kann er dieses Verhalten nicht begreifen und bleibt verdutzt (Mitte I hinten) vor dem Vorhang stehen. Er will Squenz fragen und geht (26/3-26/12) ein paar Schritte auf ihn zu, aber mit seiner ersten Bewegung löst sich die allgemeine Schreckenslähmung in panikartige Flucht. [...]

[An Benjamin Britten, Aldeburgh/Suffolk]

18.4.1961

Sehr geehrter Herr Britten!

Eine dringliche Frage, die Berliner Erstaufführung Ihrer Oper »Ein Sommernachtstraum« an der Komischen Oper betreffend, bewog mich, Ihnen diesen Brief zu schreiben. Doch kann der Ernst der Situation, die sich plötzlich aus unseren Vorbereitungsarbeiten ergeben hat und deren Klärung dieser Brief dienen soll, mich nicht hindern, Ihnen, hochverehrter Herr Britten, zuvor zu sagen, mit welcher Freude wir alle an der Inszenierung Ihres Werkes arbeiten. Unser Interesse wurde mit jedem erreichten Abschnitt der Proben – die sich als auch für unsere Verhältnisse außerordentlich umfangreich und mühevoll herausstellten – nur verstärkt und erfuhr auch keinen Rückschlag, als sich infolge mehrfacher Erkrankungen eine Verschiebung des Premierentermins notwendig machte.

Doch jetzt – da wir nunmehr auch die durch den Verlag erst nachträglich gelieferte Partitur heranziehen können – stellt sich plötzliche eine Schwierigkeit heraus, die nicht nur den Premierentermin, sondern die Inszenierung überhaupt in ernste Gefahr bringt. Sie ergibt sich aus der nachträglichen Einfügung einer »Quasi Polka« bei Buchstabe 73 der Partitur. Ich muß Ihnen, sehr verehrter Herr Britten, gestehen, daß meine Liebe zu Ihrer Oper als einem geschlossenen künstlerischen Ganzen durch diese Zutat (von der ich infolge des späten Eintreffens der Partitur und infolge einer Krankheit erst vor kurzem Kenntnis erhalten habe) einer schweren Prüfung unterzogen worden ist. Ich bin sicher, bisher durchaus in Ihrem Sinne und vor allem im Sinne Ihres Werkes gehandelt zu haben, wenn ich auch die weniger in den Vordergrund tretenden Figuren in ihrer allgemeinen wie in der spezifischen Situation sorgfältig angelegt habe. Meine besondere Aufmerksamkeit galt und gilt dabei den sogenannten Handwerkern, die gerade in der deutschen Skakespeare-Interpretation so oft in ihrem Charakter verkannt und verzerrt dargestellt wurden. Ich war glücklich, in Ihrer Oper eine Auffassung dieser liebenswerten sechs »Laienspieler« zu entdecken, die die meine ist. – Und nun die »Polka«, die nicht nur einen Fremdkörper in der Rolle des Schnock darstellt, sondern der Gruppe der Handwerker nach meiner Meinung überhaupt jeden »Ernst« ihres Charakters nimmt (der ja auch dann zu bemerken ist, wenn sie in ein parodistisches musikalisches Gewand gekleidet sind)! Wir alle, die wir an der Vorbereitung der Berliner Erstaufführung Ihres geschätzten Werkes arbeiten – neben mir auch Herr Generalmusikdirektor Kurt Masur, der Musikalische Oberleiter unseres Hauses –, können nur hoffen, daß Sie sich nach genauer Prüfung und Überlegung diesem Argument anzuschließen vermögen.

Und dieses Argument bringt nur folgerichtig die dringende Bitte mit sich, der Komischen Oper an der bezeichneten Stelle die Wiederherstellung der ursprünglichen Fassung zu gestatten und zu veranlassen, daß uns die entsprechenden Seiten der Partitur durch Boosey und Hawkes übersandt werden. [...]

Sicher werden Sie, sehr verehrter Herr Britten, sich unserer dringenden Bitte nicht verschließen.

Indem ich nochmals meiner Bewunderung für Ihr Werk Ausdruck gebe und meiner Freude, durch die Aufführung an der Komischen Oper zu seiner Verbreitung und sicher auch zu seinem weiteren Erfolg beitragen zu können, verbleibe ich in Erwartung Ihrer geschätzten – recht schnell erwünschten – Antwort

in vorzüglicher Hochachtung
Walter Felsenstein

[An Ernst Roth, Boosey & Hawkes]

6. 5. 1961

Sehr geehrter Herr Doktor Roth!

Gestern erhielt ich Ihren Brief vom 1. Mai. Ich danke Ihnen sehr, sowohl für die schnelle Antwort wie für Ihre verständnisvolle Haltung. [...]

Was die »Quasi-Polka« im 3. Akt betrifft, so kann ich mich Ihrer Meinung, »daß diese etwa 30 Sekunden Musik die Umstände nicht lohnen«, nicht anschließen. Diese Nummer widerlegt die gesamte vorangegangene Anlage der Figur des Schreiners Schnock, die – wie die Charakterisierung aller Handwerker – hervorragend ist. Schnock ist im Kreise der Handwerker der »Langsamste«. Mit der Polka wird er plötzlich ein lebhafter, außerordentlich geschickter Conférencier und Komödiant. Ich fände diesen Widerspruch nicht so bedeutungsvoll, wenn ich nicht eine so hohe Achtung vor der dramaturgischen Konsequenz, vor der menschlichen Gültigkeit und der außerordentlichen Poesie hätte, mit denen Benjamin Britten Shakespeares Werk nicht nur erfaßt, sondern in manchen Teilen übertroffen hat. Ich komme über diese Inkonsequenz nicht hinweg und bin aufrichtig unglücklich darüber, den Wunsch von Herrn Britten nicht erfüllen zu können.[...]

Ich habe immer noch die Hoffnung, daß Herr Britten sich entschließen wird, unsere Aufführung anzusehen und sich davon zu überzeugen, mit welcher Sorgfalt und mit welchem aufrichtigen Bestreben seine Intentionen in diesem Werk von uns beachtet werden.

Ich bitte Sie sehr darum, Herrn Britten von diesem Brief Kenntnis zu geben und dazu beizutragen, die Verärgerung, die er vermutlich der Komischen Oper gegenüber hegt, zu mindern.

Mit dem verbindlichsten Dank im voraus und mit vorzüglicher Hochachtung

Ihr sehr ergebener Walter Felsenstein

[An Benjamin Britten, Aldeburgh/Suffolk]

19. 5. 1961

Hochverehrter Herr Britten!

Wenn Sie auf Ihren so außerordentlich liebenswürdigen Brief vom 2. Mai erst heute eine Antwort erhalten, so liegt das nur an dem großen Zeitmangel durch die fast pausenlosen »Sommernachtstraum«-Proben, und ich bitte vielmals um Entschuldigung.

Sie haben mir mit Ihren Zeilen wie auch durch Ihr so überaus verständnisvolles Entgegenkommen und Ihre große Bemühung hinsichtlich der erbetenen Partiturseiten eine sehr, sehr große Freude bereitet, und ich möchte Ihnen im eigenen wie im Namen aller meiner Mitarbeiter meinen allerherzlichsten Dank dafür aussprechen.

Ihr Werk ist prachtvoll, aber ebenso anspruchsvoll und schwierig, wenn man es wörtlich und in jeder Einzelheit so interpretieren will, wie Sie es geschrieben haben. Die Genauigkeit und Verständlichkeit der Interpretation muß aber oberstes Gesetz sein. Und so dauert die Einstudierung doch länger, als wir gedacht hatten.

Wenn auch jetzt noch nicht mit Sicherheit behauptet werden kann, daß unsere Bemühungen um eine gültige Aufführung durchweg von Erfolg gekrönt sein werden, so möchte ich Ihnen doch versichern, daß Ihre Anwesenheit bei der Berliner Erstaufführung für uns alle – und zweifellos auch für das Publikum – eine außerordentliche Freude und Ehre bedeuten würde.

Empfangen Sie bitte noch einmal meinen allerherzlichsten Dank und seien Sie mit allen guten Wünschen ergebenst gegrüßt

von Ihrem Walter Felsenstein

[An den Darsteller des Flaut/der Thisbe, Werner Enders]

4.7.1961

Lieber Herr Enders!

Sie haben in der gestrigen Generalprobe die wirkliche Absicht und Triebfeder der Handwerker-Schauspieler in der Aufführung vor dem Herzog auf einen Gipfel gebracht, der schwer oder kaum wiederholbar sein wird. Damit sind der Ernst des Vorhabens und unsere Konzeption durchgesetzt. Mögen sich diese Sicherheit und Konsequenz auch auf alle anderen übertragen.

Vom 6.-9. Bild gab es wesentlich bessere Proben als die gestrige. Aber ich glaube, das betrifft nicht so sehr Sie.

6. Bild: Der Jubel über Zettels endgültige Annahme des Pyramus darf ruhig etwas lauter sein.

9. Bild: Bei Zettels Suche nach dem Kalender müssen alle »Mond scheint« in äußerster Ungeduld und Erwartung mitgesungen werden, bevor der Tuttieinsatz kommt.

Besonders klar und deutlich fand ich gestern die Suche nach dem Text im zweiten Arioso. Sonst war die Textverständlichkeit in den Handwerker-Ensembles nicht bedeutend.

14. Bild: Der zweite Thisbe-Auftritt zu Ninnis Grab schien mir etwas spät zu sein.

»Ich komme um – dich dort zu sehen« war leider nicht zu verstehen.

Vielen Dank für die großartige Zusammenarbeit und ein herzliches Toi-toi-toi für heute abend.

Ihr Walter Felsenstein

[An den Darsteller des Zettel, Rudolf Asmus]

9. 12. 1961

Lieber Herr Asmus!

An dem Mißglücken der gestrigen Aufführung hatten Sie zunächst keinen Anteil. Ihr erster Auftritt und Ihre ganze erste Szene waren hervorragend und ließen keineswegs erkennen, daß Sie sich nicht gut fühlten, wie Sie mir vorher mitteilten. Das 6. Bild litt nur unter dem zu schnellen Tempo Masurs. Nur der außerordentlich wichtige Satz »Jeder, der zu unseres Herzogs Hochzeit« war am Beginn nicht ganz verständlich.

Das 9. Bild war in erster Linie von Ihnen, aber auch von den anderen sehr gut und noch besser als das 6. Bild. Lediglich das Entdecken des für die Probe geeigneten Platzes war nicht überrascht genug und die Freude darüber etwas zu schwach: da Sie der einzige sind, der die notwendigen Einfälle für die Rettung des Stückes hat, müssen Sie nur darauf achten, daß alles, was Sie den anderen Handwerkern sagen, wirklich von Ihnen stammt, im Augenblick von Ihnen erfunden ist und nicht im Klavierauszug steht.

Nach der »Verzauberung« von den Meistern verlassen, ging es Ihnen gestern bei dem Lied, das Sie in Ihrer Angst singen, etwas zu gut.

Das für Sie gegebene Fest der Elfen begann Ihrerseits großartig, wurde aber nach dem Auftritt der Musikanten merkwürdig müde. Das Angebot Titanias »Möchtest du Musik?« wird von Ihnen doch begeistert angenommen. Und Ihr Satz »Oh, in Musik ist mein Ohr ganz passabel« darf nichts Herablassendes haben. Nach dem ersten Kobold-Tanz ist doch Zettel begeistert, sonst würde er nicht dirigieren und so ekstatisch tanzen, daß er vor Erschöpfung in seligen Schlaf sinkt.

13. Bild: Nach Ihrem Erwachen müssen Sie präzise am Ende des siebenten Taktes nach Ziffer 25 den Vorhang vermissen, sonst versteht man nicht, daß Sie im folgenden Satz »wie war's gleich« die Stelle suchen, an der die Szene zwischen Pyramus und Thisbe bei der Probe unterbrochen wurde.

Bis zur Entdeckung, daß Flaut fehlt, besteht kein Anlaß zum Laufen; erst jetzt gehen Sie angsterfüllt weiter, weil Sie Squenz suchen.

Die Erinnerung an den herrlichen Traum beginnt bereits mit dem Einsatz der Klarinette während des Satzes »... und lassen mich hier«.

Der ganze Monolog war insofern gut, als Sie ihn virtuos beherrschen, aber nicht ganz frei von einer gewissen Routine.

Da Sie nach dem ersten Walzer-Satz »Kein Aug' hat's jemals gehört« von Masur den Einsatz erfragten, waren die Achtelläufe der Klarinette zwischen den Sätzen leider nicht von Ihnen, Sie sind in Ihrer stetig wachsenden Freude wichtiger als die Sätze selbst und führen auf den Höhepunkt »was mein Traum war«.

Der von Ihnen in der Aufführung vor dem Herzog in allen Einzelzeiten hervorragend gespielte Pyramus war entwertet, weil Sie und alle anderen Handwerker weder beim Auftritt noch später zum ersten Mal vor der Öffentlichkeit standen und noch dazu am Hofe des Herzogs. Es fehlte das Lampenfieber. Sie benahmen sich wie auf einer Probe untereinander.

Ich äußere diese Kritik ohne jeden Vorwurf, weil ich mir vorstellen kann, daß die zahlreichen technischen und sonstigen Pannen dieses Abends für eine geglückte Konzentration reichlich hinderlich waren.

Aber ich hoffe sehr, daß die morgige Aufführung wieder unseren Standard erreichen wird.

Mit herzlichen Grüßen
Ihres Walter Felsenstein

»Ritter Blaubart« von Jacques Offenbach

Komische Oper 1963

[»Blaubart«-Notizen]

Nr. 1: Die Schäfer-Idylle (Ausführung aller ländlichen und Natur-Details, der Schmetterling, Saphirs und Fleurettes Verhalten) muß eine opernhistorisch festliche Heiterkeit haben. Man darf aus der geschmacklichen Zeitdistanz heraus lächeln können, aber keinen Augenblick eine parodistische Tendenz spüren. Emotionelle Glaubhaftigkeit und ballettmäßige Präzision dürfen einander nicht im Wege stehen.

Zwischen dekorativer Lösung (Parkett, Portalschmuck, anachronistische Naturelemente) und personeller Darstellung (einschließlich Kostüm und Maske) besteht eine Diskrepanz, die das Publikum dauernd in Ungewißheit läßt. Es wäre ideal, wenn laute Lacher von anderen Besuchern empört zur Ruhe verwiesen würden.

Wenn das Allegro-Duett belacht wird, dann soll das ebenso aus Entzücken über so viel Verliebtheit wie kopfschüttelnd über so viel Albernheit geschehen. An den Empfindungen des Liebespaares darf nicht gezweifelt werden. Der Verkehr der Darsteller mit dem Publikum zeigt, daß sie sich der Vorführung eines Theaterspiels bewußt sind, das sie aber in diesem Augenblick ernst nehmen. Fleurette und Saphir sind zwar sympathisch, aber unmißverständlich dem höfischen Bezirk des Stückes zugehörig, dessen extremste Erscheinung – im kritischen Sinne – König Bobèche ist.

Nr. 2: Boulotte ist – als Gegenspielerin der ebenfalls kritisch gesehenen Titelfigur – die zentrale positive Erscheinung des Stückes. Das »kräftig dralle Kind vom Lande« kann auf Blaubart nur dann die dramaturgisch erforderliche totale Faszination ausüben, wenn sie sich von der Blaubart ja bekannten Dorfbevölkerung abhebt.

Daß sie mit ihrem hemmungslosen Verlangen nach Saphir eingeführt wird, hat nur den Sinn, die Elementarkraft vorzustellen, die mit dem ganzen Feudalpack Schlitten fahren wird. Das Auftritts-Couplet (nicht umsonst im breiten 6/8-Takt) und ebenso die anschließende Szene mit Saphir müssen unkomödiantisch, urwüchsig, mit fast gefährlichem Temperament, aber ebenso charmant und graziös gebracht werden.

Nr. 2a: Popolani und Graf Oskar sind Schlüsselfiguren, weil es von ihrer Darstellung abhängt, ob die Pointe, auf die das Stück aufgebaut ist, als Überraschungseffekt bis zum richtigen Zeitpunkt aufbewahrt werden kann.

Beide hassen ihre Herren, weil sie ihnen unentrinnbar ausgeliefert sind. Jeder von ihnen hat ein doppeltes Geheimnis zu hüten: die Morde, die ihm aufgetragen wurden, und das Versäumnis der Morde. Bekennen sie sich als Mörder – werden sie geköpft, entdecken ihre Herren, daß die Opfer noch am Leben sind – sind sie ebenfalls geliefert. Sie können sich daher – obwohl alte Freunde – einander nicht anvertrauen.

Diese als Stückexposition recht umfangreiche Szene ist langweilig, wenn nicht beide Figuren auf das Publikum, das ja von alledem nichts weiß, geheimnisvoller wirken als in einem Kriminalreißer. Das ist nicht möglich bei unverbindlich geheimnisvoller Schauspielerei, sondern nur durch konsequente Durchführung der Konflikte.

Graf Oskars Interesse für Blaubart, das Popolani in arge Verlegenheit bringt und zunächst sogar die Suche nach der Prinzessin zurückdrängt, hat einen triftigen Grund. Seit des Königs Kanonen für den Guß seines Reiterdenkmals geopfert worden sind, muß er vor Blaubarts militärischer Überlegenheit bangen. Wäre für dessen Frauenmorde ein

Beweis zu erbringen, könnte er ihn vielleicht damit in Schach halten.

Nr. 3: Dem Aufruf gehorchend, kommen die Mädchen des Dorfes, aus Neugier die übrige Bevölkerung. Ihr Aussehen und ihr Verhalten sollen zwar sowohl die Groteske wie die soziale Anklage vermeiden, jedoch erkennen lassen, daß Bobèche von diesem Volk keine Unbotmäßigkeit zu befürchten hat. Dadurch wird auch die Unverwechselbarkeit der »Schäferin« Fleurette gesichert, Boulottes Wirkung auf Blaubart und ihre Isolierung von der Dorfgemeinschaft begreiflich.

[»Von Lust zu Schmerz unsagbar zarte Neige«]

Dieter Kranz: Der »Ritter Blaubart« wird einerseits häufig als vielleicht bedeutendstes Werk Offenbachs bezeichnet, andererseits konnte sich diese Opéra bouffe in Deutschland nie so recht durchsetzen. Wie erklären Sie diesen Widerspruch?

Walter Felsenstein: Das ist kein Widerspruch, sondern ein Beweis für das Unvermögen des deutschen Theaters. Sie sprechen zu meiner großen Freude mit Hochachtung von der Qualität des Werkes, aber es geschah meines Wissens nicht so häufig, wie Sie meinen, daß der »Barbe-bleue« als ein zentrales und bedeutendes Werk anerkannt wurde. Nahezu die gesamte Offenbach-Literatur hat sich distanziert zu dieser Opéra bouffe aus Offenbachs Meisterjahren verhalten – wobei dahingestellt bleibe, ob aus Kenntnis oder aus Unkenntnis –, zumindest hat sie keine sonderliche Begeisterung zu erkennen gegeben. Sie wissen, daß vor 30 Jahren in diesem selben Haus der »Ritter Blaubart« gegeben wurde mit Leo Slezak in der Titelrolle und Käthe Dorsch als Boulotte.

Aber trotz einer so prominenten Besetzung war dem Werk damals kein Erfolg beschieden. Aus welchen Ursachen wohl?

De mortuis nihil nisi bene. Aber ich kann mir nicht vorstellen, daß Leo Slezak und Käthe Dorsch in dieser Inszenierung mehr in dem Stück gesehen haben als nur einen Spaß. Aber dafür läßt es sich nicht gebrauchen. Auch einige Neubearbeitungen des Werkes, die nach 1945 herausgebracht wurden, fanden keinen Anklang. In ihnen wurde versucht, die Fabel, Einzelheiten der Handlung und den Sprachduktus grundsätzlich zu ändern, gewissermaßen das für unbrauchbar gehaltene Stück gewaltsam zu »retten«.

Ein Widerspruch tut sich erst da auf, wo man versucht, bis in die Tiefen dieses abgründigen Meisterwerkes vorzustoßen, und sich so Kenntnis und Erkenntnis verschafft von dem, was Offenbach vorgeschwebt hat. Dann fragt man sich allerdings, warum »Ritter Blaubart« nicht längst eingereiht wurde in die Kette der großen Ereignisse des Welttheaters, als geniales Belegstück jener Comédie humaine, die – wenn auch mit gänzlich veränderten Vorzeichen – sich in jeder Gesellschaftsordnung, auch in der unseren, abspielt.

Das Werk ist so anspruchsvoll, sowohl was die Besetzung als auch was die Interpretation betrifft, daß ich kaum eine Bühne wüßte, die es so spielen könnte, wie es Offenbach gemeint hat. Daß wir eine Aufführung wagten, liegt an der Zusammensetzung unseres Ensembles, in dem einige hervorragende Kräfte sich besonders für dieses Werk eigneten. Ich spreche dergleichen selten und ungern aus, aber ich muß sagen, daß ich unsere Besetzung für schlechthin ideal halte.

Einer von den wenigen, die den »Barbe-bleue« richtig verstanden, war der Wiener Publizist und Schriftsteller Karl Kraus, der als Theoretiker und Praktiker Bedeutendes für das Offenbach-Verständnis geleistet hat und neben anderen

Werken auch den »Blaubart« immer wieder in seinem »Ein-Mann-Theater« vortrug. Man muß, glaube ich, mehr als nur eine freundliche Geste darin sehen, daß Sie im Programmheft zu Ihrer Aufführung das »Offenbach«-Gedicht abdrucken und sich damit ausdrücklich zu Karl Kraus bekennen.

Ich glaube, daß wir ohne Karl Kraus vielleicht gar nicht in der Lage wären, Offenbach so zu spielen. Kraus war meines Erachtens nicht nur Publizist, sondern ein wirklicher Dichter. Er hat – wie Sie richtig sagen – Offenbach nicht nur erkannt, sondern auch in werkgerechter Interpretation weiterverbreitet.

Viele, die Offenbach heute und in jüngerer Vergangenheit richtig verstehen, haben das bestimmt (ohne daß es ihnen bewußt ist) Karl Kraus zu verdanken. In dem erwähnten Gedicht hat der Dichter Kraus im vollen Bewußtsein dessen, was der Offenbach-Interpret Kraus wollte, gesagt, worum es hier geht: »O Offenbach, von dessen Zaubergeige das Wunder blaut wie jenes Ritters Bart – Du aller Welten holde Gegenwart, von Lust zu Schmerz unsagbar zarte Neige!« Diese letzten beiden Zeilen sind die dichterische Komprimierung dessen, was wir im »Barbe-bleue« entdeckt zu haben glaubten und was wir mit der Aufführung sozusagen gedachten; sie enthalten geradezu die Konzeption der Inszenierung. Zugleich findet man darin unsere Meinung begründet, daß eine sinn- und originalgetreue Interpretation des Werkes dem Musikalischen Theater ein für Deutschland geradezu neuartiges Genre erschließt, ein Genre, das zunächst jenseits von Ironie und Tragödie liegt.

Wenn Sie diese »unsagbar zarte Neige« sozusagen als konzeptionellen Kern bezeichnen, darf man also schlußfolgern, daß es Ihnen auf die Gratwanderung zwischen Komödie und Tragödie, auf die Gleichzeitigkeit von Spaß und Ernst ankam?

Ja, und vor allem auf die Gleichzeitigkeit von Lust und Schmerz in bezug auf das Hauptthema des Stückes, in dem es ja immer wieder auf die vielfältigste Weise um die Liebe geht. Denn selbst im Mißbrauch der Liebe, wie er sich in der Polygamie des Blaubart äußert (wobei es ungerecht ist, von Mißbrauch zu sprechen, denn Blaubart liebt ja jedesmal aufs neue wirklich), selbst in allen diesen auf den Kopf gestellten, manchmal ironisierten Ausdrucksformen der Liebe ist doch stets ein Bekenntnis zum großen und wahren Eros enthalten.

Sie haben für Ihre Aufführung eine neue deutsche Textfassung hergestellt. Handelt es sich dabei um eine Bearbeitung? Haben Sie also dramaturgische Eingriffe vorgenommen, Musiknummern gestrichen oder hinzugefügt? Oder ging es im wesentlichen um eine behutsame Restauration des Originals mit dem Ziel, eine möglichst originalgetreue deutsche Fassung herzustellen?

Die Fassung folgt getreu dem originalen Ablauf der Szenen und Musiknummern; in den letzteren wurden nur geringfügige Kürzungen von Wiederholungen vorgenommen. Hinzugefügt wurde das kleine Melodram zwischen Popolani und Graf Oskar im 1. Akt...

Wohl, um nicht am Anfang das Publikum durch eine allzu lange Dialogszene zu ermüden...

Ja, und gleichzeitig, um eine höhere stilistische Ebene des theatralischen Spiels herzustellen. Hinzugefügt wurden außerdem das Couplet des Bobèche, das zwischen dem 3. und 4. Akt steht, sowie die kleine Melodie, die bei der Wiedererweckung der Boulotte auf der sogenannten Vogelorgel erklingt. Dabei bedienten wir uns anderer Werke Offenbachs. Da eine originale Partitur des »Blaubart« nicht vorliegt, hat Dirigent Karl-Fritz Voigtmann, der für die gesamte musikalische Einrichtung verantwortlich zeichnet, auch die Instrumentation hergestellt.

Aber nicht die relativ geringfügigen Änderungen am Notentext bestimmen meiner Meinung nach Wert und Wesen Ihrer Fassung, sondern Ihre Neutextierung, die den Esprit des Originals ins Deutsche überträgt.

Hinzugetan zu Offenbach wurde inhaltlich natürlich nichts – wer wollte Offenbach übertreffen! In den Gesangstexten wurde allenfalls zugunsten des Reimes verändert, der hier unentbehrlich ist, nicht nur als Form, sondern (wenn Sie sich das Blaubart-Auftrittslied vergegenwärtigen) auch als eigentlicher Träger des Witzes:

Seht, Soldaten, schon wieder ein Weib
ohnegleichen!
Sagt, warum mir das Schicksal die
herrlichsten Frau'n präsentiert
Und stets nach kurzer Zeit als rätselhafte
Leichen
Sie grausam mir entführt,
Sie grausam mir entführt.
Meine Erste ist entschlafen,
Der Teufel soll mich strafen,
Wenn ich je gewußt, warum!
Als den Tod der Zweiten, Dritten
Und der Vierten ich erlitten,
Bracht' der Schmerz –
Bracht' der Schmerz mich beinah' um.
Von der Fünften wär' zu sagen,
Daß nach dreizehn Ehetagen –
Es war wirklich gar zu dumm –
Ohne Gründe anzugeben,
Ging sie fort aus diesem Leben,
Machten sie die Parzen stumm!
Je suis Barbe-bleue!
Je suis Barbe-bleue!

Ah!
Ritter Blaubart ist – oho! –
Erst als Witwer richtig froh.
Ja, erst als Witwer bin ich froh,
Brenn' aufs neue lichterloh –
Hollaho! Ah –!

Die Prosaszenen wurden im Sinne einer Pointierung und dramatischen Straffung neu gefaßt, wobei der Text aus rhythmischen Gründen in den fünffüßigen Jambus gebracht wurde. Geringfügige Änderungen und selbständige Versionen enthält das Buch nur an wenigen Stellen, zum Beispiel bei der Selbstcharakterisierung des Blaubart, wenn er mit Popolani über die Gerechtigkeit seiner rasch wechselnden Ehen spricht. Ich glaube, daß die Sinntreue, auf die es allein ankommt, in jedem Fall gewahrt ist. Von dramaturgischen Eingriffen kann man keinesfalls sprechen.

In Ihrer Aufführung wird der buffoneske Charakter des »Barbe-bleue«, auf den das Werk zwar nicht ausschließlich festzulegen ist, obwohl er im Untertitel angesprochen ist, wird der Witz des Werkes auf oft originelle Weise auch szenisch evident. Ich denke da zum Beispiel an das Finale des 1. Aktes, das Sie sehr amüsant gelöst haben.

Wie hätte ich es sonst lösen sollen? Das Stück verlangt, daß Blaubart, der zum erstenmal ein Mädchen aus dem Volk heiratet und das ganze Dorf zur Hochzeit einlädt, mit Boulotte das Pferd besteigt und zu seiner Burg reitet, während das Volk hinterdreinläuft. Wie wollen Sie das anders zeigen?

Wie hat man es früher, in älteren Aufführungen gezeigt?

Ich weiß es nicht. Wahrscheinlich haben sie sich an die Rampe gestellt und gesungen. Aber man muß ja zeigen, wie Blaubart mit Gefolge den Schauplatz verläßt, was auch mittels Drehbühne nicht darstellbar wäre. Deshalb haben wir pantomimische Mittel eingesetzt: Der Zug ordnet sich; Blaubart und Boulotte besteigen die Rösser, die natürlich von Menschen dargestellt werden. Und wenn der ganze Zug sich dann mit Popolani an der Spitze, eingerahmt von Soldaten und mit dem hinterhertrottenden Volk in Bewegung setzt, so erfolgt das auf dem Platz, und zwar im Rhythmus, den die Musik angibt. Zunächst im Tempo des Trabes, später im rasendsten Galopp, ziehen die Dekorationsteile hinten vorüber, die den Schauplatz bis jetzt dargestellt haben. Ich habe also hier ein altes Theatermittel angewandt, das technisch durchaus unaufwendig ist.

Aber eine zündende Wirkung ausübt.

Wenn die Szene so wirkungsvoll ist, dann dank der Konzentration und pantomimischen Fähigkeiten der Darsteller. Möglicherweise gibt es Sänger, die dergleichen nicht auf Anhieb bewältigen können. Ich habe das unserem Chor vorgemacht, und die Probe hat genau zwanzig Minuten gedauert. Die haben das aus dem Ärmel geschüttelt.

Das Premierenpublikum hatte an diesem Finale solches Vergnügen, daß der Schluß fast im Jubel unterging.

Ich habe dieses Finale nur in den Proben gehört, in den Aufführungen noch nie. Es wurde immer vom Applaus verschluckt.

Am Rande scheint mir zu diesen Szenen noch bemerkenswert, daß Sie das Volk hier ohne alle Idealisierung zeichnen, zu der eine vulgärmarxistische Betrachtungsweise verleiten könnte.

Offenbach und seine Librettisten zeigen, daß die Landbevölkerung sich ausschließlich geehrt und gebauchpinselt fühlt, das tun zu dürfen, was Ritter Blaubart wünscht. Sie muß also nicht positiv, sondern lustig blöd gezeigt werden, als ein Instrument, dessen sich Blaubart bedienen kann.

Das Vergnügen des Publikums an Ihrer Aufführung vervielfacht sich, wenn es nicht nur die vordergründige Komik der Geschichte genießt, sondern auch die geistreichen Anspielungen Offenbachs, die parodistischen Elemente des Werkes versteht. Worauf bezieht sich die Parodie im »Blaubart«?

Ich habe Hemmungen, das Wort Parodie zu benutzen. Unter Parodie versteht man die ironisierende Imitation eines Stiles mit dem Ziel, etwas Bestimmtes zu verhöhnen. Das Vergnügen am Parodistischen ist eine ästhetisch ziemlich genau zu erfassende Sache, die beim Publikum Kenntnis des parodierten Gegenstandes voraussetzt und die ihm ein erkennend-distanzierendes Vergnügen schafft. Aber darum geht es im »Blaubart« nicht in erster Linie. Parodie findet sich hier – ohne daß sie das Wesen des Werkes ausmacht – vielfach und in verschiedenen Abstufungen. Die Pastorallyrik der musikalischen Einleitung und der ersten Szene zwischen Fleurette und Daphnis zum Beispiel ist unmittelbare Parodie, historisch aus der Gesellschaft Frankreichs zur Offenbach-Zeit zu verstehen, aber im Zeitalter thüringischer Reiseandenken und erzgebirgischer Papierblumen unverändert gültig. Auch den Schmachtfetzen von einem Kußwalzer im 2. Akt kann man mit Vergnügen als musikalische Parodie erkennen und verstehen. Aber dahinter steht eben doch mehr, sowohl was Erkenntnis als auch was ästhetische Interpretation anbelangt. Denn diese Pastoral- und Walzerparodien charakterisieren zugleich in echt musikdramatischem Sinne die falschen Schäfer und die Hofschranzen, die sie vorbringen. Die Gestalten sind also nicht nur die Träger der Parodie, nicht nur die Gefäße, in die der parodistische Witz ausgegossen wird, sondern sie besitzen dramatische Identität mit dem parodistisch Gemeinten. Für sie ist das wahr, was sie hier musikalisch oder szenisch nach dem Willen Offenbachs auszuführen haben.

Können Sie, was Sie theoretisch ausführten, an einem Beispiel belegen? Vielleicht an den ausladenden Opera-

seria-Koloraturen des Blaubart-Auftritts, die ja auch nicht nur parodistisch gemeint sind.

Natürlich nicht. Das Publikum lacht zwar mit Recht über diese Koloraturen. Aber wenn der Blaubart richtig dargestellt werden soll, müssen sie zugleich von echtem Gefühl getragen sein. Ich darf erinnern: Blaubart kommt eigentlich, um seine sechste Frau kennenzulernen, und sieht nun durch das Fernrohr in der Sänfte Hermia, die er spontan als siebente Frau in Aussicht nimmt, bevor er die sechste überhaupt gesehen hat. Das veranlaßt ihn, über sein tragisches Schicksal zu lamentieren, daß ihm immer die herrlichsten Frau präsentiert und dann als rätselhafte Leichen wieder entführt werden. Aber während er das scheinbar beklagt, ist er voll leidenschaftlichen Begehrens zu Hermia. Daraus erwächst nun überschwenglich eine Koloratur, die saukomisch wirkt, gerade weil sie von echtem Gefühl getragen ist. Parodie und Ernst sind also hier zwei Seiten derselben Sache.

Am engsten verschmelzen wohl Parodie und Ernst in der »Mordszene« des 3. Aktes ...

Sie können sicher keine einzige Stelle dieses großen Duettes Blaubart–Boulotte nennen, die ausschließlich parodistisch gemeint wäre ...

Ja, hier findet man eben jene unsagbar zarte Neige, von der Karl Kraus sprach.

Einerseits. Und außerdem handelt es sich um ein dramaturgisches Mittel. Offenbach und seine Librettisten wollten keine Zweifel am Tode der bisherigen Blaubart-Frauen und am bevorstehenden Tode Boulottes aufkommen lassen. Der Witz des 3. Aktes und des letzten Aktes wäre erheblich geschmälert, wenn das Publikum die Wahrheit von vornherein wüßte. Ich halte es deshalb für bedauerlich und nahezu geschäftsschädigend für die Komische Oper, daß in einem Teil der Kritiken dieses Geheimnis schon gelüftet wird.

In dieser »Mordszene« bezieht sich Offenbach ja deutlich auf Verdi. Der Akt beginnt ja schon mit einer Gewittermusik, die unverkennbar auf den »Rigoletto« gemünzt ist. Und wüßte man nicht, daß der »Othello« zwanzig Jahre später komponiert wurde, könnte man die ganze Szene für eine »Othello«-Parodie halten.

Können Sie nachweisen, daß Offenbach die Gewittermusik aus »Rigoletto« parodiert hat? Oder gibt es vielleicht für Nacht, für Grauen, für ein bevorstehendes Unwetter gar keine populärere musikalische Erfindung als diese paar Takte von Verdi? Vielleicht sind die auch von Offenbach aus einem romantisch-schaurigen Bedürfnis heraus ernst gemeint? Man weiß es nicht! Er schmunzelt natürlich dabei, indem er keine eigene Gewittermusik schreibt, sondern eine fremde verwendet...

Aber um die genannten Beispiele zu verallgemeinern: Das Experiment der Inszenierung besteht darin, daß über weite Strecken der Aufführung versucht wird, auch im Publikum die Überzeugung hervorzurufen, daß diese oder jene Szene ernst und wahrhaftig gemeint sei und ganz ohne Reflexion im Sinne des Theaters aufgenommen und erlebt werden kann. Das ist ja auch gar nicht anders denkbar, weil die Wahrhaftigkeit des theatralischen Erlebnisses auch hier (nicht anders als etwa im »Othello« oder in der »Zauberflöte«) nur in der Einheit von Darstellung und Publikum zustande kommen kann. So gibt es in der Interpretation des »Blaubart« neben dem direkt Parodistischen zwei Bereiche theatralischer Ironie: erstens einen – ebenfalls unmittelbaren –, den das Publikum selbst sofort zu durchschauen vermag, und einen zweiten, bei dem es in den Erlebnisbann des Geschehens gezogen wird, so daß es sich aus ihm erst wieder lösen muß. Zu dem ersten Bereich könnte man etwa die physikalische Wiederbelebung Boulottes rechnen oder die Kanonendrohung Blaubarts. Weniger, was Boulotte betrifft, für die ja überhaupt bis zum Finale der Oper das Erlebnis völlig real ist, als in bezug auf Popolani und Blaubart. Hier sind die Übergänge ganz sacht und schwimmend, zum Beispiel bei Blaubart mit dem Schwanken zwischen Selbstbemitleidung, Sendungsbewußtsein, erotischem Tatendrang und verbrecherischer Absicht. In der Interpretation mischt sich da real Gemeintes und Ironisches so stark, daß sogar eine Auflösung und damit Distanzierungsmöglichkeit geboten werden mußte mit Blaubarts Frage an die angesichts des Todes verzweifelt niederstürzende Boulotte: »Ihr habt Euch doch nicht weh getan?!« Entsprechend dem Kulminationspunkt der Handlung, den der 3. Akt bietet, mußte hier die augenscheinliche »Verwirrung der Gefühle« konsequenterweise auf die Spitze getrieben werden, zumal sie nach meiner Überzeugung das ästhetische Wesen dieses Werkes ausmacht – »Verwirrung« natürlich in einem positiven, herausfordernden Sinne gemeint.

Wie Offenbach sich in seiner Partitur parodistische Anspielungen erlaubt, gibt es in Ihrer Aufführung auch historische Anspielungen – beispielsweise bei der satirischen Zeichnung des Bobèche. Ich habe Streitgespräche zwischen Zuschauern gehört, in denen die Meinung aufkam, die Figur des Königs sei satirisch überzeichnet. Mir scheint das ein Mißverständnis. Welche Einflüsse sind in diese Figur eingegangen? Welche Assoziationen sind beabsichtigt?

Natürlich ist Bobèche überzeichnet; in allen Zeiten wäre ein solcher König mitsamt seinem Reich innerhalb von vierundzwanzig Stunden bankrott! Das Theater »überzeichnet« immer! Ohne Überzeichnung kann man keine Kritik üben. Es ist doch interessant, daß sich die Streitgespräche nicht um die »Überzeichnung« des Blaubart oder Popolani drehen. Ich glaube nämlich, daß die im Grunde nicht weniger überspitzt und typisiert gesehen sind. Trottelhaftes, dabei grausames und verbrecherisches Herrschertum geht uns bei Offenbach besonders an die Nieren, weil wir es am eigenen Leibe erlebt haben. Sollten wir aber deswegen ausgerechnet bei einer solchen Gestalt vor der Typisierung zurückschrecken und uns der ästhetischen Möglichkeiten, die uns Offenbachs Werk bietet und die ja zugleich künstlerisch-kritische Möglichkeiten sind, begeben?

Bei Offenbach sollte die Figur des Bobèche zweifellos ganz aktuell den historischen dritten Napoleon denunzieren. In Ihrer Aufführung jedoch zielt die Kritik mit Recht nicht nur auf weit Zurückliegendes. Für einen Moment hört man schnarrende Hitlertöne. Im nächsten Augenblick glaubt man bei dem virtuosen Spiel mit einem mächtigen Globus eine parodistische, aber gleichzeitig ehrfurchtsvolle Reverenz an Chaplin und seinen Film »Der große Diktator« zu erkennen…

Ich habe dem Bobèche allerdings einige Hitler-Gesten, aber nicht die Hitler-Maske gegeben. Meiner Meinung nach wäre die Kritik eingeengt, wenn sie sich nur auf eine bestimmte historische Figur oder einen bestimmten Zeitraum bezöge. Bei einem Werk wie »Blaubart« ist Kritik nur dann Kritik, wenn sie aktuell ist. Und aktuell ist Kritik nur, wenn sie zeitlos ist. Jeder muß sich die Assoziationen wählen können, die sich ihm aufdrängen und ihn im kritischen Sinne beunruhigen.

Das Bühnenbild entwarf Wilfried Werz. Auffallend ist die Verwendung von Elementen aus verschiedenen Stilepochen bei der Gestaltung des Bühnenportals, ferner die Auslegung des Bühnenbodens mit Parkett – das Parkett der Offenbach-Zeit?

Das Stück spielt, wenn Sie wollen, in einem Salontheater. Auf das Parkett sind – so sparsam als möglich – die Dekorationsgegenstände gestellt, die den Schauplatz charakterisieren. Im 1. Akt also die Schäferhütten, ein Rasenfleck, ein Heuhaufen, darüber ein kleines Wölkchen, ein Kastanienzweig von der Seite hereinragend...

Welche Funktion haben die Elemente aus verschiedenen Stilepochen im Bühnenportal?

Diese Frage wäre besser von Herrn Werz zu beantworten. Es handelt sich um jene Stilelemente, die sich auch in der Offenbach-Zeit zu einem teilweise grausigen Kitsch vereinigten. Dieses dekorativ beherrschende, üppig und reich ausgeführte Portal korrespondiert mit einem Gegenstück auf der Hinterbühne. Es geht dabei nicht so sehr um eine Vermischung der Epochen. Sie ist nur als Achtungszeichen, als Hinweis auf die »Verwirrung der Gefühle« zu verstehen. Wir haben in erster Linie versucht, die architektonischen und malerischen Elemente der Offenbach-Welt Frankreichs von 1865 optisch so in Frage zu stellen, wie das Offenbach selbst insgesamt und in viel gesellschaftskritischeren Einzelzügen auch des »Blaubart« getan hat.

Worin bestand für Sie das Hauptproblem bei dieser Inszenierung?

Ich kann mich an wenige Inszenierungen erinnern, die so viele Schwierigkeiten bereitet haben wie diese. Die Vielfalt der einzelnen Fabelstränge, Themen und Handlungsdetails so zusammenzufügen, daß sie das Publikum nicht zerstreut, sondern konzentriert, das war sehr schwierig.

Welches ist Ihrer Meinung nach die tragende Idee des Werks?

Das Generalthema des menschlichen Eros bis an seine äußersten Grenzen, in allen seinen Spielarten zu erfassen, es bald heiter, bald ernst zu packen und aufzuheben, aufzulösen, um es ganz zu besitzen.

[An die Darstellerin der Boulotte, Anny Schlemm]

13. 7. 1963

Liebe Anny Schlemm!

Beim Diktat der Generalproben-Kritikbriefe entdecke ich, daß ich für Sie keine Kritik habe.

Wir haben uns wieder einmal verstanden, vielleicht noch mehr als bisher.

Ich danke Ihnen dafür und wünsche Ihnen ein herzlichstes Toi-toi-toi

Ihr (Walter Felsenstein)

PS: Etwas finde ich eben: Auf Popolanis Satz »Ich bin ein Mensch« ist Ihre Ergänzung »mit Herz« unverständlich und dadurch seine weitere Ergänzung »und Elektrizität« witzlos. Bitte, sprechen Sie mich diesbezüglich an.

[An alle »Blaubart«-Mitwirkenden]

16. 11. 1963

Das Werk »Ritter Blaubart« erforderte teilweise einen für uns bisher neuen Interpretationsstil, den das Ensemble – im ganzen gesehen – vorbildlich erarbeitet und zum Erfolg geführt hat. Das ist – nach den wiederholten Premierenhindernissen – besonders hoch anzuerkennen.

Daß seit Anfang Oktober mehrwöchige Intervalle zwischen den Aufführungen eintreten mußten, ist im Hinblick auf das ungewöhnliche Publikumsinteresse (seit »Hoffmanns Erzählungen« die stärkste Kartennachfrage) sehr bedauerlich. Für die Erhaltung der Aufführungsqualität bedeuten diese Pausen eine große Gefahr.

Gewisse Schwankungen in den künstlerischen Leistungen sowie technische Pannen in den bisherigen sechs Aufführungen dieser Spielzeit haben den Erfolg noch nicht geschwächt, aber sie waren vorhanden. Sie in Zukunft zu vermeiden, gibt es nur ein Mittel: den ernsten Vorsatz, die Aufführung ständig und in jeder Phase zu verbessern und zu erneuern. Da das Konzept in allen Einzelheiten bekannt ist und auch durchgeführt wird, kann dies – mit konsequenter Konzentration – jeder einzelne auf seinem Platz allein tun. Geschieht es nicht in eigener Initiative und Verantwortung, dann müssen Proben angesetzt werden, die natürlich nur auf Kosten einer anderen Produktion stattfinden können.

Die Aufführung ist so anspruchsvoll im Detail, daß sie schon bei geringem Nachlassen des Elans und der Präzision unverständlich und damit unerträglich würde.

Sprachliche und mimische Plastik!

Wahrheit und Partnerbeziehung!

Rhythmische Führung durch den Ausdruck (nicht Text und Noten aufsagen)!

Keine Sekunde ohne persönliche Meinung und Absicht sein!

Instrumentale und vokale Eleganz, Schärfe und Leichtigkeit!

Das sind meine herzlichen und vertrauensvollen Ermahnungen!

Toi-toi-toi

Ihr (Walter Felsenstein)

[An das »Blaubart«-Ensemble]

11. 7. 1971

Liebe Kolleginnen und Kollegen!

Lassen Sie sich – sofern ich nicht die Möglichkeit habe, jedem von Ihnen persönlich die Hand zu drücken – auf diesem Wege zur

150. Aufführung des »Ritter Blaubart«
aufs herzlichste beglückwünschen und für Ihre Verdienste an diesem Jubiläum ebenso herzlich Dank sagen.

Der unerwartet große und ungewöhnliche Erfolg, den dieses Werk bei der Premiere vor acht Jahren hatte, war unter anderem zweifellos darauf zurückzuführen, daß wir damit gegenüber den bis zu diesem Zeitpunkt gebotenen Aufführungen Neuland beschritten hatten. Wie alle unsere Aufführungen in der Qualität schwanken, so unterliegt auch die »Blaubart«-Aufführung diesem – leider unabänderlichen – Gesetz. Aber daß hier die durchschnittliche Qualitätsebene relativ hoch ist, liegt zweifellos daran, daß der schmale Grat, auf dem hier Spaß und Ernst balancieren, den Darstellern nicht weniger Freude bereitet als dem Publikum. In diesem Zusammenhang erinnere ich daran, daß dieser Erfolg sich in vierzehn Gastspielaufführungen – in Stuttgart, Stockholm, Moskau und Warschau – bestätigt hat.

Somit darf ich bei allen Beteiligten als durchaus bewußt voraussetzen, daß diese Aufführung in ihrer anspruchsvollen und kontrastreichen Konzeption nur hervorragend oder miserabel sein kann. Im Mittelmaß ist ihr Sinn nicht erkennbar.

Das heißt, wenn wir – was durchaus beabsichtigt ist – dieses Werk auf dem Spielplan erhalten wollen, müßten wir uns bemühen, die Aussagekraft dieser Inszenierung zu steigern, was nach den bisherigen Erfahrungen und mit der dazu erforderlichen Konzentration durchaus möglich ist.

Möge die aus diesem Jubiläum hoffentlich erwachsende Potenz der in dieser Spielzeit letzten Aufführung dieses Werkes – entgegen allen sommerlichen Ermüdungserscheinungen – auch auf die letzten zwei Wochen dieser Spielzeit ausstrahlen.

Herzlich Ihr Walter Felsenstein

»Don Giovanni« von Wolfgang Amadeus Mozart
Komische Oper 1966

[Donna Anna und Don Giovanni]

Konzeptionsnotizen, 1966

Was geschah in Donna Annas Zimmer zwischen ihr und Don Giovanni?

In der Fachliteratur gibt es darüber sehr verschiedene Meinungen. Mozart und da Ponte geben keine direkte Auskunft; zweifellos, um den Zuschauer zu zwingen, die Antwort aus dem Verhalten der Personen selbst zu finden. Das ist nicht leicht, bei unzulänglicher Darstellung ganz unmöglich. Aber eine werkgerechte, sorgfältige Interpretation diesseits, entsprechende Aufmerksamkeit jenseits der Rampe müßte den Wunsch der Autoren erfüllen können. Bei genauerer Untersuchung der Anna–Giovanni–Ottavio-Szenen (nicht nur im Text, sondern vor allem in der Partitur) gelangt man zu Vermutungen und Erkenntnissen, die nicht nur die geheimnisvolle Vorgeschichte enthüllen, sondern die dem Stückbeginn unmittelbar vorangegangene Begebenheit retrospektiv als Ausgangssituation für den größten Teil der gesamten »Giovanni«-Handlung erscheinen lassen und somit auch die Tragödie Donna Annas erst vollständig erkennbar machen.

Die Annahme, Giovanni hätte Anna besessen, setzt voraus, daß sie sich dem fremden Eindringling hingegeben hat oder von ihm vergewaltigt worden ist. Daß ersteres nicht stattgefunden haben kann, bedarf keiner Begründung. Eine Vergewaltigung widerspräche völlig Giovannis Wesen und Prinzipien. Sein Begehren entspringt der unendlichen Sehnsucht seiner Sinne, es idealisiert das jeweilige Opfer und verwandelt es in den geforderten Zustand. Das Weib fühlt sich ihm gegenüber der Wirklichkeit enthoben und erwidert das Begehren mit einer Leidenschaft, die es bisher nicht kannte und die es auch nie mehr vergessen kann. Diese Magie Giovannis ist absolut unwiderstehlich, in ihrer Ausübung besteht seine Lust, in ihr ist aber zugleich das unablässige Bedürfnis nach Steigerung, Wechsel und Vollendung begründet, das keine Moral kennt, jeden Widerstand besiegt und jedem Nachdenken über die Grenzen menschlicher Kraft unzugänglich ist.

Zudem: Wenn Giovanni bei Anna ans Ziel seiner Wünsche gelangt wäre, warum entzieht er sich nicht durch Flucht ihrem gefährlichen Bemühen, die Anonymität des Fremden zu enthüllen? Warum setzt er – der hochgeachtete Grande, Freund des Komturs und Ottavios –, von dessen Lebensführung außer Leporello kein Mensch in Sevilla etwas ahnt, sich der Gefahr aus, erkannt zu werden? Wie anders erhält das relativ ausgedehnte Duett der 1. Szene seinen Sinn, als daß Giovanni, dem sich noch nie ein Weib widersetzt hat, Annas Verhalten nicht verstehen und das Objekt seiner Begierde nicht preisgeben kann? Unfähig, die Niederlage zu erkennen, glaubt er, Annas Aggression überwinden zu können, bedenkt nicht, daß der nächtliche Lärm unvermeidlich Zeugen herbeiruft, und sticht – vom Komtur zum Zweikampf gezwungen – seinen Freund und Annas Vater nieder. Der Meister jeglicher Situation, dessen Lebenslauf bisher nur von seinem Willen und seiner Lust beherrscht war, verliert die Lenkung seines Geschicks. Giovannis Ende hat begonnen.

Wenn Giovanni demnach Anna nicht verführen konnte, dann gibt also ihre Erzählung (13. Szene, Rezitativ Nr. 10) über das, was sich zwischen ihr und ihm zugetragen hat, erschöpfend Auskunft? – Warum aber verschweigt sie ihrem Verlobten, da sie ihn holt, den Vater zu retten, die Ursache des Zweikampfs, nämlich die Begegnung mit dem Fremden in ihrem Schlafzimmer? Sie läßt Ottavio Rache für den Tod des Vaters schwören, noch nicht für die Verletzung ihrer Ehre. Ihr äußerst besorgniserregender Zustand läßt darauf schließen, daß Ottavio sie bereits am nächsten Morgen wieder aufsuchen und bis zur Begegnung mit Giovanni am Nachmittag nicht mehr allein lassen wird. Die im Libretto nicht genau angegebenen Tageszeiten lassen sich folgendermaßen ordnen: die 4., 5. und 6. Szene spielen am frühen Morgen nach der Unglücksnacht. Der Ball bei Giovanni (Finale I) findet am selben Abend statt. Da von der ersten Begegnung Giovannis mit Zerlina bis zum Beginn des Festes die Handlung ohne zeitliche Unterbrechung verläuft, kann die 7. Szene (Nr. 5, Chor) nicht früher als nachmittags angenommen werden.

Aber jetzt erst, da sie in Giovanni den nächtlichen Besucher erkannt hat – was ohne Berührung mit Elviras Schicksal (Nr. 9, Quartett) vielleicht nicht so bald geschehen wäre –, berichtet sie Ottavio von den Ereignissen der vergangenen Nacht, in einer Art, die uns klarmacht, daß das Erlebnis Giovanni sie nicht weniger aufwühlt als der Tod des Vaters. Erst jetzt fordert sie Rache an dem, »chi l'onore rapire a me volse« (der mir die Ehre rauben wollte).

Also belügt sie Ottavio?

Dazu ist sie kaum fähig. Ich bin überzeugt, daß kein Wort in ihrer Erzählung unwahr ist. Nur beschränkt sie sich auf die Darstellung der Fakten und erzählt nicht das, was durch das Geschehnis in ihr ausgelöst wurde (jedenfalls nicht mit Worten; Mozart sagt mehr). – Die Tochter des Komturs kann nur als ein nach strengen spanisch-katholischen Adelssitten erzogenes Mädchen angenommen werden. Nach dem frühen Verlust der Mutter lebt sie mit ihrem Vater in innigem Einvernehmen. Ottavio ist der erste Mann, dessen tiefe und beharrliche Liebe sie erwidern lernt. Auch der Vater begrüßt die Verbindung mit dem in jeder Hinsicht vornehmen und charakterfesten jungen Edelmann, und nach einer angemessenen langen Verlobungszeit steht die Vermählung unmittelbar bevor.

Für Don Giovanni war Anna bisher nicht mehr als das Töchterchen des hochangesehenen Komturs, dessen Wertschätzung er sich aus Prestigegründen sorgsam bewahrt, und neuerdings die Braut seines ihm ergebenen Freundes. Nach längerer Abwesenheit nach Sevilla zurückgekehrt und ausnahmsweise nicht »engagiert«, sieht er auf einmal in ihr das Weib, erkennt mit unfehlbarem Instinkt unerweckte Möglichkeiten, von denen Anna nichts ahnt. Da sie ihm als Don Giovanni unzugänglich ist, faßt er den Plan, nachts vermummt und unkennbar in ihr Schlafzimmer einzudringen. Diese Idee ist hinsichtlich der Gefährlichkeit und möglicher Folgen so absurd, daß sie dem erfahrenen, gleicherweise bedenkenlosen wie auf Sicherheit bedachten Abenteurer nur zuzutrauen ist, wenn man seine Leidenschaft in diesem Falle als – selbst für seine Verhältnisse – ungewöhnlich voraussetzt. Er vertraut auf die Wirkung seines Begehrens, mit Recht: Anna hat die plötzlich aufgetauchte Gestalt im Dunkel für Ottavio gehalten. Ihre mit der Vermählung beschäftigten Gedanken sind – trotz heftigen Erschreckens – dem kühnen und ganz unerlaubten Tun des Verlobten nicht gram. Doch ihre erstaunt zärtliche Anrede wird nicht erwidert. Er kommt schweigend näher, ganz nahe, die erste Berührung läßt sie den Irrtum erkennen, aber zugleich mit ihrer entsetzten Angst wird sie von einem nie gekannten, ungeheuren Gefühl erfaßt, dem sie sich nicht zu widersetzen vermag – die für Giovanni geborene Partnerin ist erwacht und stärker als Annas Bewußtsein. Ihr erster Schrei ist weniger Hilferuf als Ausdruck des Überwältigtseins. »Wer bist du?« Der maskierte Fremde hält sie umfaßt. Wenn er sich jetzt zu erkennen gäbe, sich zu ihr bekennen würde – es ist nicht abzusehen, was geschähe – Vater, Ottavio, Heirat sind vergessen, vielleicht hat Gott diese Verbindung gewollt – »Wer bist du?« Er schweigt und antwortet (wie bei Tirso de Molina): »Ein namenloser Mann.« Sie ist fast von Sinnen, aber Hingabe an einen, der nicht erkannt sein will: das wäre Degradation zur Dirne. Der aus Generationen ererbte Stolz bricht hervor und liefert Giovanni einen Kampf, der ihn zwingt, das Zimmer zu verlassen. Sie folgt ihm, ihre leidenschaftliche Erregung wandelt sich in Haß gegen einen Verbrecher, aber der Haß kann die Verzauberung, die ihr geschehen ist, nicht vergessen machen.

Aus Scham und verzweifelter Ratlosigkeit bringt sie es nicht fertig, den Vater anzusprechen und vom Zweikampf mit dem scheinbar allgewaltigen Frevler abzuhalten. Sie stürzt fort und holt Ottavio herbei – zu spät, der Vater ist tot. Wenn sie – aus ihrer Ohnmacht erwachend – Ottavio als Mörder anspricht, so beweist dies, daß sie in grenzenloser Verwirrung Ottavios Anwesenheit vergessen hat und ausschließlich mit dem Fremden, mit ihrem Schuldgefühl, ihrem ausweglosen Konflikt beschäftigt ist. »Fuggi, crudele, fuggi, lascia ch'io mora anch'io« ist der Notschrei einer dem Wahnsinn Nahen und könnte auch lauten: »Flieh und befrei mich von dir!« Es ist klar, daß sie sich niemandem anvertrauen kann, am wenigsten Ottavio.

Giovanni kann weder fassen noch sich damit abfinden, daß sein bisher leidenschaftliches Liebesverlangen unerfüllt bleiben soll. Da ihm eine auch nur annähernd vergleichbare Erfahrung fehlt, kommt die Situation einer Katastrophe gleich. Nur so ist die Hast zu verstehen, mit der dieser stets erfolgssichere Liebessouverän in neuen Abenteuern Selbstbestätigung sucht, die an Hilflosigkeit grenzende Unsicherheit, in die ihn die Wiederbegegnung mit Elvira versetzt, die selbst Leporello verblüffende, unüberlegte und billige Einladung zu der Bauernhochzeit auf sein Schloß, nur um mit

Zerline augenblicklich allein sein zu können. In ihrer Bezaubertheit und herrlichen Bereitschaft scheint er sich wiederzufinden. Da stürzt ihn Elviras Furioso (10. Szene und Arie Nr. 8) in völlige Ratlosigkeit. Aber sobald er Donna Anna trifft – und hoffen darf, von ihr nicht als der nächtliche Täter gesucht zu werden –, bietet er ihr in unmißverständlicher Absicht seine Hilfe an. Auch Elviras neuerliche Anklage (12. Szene), die er bei Anna und Ottavio vergeblich zu entkräften sucht und die ihn völlig bloßstellt, hindert ihn nicht, Anna (nicht Ottavio) erwartungsvoll in sein Schloß zu bitten. Obwohl wir Giovanni in den folgenden Szenen (15, 17, 18, 20) nur bemüht sehen, mit Zerlina ans Ziel zu kommen: Als Anna demaskiert vor ihm steht – es ist seine letzte Begegnung mit ihr –, da wendet er sich, ungeachtet der Bedrohung durch Ottavio und Elvira, nur an sie (»Ah credete!«), um sie von dem Glauben abzubringen, er hätte Zerlina verführen wollen.

An der Art, wie Giovanni sie auffordert, ihn zu besuchen, erkennt Anna in dem Freund, den sie eben vertrauensvoll um Hilfe gegen den Mörder ihres Vaters bitten wollte, den Verbrecher. Ihre Bestürzung und verzweifelte Wut, ihr empörter Stolz sind grenzenlos. Daß es Giovanni war, der sie begehrte, dem sie sich beinahe an den Hals geworfen hätte, der sie mißbrauchen wollte wie jedes andere Weib, nur auf seinen Ruf bedacht – das ist schlimmer als alles bisher. Jetzt erfährt Ottavio das, was er wissen muß, um ihre Ehre rächen zu können.

Wie Mozart Annas Erkenntnis, die Erzählung und ihren Ruf nach Rache komponiert hat, übertrifft an Dramatik sowohl das Anna–Giovanni-Duett wie alle an den Tod des Vaters gebundenen Phrasen der ersten Szene und müßte einen etwaigen Vorwurf, diese Auslegung der Anna-Handlung wäre willkürlich, entkräften.

Daß Anna gegen den selbst geforderten Rachevollzug Bedenken hat (19. Szene) und die Führung Donna Elvira überläßt, beweist nur die Unüberwindbarkeit ihres fürchterlichen Konfliktes. Nicht anders ist ihr »Io moro!« (20. Szene, Menuett) zu erklären, da Elvira sie auf die von Giovanni umworbene Zerlina aufmerksam macht. Mitgefühl, nicht Angst hindert Anna, sich Ottavio anzuvertrauen, dem sie durch das Verlöbnis unverändert und in tiefer Dankbarkeit verbunden ist. Aber wenn sie ihn bittet, mit der Eheschließung ein weiteres Jahr zu warten (2. Akt, letzte Szene), dann weiß sie, daß sie dieses Jahr nicht überleben wird. Schon vorher (12. Szene) läßt uns die von einer seltsamen Jenseitigkeit durchzogene Arie (Nr. 23) – deren Larghetto mehr Abschied als Gelöbnis ist und deren Allegretto moderato in zuversichtlicher Erlösungshoffnung leuchtet – kaum im Zweifel darüber.

Bekanntlich hat da Ponte das Buch Bertatis für die »Giovanni«-Oper von Gazzaniga, die unmittelbar vor der Entstehung des Mozartschen Werkes in Wien gespielt wurde, weitgehend als Vorlage benutzt. Dort bleibt Anna auf eine kleine Episode beschränkt. Da die hier angestellte Untersuchung weitaus mehr aus der Partitur als aus dem Text abzuleiten ist, liegt die Vermutung nahe, daß vor allem Mozart daran gelegen war, neben die sehr profilierte Elvira-Handlung eine gleichgewichtige Anna-Tragödie zu stellen.

Über Musik und Dirigenten

Natürlich ist es sehr, sehr schwer, eine Partitur genauso kennenzulernen, wie sie vom Komponisten gemeint ist. Wenn man sie kennenlernen darf – das ist etwas romantisch ausgedrückt –, bedeutet das in meinen Augen, ich sage das Wort sehr oft, eine Gnade. Dann ist diese Partitur ein so umfangreiches Regiebuch, wie man es mit Worten gar nicht beschreiben kann.

(1971)

[Mit Musik fängt alles an] 1961

Ich spiele kein Instrument. Ich muß mir die Partitur vorspielen lassen. Das geschieht, bevor wir uns überhaupt entschlossen haben, ein Werk auf den Spielplan zu setzen. Und es geschieht erst recht, nachdem dieser Entschluß gefaßt ist. In ihm ist freilich schon die Wahl des Dirigenten enthalten.

Wenn ich die Möglichkeit der Wahl habe, versuche ich, einen Dirigenten zu finden, der meine Auffassung des Werkes teilt. Wir müssen um so mehr übereinstimmen, als ich mich ja selbst ausschließlich von der Musik her dem Werk nähere. Wenn ich die »Zauberflöte« aus dem Pyramidenstil herausnehmen mußte, so lag das daran, daß ich ihn unvereinbar fand mit der Partitur. Während man mir vorspielt, entstehen Assoziationen – nicht etwa das, was man Regie-Gags nennt, die ich verabscheue –, sondern Vorstellungen von Ausdrucksmöglichkeiten, die immer mehr in eine bestimmte mimische und szenische Richtung drängen. Ich kann und will den Dirigenten nicht in diese Richtung zwingen; aber ich setze voraus, daß er die Auffassung, von der ich ihn in Kenntnis setze, akzeptiert. Dazu bedarf es unter Umständen keiner Diskussionen. [...]

[An Hans Oppenheim, London]

5. 9. 1948

Sehr verehrter Herr Oppenheim!

Haben Sie allerherzlichsten Dank für Ihren freundlichen Brief, den ich nur wegen dispositioneller Unklarheiten und auch verzögert durch die unter unwahrscheinlichen Schwierigkeiten vollzogene Eröffnung der diesjährigen Spielzeit, in keiner Weise jedoch aus Nachlässigkeit oder Gleichgültigkeit, erst heute beantworte.

Von Ihrer Londoner Tätigkeit weiß ich leider herzlich wenig. Aber Ihre berufliche Vergangenheit in Deutschland und Ihr damit verbundener Ruf veranlassen begreiflicherweise mein allergrößtes Interesse für eine Zusammenarbeit mit Ihnen.

Ich habe mich vor länger als einem Jahr erst nach längerem Zögern für das verlockende Angebot, eine deutsche »Opéra comique« auf die Beine zu stellen, entschlossen, weil ich nach immerhin zwanzigjähriger Erfahrung weiß, wie mangelhaft die personellen Voraussetzungen in Deutschland für eine konsequente Durchführung dieser Idee sind. Dieser Brief ist schon rein räumlich nicht geeignet, Ihnen zu schildern, wie ich nach einem Jahr praktischer Theaterleitung darüber denke. Ich habe A gesagt und muß auch B sagen; und ich möchte auch nicht undankbarerweise etwa leugnen, daß mir die Arbeit Freude macht. Aber so eine Sache, ernst gemeint, frißt einen heute restlos auf. Die außergewöhnlichen Erfolge, die dieses Theater bisher hatte, sind nicht etwa darauf zurückzuführen, daß die bisherige Arbeit im Sinne der Idee restlos gelungen wäre, sondern vielmehr darauf, daß das, was man in anderen Berliner Theatern zu sehen bekommt, trotz unleugbarer großer Bemühungen aufgrund der allgemein schwierigen Verhältnisse eben hinter unseren Bemühungen zurückbleibt. Spielplanmäßig heißt es vorsichtig zu Werke gehen, weil die wirtschaftlichen Verhältnisse dazu zwingen, das Publikum vorsichtig für die Ziele des Hauses (es war ja früher das »Metropol-Theater«, und die Berliner Theater-Geographie ist nach wie vor konservativ) zu gewinnen. Die künstlerische Konsequenz liegt also vorerst mehr im Aufführungs- und Inszenierungsstil als im Spielplan selbst. In der vergangenen, nur halbjährigen Spielzeit brachte ich die »Fledermaus«, Mussorgskis »Jahrmarkt von Sorotschinzi« und die »Kluge« von Orff. Die diesjährige Spielzeit eröffnete ich mit einer sehr originalnahen Fassung von Offenbachs »Orpheus in der Unterwelt«. Es folgen in den nächsten Tagen Donizettis »Don Pasquale«, die Urfassung der »Carmen« und der »Goldene Hahn« von Rimski-Korsakow. Weitere Pläne für diese Spielzeit habe ich mit Rücksicht auf die noch ungeklärte Währungslage noch nicht gefaßt.

Es wäre natürlich im beiderseitigen Interesse am schönsten, wenn Sie sich so rasch als möglich zu einer Informationsreise nach Berlin entschließen könnten. Gerade weil mein Interesse an Ihnen besonders groß ist, würde ich mir weniger von einer gastweisen Tätigkeit versprechen als vielmehr Ihre Überlegung abwarten, ob Sie sich für eine totale Ehe mit diesem Institut entschließen könnten. Bitte lassen Sie mich in jedem Falle wissen, ob ich mit einem baldigen Besuch Ihrerseits rechnen kann, denn gerade hinsichtlich der musikalischen Leitung habe ich alle wesentlichen Dispositionen noch offengelassen.

Mit den besten Wünschen und Grüßen
Ihres sehr ergebenen Walter Felsenstein

[An Arthur Grüber, Hamburg]

31. 3. 1951

Lieber Herr Grüber!

Ihre neuerliche Absage ist außerordentlich bedauerlich, aber ich kann ja nichts dagegen machen. Aus Ihren Mitteilungen entnehme ich mit größtem Erstaunen, daß Sie von Hamburg weggehen, und anläßlich des Vorsingens von Mitgliedern der Hamburgischen Staatsoper hier wurde mir dies auch bestätigt. Ist das künstlerische Seelenheil für Sie wirklich nur im Westen zu gewinnen? Das soll keinerlei Bedrängung bedeuten. Aber nach Ihren wiederholten Äußerungen über Ihre Einstellung der Komischen Oper gegenüber hätte ich schon ganz gerne eine Antwort auf diese Frage.

Mit den besten Wünschen und Grüßen
Ihres Walter Felsenstein

[An Albert Müller]

18. 4. 1952

Sehr geehrter Herr Dr. Müller!

Sie zwingen mich zu dem von mir wenig geschätzten Weg der Korrespondenz, wo einzig das persönliche Wort am Platze wäre. Ihr Brief ist nicht schön und hat mit dem von Ihnen zitierten Friedrich von Schiller nichts zu tun. Nicht deshalb, weil er ausfällig und teilweise persönlich beleidigend ist, sondern weil Sie dieser Aggressivität, für die ich durchaus Verständnis habe, ein ganzes Jahr lang in jeder Beziehung aus dem Wege gegangen sind und damit zu diesem Zeitpunkt auf schriftlichem Wege einen Ihrer vermutlichen Absicht entgegengesetzten Eindruck erwecken.

Mein größter – nicht mein einziger – Fehler als Intendant ist die Neigung, die für den Partner unangenehmen Wahrheiten und Tatsachen aus menschlicher Sympathie in möglichst schonender Art zu äußern. Dadurch leidet nicht nur die Verständlichkeit, sondern der Partner kommt – wenn nicht Selbsterkenntnis und Selbstkritik seine starken Seiten sind – zu der Meinung, daß bei mir an »Menschlichem nicht viel übrigbleibt, was zu schätzen ist«. Warum habe ich Zusagen nicht gehalten? Etwa um Ihnen zu schaden oder Ihnen Böses zuzufügen? Sie haben einen Vertrag als Erster Kapellmeister, der die Leitung der musikalischen Belange des Hauses verantwortet, mit mir abgeschlossen. Diese Verpflichtung war mit Zusagen Ihrerseits verbunden, die ich nicht als Phrasen, sondern als Verbindlichkeiten auffaßte. Als ich den Eindruck erhielt, daß diese Ihre Zusagen praktisch zu wenig oder nicht erfüllt wurden, habe ich wiederholt auf kameradschaftliche Art versucht, Ihnen die Zügel in die Hand zu drücken. Die Form, in der ich das getan habe, muß ich nach Ihrer jetzigen Haltung bedauern. Wenn ich alles das, was Sie mit »Krise«, »schlechter Strähne« und ähnlichen Erklärungen bezeichneten, nicht versucht hätte, menschlich zu verstehen und zu berücksichtigen, sondern Sie statt dessen angeklagt hätte, dann brauchte ich mich nicht den Vorwürfen auszusetzen, die Sie heute gegen mich erheben.

Indem ich zur Kenntnis nehmen mußte, daß Sie Ihre Position nicht ausfüllen, die musikalischen Belange dieses Hauses in keiner Weise beherrschen und die für dieses Institut erforderliche Autorität nicht ausübten, habe ich Ihre Fähigkeiten nicht bezweifelt und bezweifle sie auch heute nicht. Aber ich mußte daraus die Konsequenz ziehen und eine Position, der Sie sich – aus welchen Gründen auch immer – nicht gewachsen zeigten, richtig besetzen.

Sie hatten, als Sie in die Komische Oper eintraten, mein

ganzes Vertrauen und meinen besten Willen zur fruchtbaren Zusammenarbeit: Ich habe Sie, als ich mich von Ihnen allein gelassen fühlte, mehr als einmal gesucht. Viele Dispositionen im Laufe dieser Spielzeit mußten falsch sein, weil ich nicht in der Lage bin, die Funktionen eines Musikalischen Oberleiters zu übernehmen. Sie sind kein einziges Mal helfend, kritisch oder fordernd zu mir gekommen. Haben Sie erwartet, daß ich Sie um Besprechungen und Auseinandersetzungen anflehe, die Ihrer Initiative hätten entspringen müssen? Zusagen, die ich Ihnen gegeben habe, entsprangen einer betrieblichen Notwendigkeit und nicht einem Entgegenkommen Ihnen gegenüber. Sie zu erfüllen setzt zunächst die Erfüllung Ihrer Zusagen voraus. Was haben Sie bisher zur Gestaltung unserer Konzerte getan? Glauben Sie, daß ich auf die mehr oder weniger improvisierten Konzertveranstaltungen, zu denen Ihre Passivität mich gezwungen hat, stolz bin? Muß ich denn wirklich aussprechen, daß ich – unbeschadet einer vertraglichen Bindung – ein Konzert mit Ihnen nach dem Verlaufe dieser Spielzeit einfach nicht veranstalten kann? Haben Sie denn, da ich für Sie nur mehr der böse Mann bin und als wahrhaft wohlmeinender persönlicher Berater ausschalte, keine Freunde, die Sie darüber belehren, daß Sie im eigensten Interesse diesen Anspruch fallenlassen müssen? Ich empfinde Ihr Versagen an der Komischen Oper tragisch und hege trotz Ihrer häßlichen Schimpfkanonaden gegen mich keine Anklage gegen Sie, sondern Mitgefühl. – Haben Sie denn im Interesse Ihrer Zukunft keine andere Aufgabe, als gegen Ihr besseres inneres Gefühl mich des Wortbruchs anzuklagen und sich damit über die wirkliche Situation zu betrügen?

Über die monatelange Ungewißheit, ob die »Kluge« angesetzt werden kann oder nicht, sind Sie informiert. Als jetzt ziemlich unversehens ein Termin auftauchte, jedoch nahezu ohne personelle Probemöglichkeit, hatte ich nur die

Wahl, diesen Termin mit dem mit der Besetzung vertrauten Dirigenten wahrzunehmen oder – mit Rücksicht auf die Ihnen gegebene Zusage – auf die »Kluge« zu verzichten. Diese Alternative hat nichts mit der Erfüllung des Vertrages Löwlein und nichts mit meinem künstlerischen Verhältnis zu Albert Müller zu tun, sondern ist eine rein praktische Gegebenheit, für Sie selbst genau so unzweifelhaft wie für mich und jeden anderen. Oder sind Sie auf schweißgebadete Husarenstückchen so begierig, wie ich das trotz unserer persönlichen Distanzierung einfach nicht glauben möchte? Diesen Punkt in unserer letzten Unterredung nicht berührt zu haben war nichts anderes als eine Vergeßlichkeit meinerseits.

Zuletzt das Thema »Mantel« – unwesentlich für unsere Auseinandersetzung –, aber nicht zu entbehren für mein Bemühen, Sie zu verstehen. Ich hatte nach der ersten Generalprobe abermals dummerweise meine tiefe Bestürzung über die dynamische Diskrepanz zwischen Orchester und Bühne zu verbergen versucht und Ihnen gegenüber eine vorsichtige Kritik geäußert. Zu der Verschiebung entschloß ich mich in der Hoffnung, daß die unglückliche bildliche Lösung verbessert werden könnte, daß Tittert aus meiner ernsten Kritik an der Darstellung des »Henri« und des »Frettchen« Nutzen ziehen würde, aber auch in der Hoffnung, daß Sie, trotz des bevorstehenden Bruckner-Konzertes, noch einiges mit dem Orchester und den Sängern klarstellen würden.

Sie hatten nach unserer kurzen Unterredung im Zuschauerraum keinerlei Bedürfnis, sich mit mir über diese Dinge eingehender zu unterhalten. Sie liefen davon wie immer. Ergebnis: die Verschiebung erfolgte »angeblich wegen des Prospektes«, Sie werden »zu solchen Besprechungen nicht hinzugezogen«, bei mir ist der »Dirigent nur ein unvermeidliches Übel«.

Das ist alles, lieber Herr Dr. Müller, was ich Ihnen zu sagen habe. Ich habe nicht die Absicht, Sie auf irgendeine Weise »abzuspeisen«, und glaube, manches – vielleicht nicht genug – versucht zu haben, Sie daran zu verhindern, »sich an die Wand drücken zu lassen«.

Ich bin gerne bereit, mich mit Ihnen mündlich auseinanderzusetzen, wenn Sie dazu auf eine Art, die den Tatsachen Rechnung trägt, das Bedürfnis haben. Wenn Sie es für richtiger halten, mir den Fehdehandschuh hinzuwerfen, kann ich Sie daran nicht hindern. Für beide Fälle hat Ihr Brief meines Erachtens einen falschen Ton.

Mit besten Grüßen (Walter Felsenstein)

[An Hans Löwlein]

19. 12. 1952

Lieber Herr Löwlein!

Die letzte »Bohème«-Aufführung – es war die offizielle Premiere in Anwesenheit des Staatspräsidenten – hat mich so tief bestürzt, daß ich für eine sinnvolle persönliche Unterredung noch nicht die genügende Beherrschung wiedergefunden habe und es deshalb im Augenblick für richtiger halte, Ihnen zu schreiben.

Daß die Umstände, unter denen diese Produktion zustande kam, so ziemlich die denkbar ungünstigsten seit Bestehen der Komischen Oper waren, ist uns allen bekannt. Ich habe deshalb auch in den letzten Probentagen sehr viel unnötige Nervosität – auch Ihrerseits – verstanden und in Kauf genommen und mich aufrichtig und dankbar gefreut, daß die allseitige Konzentration in der ersten Premiere am Sonnabend nicht nur eine für dieses Haus künstlerisch vertretbare Aufführung ergab, sondern auch – und in erster Linie musikalischer Art – einen ausgesprochenen Erfolg bedeutete. Dies berechtigte dazu, eine vielfach unerfreuliche Einstudierungs-Periode zu vergessen und auf der Grundlage dieses Erfolges weiterzuarbeiten auf eine für alle Beteiligten erfreuliche Repertoire-Aufführung hin. Daß die Erreichung dieses Zieles in allererster Linie in Ihren Händen liegt, ist, nach den bisherigen Erfahrungen, ebenfalls klar. Ich mußte von Ihnen erwarten, daß Sie in diesem Bewußtsein in der offiziellen Premiere das Pult betreten würden. Die Voraussetzungen auf der Bühne und bei den Darstellern waren im wesentlichen keine anderen als in der ersten Aufführung. Weder Sie noch ich konnten erwarten, daß nach einer regielich überwiegend unglücklichen Personalführung plötzlich Wunder geschehen würden. Wir durften beide hoffen, daß einige wenige Anregungen meinerseits und das zunehmende Selbstbewußtsein der Sänger aufgrund des Erfolges eine Atmosphäre schaffen würden, in der die musikalisch und gesanglich richtig angelegten Äußerungen auf eine schöne Weise zu ihrem Recht kämen.

Ich erlebte einen 1. Akt, der zunächst einmal im ganzen nervöser und eiliger war als je, mit sichtlich schlechter Laune des Dirigenten und dessen jeweils wechselnder spürbaren Sympathie- und Antipathiehaltung gegenüber den Sängern.

Der 2. Akt wurde ein Wettlauf zwischen Orchester und Bühne, in dem das Orchester grundsätzlich um einen viertel bis halben Takt den Sängern voraus war. Die Miene des Dirigenten entwickelte sich zu einer demonstrativen Verbissenheit.

Ich erhielt von Ihnen in der Pause einen tobenden Telefonanruf, in dem einzig und allein die Orchesterbeleuchtung eine Rolle spielte. Ich verhinderte mich gewaltsam, in diesem Gespräch auf wesentliche Dinge hinzuweisen, und begab mich auf die Bühne, um am Beleuchtungsregulator nach meinen durch Sie veranlaßten Vorwürfen mir beweisen lassen zu müssen, daß sich an der Orchesterbeleuchtung gegenüber der Premiere nicht ein Jota geändert hatte. Nachdem zum 3. Akt eingeläutet war, saß das Publikum einschließlich des Staatsbesuches volle fünf Minuten auf seinen Plätzen, ohne daß etwas geschah. Endlich wurde es dunkel. Es blieb dunkel. Nach einer halben Minute brach mir der Angstschweiß aus. Endlich geruhte der Dirigent, das Pult zu betreten. Ich raste auf die Bühne, um Herrn Schumacher für diesen publikumsbeleidigenden Lapsus zur Verantwortung zu ziehen, der sich damit rechtfertigte, daß Sie diesen Vorgang ausdrücklich wünschten. Ich erklärte daraufhin Herrn Schumacher, daß an der Komischen Oper der Dirigent im selben Augenblick, da der Zuschauerraum dunkel würde, das Pult zu betreten hätte, und wem das nicht paßte, brauchte an der Komischen Oper nicht zu dirigieren.

Was im 3. und 4. Akt geschah, war leider so, daß ich meine ganze Selbstdisziplin aufbieten mußte, um auf meinem Dienstplatz auszuharren. Sie benahmen sich wie ein auswärtiger Gastdirigent, den diese ganze Aufführung nichts anging, so, als hätten Sie niemals mit den Sängern probiert. Der größte Prozentsatz der beiden letzten Akte war – vorsichtig geschätzt – um ein Drittel schneller als bei sämtlichen Proben. Sie zeigten – ob wissentlich oder unwissentlich – dem Publikum unmißverständlich, daß Sie an dem, was auf der Bühne geschähe, keinerlei Interesse hätten.

Nach der Aufführung kamen Sie auf die Bühne und erklärten mit einem anklägerischen Unterton, Sie gingen nicht vor den Vorhang.

Lieber Herr Löwlein, ich sage das alles nicht nur im Bewußtsein, daß ich einen langjährigen Mitarbeiter anspreche, mit dem ich »Carmen« und »Figaros Hochzeit« einstudiert habe, sondern gerade deshalb, weil ich dadurch hoffe, einen mir alles eher als gleichgültigen Menschen zur Besinnung rufen zu können, der sich aus mir unbekannten

Gründen auf einem schlechten Weg befindet. So geht es nicht. Auf diese Weise geraten nicht nur wir beide auseinander, Sie werden auch anderswo nicht vom Fleck kommen, wenn Sie Ihre große Begabung nicht einer konsequenten künstlerischen Disziplin unterwerfen und Ihr Verhalten – wem auch immer gegenüber – in eine richtige Relation stellen zu den Voraussetzungen, die Sie selbst Ihren jeweiligen Partnern gegeben haben.

Es gehört zu meinen Grundsätzen, Kritik und Vorwürfe so lange zu unterlassen, als ich annehmen darf, daß sich jemand eigeninitiativ korrigiert. Ich mußte mir von den auswärtigen Gästen in »Bohème« sagen lassen, daß sie an der Komischen Oper zum erstenmal erfahren hätten, daß man auf die Bühne geht, ohne mit dem Dirigenten vorher eine Ensembleprobe gehabt zu haben. Ich habe Sie und das Institut in Schutz genommen und Ihnen gegenüber geschwiegen. Sie wissen aber selbst ganz genau, daß Sie im Sinne einer Führung und musikalischen Erziehung des Ensembles, wie es Ihren Fähigkeiten entspricht, an der »Bohème«-Einstudierung nicht gearbeitet haben. Sie haben in einer Weise den Gastdirigenten an diesem Hause hervorgekehrt, wie es weder dem zwischen uns abgeschlossenen Vertrage noch unseren gemeinsamen Absichten entspricht.

Ich betone noch einmal, daß ich diesen Brief sehr ungern schreibe und nur deshalb, weil ich mich in meiner tiefen Bestürzung zunächst außerstande fühle, mit Ihnen über diese Dinge zu sprechen. Es ist deshalb auch kein üblicher Dienstbrief, den irgend jemand außer uns zur Kenntnis erhält. Aber ich bitte Sie auch, mich nach seiner Kenntnisnahme nicht aufzusuchen. Kümmern Sie sich, so wie Sie es für richtig halten und verantworten müssen, um die Aufführung. Sie findet am Sonntag abend statt und am Dienstag, dem 23. Dezember. Genau an diesem Tag vor fünf Jahren wurde die Komische Oper eröffnet. Sie haben mich bisher glauben lassen, daß Sie dieses Institut und das, worum man sich in diesen fünf Jahren hier bemüht hat, lieben. Nach diesem Tag wollen wir uns sprechen.

Mit herzlichen Grüßen
Ihr Walter Felsenstein

[An Václav Neumann, Prag]

16. 2. 1956

Sehr verehrter Herr Neumann!

Sie haben wieder einmal sehr lange nichts von mir gehört und werden aus den folgenden Zeilen erkennen, daß inzwischen sehr viel geschehen ist, bis ich Ihnen eine konkrete Nachricht geben konnte.

Aus Hammerschmidts Brief vom 20. Januar wissen Sie, warum ich mich im Augenblick nicht an die »Katja« wage, und wie bemüht ich bin, ein Werk zu finden, das das Bekenntnis ablegt, das man von mir erwartet.

Es ist bis heute nicht gefunden.

Aber unter den täglichen Lektüren (Verdi, Tschaikowski, Offenbach) befand sich eines Tages ein Werk, von dem man mir bereits viel erzählt hatte, das ich aber aus eigener Anschauung nicht kannte: »Das schlaue Füchslein« von Janáček.

Wenn ich versucht bin, Ihnen meine Begeisterung zu schildern, so stellt sich mir gleichzeitig die Frage, ob Ihnen nur die tschechische Version oder auch die wesentliche deutsche Umarbeitung bekannt ist, die Max Brod in vollem Einverständnis mit Janáček vorgenommen hat. Letztere ist – soweit ich aus dem Briefwechsel zwischen den beiden Männern die Originalfassung rekonstruieren kann – im Sinne der Musik die weitaus tiefere, hintergründigere und ergreifendere.

Wenn mir auch durchaus klar ist, daß eine wirklich gültige Interpretation dieses Werkes geradezu »lebensgefährlich« schwierig ist, so bin ich doch so stark davon gepackt, daß ich es nicht lassen kann. Natürlich würde ich – im Sinne des oben Gesagten – ein bekannteres und populäreres Werk im Augenblick vorziehen und diese Kostbarkeit zu einem späteren Zeitpunkt machen, aber die populären Werke, mit denen ich derzeit ein Gestaltungsbekenntnis ablegen könnte, kann ich nicht zufriedenstellend besetzen. Und infolgedessen habe ich keins. Und so sage ich mir: die künstlerische Tat muß eben an die Stelle der Kasse treten, beziehungsweise durch ihr Gelingen mit der Zeit auch die Kasse füllen.

Nun werden Sie fragen, wenn schon Janáček, warum nicht gleich die »Katja Kabanowa«? Die Antwort: beide Werke sind unbekannt und dadurch zunächst unpopulär. Aber die erschütternde Düsterheit der »Katja« ist im gegenwärtigen Zeitpunkt weitaus gefährlicher als das letzten Endes genau so ernste »Füchslein«, das aber in einem überwiegend heiteren Gewande einhergeht. Wenn es gelingt, es so poesievoll zum Verständnis zu bringen, wie es gemeint ist, dann ist es die »Zauberflöte« und der »Falstaff« Janáčeks. Und noch eines kommt hinzu: In meinem mitunter sehr ernsten Zweifel, mit meiner Komischen Oper überhaupt zum Ziele zu kommen, die Schwierigkeiten, die von falscher Gewohnheit, leichtfertiger Betrachtung und Routine aufgerichtet werden, jemals zu überwinden, wäre diese Aufgabe ein Gesund-Bad, denn man kann ihm mit keiner Kammersängerei und keinem üblen Berufshandwerk beikommen, ohne es zu zerstören. Man muß ganz von vorn anfangen, um hier Janáček gerecht werden zu können und die Natur, die Kreatur in Mensch und Tier und den lieben Gott unter einen Hut zu bringen.

Wollen Sie dieses Stück anstelle von »Katja« mit mir machen? (Das heißt nicht, daß wir »Katja« nicht auch noch einmal machen können.) Haben Sie zum »Füchslein« dieselbe innige Beziehung wie zu »Katja«? Schätzen Sie es ebenso ein wie ich, und haben Sie den Mut und die Kraft, dieses Wagnis mitzumachen und durchzusetzen?

Die gewissen Schwierigkeiten um Ihre Person sind nach einer Aussprache, die ich mit unserem Ministerium hatte, nicht wieder an mich herangetragen worden. Das heißt: man hat sich freundschaftlich und taktvoll entschlossen, mich in meinen Entschlüssen nicht zu beeinflussen.

Für den Fall, daß Sie zu meinem Angebot ja sagen, wäre das wichtigste, daß Sie sofort hierherkommen könnten, um bei der Konzeption, der Besetzung und dem Einstudierungsbeginn verbindlich mitwirken zu können. Ihre weiteren Anwesenheits-Termine für die Einstudierung könnten weitgehend nach Ihren Bedürfnissen eingerichtet werden.

Bitte schicken Sie mir, um keine Zeit zu verlieren, ein Telegramm, damit ich gegebenenfalls alles tun kann, um Ihre Einreise zu beschleunigen. Wenn Sie aber meinem neuen Plan gegenüber irgendwelche Vorbehalte oder Hemmnisse haben, so bin ich Ihnen in keiner Weise böse. Ich muß nur raschestens entscheiden, kann dies aber erst tun, wenn ich bei meinem ursprünglichen Janáček-Partner diesbezüglich angefragt habe.

Mit den besten Grüßen
Ihres Walter Felsenstein

[An Meinhard von Zallinger, München]

2. 3. 1957

Lieber Herr von Zallinger!

Sie waren mehrere Jahre an der Komischen Oper und kennen mein Leiden, daß trotz aller Bemühungen dieses

Haus zu keinem geordneten Betrieb wird. So existiert für diese Spielzeit zum Beispiel eine Gedenk- und Geburtstagsliste, auf der Ihr Name fehlt, und erst heute komme ich ganz zufällig darauf, daß Sie am vergangenen Montag Ihren 60. Geburtstag gehabt haben. Ich brauche Ihnen nicht zu sagen, wie wütend ich über diese Unterlassung bin. Ich kenne Sie ja mindestens so gut, wie Sie mich kennen. Und so kann ich mir immerhin vorstellen, daß Sie nach den verschiedenen Kurven und Empfindlichkeiten unserer gegenseitigen Beziehung sich über das Ausbleiben meines Glückwunsches Gedanken gemacht haben, die ich nicht verdiene. Wenn es so war, so ist das nur zu begreiflich, aber – und das möchte ich Ihnen hiermit versichern – nicht berechtigt.

Meine Wünsche für Sie persönlich und für Ihre Arbeit sind uneingeschränkt herzlich, und bei allen meinen Gedanken, die sich mit unserem Zusammenfinden und mit unserem Auseinandergehen beschäftigen, habe ich nie dazu geneigt (und tue es auch jetzt nicht), mich schonungsvoller zu behandeln als Sie. In dem ewigen Kampfe um eine gültige Aussage in unserem Beruf gibt es zwei Truppen, die – mit ganz wenigen Ausnahmen – den Kampf als solchen entweder überhaupt nicht empfinden oder sich mit dem Sinn und dem Ziel dieses Kampfes zu wenig beschäftigen, und daher – abgesehen von Zufallssiegen – keine Schlacht verläßlich schlagen können. Diese beiden Truppenverbände sind die Instrumentalisten und die Vokalisten. Daher ist den Offizieren dieser beiden Verbände eine Verantwortung aufgebürdet, die sie letzten Endes niemals erfüllen können. Und so scheint der Kulminationspunkt der Probleme genau in der Mitte zwischen Regie und Dirigentenpult zu liegen, was aber aus den erwähnten Gründen nicht zutrifft. Und so werden diese Probleme nie ganz gelöst.

Entschuldigen Sie diese etwas abschweifende Betrachtung.

Sie sehen, ich versuche, mein unverzeihliches Versäumnis mit einem Brief abzubüßen, der in seinem Umfang einen empfindlichen Diebstahl am »Hoffmann« darstellt. Versuchen Sie also bitte auch, mir zu verzeihen, und nehmen Sie nachträglich meine allerherzlichsten Wünsche entgegen.

Mit den besten Grüßen, auch an Ihre Familie
Ihr Walter Felsenstein

[An Václav Neumann]

4. 4. 1959, 18. 15 Uhr

Lieber Herr Neumann!

Ich habe eben – nachdem ich eine dreiviertel Stunde vergeblich auf Sie gewartet hatte – die »Othello«-Probe abgebrochen. Das angesetzte Pensum war das Adagio und poco meno des Othello aus dem 3. Akt – der tiefste Punkt seines Zusammenbruchs.

Sie haben mich in den letzen Wochen und Monaten gezwungen, wiederholt wichtige Teile dieses Werkes in Ihrer Abwesenheit erstmals anzulegen. Ich kann nicht mehr. Das ist eine künstlerische Lüge, zu der ich nicht fähig bin. Der Darsteller kann nicht etwas einstudieren und dann hinterher alles über den Haufen werfen, weil Sie in Unkenntnis seiner Konzeption es anders dirigieren, und umgekehrt: Sie können nicht darauf verzichten, aus Ihrem Bekenntnis zu dem Werk auf die Konzeption des Darstellers entscheidenden Einfluß zu nehmen.

Es ist niemals meine Absicht gewesen, Ihnen irgendeine musikalische Auffassung aufzudrängen. Alle bisherigen Auseinandersetzungen mit Ihnen verfolgten nur ein Ziel: auf einer gemeinsamen Ebene der Emotion und der Form mit Ihnen zusammenzukommen. Sie können mich von allem überzeugen, wenn Sie es vom Inhalt her begründen können. Aber dieses Nebeneinanderher-Improvisieren ist eine Versündigung an diesem Werk.

Wenn Sie nicht wollen, müssen Sie es sagen. Aber wenn Sie wollen, dann müssen Sie so arbeiten, wie es für jeden von uns erforderlich ist.

Ich kann Ihr Verhalten einfach nicht verstehen!

Mit bestem Gruß

Ihr sehr unglücklicher Walter Felsenstein

11. 10. 1959

Lieber Herr Neumann!

Alles, was ich während dieser Zusammenarbeit gesagt und getan habe, geschah ausnahmslos aus Liebe zu dem Werk, aus freundschaftlicher Kollegialität und Aufrichtigkeit zu Ihnen. Es war nie anders gemeint.

Aber »Othello hat höchste Gesetze«.

Gott und Verdi seien mit Ihnen und allen Mitwirkenden.

Toi-toi-toi!

Ihr Walter Felsenstein

[An Kurt Masur]

6. 10. 1960

Lieber Herr Masur!

Meine Wünsche und Gedanken, die Ihr heutiges Konzert umkreisen, sind mehr und anderer Art als bei jedem bisherigen Debut an diesem Hause. Und zwar deshalb, weil ich aus vielerlei Erfahrungen und bestimmten Gründen von Ihrem Wirken und von der Gemeinsamkeit unserer Arbeit etwas erwarte, das ich bisher vergeblich erstrebt habe.

Somit ein besonders kräftiges und herzliches Toi-toi-toi von

Ihrem Walter Felsenstein

12. 2. 1964

Sehr geehrter Herr Masur!

Entschuldigen Sie bitte, daß ich auf Ihren Brief vom 30. Januar bisher weder mündlich noch schriftlich eingegangen bin. Aber Sie werden ja besser als andere wissen, in welche Lage Ihre Kündigung mich und das Institut gebracht hat.

Ich möchte jetzt nicht darüber rechten, in welchem Maße mir die Gründe für Ihre Kündigung verständlich sind. In meinem Brief vom 27. Januar habe ich Ihnen aufrichtig und zusammenfassend gesagt, wie ich darüber denke. Das darin enthaltene Angebot ist wohl das entgegenkommendste, das ich – und auch jeder andere an meiner Stelle – noch verantworten kann, und entspringt meinem unveränderten Wunsch, unsere Zusammenarbeit fortzusetzen.

Wenn Sie aber zwingende Gründe haben, mein Angebot und eine feste Bindung überhaupt abzulehnen, dann gelten diese Gründe gleicherweise innerhalb einer Gasttätigkeit.

Ich habe bisher noch keinen Ausweg aus unserer schwierigen Situation gefunden, aber die uns gestellte Aufgabe erfordert Verbesserung und Vertiefung, nicht Lockerung der kollektiven Arbeit. Dem wäre ein Gastvertrag oder eine vorübergehende Leitungstätigkeit nicht dienlich.

Ihr Walter Felsenstein

[An Gert Bahner]

1. 10. 1964

Lieber Gert Bahner!

Die Gründe, warum ich zu meinem großen Leidwesen bei Ihren »Così«-Proben nicht anwesend sein konnte, sind Ihnen bekannt. Ich hoffe, daß Sie daraus keinen Mangel an Interesse konstruieren.

Am Abend, da Sie Ihren Vertrag vor der Öffentlichkeit antreten, begleite ich Sie mit mehr Wünschen, als ich Ihnen sagen kann, und hoffe, daß ein großer Teil davon auch die Ihren sind.

Toi-toi-toi
Ihr Walter Felsenstein

[Telegramm an Otto Klemperer]

13. 5. 1965

Meine dankbare Verehrung für Sie ist heute ebenso unverändert wie meine Hoffnung, mit Ihnen noch einmal arbeiten zu dürfen.

Mit allen guten Wünschen zum 80. Geburtstag
Ihr Walter Felsenstein

[An Zdeněk Košler, Prag]

8. 12. 1966

Lieber Herr Košler!

Die auch mit der gestrigen »Giovanni«-Premiere verbundenen Repräsentationspflichten haben mich verhindert, mich mit Ihnen über die gestrige Aufführung zu besprechen und mich von Ihnen zu verabschieden.

Haben Sie zunächst herzlichen Dank für die große Aufmerksamkeit, die Sie mir mit dem Blumenpräsent erwiesen haben.

Heute morgen ließ ich eine Reihe sehr wichtiger Dinge beiseite, um Ihnen als Ersatz für das nicht zustande gekommene gestrige Gespräch einen Vorstellungsbericht von meiner Warte aus zu schreiben und Sie zu bitten, bis zu Ihrer Wiederkehr Stellung dazu zu nehmen.

Noch bevor ich begann, diesen Bericht zu Papier zu bringen, erhielt ich Ihren Brief, mit dessen Beantwortung ich nunmehr mein Vorhaben verbinden möchte. Freilich werden meine Ausführungen etwas von dem Eindruck beeinflußt sein, den die Mitteilung des Herrn Kremer auf mich machte, daß Sie mit der Aufführung sehr zufrieden gewesen wären.

Ich habe von der B-Besetzung keine Wunder erwartet, jedoch eine konsequente und fruchtbare Fortsetzung des immerhin beachtenswerten Ergebnisses der Generalprobe am Sonnabend. Diese Erwartung wurde im 1. Akt durchweg enttäuscht.

Ich werde Ihnen das chronologisch darlegen:

Es begann mit einer Ouvertüre, deren Unkonzentration und teilweise rhythmische Verschwommenheit mir unerklärlich war und die die Erwartungen eines Premierenpublikums herabmindern mußte. Herr Berman (Leporello), von dem ich mich in den letzten Tagen vor der Generalprobe ganz verstanden fühlte, lieferte eine sehr matte, von der Ausgangssituation sowohl der Rolle wie des Stückes weit entfernte Introduktion. Die Szene Gutstein/Noack (Don Giovanni/Donna Anna) war nicht schlecht, konnte aber nicht entfernt die dramatische Anteilnahme erwecken wie dieselbe Nummer in der ersten Premiere. Das Todes-Terzett war gut.

Das ganze 2. Bild, in dem sich Gutstein große Mühe gab und die Konzeption verständlich machen konnte, kam nicht zum Zuge, weil der Leporello trocken und nüchtern war und die Register-Arie daher als überflüssige Einlage wirken mußte.

Frau Ebert (Donna Elvira) erreichte weder in der musikalisch einwandfrei durchgeführten Arie noch im Verlaufe des späteren Abends die emotionelle Glaubhaftigkeit und Qualität, mit der sie bei einer Reihe von Proben dadurch imponierte, daß sie die Konzeption mit der vokalen Präzision und Schönheit in Einklang zu bringen wußte. Sie war ein sympathisches Bürgerfrauchen, das sowohl von Mozart wie von da Ponte überfordert schien.

Das Vorspiel des 3. Bildes begann mit Tempounsicherheiten Ihrerseits, die sich glücklicherweise auf den folgenden Chor nur unwesentlich auswirkten. Die Leistungen Baum (Zerlina), Rössler (Masetto), Gutstein und Berman bedeuteten nach der Langeweile des 2. Bildes einen entscheidenden Aufschwung. Auch das Duettino war, wenn man in Betracht zieht, daß Gutsteins Organ dafür nicht dieselbe Wärme wie das von Melis besitzt, ausgesprochen gut, vielleicht sogar besser als in der ersten Premiere. Die nachfolgende Elvira-Arie litt abermals unter Bravheit, ebenso das im übrigen saubere Quartett, in dem lediglich Gutstein seine Rolle konsequent durchführte. Es folgte eine hervorragende Donna-Anna-Erzählung mit passabler Beteiligung Ottavios und eine etwas mühsame, recht gut klingende, aber gänzlich undramatische Anna-Arie.

Im 4. Bild wurde das Rezitativ durch Spielnervosität Bermans undeutlich. Die Arie Giovannis war gut und wurde nur durch das Versagen der Beleuchtung beeinträchtigt.

Sehr gut und verläßlich verlief die Zerlina-Arie am Beginn des 5. Bildes und wurde von Rössler gut begleitet. Die Diener-B-Besetzung ist – was wir ja wußten – stimmlich etwas schwächer als die der A-Besetzung. Gutstein fing mit einem ausgezeichneten Auftritt an, wurde aber in der entscheidenden Szene mit Zerlina fade.

Das Masken-Terzett war mit das Beste des Abends, kam aber durch die vorangegangenen Enttäuschungen nicht zur verdienten Wirkung.

Das Festbild war ganz gut, unterbot aber – wie übrigens auch bei der ersten Premiere – die ensemblemäßige Brillanz in den besten Proben.

Nach der Pause begann ein spürbarer Aufstieg. Nach einem guten Duett Giovanni/Leporello, einem nicht gerade aufregenden Balkon-Terzett (mit der bedauerlichen kleinen Stimmpanne von Frau Ebert) waren die Rezitativ-Szenen wirklich gut und sowohl das Ständchen (die Mandolinen-Leistung ist unzureichend) wie auch die Giovanni-Arie mit den Bauern und anschließende Zerlina-Arie noch besser als in der ersten Premiere.

Der Verlauf des 8. Bildes tröstete über den grauenvollen Schmiß von Herrn Rogge (Ottavio) am Anfang einigermaßen hinweg, obwohl das Sextett selber vom Ausdruck her wieder etwas langweilig geriet und auch die vokale Qualität der Ottavio-Arie durch matten Inhalt bei weitem nicht die Qualität der Sonnabend-Generalprobe erreichte.

Der Kirchhof entspricht in beiden Besetzungen nicht ganz der Konzeption, war aber gestern mindestens so gut wie am Sonntag.

In der Anna-Arie erreichte Frau Noack den Gipfel ihrer gestrigen Leistung und war – wie erwartet – darin wesentlich besser als Frau Barlow.

Das 11. Bild einschließlich des Schlusses könnte ich mir mit denselben Sängerdarstellern den Intentionen Mozarts noch wesentlich nähergebracht vorstellen, aber es war kaum schwächer als bei der Premiere.

Entschuldigen Sie, daß ich Ihre Aufmerksamkeit so lange strapaziert habe, aber ich mußte Ihnen meine Meinung in dieser Ausführlichkeit darlegen, weil ich auf Ihre Stellungnahme dazu nicht verzichten kann. Wenn es zutrifft, daß Sie mit dieser Aufführung zufrieden waren, dann ist die Divergenz unserer Meinungen bedenklich.

Die vorbehaltlose Offenheit meiner Ausführungen entspringt meiner Verehrung für Ihr Können, für Ihre künstlerische Sensibilität und meinem Wunsch, Sie für dieses Haus zu gewinnen. Die klare Versicherung in Ihrem Brief, daß die Ihnen an der Komischen Oper angebotene Position des Musikalischen Oberleiters nicht das Ziel Ihrer Karriere bedeuten kann, ist zwar eine kalte Dusche, aber ich lasse sie über mich ergehen, weil ich hoffe und mir auch vorstellen kann, daß sich diese Meinung bei Ihnen noch ändert.

Überdies schreiben Sie, daß Sie auf Ihre ausländische Tätigkeit insofern nicht verzichten wollen, als Ihre Erfolge als Konzertdirigent Ihnen als Musikalischem Oberleiter Renommee bringen können.

Nun – ich sagte Ihnen schon, daß ich, soweit dies den zeitlichen Erfordernissen Ihrer hiesigen Tätigkeit nicht im Wege steht, Ihren Wunsch durchaus fördern, aber auch unter einer quantitativen Kontrolle halten möchte, da das Renommee des Institutes in jedem Falle unterstützungsbedürftiger ist als das Renommee einer Person.

Aber wenn die drei oder etwas mehr Monate, auf die mich zu beschränken ich gezwungenermaßen bereit bin, für Sie und für das Institut einen Sinn haben sollen, so muß ich – nach dem gestrigen Abend und Ihrer Beurteilung dieses Abends – Sie doch bitten, sich zu den eigentlichen Intentionen der Komischen Oper unmißverständlicher zu bekennen als bisher.

Sie haben bewiesen, daß Sie mit unserem Orchester eine höhere Klangqualität erreichen können, als dies bisher gelungen war. Sie haben die Persönlichkeit, Autorität und Fähigkeit, um das musikalische Verantwortungsbewußtsein der Sänger auf eine Stufe zu bringen, die bisher leider nicht immer erreicht wurde, was die Anerkennung der Arbeitsergebnisse schmälerte. Ich bin überzeugt, daß Sie das von uns beiden erwartete Ziel erreichen, wenn Sie Ihre persönliche Einstellung und Ihre bisherigen Erkenntnisse, den singenden Darsteller und die musizierende Szene betreffend, vervollkommnen. Der Blick des Darstellers zum Dirigenten ist – lassen Sie mich Ihnen dies versichern – weder das einzige noch das förderlichste Mittel dafür.

Ich hoffe, lieber Herr Košler, daß Sie die Impulsivität meiner Reaktion und meine Offenheit nur als Sympathie- und Vertrauenskundgebung auffassen, freilich auch als Vertrauensvoraussetzung. Ich erwarte von Ihnen eine Stellungnahme zu diesem Brief, die als Grundlage für unsere Vertragsformulierung dienen kann.

Mit herzlichen Grüßen
Ihres Walter Felsenstein

[An Kurt Masur]

30. 1. 1975

Lieber Herr Masur!

Wieder wird mir ein Strich durch die Rechnung gemacht.

Ich habe die ganze Probeneinteilung darauf abgestimmt, daß ich heute Ihr Konzert – die erste Wiederbegegnung mit Ihrem künstlerischen Tun nach Jahren – wahrnehmen kann.

Ich habe seit gestern Fieber, mußte die heutige Probe absagen und mich ins Bett packen, weil das Versäumnis der morgigen Probe den Fall der Premiere zur Folge hätte. Die Erkrankung macht mir nichts aus, aber wie mir zumute ist, daß ich Ihr Auftreten in der Komischen Oper versäumen muß, das kann ich Ihnen nicht sagen.

Mit allen freundschaftlichen und herzlichen Gedanken heute abend bei Ihnen grüße ich Sie als

Ihr (Walter Felsenstein)

[An Geza Oberfrank]

24. 2. 1975

Lieber Herr Oberfrank!

Unmittelbar nach der »Figaro«-Generalprobe sagte ich Ihnen schon, wie sehr ich die erreichten Verbesserungen anerkenne. Aber in meinem Verhältnis zu Ihnen, das sich in der Erarbeitung entwickelt hat, fühle ich mich nicht nur berechtigt, sondern auch verpflichtet, nichts unausgesprochen zu lassen. Deshalb wiederhole ich noch einmal, daß in der Ouvertüre die Gegensätze in den Piano- und Forte-Stellen nicht deutlich genug waren. Das ist deshalb so wichtig, weil das Piano in der Ouvertüre nicht weniger aggressiv gemeint ist als das Forte.

Ich habe Frau Kiss und Herrn Dene gegenüber das erste Duett kritisiert, das ich von den Proben her freudiger und frischer kenne als in der Generalprobe. Sie können hier sehr helfen, wenn Sie darauf achten, daß nach dem Mezzoforte bei »Sechsunddreißig, hier bis zum Strich« das nachfolgende Piano – besonders bei der Oboe – bei dem Susanna-Einsatz »Ja, er paßt, ich bin zufrieden« bereits vorhanden ist.

Der Orchestereinsatz zur ersten Cherubino-Arie war etwas zu spät, weil Sie, nach meiner Beobachtung, die Wendung des Cherubino nicht optisch abnehmen. Das kommt im Laufe der Aufführung einige Male vor, zum Beispiel beim Winken Figaros zum Auftritt des Huldigungs-Chores.

Seien Sie mir bitte nicht böse, wenn ich Sie bitte, bei der Falewicz-Arie im 3. Akt eine dezentere Schlagtechnik einzusetzen, weil durch Ihre Sonderbeleuchtung Ihre Bewegungen besonders auffallend sind.

Bitte achten Sie beim Einsatz des Andante in der Rosina-Arie darauf, ob der Ausdruck bei Frau Falewicz auch wirklich fertig ist.

Der »Fandango« war meines Erachtens etwas zu flott, jedenfalls nicht exklusiv und fremdartig genug.

Über das dezente Vorspiel und die poetische Begleitung der »Rosen-Arie« war ich glücklich.

Zu unserer schicksalbestimmenden Mozart-Premiere ein herzliches Toi-toi-toi

Ihr Walter Felsenstein

Über Bühnenbilder und Bühnenbildner

Ich konnte nie mit Bühnenbildnern zusammenarbeiten, die nicht die Konzeption gemeinsam mit mir gemacht haben, genauso wie ich keinen Kapellmeister dulde, der die Konzeption nicht miterarbeitet – auch wenn er vielleicht nur aufnehmender oder akzeptierender Zuhörer ist. Aber lieber ist mir, wenn dabei gestritten wird und Dirigent, Bühnenbildner und Regisseur gemeinsam die Konzeption erfinden, wie ja auch im Schauspiel der Bühnenbildner nie ohne Regisseur und der Regisseur nie ohne Bühnenbildner arbeiten kann.

(1971)

[Jedes Detail muß festgelegt werden] 1961

Während ich das wörtlich genommene Werk erarbeite, wird der Wunsch immer dringender, es im Raum zu sehen, es in einen bestimmten dramatischen Raum zu übertragen, also den Raum in meiner Phantasie mitspielen zu lassen. Daher ist der erste meiner Mitarbeiter, den ich zu mir bitte – nachdem natürlich der Dirigent schon beim ersten Vorspiel mitgewirkt hatte –, der Bühnenbildner. Ich kann nicht auf die Probe gehen oder gar eine Szene zu probieren beginnen, wenn ich nicht genau weiß, wie das Bühnenbild aussehen wird. Ich verabscheue die dekorierte Bühne. Darunter verstehe ich das sogenannte »schöne Bild« mit der »bezaubernden Atmosphäre«. Ein dekoriertes Bild spielt nicht mit. Es dient dem kulinarischen Genuß. Es begleitet das Werk, während dieses doch in ihm enthalten sein muß. Das Bühnenbild muß alles enthalten, was für den Inhalt und die Dramatik einer Szene notwendig ist. Was darüber hinausgeht, nenne ich »dekoriert«. (...)

[Caspar Neher]

1966

Caspar der Große

Meine schönste Schule war die Arbeit mit Caspar Neher. Er hat sich immer gefügt – manchmal gern, manchmal ungern –, und bei ungern hieß es dann: »Jawohl, Herr Leutnant!« Aber wir haben sehr gut zusammen gearbeitet und vieles gemacht.

»Sie haben eine unglaubliche Ähnlichkeit mit René Clair.« Das waren die ersten Worte, die ich von ihm zu hören bekam – vor länger als dreißig Jahren, in Köln. Er war gerade aus Paris gekommen, um mit mir in Düsseldorf »La Traviata« zu machen.

Ich hatte nie Gelegenheit nachzuprüfen, ob Nehers Behauptung zutraf, aber sie ging mir damals hinunter wie Öl, denn ich verehrte den französischen Filmregisseur über die Maßen. Und das bezweckte wohl auch dieser Begrüßungssatz. Neher konnte schamlos sein, wenn es ihm darum ging, beim Partner die für die Arbeit erwünschte Aufgeschlossenheit zu schaffen oder ihn zu einer Meinungsäußerung zu provozieren. Er machte das stets mit viel Charme, und man war ihm eigentlich immer dankbar dafür.

Die erste Zusammenarbeit war für mich so sehr Erfüllung, daß ich – kurz darauf zum Oberspielleiter der Frankfurter Oper berufen – keine Ruhe gab, bis Neher nicht ebenfalls fest dahin verpflichtet war.

Unsere Antrittsinszenierung in Frankfurt war »Tannhäuser«. Natürlich bewegte uns vor der Suche nach einer brauchbaren szenischen Lösung die Frage, ob und wie wir uns zum Werk bekennen könnten – die uns bekannten bisherigen Interpretationen schienen uns nicht von dieser Grundfrage ausgegangen zu sein –, und natürlich wollten wir die zeitlos interessante, höchst spannende und vielfältige Handlung so unmißverständlich und partiturgetreu wie nur möglich darstellen. Wir wollten ebenso unkonventionell wie frei von dem Verdacht sein, originelle Einfälle um ihrer selbst willen zu haben.

Der erste Elan wich bald einer – nicht zugegebenen – Angst vor der eigenen Courage. Die Arbeitssitzungen waren weniger von Beredsamkeit als von zweisamem Vorsich-Hinbrüten erfüllt, die Scheu vor Irrtümern und Fehlern führte immer mehr zur Entschlußlosigkeit.

Eines Tages, wieder langes Schweigen – wir saßen immer noch vor dem »Venusberg« – plötzlich Caspar Neher, ganz ernst: »Also Auto steht keins da, wie?« Die Wandlung, die dieser erlösenden Albernheit folgte, war verblüffend und erhob diesen Satz zu einer Art Zauberformel, die auch später in ähnlichen Situationen gute Hilfe leistete. Sie fegte falsche Pietät hinweg, sie entkrampfte und ermutigte, laut zu denken, Irrtümer zu erkennen, indem man sie beging, auf jede Vorsicht im Meinungsaustausch, die nur zu oft in Mißtrauen ausartet, von vornherein zu verzichten.

In den darauffolgenden drei oder vier Tagen machte Caspar der Große – wie ich ihn nannte – aus unseren Gesprächen über den 1. Akt mit Buntstiften 157 Situations-Skizzen, und nicht nur die bildliche Lösung, sondern zugleich die Inszenierungs-Anlage des 1. Aktes war bis ins Detail so gut wie fertig. Ich habe mir diese Zahl deshalb so gut gemerkt, weil ich in späteren Jahren – meist vergeblich – meine Bühnenbildner zur Nachahmung dieses Beispiels verleiten wollte.

Zwei Jahre blieben wir in Frankfurt beisammen, fünfzehn Jahre später machte er zwei Inszenierungen an der Komischen Oper: »Der arme Matrose« und »Gianni Schicchi« an einem Abend und »Freischütz«.

Ich habe durch Caspar Neher und mit ihm gemeinsam

eine Methode der Werkerarbeitung, des suchenden Diskutierens und eines wahrhaft förderlichen persönlichen Umganges miteinander erlernt, die ich ohne ihn nie gefunden hätte. Freilich, er war Mensch, Maler, Architekt, Regisseur, Musiker und Dichter in einem, wie kein anderer Szeniker vor und nach ihm.

[Rudolf Heinrich]

München, 11. 10. 1970

Lieber Herr Felsenstein,

stimmt es, daß Oberon Ihnen wieder ein Bein gestellt hat und Sie liegen müssen? Wie damals? Ich hoffe, daß es nicht so qualvoll wird wie vor 10 Jahren.

Ich bekam einen Brief von Meisel wegen »Wallenstein«. Ich gestehe, daß es mir vorkommt wie eine Bombe mit Zeitzünder in meiner Wohnung, wobei ich nicht weiß, ob sie mich bei der Explosion in den 7. Himmel oder in den Orkus befördern wird. Also: völlige Ratlosigkeit und Angst für das erste! Das zweite sind bei mir einige Terminfragen, weil ausgerechnet das Frühjahr 72 besetzt ist mit zwei Inszenierungen in Milano, deren konkrete Termine ich in den nächsten Wochen erfahren werde.

Wie geigt sich's auf dem Dach? Ich sitze über »Moses und Aron«, ein Stück, wozu ich anfänglich überhaupt keinen Zugang hatte, durch die Arbeit aber erst die Aktualität des Stückes entdecke ... So wäre ich wieder beim »Wallenstein«. (Ich höre – seit ich Sie kenne –, daß es der wichtigste Wunsch von Ihnen ist ...)

Falls es mit dem Bein stimmt: »alles wird gut«.

Mit herzlichem Gruß

Ihr R. Heinrich

21. 10. 1970

Lieber Heinrich!

Unmittelbar nach Lektüre Ihres sehr lieben Briefes eine kurze, aber schnelle Antwort.

Vielen herzlichen Dank!

Ich verlasse das Krankenhaus noch in dieser Woche. Leider wird der »Fiedler« dadurch um einige Wochen verschoben. Ich glaube nicht, daß ich auf dem Dach perfekt geigen kann, aber ich versuche, was möglich ist. Den »Wallenstein« habe ich im Prinzip verbindlich zugesagt mit nicht weniger Ratlosigkeit und Angst als Sie. Es wird sich in absehbarer Zeit herausstellen müssen, ob man sich in der Besetzung einig werden kann. Denn eines ist klar, wenn ich es mache, ist es wahrscheinlich die wichtigste Aufgabe meines letzten Lebensabschnittes.

Daß ich dabei sofort an Sie dachte, liegt nahe. Aber wenn wir es zusammen machen, brauchen wir Zeit. Ich sage dies im Hinblick auf Mailand, wozu Sie noch oft im Leben Gelegenheit haben werden. Vielen Dank für Ihren Brief, aber ich bitte um etwas konkretere Äußerung.

Herzlich Ihr Felsenstein

München, 27. 10. 70

Lieber Herr Felsenstein,

betroffen über Ihren Brief, für den ich sehr danke, möchte ich kurz sagen, weshalb ich mich nicht »konkret geäußert« habe in meinem letzten Brief.

Einmal ist das Ganze für mich eine völlig unerwartete und auch noch sehr unvorstellbare Sache; zwar kenne ich das Theater und natürlich den Regisseur, habe aber gar keine Erfahrung mit diesem Stück (weder auf der Bühne gesehen noch durch früheres Lesen geliebt). So sei mein Stammeln erklärt. Da ich aber Ihre Liebe zu diesem Werk seit langem kenne, bin ich eigentlich sicher, daß ich sie durch Arbeit und Kontakt mit Ihnen bald teilen werde. Denn so lange Zuneigung, die Sie lebenslänglich mit sich herumtragen, kann nicht unbegründet sein. So ist meine konkrete Antwort: Ja.

Wegen Mailand muß ich folgendes erklären: Vor beinahe einem Jahr hat mich Rennert gebeten, den »Ring« mit ihm dort zu machen. Er sollte 71 im Frühjahr beginnen, was ich ablehnen mußte; es wurde auf 72 verschoben, Premiere 30.4. (nur »Rheingold«, die anderen je ein Jahr später). Dieses Unternehmen ist für mich eine kaum wiederkehrende Herausforderung; eine Reihe disponierender Vorarbeiten habe ich gemacht. Ich kann es einrichten, daß ich nach dem 6. Okt. 71 Ihnen in größeren Zeiträumen zur Verfügung stehen kann, denn ich werde den »Ring« im kommenden Frühjahr 71 vorbereiten, soweit es für das erste Stück notwendig ist. Ich schreibe das deshalb, damit Sie mir ungefähr Ihre Zeitansprüche sagen...

Ich hoffe, in nächster Zeit zur Lektüre zu kommen, leider nicht in Prag. Mag es ernst werden.

Mit vielen herzlichen Grüßen
Ihr Rudolf Heinrich

1. Jan. 1971

Lieber Herr Felsenstein,

ich bin ein wenig in Sorge, ob mein Brief Sie verstimmt hat. Ich hoffe aber, daß Sie wegen Ihrer Arbeit an der Neuinszenierung keine Zeit für Fragen von 1972 haben. Aber vielleicht habe ich etwas Dummes geschrieben, was ich Sie bitte zu verzeihen.

Inzwischen habe ich den »Wallenstein« gelesen. Meine Angst, die ich Ihnen schon beim »Verkünden« dieses Plans mitteilte, war begründet. Es ist nicht die Schwierigkeit des Bühnenbildes. Ich bin einfach im Moment ratlos gegenüber dem Stück, demnach ganz und gar abhängig von dem Ziel Ihrer Interpretation.

Ich würde am liebsten Mitte März nach Berlin kommen. Leider geht es nicht eher, da ich vom 15. Jan. bis 25. Febr. gebunden bin. Ich hoffe sehr, daß Ihrer Arbeit im neuen Jahr vor allem die »Sterne der Gesundheit« (Seni fragen!) günstig stehen.

Mit allen guten Wünschen grüßt herzlich
Ihr Rudolf Heinrich

Antworttelegramm 13. 1. 71

Ihr Brief war gut und verständlich – ich selbst kann vor meiner Premiere am 23. Januar mich mit »Wallenstein« überhaupt nicht beschäftigen. Ich habe übrigens von Kurt Meisel nichts wieder gehört, vielleicht wartet auch er auf meine Premiere.

Herzlichen Gruß
Ihr Walter Felsenstein

14. 3. 71

Lieber Herr Felsenstein,

nochmals Dank für das belebende Gespräch mit Ihnen in Berlin! Ich habe mit Dr. Stolzenburg vereinbart, meinen Vertrag so zu machen, daß er an Ihren gebunden ist, d. h., daß bei Nichterfüllung des Vertrages seitens des Theaters Ihnen gegenüber und daraus folgender Trennung auch meine Verpflichtungen erlöschen.

Eben habe ich ein Buch über »Wallenstein« beendet. (H. Hartmann, »Wallenstein«, Verlag Volk und Wissen Berlin 1969, DDR.) Manches daran ist interessant in der Analyse und Werkgeschichte, die Konsequenzen daraus aber ziemlich mager. Die Beschreibung der Paryla-Inszenierung (die gelobt wird) ist wohl ein Beispiel dafür, wie es nicht sein sollte. Interessant ist, daß alle Arten der regierenden Ideologien seit 1799 (und das waren einige!) den »Wallenstein« irgendwie für sich nutzen wollten und scheinbar konnten, denn sein Realismus ist »neutral«, das heißt ohne Rezept. Hier scheint mir der Weg zu liegen, der in die Nähe Shakespeares führt und heraus aus dem zufälligen Naturalismus.

»Realismus« als Methode – in der Dunkelkammer des Pessimismus –, die Psychogramme der hier behandelten Menschengruppe sichtbar zu machen, und daß ab und zu etwas überraschend Hoffnungsvolles aufleuchtet, wie ein Zeichen, und mit ihnen wieder verschwindet – in den banalen Alltag oder in den Tod. Vielleicht ein Schritt näher zum weitgehend unbekannten Rohstoff »Mensch«. (Verzeihung, ich spinne.) Eigentlich wollte ich mich nur nochmals melden, um die zu kurzen Stunden etwas auszudehnen.

Ihr R. Heinrich

5.4.71

Lieber Heinrich!

Sie spinnen nicht. Sie sagen in Ihrem Brief sehr richtige Dinge, besonders darüber, wie verschiedene Ideologien den »Wallenstein« für sich nutzen.

Der Realismus ist nicht ganz ohne Rezept, er kritisiert politisch und fordert auf, in einer anarchischen Situation eine ethische Ordnung zu finden, die im Stück nicht gezeigt wird. [...] Sie erwarten sicher von mir mit etwas Ungeduld das eingestrichene Buch; ich bin damit im Rückstand, weil ich den Amerika-Vortrag noch nicht fertig habe. Ich habe für die Texteinrichtung ziemlich viel vorbereitet, aber mich noch nicht endgültig für alles entschlossen. Ich glaube, daß die Striche, die inhaltlich nichts weglassen, Ihnen für Ihre Arbeit zusagen werden.

Große Freude bereitete mir die Begegnung mit Ihrer Frau anläßlich der Premiere von »Macht des Schicksals«. Grüßen Sie sie bitte und seien Sie für Ihren Brief herzlich bedankt von

Ihrem (Walter Felsenstein)

Ostern 71

Lieber Herr Felsenstein,

herzlichen Dank für Ihren freundlichen Brief!

Wegen des eingerichteten Buches habe ich keine Eile, wenn auch Neugier, mir wäre die Szenenfolge interessant, falls sie geändert wird.

Zum Besprechungstermin im Mai möchte ich vorsichtig fragen, ob es nicht gut wäre, Sie einige Tage oder mehr in München zu haben, gerade da die Besetzungsfragen leichter gelöst werden könnten, das Theater (Bühne) zu sehen, ein Modell kann vorbereitet werden und vieles mehr. Ich mache bescheidene Versuche mit einem kleinen Modell, einige Notizen und Skizzen, um schnell durch den Zustand der Anfangsirrtümer durchzukommen. Aber ich glaube, es wäre sinnlos, im Brief darüber zu schreiben, es wird falsche Eindrücke wecken. Aber das Thema ist fesselnder, je länger man daran denkt und sucht.

Sehr herzliche Grüße

Ihr R. Heinrich

26.4.71

Lieber Heinrich!

Die Termin-Hetzjagd in meinem Alter macht sich bemerkbar. Ich verleugnete gestern Ihre Mitteilung über das hier erschienene »Wallenstein«-Buch und lese eben noch einmal mit großer Freude Ihren Brief vom 14. März, der – nebenbei gesagt – am 23. erst hier eingetroffen ist und den ich am 5. April beantwortet habe...

In unseren guten Gesprächen am Sonnabend und Sonntag hoffe ich, dramaturgisch-personelle Bedenken Ihrerseits gemindert zu haben, kleine Beunruhigungen bei mir über Diskrepanzen zwischen personellen Situationen (über deren Darstellungsstil wir uns völlig einig sind) und möglicherweise demonstrativer optischer Separationen werden in den hervorstehenden »Schmierskizzen«-Diskussionen schwinden...

Mit herzlichen Grüßen auch an Ihre Frau

Ihr (Walter Felsenstein)

20. 7. 1971

Lieber Herr Felsenstein,

erst hier im Urlaub komme ich dazu, den zweiten Teil des »Wallenstein« in Ihrer Fassung genau zu lesen, und es gefällt mir sehr. Das Problem dieses Teiles ist *Max – Thekla*. Hier möchte ich in aller Offenheit meine persönliche Meinung an Sie schreiben, da es noch Zeit ist...

Es ist klar, daß unter dem Begriff »Realismus« (der im ersten Berliner Gespräch als Maxime aufgestellt wurde, wobei auch das Wort »Ibsen« fiel) nicht genau das gleiche von jedem einzelnen verstanden wird. Bei der Figur des Max ist diese Schwierigkeit sichtbar und unlösbar, wenn wir nicht zu einer realistischen Betrachtungsweise seiner Existenz und Motive kommen. Er ist Schillers eigene poetische Erfindung, keine historische Figur, ja nicht einmal eine historisch mögliche. Er gehört dem »Gedicht« an, nicht der dramatisch bewältigten Realität. Er ist ein Wunschbild Schillers, er stellt ihn als »Gewissen« den realen Figuren gegenüber.

Nun wären erfundene, ideale Figuren im Theater nicht verfänglich, wenn sie in geschichtlich unbelastetem Raum erscheinen. Aber durch die historische Bindung an Wallenstein wird Max – will er nicht ein Schema bleiben – selbst »historisch« und muß seinen Realitätsbeweis als Figur liefern. Er wird weiter durch Schillers Drama auch »deutsch« und somit zu einem Teil der darauffolgenden deutschen Geschichte. Auch das wäre noch zu bewältigen, wenn nicht gerade der Typus, den Schiller hier erfindet, als Leitbild pervertiert werden konnte, weil ein Teil davon bereits bei Schiller verhängnisvoll vorgeformt worden ist.

Max tritt in diesem Stück als »Gewissen« auf, seine Voraussetzungen sind jedoch ungeeignet dafür, dies zu begründen. Er ist nur seinem »Herzen« zu folgen imstande; dieses Herz besteht psychologisch aus der unverdauten Vater- und Wallensteinbindung – (durch Thekla noch mehr problematisch) und politisch aus der mythischen, ungeprüften Bindung an das reaktionäre Habsburg. Wie kann da ein »Herz« frei entscheiden? Wo ist in dieser Figur die »Schönheit«, wenn man nicht seine »zärtliche Gestalt« meint??

Sicherlich bin ich in München nicht der einzige, der so empfindet. Was sich seit ca. 3 Jahren im Bewußtsein des progressiven Publikums vollzogen hat, sollten wir in Rechnung stellen, wenn wir nicht wollen, daß der Beifall triumphierend von *rechts* kommt. Die »neue« Generation hat angefangen, ihre Geschichte und die alten Leitbilder auf ihren Wert und ihre Aktualität hin zu befragen, und es ist natürlich, daß Interpretationen, die diesem Prozeß sich verweigern, fremd, außerhalb und suspekt erscheinen.

Jetzt einen Schiller realistisch zu bewältigen ist eine große Chance: Es ist die nackte Angst, die mich frech Ihnen das schreiben und mich bitten läßt, diese Not zu verstehen.

An den Beispielen der Striche will ich versuchen, es zu erklären: Im Bericht des *Schwedischen Hauptmanns* wird das Unreale der Max-Figur evident. Solange der Hauptmann von der Schlacht berichtet, bleibt alles realistisch möglich. Daß aber nun die nüchternen, protestantischen Schweden in dieser politisch gespannten Situation anläßlich eines gefallenen kaiserlichen Obristen eine solche Heldensiegesfeier inscenieren, ist unrealistisch und (v. Schiller her) kitschig. Sofort ertappt man ihn:

»Zwölf Jünglinge trugen die Bahre« (keine bärtigen Krieger), natürlich »der edelsten Geschlechter« (gibt es *»unedle«*??!!)

»das ganze Heer begleitet die Bahre«,

die gefallenen Pappenheimer und Schweden wurden schlicht verscharrt?

»Ein Lorbeer schmückte seinen Sarg«, wächst der in Tischreit??

und: wofür eigentlich? Ein mißlungener, sinnloser Angriff!! Gestürzt, ja ev. Selbstmord!

»auch Tränen fehlten nicht«,

um Ihn? Die vielleicht durch diesen überflüssigen Angriff den Freund oder Bruder verloren??!! Die Pappenheimer sind kämpfend bis auf den letzten Mann gefallen. Wieviel Schweden haben sterben müssen? Sagen wir: halb soviel!!! Da weinen die harten Krieger um »seiner Sitten Freundlichkeit und alle rührte sein Geschick«!!

»Man sagt: er wollte sterben.«

Das ist allerdings der Gipfel der Geschmacklosigkeit, es der liebenden Frau zu sagen. Nun gut. Die Schweden sind da nicht so feinfühlig. Aber: woher weiß er das? Bis auf den letzten Mann sind ja alle tot.

Ich finde, Bilder solcherart haben ausgedient, sind nichts mehr als klassizistischer Pomp. Die Realität der nachschillerschen Kriege – zu denen Bilder solcherart bemüht wurden, um sie zu verklären – haben sie im Bewußtsein der Nation zur empfindlichsten Stelle werden lassen.

Tod, 4. Aufz. 12. Sc.

Anfang und Ende dieses Monologs widerstrebt mir ganz und gar! Mir scheint, er verfälscht die reale Figur der Thekla. Sie hatte bisher zum zerrissenen, problematischen Max die Alternative gebildet mit der natürlichen Sicherheit ihrer Liebe. Im entscheidenden Moment denkt sie plötzlich in den Kategorien des Max.

»Die Treuen, *die sich ihm geopfert*«

»der ihres Lebens Führer war«

Das ist nicht wahr!! Wozu dann das »Lager«? Der

30jährige Krieg kennt solche Bedingungen nicht!! Die Pappenheimer sind keine fanatisierten Selbstmörder, sondern Söldner, Profis.

»... da kommt das *Schicksal* roh und kalt...«

Nach 4 Stunden Theaterspielen sollte eigentlich der Begriff »Schicksal« durchsichtig und überflüssig geworden sein, da wir ja erlebt haben, wie es kam, nämlich nicht moirahaft von außen! Auch ist »Schicksal« hier als Begriff dramatisch nicht anwendbar, sein Tod ist eine private Entscheidung ohne eine gesellschaftliche Beziehung, eben *kein* »Opfertod« für eine gute Sache. Privates Mitleid für einen sympathischen, »an sich« hoffnungsvollen Burschen – ja, aber ich kann die Opfer, die er mitreißt (und Thekla), nicht vergessen.

Wenn das Mädchen Thekla zu solchen Bildern greift, so ist das zwar verständlich, aber das wäre doch nur eine naturalistische Erklärung.

»Das Los der Schönen...«

ist gänzlich absurd. Man hat das Gefühl, daß Schiller vom »Schönen« als Beweis dieser Eigenschaft das Scheitern verlangt!! An solch! exponierter Stelle wird dem Stück eine privat-pessimistische Wende gegeben!

Der Strichvorschlag scheint mir die Thekla als Liebende rein zu belassen, ohne Knalleffekt am Schluß mit falscher »Weisheit«:

»Sein Geist ist's, der mich ruft« ist ja *viel* besser, das ist sie selbst.

Einen Vorschlag noch zum 4. Aufzug Sc. 7

Illo: »Der hat sein ganzes Leben lang sich abgequält, sein altes Grafenhaus zu fürsten, und nun begräbt er seinen eigenen Sohn!« ist doch sehr wichtig!

1. für die Charakterisierung Octavios überhaupt,

2. damit er nicht aus dem Stück (im Egerakt) verschwindet,

3. damit die grausame Ironie beim allerletzten Auftritt ganz verständlich ist,

4. gibt es der Illo-Figur eine drastische Realistik (und einen dämonischen Akzent).

Damit bin ich nun am Ende. Ich hoffe, man hat Ihnen die Grundrisse geschickt, und hoffentlich haben Sie die Ruhe und Muße, sich daran zu setzen. Ich hatte beim Zeichnen nochmals den ganzen Spaß der gemeinsamen Erarbeitung, die sich auf dem Papier als gut erwies.

Ich bin in 10 Tagen wieder in München.

In aufrichtiger Freude und Sorge

Ihr Rudolf Heinrich

New York, 29. August 1971

Lieber Herr Felsenstein,

kurz vor meiner Abreise erhielt ich Ihr Telegramm aus Kloster/Hiddensee. Ich danke Ihnen sehr. Da ich lange nichts hörte (was bei den jetzigen Postverhältnissen hieran liegen kann), bekam ich natürlich etwas Angst, daß der Brief gar nicht angekommen ist oder aber Sie ihn in den Papierkorb geschmissen haben. Nun ist es ja geklärt.

Es war mir sehr angenehm zu hören, daß Sie nun doch in Ihrem Ferienhaus in Hiddensee »Urlaub« machen. So kommen Sie zwangsläufig an Stralsund vorbei, treffen Wrangel und die Seinen, vielleicht auch den Waldstein selbst. Ich hatte dafür die Gelegenheit, vor meiner Reise hierher, bei Tischreit vorbei nach *Eger* zu kommen! (Die Umstände erzähle ich Ihnen später!) Dann nach Prag, wo ich Herz traf und im Waldstein-Garten arbeitete, sein Palais ansah und sogar sein Pferd (ausgestopft) streichelte. So hat sich zufällig ergeben, daß wir beide auf seiner Fährte waren, nicht nur im Buch.

Mit sehr herzlichen Grüßen

Ihr Rudolf Heinrich

[Reinhart Zimmermann]

Das »Figaro«-Bühnenbild
Aus dem Arbeitsbuch von Reinhart Zimmermann, 1974

Arbeitsbücher zu jeder Inszenierung führe ich seit langem. In ihnen enthalten sind Notizen, Briefe, Fotos und Skizzen – entstanden während des Arbeitsprozesses; ein persönliches Tagebuch ohne Anspruch auf Vollständigkeit und ohne das Ziel einer Veröffentlichung.

Heute jedoch, viele Jahre nach Felsensteins letzter Operninszenierung aufgefordert, möglichst authentisch über die Zusammenarbeit am »Figaro« zu berichten, halte ich es für angebracht, dieses Material zu zitieren:

22. 2. 1974

Lieber Herr Zimmermann!

So wie ich jede intendantenfreie Stunde an der Textierung von Figaro sitze, sind Sie vermutlich mit der Weiterführung der mir geäußerten Gedanken beschäftigt.

So falsch ein naturalistischer Bühnenraum wäre, muß doch der Ort der Handlung jeweils der realen Situation entsprechen, zumal – der Partitur gemäß – alle textliche Poesie einer knappen und klaren Sprache weichen muß.

Ich habe den Eindruck, daß die Absichten, die Sie mir nahebringen wollten, doch mehr einer dekorativen als dramaturgischen Idee entspringen.

Dies möchte ich Ihnen vor unserer nächsten Zusammenkunft gesagt haben.

Gruß
Walter Felsenstein

Notiz, 26. 2. 1974

Gang zu Felsenstein. Beunruhigt durch seinen Brief lege ich meine Skizze vor. Ergebnis: So geht es gar nicht. Er sieht nicht ein, was der Garten den ganzen Abend über bedeuten soll, und umreißt etwa folgendes Programm: »Figaros Hochzeit« weniger Oper, mehr Schauspiel. Wenig Gänge, jede Geste eine Ereignis, sparsamste Details. Am liebsten großes leeres, weißes Kabinett.

6. 3. 1974

Sehr geehrter Herr Intendant!

Ich habe mir Ihre Worte von einem leeren, hellen Raum sehr zu Herzen genommen. Leere, ungewöhnliches Licht und akustische Überlegungen standen bisher an erster Stelle und natürlich eine Blitzverwandlung zum Garten, wozu die Bühne sich verändert, ohne daß das Raumprinzip gestört wird. Jetzt bin ich fast so weit, daß ich Sie brauche. Sie sehen aber kein farbig fertiges Modell, sondern Möglichkeiten und Fragestellungen. Wenn Sie mir noch diese Woche lassen würden, dann können Sie ab Montag, wann immer Sie Zeit finden, in die laufenden Versuche Einblick nehmen. Für den Grundriß des 1. Aktes scheinen mir zwei Dinge wichtig zu sein:

Erstens, man merkt, das »Zimmer« war bis zu diesem Morgen ein Durchgangszimmer, denn alle Personen betreten es, ohne daß es dafür immer einen zwingenden Grund gibt, so wie man eben durch einen Raum geht, der bisher leer stand und vielleicht den Weg zwischen zwei Korridoren verkürzt.

Zweitens dürfen die Türen von Graf und Gräfin nicht direkt in diesen Raum münden, denn der Graf möchte ja Susanna sicher nicht direkt vor der Tür seiner Frau verführen.

Im Park, meine ich, müßten die Teile, so sparsam auch

immer, etwas Verwildertes, Verfallenes haben. Ich denke mir, daß es der entfernteste Teil des Gartens ist, dort, wo man kaum noch spaziert, aber ideal geeignet für ein Abenteuer.

Ich las von einem Schloß in der Provence, dessen Platanen Beaumarchais zu dem Garten inspiriert haben sollen.

Herzliche Grüße!
Ihr Zimmermann

7. 3. 1974

Lieber Herr Zimmermann!

Zu Ihrem Brief vom 6. 3. 1974 an den Intendanten sollte ich Ihnen folgendes mitteilen: Ihr Wunsch, daß der Intendant »in die laufenden Versuche Einblick nehmen« möchte, wird in der nächsten Woche erfüllt. Sie möchten aber bitte nicht vergessen, daß es sich um Pinien handelt, nicht um Platanen.

Freundliche Grüße
Kelch
(Intendanzsekretärin)

Notiz, 16. 3. 1974

Im Reclam-Heft mit dem »Figaro«-Text finde ich im Vorwort von Götz Friedrich folgende Bemerkung, die mir den neuen Versuch zu bestätigen scheint: »Bei Mozart wird die Bühne selbst eine in sich geschlossene Wirklichkeit – das Abbild wird ein Mikrokosmos. So kommt es auch, daß der Schauplatz, des Grafen Almaviva spanisches Schloß, in der Oper ›insularer‹ erscheint als im Schauspiel. Bei Beaumarchais ist dieser Ort ein fast geographisch fixierbarer Teil der wirklichen Welt, bei Mozart ist er eine Welt in sich, ein Gleichnis von ihr, wirklich und poetisch in einem. Beaumarchais benutzt Anspielungen, die den Spielkreis absichtsvoll durchbrechen, um sein Anliegen durchzusetzen,

Mozart verengt und vertieft diesen Kreis, der bei ihm für die ganze Welt steht.«

1.4.1974

Lieber Herr Zimmermann!

Die zwecks Ablieferung erforderliche Presto-Arbeit an den »Figaro«-Texten zwingt mich, schriftlich zu sagen, was man besser persönlich erledigen würde. Aber die Entscheidung über das Bühnenbild ist nicht weniger wichtig. Und da die vermutlich einzige Möglichkeit einer ein- bis höchstens zweistündigen Unterredung mit Ihnen morgen, Dienstag, sein wird (überdies natürlich weitere Termine dann im Laufe der nächsten Wochen), einige Bemerkungen zu meinen inzwischen gewachsenen Erkenntnissen:

Die Grundidee des hellen Raumes und der äußersten Sparsamkeit an dekorativen Elementen bzw. Möbeln ist gut und sollte durch Erfordernisse welcher Art auch immer nicht zerstört werden.

Aber Sie haben ja inzwischen die alten Grundrisse geprüft – sie lassen leider nicht alles erkennen – und gesehen, daß sie – wenn auch überfüllt – aber sehr durchdacht und szenisch-dramaturgisch folgerichtig waren. Man sollte sie, soweit sie den Handlungsablauf ermöglichen und fördern, doch nicht ganz unberücksichtigt lassen.

1. Akt: Das Treppenhaus im 1. Bild ist nicht erforderlich, aber hat eben von vornherein klargemacht, daß die Gemächer des gräflichen Paares nicht ebenerdig sind.

Die Einrichtung – Sessel, Truhe, Spiegel – ist erforderlich, aber auch ausreichend.

Die Sichtbarkeit und Benutzbarkeit der Türen ist unerläßlich. Eine wesentliche Rolle spielen das Belauschen der Susanna-Cherubino-Szene durch Basilio sowie der Chor-Auftritt und die darauf folgende Szene.

2. Akt: Die Türen zum Kabinett, zu Susannas Zimmer

und zum Korridor müssen benutzt werden. Ebenso das Fenster.

Für das große Ensemble ist auch die Möglichkeit für Susanna, ungesehen zu bleiben und dennoch den führenden Sopran zu singen, unerläßlich.

3. Akt: Eine Türe im rechten Vordergrund soll unmißverständlich auf die Terrasse und den Garten führen, die ein klein wenig höher liegt als der große Saal. Deshalb auch die Möglichkeit, einen kleinen Arbeitstisch für den Grafen mit einem Sessel in der Fortsetzung der Terrasse nach innen auf dieselbe Höhe zu bringen. Auftritte bzw. Abgänge sind überdies erforderlich links hinten und links vorne, sowie rechts hinten.

Da der große Empfang und das Finale bereits bei künstlichem Licht stattfinden müssen, sind benutzbare Leuchtkörper erforderlich.

4. Akt: Dieser Akt lebt pausenlos von geheimnisvollen, untereinander unsichtbaren Auftritten und Abgängen, vom Partner ungesehenen Verstecken. Hauptfrage also: Wie wird das Labyrinth erzeugt? Die beiden Pavillons dürfen nicht zu groß sein, müssen aber für die darin vorhandenen Personen glaubhaft sein. Im linken Pavillon sind nämlich kurz vor dem Finale nicht weniger als vier Personen versteckt.

Der alte Grundriß ist hier insofern wertvoll, als der zarte Steg, der die beiden Pavillons miteinander verbindet, eine kaum entbehrliche kleine Stiege nach vorne ermöglicht und zugleich die Abtrennung des Parks in zwei Teile.

Fürchten Sie bitte diese Zeilen nicht als bevorstehende Vergewaltigung, sondern als Ergänzung Ihrer eigenen Überlegungen und vor allem, um Zeit für unser Gespräch zu sparen.

Mit den besten Grüßen
Ihr Felsenstein

Notiz, 20.4.1974

Abends endlich zwei Stunden intensiver, aber ruhiger Arbeit vor dem Modell. Das Treppenhaus ist zu wuchtig. Felsenstein: »Machen Sie eine Koloratur, lassen Sie sich nicht von dem gewünschten Grundriß hinrichten.« Ich gebe zu, es sieht aus wie »Matrosen von Cattaro«. Wir beschließen die Stellung der Möbel. Anschließend Debatte über die weiteren Bilder. Zum 2. Akt hat er selbst einen Grundriß gezeichnet in mir völlig ungeläufigem Maßstab 1:75. Mein Vorschlag zum letzten Bild: alles wie über Wasser gebaut. Unklar, wie das vorn werden soll, wo er die Spielfläche voll nutzen möchte. Vorhang nicht in voller Höhe, am liebsten mit dem französischen Titel »Der tolle Tag«. Zimmermann: »Warum dieser Titel?«, Felsenstein: »Die Ouvertüre hat nichts mit ›Figaros Hochzeit‹ zu tun, das ist Beaumarchais' ›Toller Tag‹.« Felsenstein ist, wenn er an der Vorstellung eines Bildes hängt, ein guter Bühnenbildner, er sieht und sagt, was man selbst empfindet, aber sich nicht konsequent eingesteht. Die Freude, wenn es ihm gelingt, seine Vorstellung zu realisieren, ist rührend und so gewaltig, daß man sich ihm zuliebe selbst vergessen kann.

Notiz, 23.4.1974

Felsenstein besichtigt die nunmehr dritte Variante des 1. Bildes. Dann ruft er die Darsteller der Susanna und des Figaro, erläutert die Schönheit und Leichtigkeit, die sich aus dem »alten Grundriß« ergibt und doch ein »neues Bühnenbild« geworden ist. Der letzte Akt, erklärt er, müsse in der Art des chinesischen Theaters gespielt werden, also ohne naturalistische Dunkelheit, aber natürlich nicht so hell, wie Zimmermann sich das vorstellt.

Notiz, 25. 4. 1974

Felsenstein beantwortet die Frage der Darsteller, ob denn der weiße Fußboden nicht zu stilisiert wirken würde: »Er ist stilisiert und gehört zu den lichten Seiten und dem Hintergrund. Um so mehr werden alle Teile darin um so realistischer sein, auch die Kostüme, nie ›kostümiert‹.«

Notiz, 1. 5. 1974

Vor drei Tagen hat sich Felsenstein das 2. Bild angesehen. Generell waren ihm alle Teile zu groß. Auch mein Fenster, auf das ich wirklich stolz war, weil es eine gelungene Kopie der Würzburger Residenz war. Minutiös verkleinerten wir alles: Fenster, Tür, Betthimmel und Bett. Ich fürchte, niemand wird verstehen, daß das Bett eigentlich bequem für zwei Platz bieten soll. Nachdem alles zerschnitten, zerrissen, verändert war, saß Felsenstein lange »vor seinem Bild«. Je mehr es ihm gefallen soll, um so weiter muß es von meinen Intentionen entfernt sein. Ich habe mich redlich gequält in den letzten drei Tagen; frappierend ist, wie geschickt alles aussieht, denn eigentlich arbeite ich wie ein guter Assistent für ihn. Meine innere Einstellung wechselt häufig: Frustration, Verständnis, Hingabe, Ekel, Wut und Fleiß. So bewegt hat mich lange keine Arbeit. Nun sitze ich wieder und erwarte ihn, diesen lieben, furchtbaren Mann.

Notiz, 18. 6. 1974

Heute endlich kam es zur Vorführung der Modelle des 3. und 4. Aktes. [...]

Der letzte Akt erhält nun doch noch ein kurzes, dazwischengeschobenes Bild. »Ein dunkles Bild«, sagt Felsenstein, »wo die Darsteller mit Kerzen agieren, um so überraschender ist dann die Helligkeit des letzen.« Schließlich, als auch die letzten Korrekturen an den Inseln minutiös festgelegt waren, rief Felsenstein den Technischen Direktor, dem er schon mehrmals gesagt hatte, das letzte Bild wäre viel schwerer als alle anderen und nicht existent ohne seine Zustimmung. Eine Farce: Kämmer konnte nicht umhin, es doch nicht so schwer – natürlich viel schwerer, als er sich generell alles wünscht – zu finden. Das trug ihm einen herzlichen Dank und einen Kuß des Regisseurs – nicht des Intendanten – auf die linke Wange ein.

Ein Vorgang in Zeitlupe, eines Filmes würdig.

Die Bauprobe ist für den 6. Juli vorgesehen.

Das »Figaro«-Bühnenbild, 15. 12. 1974

Einen Ausgangspunkt unserer Konzeption bilden die Grundrisse von Felsensteins Inszenierung aus dem Jahre 1950. Soweit sie uns auch für eine neue Inszenierungen richtig schienen, haben wir sie benutzt oder variiert. Ganz neu dagegen sind unsere Überlegungen, in welchem Raum und mit welchen optischen Mitteln sich das Werk dem heutigen Zuschauer erschließen kann. Ort der Handlung ist das Schloß des Grafen Almaviva. Wir zitieren es in Details, soweit die Handlung es erfordert, als »Schauplatz« ist es ohne Belang. Architektur und Milieu als Atmosphäre spielen keine Rolle. Das große Thema wird im kleinsten Kreis abgehandelt, die Umwelt spielt da nicht hinein. Was es zu sagen gibt, sagen die Personen und die Musik; darüber hinaus etwas zu »zeigen«, gibt es keinen Anlaß.

Sehr wichtig ist uns, daß sich die komplizierte und turbulente Handlung in einem Raum vollzieht, der klar und hell ist. So entstand eine Bühne aus Licht und Weiß, in welcher der handelnde Mensch dominiert. Die Transparenz der Seitenwände und des Hintergrundes ermöglicht, daß er ganz vom Licht umspielt wird. Die sparsamen Interieurs sind kostbar ausgeführt; der quantitativen Beschränkung entspricht der Verzicht auf die üppig-spielerischen Formen des Rokoko. Farbe bleibt den Textilien und Kostümen vorbehalten, in der Dekoration dominieren die Tönungen edler Hölzer. Der 1. Akt, Felsensteins Idee des Treppenhauses aufgreifend, zeigt deutlicher als die frühere Inszenierung, daß Figaro gerade erst begonnen hat, den ihm und Susanna zugewiesenen Platz für ein Schlafzimmer auszubauen. Die noch offenen Wände erlauben glaubhafter das Ineinanderspiel von offiziellen und privaten Räumlichkeiten. Das Schlafzimmer der Gräfin im 2. Akt ist ganz auf die Korrespondenz der »Ausgänge« und wenigen Möbelstücke zueinander hin konzipiert. Ein Grundriß, der Millimeterarbeit verlangte. Für den gräflichen Festsaal des 3. Aktes wird die ganze Tiefe des Spielraumes genutzt. Das einzige dekorative Detail, ein Gobelin, ebenfalls transparent, bildet gleichzeitig den hinteren Abschluß des Raumes. Der 4. Akt zeigt nach einem kurzen Zwischenbild den nächtlichen Garten, genauer gesagt: den im 3. Akt erwähnten Platz unter den Pinien. Um der stilistischen Einheit willen ist auch er wie ein Interieur aufgefaßt: ein bewußt »gebauter« Teil eines Parks mit Stegen und Inseln, Pavillons und Brücken über einem künstlichen See. Der weiße Boden wird hier zur glatten »Wasseroberfläche«. Der dadurch nur begrenzt benutzbare Spielraum steigert die komödienhafte Situation zwischen den handelnden Personen am Ende dieses tollen Tages.

25. 2. 1975

Verehrter Chef!

Wir haben es uns mit dem letzten Bild nicht leichtgemacht – Sie kennen besser als jeder andere meine Vorbehalte, es so zu beleuchten. Ich möchte, daß Sie es wissen, daß nichts von diesen Vorbehalten geblieben ist, auch nicht die Spur einer Ungewißheit, ob es so richtig ist. Bei allen Erörterungen, die wir vor oder während der Beleuchtungsproben hatten, habe ich eines außer acht gelassen, daß nämlich die Menschen alle toll sind. Und wenn sich diese Tollheit aus Liebe und Eifersucht in den Aufführungen so mitteilt, wie es gestern der Fall war, dann ist die Frage, ob nicht die Leute sehen müßten oder nicht, oder wieweit, völlig gegenstandslos. Dann ist uns ein Balanceakt gelungen wie lange nicht, wie vielleicht noch niemals.

Mit herzlichen Grüßen!
Ihr Zimmermann

20. 5. 1975

Sehr verehrter Herr Intendant!

Die Frage, ob und wie das letzte Bild »Figaro« zu verändern ist, beschäftigt mich natürlich seit unserem ersten kurzen Gespräch. Ich habe mir wieder zwei Vorstellungen angesehen, um zu verstehen, was Sie meinen könnten. Ehrlich gesagt, es ist mir nicht ganz klar, warum man etwas verändern muß.

Die »Einwände«, seien sie nun berechtigt oder nicht, richten sich ja gegen die unbenutzte Treppe im 1. Akt, gegen das eingeschobene vorletzte Bild und im Garten selbst ja nicht gegen mehr oder weniger Gras oder die Form der Hecken, sondern – wenn ich es richtig verstanden habe – gegen den Brücken-Steg-Grundriß überhaupt. Dafür habe ich aber nun überhaupt kein Verständnis, weil ja gerade dadurch der komödiantische Reiz der Inszenierung unterstützt wird.

Und die Teichmarkierung? Abgesehen mal davon, daß ein Belegen der Teichfläche mit Spiegel- oder Lackfolie die Umbauten von 3 zu 4 und 4 zu 5 erheblich verlängern würde – wen interessiert eigentlich der See? Es passiert alles so logisch auf den Stegen, man versteht auf Anhieb, daß es betretbare Flächen und unbetretbare gibt, sei es nun, daß darunter Wasser, feuchte Wiese oder ganz einfach unsere Spielfläche ist, über die man sich jetzt in jeder Beziehung

»erhebt«. Was mich wirklich stört, ist das viele Gras, einschließlich der hinteren Seebegrenzung. Das schafft nur einen illusionistisch-dekorativen Effekt, dessen wir uns ja in den anderen Bildern konsequent enthalten haben. Die Hecken könnte man vorsichtig lichten, so daß das Ganze noch zarter wird.

Wenn Sie in Berlin sind, wollten wir ja noch einmal zusammen sprechen.

Alles Gute für Ihre Arbeit in Wien und herzlichste Grüße
Ihr sehr ergebener Reinhart Zimmermann

Damit endet mein Arbeitsbuch, es sei aber ein Nachtrag gestattet.

Ein immer wiederkehrender Streitpunkt war die Farbe der Schilfgräser im letzten Bild. Ich bin der Ansicht, es dürfe keine »Farbe« geben, typisch für Nacht sei eben die Farblosigkeit, und so hielt ich das ganze Bild in Sepiatönen. Er hat das hingenommen, aber nie wirklich akzeptiert. Kurze Zeit nach der Premiere äußerte er erneut seinen Wunsch nach grünem Schilf. Es war überflüssig, darüber zu diskutieren. Er sah die Nacht farbig! Aus dem Krankenhaus erreichte mich der Auftrag, ich möchte bitte einen Entwurf für grünes Schilf liefern. Und so setzte ich mich hin und malte auf ein großes weißes Blatt grüne Gräser. Nie war mir eine Arbeit so überflüssig erschienen, aber auch nie werde ich seine Augen vergessen, als ich ihm, der schwer krank schon, schließlich den Entwurf zeigte. Es war meine letzte Begegnung mit Felsenstein. Unerbittlich anderen wie sich selbst gegenüber, sollte die Veränderung, als Farbfoto aufgenommen, ihm im Krankenhaus vorgelegt werden. Vor einer Vorstellung wurde das letzte Bild fotografiert, die Herstellung des Diapositives hat er nicht mehr erlebt.

Über Sänger und Darsteller

Immer wieder entscheidet der Anspruch der Musik. Das wirkliche musikalische Theatererlebnis kann vom Regisseur nur angeregt und durch Kunstgriffe der Inszenierung lediglich unterstützt werden. Getragen wird es ausschließlich vom musizierenden und darstellenden Menschen. Wenn ich inszeniere, musiziere ich mit meinen Sängern. Musik und Gesang müssen in ihrer dramatischen Funktion erkannt werden. Das ist Musiktheater.

(1961)

[Mozart hat es so gewollt] 1961

Die Arbeit mit dem Sänger beginnt bei der Information. Es kommt vor, daß wir zwei Stunden einander gegenübersitzen und nur sprechen. Manchmal sind wir auch zu dritt oder viert, der Kapellmeister ist dabei, ein Korrepetitor, der Bühnenbildner. Ich kenne die Figuren der Werke, ich weiß, was sie treiben und wie sie sich verhalten, wenn sie nicht auf der Bühne stehen, in Szenen, die nicht geschrieben worden sind, ich habe ihr Privatleben, ihr Vorleben erforscht. Darüber muß ich die Sänger und meine Mitarbeiter informieren.

Nehmen wir den Tamino: Ich bitte den Sänger, die Bildnis-Arie zu singen. Er neigt dazu, sie so zu singen, wie er es gewohnt ist: nur schön und lyrisch. Wie ist aber die Situation? Die Erste Dame, die ihm etwas aufdringlich erschienen war, hat ihm einen Gegenstand aufgedrängt, den er nur angenommen hatte, weil er von der Königin stammte. Er hat also das Bild fast widerwillig genommen. Und jetzt, in dem Moment, in dem er es sich trotzdem ansieht, geschieht ein Wunder; er empfindet etwas, das er in dieser Macht und Überwältigung noch niemals empfunden hat: er liebt zum ersten Mal! Sein Ausruf »Dies Bildnis ist bezaubernd schön« bricht aus ihm heraus, wie wenn sich ein Ventil geöffnet hätte.

Mozart hat es so gewollt. Die Noten können nicht anders gesungen werden. Zwei Takte Orchester mit Es-Dur-Akkorden. Dann setzt der Sänger in einer teuflisch schweren Lage ein. Er fängt mit dem B an und hat hinaufzusingen zum G'. Das ist schwer. Wenn er sich aber die Mühe macht, das B eine Oktave höher zu empfinden und sich das Es'' vorzustellen – nicht es zu singen, sondern nur zu imaginieren, während das Orchester die beiden Takte spielte –, dann liegt das wirkliche B weit unter dem hohen Es, und er singt herunter auf das G'. Wenn er das Bild erblickt und der Blitz ihn trifft, befindet er sich auf dem hohen Es der Erregung. In solche Sublimierung versetzt den Sänger die Konzentration. Sie steigert sich im Abwärtsgleiten bis zum nächsten Satz. Der Sänger spürt, daß die Orchesterbegleitung mindestens ebenso wichtig für ihn ist wie der Gesang. In ihr steckt der ganze Tamino, die Arie ist ein Charakterbild. Er hat diese unwiderstehliche Wißbegierde (das kommt später bei den Prüfungen klar zum Ausdruck), die sich hier in dem Bedürfnis äußert: zu wissen, was mit ihm geschehen ist.

Es vergehen zwei oder drei Tage, bis der Sänger nicht nur äußerlich, sondern innerlich bereit ist, die Arie auf der Basis dieser Information zu studieren. Wir probieren gemeinsam mit ihm, der Korrepetitor und ich, bis wir ihn soweit haben. Und es besteht dann immer noch die Möglichkeit, auf ihn zu verzichten, wenn er es aus irgendeinem Grunde nicht schafft. [...]

Ich habe den Sänger mit der Bildnis-Arie beginnen lassen, weil sie der Prüfstein ist. Hat er jedoch im Verlauf der ersten Proben gezeigt, daß er diese Arie »schafft«, wie wir zu sagen pflegen, so bestehe ich darauf, daß nunmehr chronologisch vorgegangen wird. Das Drama kann nur entstehen, wenn es aus der Entwicklung der Rolle entwickelt wird. Daher also jetzt zurück zum Anfang! Und der ist, weiß Gott, kein Kinderspiel! Warum wird Tamino ohnmächtig? Ein tapferer junger Mann, der beste Jäger! Er hat alle seine Pfeile verschossen. Es ist ausgeschlossen, daß er nicht getroffen hat. Er ist mutig, ein Sportsmann, aber es ist etwas Ungeheuerliches, was ihm zustößt: die Schlange ist unverwundbar. Das fasziniert ihn in einer Weise, daß er nicht von ihr loskommt. Er will fliehen und ist aber durch das Untier gleichzeitig gebannt. Sein jugendlicher Kampfeseifer ist durch etwas Unbegreifliches gelähmt.

Die Summe des inneren Vorgangs, den Mozart genau komponiert hat, führt zu einer Überanstrengung, die Blutleere hervorruft und die Ohnmacht erklärt.

Wenn einer diesen Anfang richtig gestaltet, gibt es in der ganzen Rolle keine Probleme mehr. Vor allem zeigt sich hier, was ich inneres Tempo nenne.

Es ist entscheidend für die Arbeit des Sängers, ob er das metrische Tempo eines Werkes spürt und begreift. Unter metrischem Tempo verstehe ich die Unterteilung einer Phrase, eines Taktes im Sinne der emotionalen, der geistigen Darstellung aus dem in diesem Takt vorkommenden kleinsten Notenwert. Nehmen wir diesen Anfang: »Zu Hilfe, zu Hilfe...« – wenn ich einen eminent begabten Sänger habe, lasse ich ihn das in Sechzehnteln singen. Ich bin aber auch schon zufrieden, wenn er es in Achteln »schafft«. Das ist das innere Tempo. Wenn er jetzt danach spielt – also nach einem Busch Umschau hält, wo er sich verstecken kann – dann müssen die Achtel spürbar sein. Schaut er sich in »Vierteln« um, unterbreche ich. Es handelt sich keineswegs darum, die Noten oder den Rhythmus selbst darstellerisch sichtbar zu machen. Wenn der Sänger einmal das *innere Tempo* erfaßt und sich zu eigen gemacht hat, ergibt sich das Darstellerische von selbst. [...]

Es läuft immer auf das gleiche hinaus: die Musik, sowohl im Orchester wie im Gesang, darf nicht eine Sekunde lang unverbindlich sein. Singen kann man eine Stelle so nicht – man soll sie gar nicht so singen. Aber kennen muß man sie. Man muß ihre Wahrheit wissen. Bei Mozart ist jeder Takt und jede Note Wahrheit. Ich wage sogar zu sagen: Programm. Ich weiß, daß das einige Musikkritiker nicht unterschreiben. Für sie ist das alles schöner Klang und Rhythmus. Sie fühlen sich belästigt, wenn es konkretisiert wird. Auch ich fühle mich belästigt, wenn es darstellerisch so plump konkretisiert wird, daß ich als Zuschauer zum Dummkopf gemacht werde, aber es muß konkretisiert werden, weil es der Komponist konkretisiert hat. [...]

Das Schwerste ist immer, den Sänger so weit zu bringen, daß er bereit ist, den Ausdruck, in den er sich durch Konzentration versetzen soll, aus seinem Innenleben heraus zu erzeugen. Um Mißverständnissen vorzubeugen: ich fände es genau so unappetitlich wie

Brecht, wenn der Sänger dabei stehenbleiben würde. Aber im Gegensatz zu Brecht, jedenfalls im Gegensatz zum Theoretiker Brecht behaupte ich, daß ein Darsteller den psychologischen Zustand, den er zu zeigen hat, nur mit den Mitteln, die er selbst besitzt, hervorzurufen vermag, also mit seinen eigenen Empfindungen, seinen Nerven, seiner Individualität muß er seine eigene Natur in den Dienst der Sache stellen. Wer die private Emotionalität, die persönliche Empfindung und Erregungsfähigkeit aus der Arbeit des Schauspielers verbannt, macht den Schauspieler impotent, ob er nun Emotionen ausdrücken oder verfremden will. [...]

»Torquato Tasso«
von Johann Wolfgang von Goethe
Schloßpark-Theater, Berlin 1949

[An die Darstellerin der Leonore d'Este, Lu Säuberlich]

23.9.1949

Liebe Lu Säuberlich!

Ein zärtlicher Gruß aus der Ferne. Ich bin sehr traurig, daß ich die Aufführung vorerst nicht mehr sehen kann. Es täte mir wohl, Ihren 1. Akt noch einmal zu sehen und zu hören wie in der Premiere, Ihren zweiten und dritten wie in der Generalprobe. Damit will ich nicht anzweifeln, daß die Zuschauer der Aufführungen, die ich nicht erleben durfte, diesen Genuß bereits hatten. Aber ich bin eben ein Egoist.

Was uns ja alle in dieser Arbeit so bewegt und hochgetrieben hat, war die Tatsache, daß alle Schönheit und alle Qual dieses Stückes in der vollen Erkenntnis erst unserer apokalyptischen Gegenwart vorbehalten war. Und darum kann das von uns Erkannte nur richtig interpretiert werden, wenn jede Sekunde in diesen drei Stunden rein zuständlich etwas darstellt, was diese fünf handelnden Menschen weder vorher noch nachher erlebt haben, noch darauf in irgendeiner Weise gefaßt oder vorbereitet sind. Man müßte dieses Stück jedesmal so spielen wie auf dem Sterbebett, in dieser Bedrängnis vor dem Unwiederholbaren, in dieser Sehnsucht nach allem Versäumten. Alles andere hat keinen Sinn, ebensowenig Sinn wie unser Leben ohne dieses Stück.

Lassen Sie doch irgendwann mal etwas von sich hören, oder rufen Sie mich hier im Theater an.

Herzlichst Ihr sehr dankbarer
Walter Felsenstein

»Die Hochzeit des Figaro«
von Wolfgang Amadeus Mozart
Komische Oper 1950

[An den Darsteller des Figaro, Werner Faulhaber]

21.4.1953

Lieber Herr Faulhaber!

Ihr Figaro in der letzten Vorstellung hatte einen 1. Akt, wie ich ihn in dieser Reife, Geschlossenheit und Vollendung von Ihnen noch nicht gesehen habe. Nur aus diesem Grunde bin ich über den Beginn des 2. Aktes etwas gestolpert, und zwar:

Ihr Auftritt und die darauffolgende Rezitativ-Szene wirkt burschikos-fröhlich, so daß der unvoreingenommene Zuschauer glauben muß, Sie hätten die Angelegenheit Graf/Susanna tatsächlich bereits überwunden und würden jetzt nur aus Spaß Ränke gegen ihn schmieden. Es geht aber doch für Sie nur darum, Susanna und die Gräfin für Ihren Plan zu gewinnen. Deshalb legen Sie es nur darauf an, Susanna mit den Anspielungen auf den Grafen und auf die Londoner Reise zu quälen und hochzubringen, damit sie verläßlich gegen den Grafen mitmacht. Gewiß hat Ihr Grundzustand ein rasendes Tempo, aber das, was Sie sagen, muß bei den völlig unvorbereiteten und verblüfften Frauen auch wirklich ankommen. Das heißt: bei diesem Feuerwerk von Einfällen müssen Sie die Wirkung jeder Äußerung bei den beiden kontrolliert haben, bevor Sie den nächsten Gedanken äußern. Nur so kommt die zwingende und suggestive Wirkung zustande. Ich bewunderte zwar Ihre Zungenfertigkeit, konnte aber, obwohl ich doch darauf vorbereitet bin, Ihren Gedankengängen kaum folgen, so schnell sprudelten Sie das alles heraus. [...]

»Alles ist still und friedlich nun« – dieses Larghetto ist in seiner wuterfüllten, aber siegessicheren und ruhig-drohenden Größe der Höhepunkt desselben Figaro, der im 1. Akt die Cavatine gegen den Grafen aufgerichtet hat. Dieselbe Stelle ist mir bei Ihnen – so, wie Sie mich verwöhnt haben – immer etwas zu harmlos.

So, das wär's. Ich hoffe doch noch, Sie vielleicht heute einen Augenblick zu sehen.

Mit den herzlichsten Grüßen
Ihres Walter Felsenstein

»Die verkaufte Braut« von Bedřich Smetana
Komische Oper 1950

[An den Darsteller des Wenzel, Ralph Peters]

23. 12. 1950

Lieber Herr Peters!

Ich habe nach zwei Aufführungen, die ich sah, immer wieder vergessen, Sie auf einen wesentlichen Fehler aufmerksam zu machen, der neu und Ihnen wahrscheinlich unbewußt ist.

Im Auftrittsmonolog des 1. Aktes beobachtete ich vor dem Satz »Wenn ich bald hei-hei-heirate« ein verklärtes Lächeln auf Ihrem Gesicht im Gegensatz zu der gerade hier wichtigen gesteigerten Angst in der Vorstellung, ein ihm unbekanntes Mädchen zur Frau zu bekommen.

Nach dem Satz »Wa-wa-was braucht sie einen anderen? Sie hat doch mich!« wird Ihr früher reizend blödes und arglos selbstbewußtes Lachen neuerdings eine etwas routinierte Pointe. Achten Sie bitte darauf, und seien Sie mir wegen dieser Kritik bitte nicht böse.

Mit sehr herzlichen Weihnachtswünschen und Grüßen
Ihr Walter Felsenstein

»Pariser Leben« von Jacques Offenbach
Komische Oper 1951

[An die Darstellerin der Gabriële, Irmgard Arnold]

10. 2. 1951

Liebe Frau Arnold!

Auf diesem Wege noch einige Bemerkungen über die Generalprobe:

2. *Akt:* Der Anfang des Duetts »Als Näht'rin von Ehre« war von Ihnen und von Korsch tonlich zu forciert und dadurch die im Ausdruck vorhandene Grazie und rhythmische Schärfe behindert. Auch im folgenden müssen Sie sich mit Ausnahme ausdrücklicher Forte-Stellen vor tonlicher Forcierung hüten. Sie kommen dadurch wieder in ein während der letzten Proben bereits abgelegtes Singen.

Ich brauche Ihnen nicht zu sagen, wie aufrichtig ich Sie für heute abend anspucke. Denn wie Sie die Zeit meiner

Quälerei durchgestanden haben, ist schon höchst anerkennenswert.

Ein herzliches Toi-toi-toi
Ihres Walter Felsenstein

[An die Darstellerin der Pauline, Irmgard Armgart]

25. 2. 1951

Liebe Frau Armgart!

Sie sind mir bestimmt nicht böse, wenn ich über die vorgestrige Aufführung einige Bemerkungen mache.

Es gibt in der Pauline immer wieder Stellen, wo zwar die Voraussetzung für eine unmittelbar kräftige und direkte Äußerung gegeben ist und Sie es nicht lassen können, diese Stellen in der Deutlichkeit dadurch zu gefährden, daß Sie immer eine kunstvolle stimmliche Übersetzung einschalten.

Die abermals köstliche Admiralin wird neuerdings dadurch gefährdet, daß Sie den literarisch-frisierten Ton – auch im Duett – nicht immer durchhalten und zwischendurch in eine derbere Paulinen-Sprache verfallen. Die Steigerung des Duetts bis zum Schnarchen Burgwinkels ist sehr gut gelungen.

Im Finale bitte ich Sie, darauf zu achten, daß im Sinne des teuflischen Planes, den Sie ja vorher mit dem Satz eröffnen »Also Kinder, ihr kennt eure Aufgabe« keine Löcher entstehen.

Dieser Brief dient nicht der Meckerei, sondern dem Wunsche, eine Leistung erster Klasse zu erhalten.

Mit herzlichen Grüßen
Ihres Walter Felsenstein

[An den Darsteller des Baron von Gondremark, Josef Burgwinkel]

25. 2. 1951

Lieber Herr Burgwinkel!

Ich hatte keine Gelegenheit mehr, Ihnen nach der Aufführung vorgestern zu sagen, daß ich große Strecken Ihrer Leistung so reif und gelungen fand wie noch nie, besonders den 1. und 2. Akt.

Nur der Satz »Ich stürz' mich in den Strudel« ist immer noch nervös und undeutlich, weil etwas überhastet. Auch haben Sie die Fermate vor dem Refrain-Beginn nicht zum Refrain-Einsatz gesteigert, sondern ausruhen lassen.

Im 3. Akt ist Ihnen die vorfreudig-feierliche Erstmaligkeit beim Betreten des Bankett-Saales nicht ganz so gut gelungen. Der Auftritt war wieder etwas privater.

Im Duett mit der Pauline kommt die verzweifelte Bemühung, ihr zuliebe mit der Hand den Wölkchen nachzustreben, nicht zur Geltung, weil Sie die Richtung der Bewegung nicht nachahmen. Können Sie sich noch erinnern, wie Ihnen bei einer Probe tatsächlich der Schweiß ausgebrochen ist, als ich von Ihnen verlangte, den linken Arm genau dorthin zu strecken, wo ihn die Armgart hat, und unter dem Arm ihr den Text von den Lippen abzulesen. Aber es war herrlich komisch damals.

Im Finale-Beginn ist es Ihnen vorgestern passiert, daß Sie sich nach der Stelle »Reich mir die Hand, mein Leben« ein paarmal privat ausgeruht oder über etwas nachgedacht haben. Ebenso haben Sie später so, als würde das Publikum Sie gar nicht sehen, die Teller weggeräumt.

Der 4. und 5. Akt waren wesentlich matter durch vorübergehende Unkonzentration.

Lieber Burgwinkel, ich schreibe Ihnen das nicht, um Sie

zu quälen, sondern weil Sie mich in den vorgestern überwiegend guten Momenten sehr glücklich gemacht haben und ich nicht dulden möchte, daß diese Leistung zum üblichen Repertoire eingepackt wird. Ich möchte Ihnen in einem Tonfilm vorführen können, in welche Bezirke sich der in seiner Rolle ruhig und glücklich überhöhte Burgwinkel erhebt und was für ein krasser Gegensatz eintritt, wenn derselbe Burgwinkel in private Nervosität gerät.

Nichts für ungut und herzliche Grüße. Toi-toi-toi
Ihres Walter Felsenstein

»Zar und Zimmermann« von Albert Lortzing
Komische Oper 1952

[An den Darsteller des van Bett, Willy Sahler]

1. 11. 1952

Lieber Herr Sahler!

Es bleibt nach der Generalprobe, bei der Sie mir Ihren Willen zur Konsequenz und Ausschließlichkeit der Rolle gezeigt haben, wenig zu sagen.

Meine Anerkennung dafür – das werden Sie verstehen – ist um so größer, als Sie sich am Beginn der Arbeit doch um einige Wirkungen durch mich beraubt glaubten. Ihre Leistung ist jetzt eine Gestaltung außerhalb Ihrer Opernbranche, und wie ich annehmen darf, von Ihnen selbst gewollt.

Einige Bemerkungen zur Generalprobe:

Nach dem Hinsetzen in der Auftritts-Arie rate ich, das Stirnabtrocknen genau wie bisher, aber nicht ganz so rhythmisch.

Die Absicht, die Frau Browe zu umarmen, darf nicht vorher erkennbar sein.

Den verunglückten tiefen Ton in der Absicht, ihn großartig zu gestalten, mehr vorbereiten und nach der Panne sich bei der Browe nicht ernst oder traurig entschuldigen, sondern in einer angeberischen Art, die etwa ausdrücken will: »Ganz unverständlich, sonst geht's immer.«

In der Verhör-Szene »ein hochgelahrtes Stadtgericht schert sich um Zeit und Stunde nicht« noch gröber und anschnauzerischer, damit das herablassend-freundliche Wohlwollen bei »Ihr habt Eure Sache gut gemacht« sich mehr absetzt.

Nach dem Verhör sprachen Sie in der Generalprobe wieder den alten Text: »Dieser Iwanow will mir nicht aus dem Kopf«. Ich möchte den richtigen Text jetzt nicht falsch zitieren. Sie wissen ihn aber genau.

Im Duett mit Iwanow die beiden thematischen Melodien im Gang nach hinten mehr mit barocker Größe und Grazie ausspielen.

Mit einem sehr herzlichen Toi-toi-toi

Ihres Walter Felsenstein

[An die Darstellerin der Marie, Sonja Schöner]

1. 11. 1952

Liebe Frau Schöner!

Der Kritikzettel von der Generalprobe enthält nur ganz wenig für Sie.

Ich hoffe, Ihr Leiden mit der Marie ist nunmehr beendet und einem konsequenten und innigeren Bekenntnis zur Wahrhaftigkeit und Herzenskraft dieser unbändig lebensfreudigen Figur gewichen.

1. Akt: »In Frankreich sagt man nun einmal hübschen Mädchen Artigkeiten« etwas unterdrückter. Es könnte – wie in der Generalprobe – der Fall sein, daß Kozub den darüberliegenden Satz »Das wäre lustig, wenn ich durch dieses Mädchen den Zaren entdeckt hätte« nicht deutlich genug bringt.

2. *Akt:* Nach dem ersten Auftritt in den Garten etwas später in den Raum hereinkommen, da nach dem Juchzer von Peters mit einem stärkeren Lachen gerechnet werden muß. Am besten, Sie warten diesen Juchzer hinten erst ab.

Im Finale müssen Sie über van Betts Verhaftungsanordnung für Iwanow erschrockener sein.

Die Einsätze »Liebster Oheim« sind daher mehr kämpferisch dem unbelehrbaren Onkel gegenüber als nur flehentliche Bitten, mit denen man ja doch nichts ausrichten würde.

3. *Akt:* Zu einem zweiflerischen Komplex gegenüber dem Auftritt haben Sie kein Recht mehr. Je pausenloser, drängender und bittend-aggressiver die ersten Fragen an Michailow gestellt sind, je mehr der rastlos bewegte innere Kampf nach der Gewißheit »also doch« ohne jede passive Resignation vor sich geht, desto mehr ist die freudige Hoffnung »Peter ist kein Zar« eine Himmelfahrt, und der Dank an Michailow vor dem Abgang macht Sie zum Engel.

Im Duett fällt das »Du bist ein Spitzbub« noch immer nicht genug heraus. Ich glaube, es liegt daran, daß Sie sich nicht trauen, es in übermütiger Selbstvergessenheit zu rufen, sondern es im Rahmen des sonstigen Duetts singen.

Im Huldigungsaufzug und bei der Kantate muß an Ihrer spitzbübischen Freude zum Ausdruck kommen, daß Sie ja bereits wissen, was keiner der sonst Anwesenden, außer Chateauneuf, weiß.

Mit einem herzlichen Toi-toi-toi
Ihr Walter Felsenstein

»Die Zauberflöte« von Wolfgang Amadeus Mozart
Komische Oper 1954

[An den Darsteller des Tamino, Georg Baumgartner]

22. 11. 1956

Lieber Herr Baumgartner!

Wie vereinbart, möchte ich Ihnen auf diesem Wege einige Dinge von vorgestern sagen, aus denen Sie vielleicht für heute abend Nutzen ziehen können.

Sie haben sich, trotz begreiflicher Nervosität und Erregungen, die nicht immer zugunsten der Figur gelenkt waren, tapfer gehalten. Noch besteht kein Anlaß zu triumphieren, aber auch kein Hinderungsgrund, im Sinne einer gültigen Leistung weiterzuarbeiten.

Abgesehen von mehr oder weniger wesentlichen Einzelheiten, die ich noch benennen werde, geht es in erster Linie darum, daß Sie anstelle von Einzelaktionen, einzelnen Gesangsphrasen und einzelnen Sätzen lernen, die Hauptphasen der Partie zu erkennen und den erforderlichen jeweiligen Gesamtzustand jeder Phase rechtzeitig zu erringen und zu bewahren, diesen Zustand, dem sich jede gesangliche und jede körperliche Äußerung von selbst unterordnet. Von diesem Prozeß wird es abhängen, ob Ihr höchst anerkennenswerter und außergewöhnlicher Fleiß und Ehrgeiz zu dem gewünschten Ziele kommen. Freilich handelt es sich beim Tamino um Zustände, die den normalen Menschen im Privatleben versagt sind. Aber in den meisten Partien Ihres Fachs ist dies – wenn auch nicht immer im selben Maße – der Fall.

1. Bild: Das rasende Tempo und die Exaltation des Auftritts entstehen aus dem pausenlosen Zwangskontakt mit der Schlange und dem unnachgiebigen wie aussichtslosen Kampf um Rettung. Sobald die Angst in den Vordergrund kommt, werden Rhythmus und Tempo der Mozartschen Komposition unterboten. Sie fielen zu seitlich in Ohnmacht und behinderten die Damen-Szene dadurch beträchtlich.

Das Erwachen und die Dialog-Szene mit Papageno waren recht gut, freilich im Sinne der Erstmaligkeit immer noch um einen Grad zu nüchtern und zu flüssig.

Die Bild-Begegnung wurde durch Ihr Lampenfieber nicht ermutigt, sondern unbewußt etwas in die Passivität gedrückt. Die Arie erhielt wieder einen mehr lyrischen Charakter, weil das innere Tempo nicht ekstatisch-nervös genug war und anstelle jäher Akzente Übergänge entstanden.

»Und ewig wäre sie dann mein« ist ein unablässig-gesteigerter Jubel, wie ihn noch kein Mann je geäußert hat. Sie haben aber Pausen gemacht.

»Kommt, führt mich, Pamina sei gerettet!« war mehr eine energisch-bittende Aufforderung, statt ein mitreißender Befehl.

2. *Bild:* Benutzen Sie die Arie der Königin, um den Haß gegen Sarastro zu entwickeln und die Liebe zu Pamina zu steigern.

3. *Bild:* Nach der Flöten-Überreichung müssen Sie Ihre Stellung so entwickeln, daß Sie nach der Phrase der Damen »der traurige« auf Frau Richter blicken und nicht erst nach der Phrase »wird freudig sein«.

5. *Bild:* Wählen Sie beim Auftritt die Stellung zu den Knaben so, daß Ihre Ansprache »Ihr holden Knaben« mit aller Ungeduld wirklich zu den Knaben hochstreben kann. Dieser Satz wirkte hilflos-komisch, weil Sie die Knaben nicht angeschaut haben.

Dem Abflug der Knaben mehr nach hinten in die Tiefe folgen. Sie stehen sonst nicht außerhalb des Tempels. Sie standen zu weit vorn, und daher blieb für die wilde Herausforderung an Sarastro »Erzittre, feiger Bösewicht« kein Platz mehr.

Überhaupt sind in der folgenden Szene die feindliche Einstellung gegen Sarastro, der große Entschluß, ihn zum Wohle der Menschheit zu vernichten und Pamina zu befreien, nicht real genug und daher auch bei Ihnen nicht pausenlos.

»Auch hier ruft man ›zurück‹? Da seh ich noch eine Tür!« Diese Sätze sind zu flüchtig, weil Sie in dieser ganzen Szene sich immer noch nicht konsequent zum rezitativischen Sprach-Stil entschlossen haben.

»So ist denn alles Heuchelei!«, »... nie euren Tempel sehn!« – Die kurz vorher erkannte Schönheit dieses Tempels wird von Tamino nunmehr, da sie Sarastro zugehörig ist, ebenso verzweifelt wie wütend verworfen. Andernfalls sind diese Sätze unverständlich. Der folgende Dialog wird von Tamino in haßerfülltester Erregung geführt und muß daher viel unbeherrschter sein. Nur dadurch kommt Tamino viel zu spät und ganz jäh auf den fürchterlichen Gedanken »Man opferte vielleicht sie schon?«. Wenn Sie diese Phrase so besonnen singen können, wie Sie das getan haben, dann wirkt sie lächerlich. An dieser Stelle, wie in der Frage »lebt denn Pamina noch?« wurde offenbar, daß Sie in der »Bildnis-Arie« entweder eine wirkliche Pamina nicht gehabt oder bis zum 5. Bild wieder verloren haben.

»O ew'ge Nacht! Wann wirst du schwinden? Wann wird das Licht mein Auge finden?« war leider zugunsten eines ästhetischen Klangs mißglückt. Sie hatten diesen Satz bisher ein einziges Mal, nämlich: als Sie Ihren Kopf gegen die Tischplatte stießen.

Die Erfahrung lehrt, daß Ihr Jubel »Sie lebt?« glaubhafter zustande kommt, wenn Sie erst nachher in die Knie brechen. Die Flöten-Arie muß eine zärtlich-dankbare Wiederholung der Wundermelodie sein, die aus der Zauberflöte erklungen ist, und ihre Wirkung auf die Tiere muß Sie noch beglückter machen. Die Flöten-Rufe nach Pamina waren von Ihnen unpräzise und schlampig geblasen. Vor allem müssen Sie von einem Mal zum anderen gesteigerte Rufe sein. »Vielleicht sah er Pamina schon« war keine gewißheitsnahe Hoffnung, kein wirkliches Glück und daher das Presto scheinbar ein Fehler Mozarts. Der Abgang muß mit aller Kraft gestürmt werden. Sie schweben wie eine Balletteuse in die Garderobe ab.

7. Bild: Die ersten beiden Prüfungssätze zum Sprecher ausgezeichnet! »Ertrag es mit Geduld und denk, es ist der Götter Wille« ist nicht nur eine Ermahnung Papagenos, sondern auch eine Ermutigung für Ihre eigene Situation und kann daher mehr Kraft und Breite haben.

9. Bild: Die Szene vor und während Paminas g-Moll-Arie war auf dem richtigen Weg, nur in der Emotion noch nicht pausenlos genug und dadurch etwas zu blaß. Der Abgang zu den Posaunen ausgezeichnet.

11. Bild: Der fassungslose Jubel nach »Tamino, halt! ich muß dich sehn!« wird entwertet, wenn Sie sich zu früh an die Geharnischten wenden.

»Was hör ich? Paminens Stimme?« ist in diesem Ausdruck ein erstickter Jubelschrei im Monolog. Erst mit dem Wort »Stimme« suchen Sie die Bestätigung bei den Geharnischten. Zu der Stelle »Hier sind die Schreckenspforten« im Lösen von Pamina um Gottes willen nicht den Kopf nach links abwenden.

Der Abgang ins Feuer wurde zu spät angesetzt, weil Sie sich im Blick auf die Geharnischten zu lange verweilt haben. Sie brauchen mehr Zeit, um sich mit Pamina gemeinsam für den Gang ins Feuer vorzubereiten.

Ich halte Ihnen die Daumen und bin mit den besten Grüßen

Ihr Walter Felsenstein

[An den Darsteller des Papageno, Richard Kogel]

22. 11. 1956

Lieber Herr Kogel!

Es war uns schon vorher klar, daß in Ermangelung einer durchgehenden Generalprobe die Früchte unserer gemeinsamen Arbeit, bei der Sie wie ein Held durchgehalten haben, in der ersten Aufführung noch nicht restlos sichtbar werden konnten. Trotzdem muß ich Ihnen offen sagen, daß ich in Anbetracht der allgemeinen Nervosität nicht damit gerechnet hatte, daß Sie mit dieser Konsequenz und Disziplin durchhalten würden. Ich habe mich für Sie und natürlich auch selbst aufrichtig gefreut.

Bevor ich Ihnen einige Dinge von vorgestern sage, die Ihnen heute zum Nutzen gereichen können, will ich feststellen, daß Sie im Prinzip eigentlich nur mit einer einzigen Schwierigkeit zu kämpfen haben: das ist – nicht immer, aber noch oft – Ihre vorherige Kenntnis des Ablaufs. Sie müssen auch in Zukunft ständig daran arbeiten, sich vom Partner, vom realen Geschehnis und von der jeweiligen Situation abhängig zu machen. Sie wissen das ja auch selbst und haben sich oft genug dabei ertappt, wie Sie Reaktionen vorbereitet haben, noch ehe der wirkliche Anlaß dazu geschah.

1. Bild: Die erste Strophe des Auftrittsliedes unterliegt dem Zwang, zu den Damen hinaufgehen zu müssen. Diesem Zwang entgegen steht und wächst die Versuchung, sich mit den Leuten im Zuschauerraum bekannt zu machen. Am Schluß der ersten Strophe ist der Wunsch, hierzubleiben, so stark geworden, daß er sich mit frechem Optimismus einredet, die Damen würden seine Verspätung nicht entdecken, um jetzt seine neue Publikumsbekanntschaft voll zu genießen. Niemand im Zuschauerraum darf im

Zweifel darüber sein, daß die Erringung eines Mädchens sein sehnsüchtigstes Anliegen ist, und so müssen die im Netz gefangenen und »eingesperrten« Mädchen nicht eine erzählte Vorstellung, sondern eine von der Phantasie erzeugte Realität sein. [...]

Der Dialog mit Tamino war recht gut, aber auf Kosten der Sensation und Neugier noch immer etwas zu flüssig.

Der Schreck vor der Schlange und die darauffolgende Angst »Ist sie tot oder lebendig?« gehörten zum Beispiel zu den leider vorher gewußten Dingen. Auch in der darauffolgenden Lüge von Ihrem Kampf waren Sie etwas zu sicher, bei Tamino Glauben zu finden. Der wirkliche Reiz dieser Szene besteht nicht in der jeweiligen Satzpointe, sondern in der Frechheit, die unablässig mit seiner Unsicherheit kämpft.

Sobald Sie das Schloß vor dem Maul haben, bleiben Sie bitte bis zum Abgang der Damen stehen. Durch das Herumlaufen wird die Bildüberreichung an Tamino gestört, vor allem aber Papagenos Entsetzen und Verzweiflung über dieses fürchterliche Ereignis gemindert.

3. Bild: Das Summen hatte wieder zu wenig wirklichen Text, zu glatten Melodieablauf und zu wenig Rhythmus. »Bekämen doch die Lügner alle« etc.: mehr ehrgeizigen Kontakt mit den drei Damen haben, denn er weiß noch nicht, ob er der Gefahr endgültig entronnen ist. Bei aller Wichtigtuerei muß doch ständig ein Rest Unbehaglichkeit bleiben, so daß sein anschließender Versuch, unbemerkt zu verschwinden, nicht erst an dieser Stelle entsteht, sondern für ein vorher vorhandenes Bedürfnis die erste Gelegenheit darstellt.

Nach dem Satz »Am Ende schleicht, bei meiner Ehre, er von mir wie ein Dieb« wird sein Mißtrauen (»Hier, nimm dies Kleinod, es ist dein«) von Neugierde überwunden: »Ei, ei! was mag darinnen sein?« Aber diese Neugierde darf noch nicht zu harmlos vertrauensselig sein. Erst der Anblick des Glockenspiels nimmt seine ganze Freude in Anspruch.

4. *Bild:* »Das muß ich dir umständlicher erzählen«: voll Eifer und gewichtiger Bedeutung. In der ganzen Szene muß die eifrige, aber respektvolle Wichtigtuerei vor der Prinzessin durchgehalten werden und darf nicht in private Gemütlichkeit abgleiten. Wenn Pamina sich mit so völlig anderem Ausdruck auf das Wort »Liebe« stürzt, so müssen Sie neugieriger werden.

»Das glaube ich dir, du bist ja ein Fräulein-Bild« darf bereits ein klein wenig unter dem Eindruck von Paminas Verzauberung stehen. Sonst war das Duett sehr schön.

5. *Bild:* So schön die Freude über Taminos Flöte war, so äußerlich empfand ich die Überraschung und das Entsetzen über Monostatos. Das Drehen des Glockenspiels war wieder zu spät. Im Anschluß an Ihre beglückte Verwunderung müssen Sie den Sklaven zur Mitte entgegengehen und nicht bei dieser Stelle schon den Abgang beginnen.

Da Monostatos für Sie nicht mehr der Teufel des 4. Bildes war, geriet auch der Befreiungsjubel nach dem Abgang der Sklaven etwas dünn. Die Passage an Pamina vorbei erst nach Ihren Worten »Und er lebte ohne sie«, also während der ersten Stelle in der besten Harmonie, damit dieser jubelnde Gesang dem D entgegenstrebt.

7. *Bild:* Die Furcht vor dem Donner, vor dem Kämpfen und vor dem Tod erschien mir mehr theatralisch als glaubhaft: »Ich lieg in einer Ohnmacht« kommt deutlicher an, wenn der Satz keine Ausrede ist, sondern Papageno im Augenblick daran glaubt und den Vorwurf durchklingen läßt, daß der Sprecher die Ohnmacht nicht bemerkt hat.

9. *Bild:* »Ein lustiges Leben ist das« – diese bittere Ironie kommt zu früh. Die Vergnatztheit sitzt tiefer. Dieser und die folgenden beiden Sätze dürfen nicht vorher fertig for-

muliert, sondern mehr Versuche sein, sich in diesem unsagbar unerträglichen Zustand Luft zu machen. »Ist das für mich?« etwas zu spät, früher auf das alte Weib aufmerksam werden.

Auch der Donner am Schluß dieser Szene ist überraschend und darf nicht erwartet sein. Wenn Sie vor den Knaben die Hühnerkeule verbergen, dann verstehe ich nicht, warum Sie ihnen gegenüber sichtbar kauen.

In der folgenden Freß-Szene muß erkennbar werden, daß jede der im Korb enthaltenen Speisen eine Novität ist. Er stürzt sich in entzückter Gier und Neugier von einer auf die andere. Ihr Essen erweckte durch die Ruhe und Gelassenheit den Anschein eines nicht erstmals eingenommenen delikaten Menüs. Dagegen war Ihre Entwicklung während der g-Moll-Arie Paminas glaubhaft und stark. [...]

Die Cantabile-Lyrik im Adagio war ausgezeichnet, hat aber ohne wirkliches Entzücken über die Erscheinung keinen Sinn. Da das Entzücken nicht hoch genug war, wurden auch jeweils im Allegro Enttäuschung und Sehnsucht matter.

12. Bild: Der Gedanke an Papagena am Beginn des Bildes muß sofort an das Pfeifen anschließen und darf nicht erschreckt wirken, sondern enthält bereits die sehnsüchtige Ungeduld. Der Auftritt am Schluß der Fermate »Täubchen« war wieder zu spät.

Beim zweiten Mal »Schöne Mädchen, denkt an mich« müssen Sie mit der Reaktion über das Abrutschen des Strikkes fertig sein. Die neue Geigenfigur muß bereits die Begleitung Ihrer neuen Idee »Will sich eine um mich Armen« darstellen. Die erste Stelle »Es ist das höchste der Gefühle« mehr Hand auf der geschlagenen Backe und Blick auf Papagena.

Toi-toi-toi, ich halte Ihnen die Daumen und grüße Sie als
Ihr Walter Felsenstein

»Das schlaue Füchslein« von Leoš Janáček
Komische Oper 1956

[An die Darstellerin des Füchslein Schlaukopf, Irmgard Arnold]

22. 10. 1961

Liebe Frau Arnold!

Anstelle einer Sie belästigenden Anrede einige schriftliche Hinweise nach den beiden Bühnen-Orchester-Proben.

2. *Bild:* Am Ende Ihres Traumes dürfen Sie erst nach dem »Aou« Ihren Platz verlassen und der Terynka einräumen, sonst sieht man Ihren Abgang.

Von der wilden Spekulation, die Hennen und den Hahn zu entzweien, hängt viel für die Auffassung des Publikums von der Füchslein-Rolle und vom ganzen Stück ab: Freude und Lust an der Herausforderung und am Kampf, keine spaßhafte Lustigkeit!

Wenn Sie auf die zwei Schläge, die Ihnen der Förster mit der Rute gibt, nicht in wildem Schmerz und haßerfüllt reagieren, ist die geglückte Befreiung ebenso unglaubhaft wie die Erzählung im 6. Bild von der Begegnung mit dem Förster überflüssig.

5. *Bild:* Das Lachen über den Pfarrer nicht forcieren.

6. *Bild:* Das erste Erblicken des Fuchses – neuerdings am Ende des letzten Taktes Seite 89 – ist zu früh und dadurch nicht fassungslos glücklich genug. Wir hatten es ursprünglich auf dem dritten Achtel des zweiten Taktes von Seite 90. Und zwar muß die Überraschung, daß dieser Apoll Ihre Traumvorstellung von »Mann« übertrifft, Sie auf die Knie hochreißen, so daß Sie nach dem gestammelten »Ach, mein Gott« ihm bereits entgegenstürzen und nicht erst hier auf die Knie gehen. Das ändert nichts daran, daß Ihr zitterndes

Spüren und Horchen bereits in der ersten Allegretto-Phrase beginnt. Ihr Hochzittern während des Satzes »... kann man gar leicht zu Schaden kommen!« ist ein Zärtlichkeitsausbruch, der zu einer Umarmung und zu einem Kuß führen würde, wenn Sie sich nicht mit dem Satz »wenn – wenn Sie schon so freundlich sind...« im Zaume hielten. Ihr Aufstehen an dieser Stelle ist immer verträumt.

»Schlag' dich in Stücke, du stinkendes Raubzeug du!« war in beiden Proben unverständlich. Überhaupt: die ganze Erzählung muß noch mehr von der sprachlichen und bildhaften Vorstellung ausgehen. Zum Beispiel »Warum denn bist du so geizig? Hast von allem genug« ist deshalb unverständlich, weil das As – zwar gesanglich erreicht – nicht Ihrer Sprechlage entspricht. Sie sind zu tief.

In der Sonnabend-Probe haben Sie in den sieben Takten nach Ziffer 56 (Seite 97) irrtümlicherweise Schmerzbewegungen ausgeführt. Es ist doch so: Nach dem Satz »da mußt' ich stehlen« springen Sie vor dem erhobenen Stock des Försters in die Ecke. Aber er droht und schlägt nicht zu. Sie singen »schlag, schlag nur!« als wilde Herausforderung. Die Schläge des Försters kommen erst nach »da schlug er mich« und nach »Rohling du«.

»Jetzt die Rache!« muß unbedingt verständlich sein. Die ersten beiden Wörter des Satzes »ich durfte ein Tier sein« bitte dem Ausdruck entsprechend voll und stark. Ich höre immer erst »... ein Tier sein«.

Der Aufstieg – sowohl körperlich wie musikalisch – zu »da wußt' ich, daß ich frei war« muß durchgehend diesen wilden und entfesselten Ausdruck haben. Er schien mir etwas ängstlich.

»Ich hab' keinen Freund, und so bin ich allein stets. Habe bisher keinem Herrn gestattet, mich auszuführen!« nicht zu sehr nach hinten singen, da sonst unverständlich.

Der Übergang zum Andante ist neuerdings inhaltlich

nicht in Ordnung. Mit »bis zum Wahnsinn!« beginnt doch zärtlich-liebkosend eine Liebes-Szene, in der Sie geschlossenen Auges den Abgang des Fuchses weder bemerken noch begreifen können. In Ihrer wilden und glücklichen Zärtlichkeit rasen Sie ihm suchend nach und strecken hingegeben, sehnsüchtig die Arme nach ihm. Nachdem Sie sich in Ihrem bisherigen kurzen Leben bestenfalls mit dem »Töchterlein, schäbig und ganz unansehnlich« verglichen haben, fühlen Sie sich zum ersten Male als Schönheit begehrt und geliebt. Diese tief-glückselige Erschütterung läßt die Abwesenheit des Fuchses vergessen. Der Anblick der graziösen Pfoten löst den wundervollen Akkord (Ziffer 64) aus. Hier beginnt plötzlich ein neues Stück. Unter Tränen beginnt es in Ihnen zu singen und zu musizieren.

Entschuldigen Sie, wenn ich das so ausführlich in Erinnerung rufe. Es schien mir in beiden Proben nervös und verwischt.

Jede zweifelnde Frage – stumm oder beredt – »was mag er an mir schön finden?« ist eine Bestätigung und Steigerung des weiblichen Selbstbewußtseins und der erotischen Temperatur.

Seite 111 (Ziffer 73): In beiden Proben sah ich Sie aufstehen und auf den Fuchs zugehen, statt in Ihrem Jubel »Mich! Mich!« von der Erde empor und in den Himmel gezogen zu werden. Erst der Einsatz des Fuchses »Ja, Liebste« bringt Sie zu ihm zurück. Im Hochzeitstanz wäre ein technischer Fehler nicht so schlimm wie das Fehlen des wild-glücklichen Anlasses dazu.

Die fünf Abschieds-Grüße an die Kinder sollten kein Tribut an eine Regieforderung sein, sondern den Flug ins Paradies darstellen. Im 7. Bild bin ich noch immer mit dem ersten »Aufgepaßt, der Mensch war da« unzufrieden. Mit der Entdeckung des Hasen – präzise einen Takt vor Ziffer 16 – wechselt das übermütig-glückliche Toben mit den Kindern jäh in das dämonische Bedürfnis nach der Auseinandersetzung mit dem Menschen. Ihr unbewußt, beginnt die Schicksals- und Todesstunde der Füchsin, der Eintritt in die Kampf-Arena. Sie muß allein sein und unterbricht mit einer heftigen Bewegung – am Beginn des ersten Taktes Ziffer 16 – die ganze Szene. »Aufgepaßt« bis »der Mensch war da« ist ein unheimlicher Warnruf an die Familie. Die darauffolgende Verspottung des Menschen ist ein Teil und ein Vorgefühl des bevorstehenden Kampfes und darf nicht spaßhaft wirken.

Wenn sie die Kinder weggejagt und sich mit faszinierter Konzentration der Falle entgegenstreckt, so darf sich das »sollt' ich nicht nachsehn dürfen, was das für ein Mensch ist?« von »tötest du nur deshalb, weil ich ein Fuchs bin?« kaum unterscheiden. Die zärtliche Berührung durch den Fuchs reißt sie aus diesem Vorgang empor und führt zu dem ganz unvorhergesehenen Liebes-Intermezzo, dessen Süße und Zärtlichkeit wie ein unbewußter Abschied vom Leben ist.

So –!

Für die erste Generalprobe zur 150. Aufführung Toi-toi-toi

Ihr Walter Felsenstein

»Hoffmanns Erzählungen« von Jacques Offenbach
Komische Oper 1958

[An den Darsteller des Hoffmann, Hanns Nocker]

25. 12. 1959

Lieber Nocker!

Bis jetzt nicht schlecht, aber auch nicht sehr gut. Warum? Ich habe nach Ihrem ausgezeichneten Auftritt im Zack-

Lied nicht erfahren, wer Stella ist, und wie sehr Sie unter ihrem Verlust leiden. Die Folge davon: die Entstehung der Erzählung lag in Ihrer Absicht, aber nicht in Ihrem Bedürfnis.

Deshalb wußte ich auch nicht genau, warum Olympia erfunden wird. Ich sage Ihnen das nur, weil sich das im Antonia- und Giulietta-Akt noch einrenken läßt.

Ich muß leider vorzeitig weggehen und sage Ihnen ein neues Toi-toi-toi

Herzlich Ihr Walter Felsenstein

[An die Darstellerin Niklaus/Muse, Irmgard Arnold]

31. 5. 1960

Liebe Frau Arnold!

Es war gestern schon spät, und Sie schienen nicht sehr aufgelegt zu sein, unsere Auseinandersetzung zu Ende zu bringen. Und so kam die Erscheinung der Muse im letzten Bild nicht mehr zur Sprache.

Der bis zur Erschöpfung geführte Kampf zwischen Hoffmann und Muse um den Verlauf und den Ausgang der Geschichte hat seinen Höhepunkt erreicht im Gift-Tod der Giulietta.

Die Konsequenz daraus ist der völlige Zusammenbruch Hoffmanns in Abwesenheit von Niklaus. Dieser Zusammenbruch ist aber zugleich die von der Muse erwartete Wende, und damit der Sieg.

Deshalb muß das folgende Melodram erschüttert und glücklich sein und ebenso Ihr persönliches Höchstmaß an Liebe wie auch das Höchstmaß an aufrüttelnder Energie enthalten.

Ich spucke Sie für heute abend mit einem herzlichen Toi-toi-toi an, würde aber bei Gelegenheit doch gern wissen, warum Sie mir gegenüber nie richtig mit der Sprache herausrücken, wenn es sich um Muse und Niklaus handelt.

Ihr Walter Felsenstein

[An den Darsteller des Crespel, Erich Blasberg]

16. 5. 1964

Lieber Herr Blasberg!

Ausgenommen die in Ihrer Garderobe bereits besprochenen Punkte habe ich über die Generalprobe keine Kritik.

Wenn es Ihnen gelingt, die schwererarbeiteten Probenergebnisse konsequent zu bewahren und weiterzuführen, dann wird der Crespel Ihre beste Leistung in den letzten Jahren. Freilich geht das – wie Sie wissen – nicht aus der Erinnerung an diese oder jene Probe. Es geht auch nicht mit Angst, sondern nur durch äußerste Konzentration, pausenlose Absichten und pausenlose Partnerbeziehung. Jede Flucht in den Text oder ins Theaterspielen ist tödlich.

Zwei Dinge waren auch in den besten Proben noch nicht gut:

Die Betroffenheit von Antonias erster Frage nach Hoffmanns Briefen. Diese Frage wird seit der Abreise aus München zum erstenmal gestellt.

Das Zweite ist das Zurückweichen vor Mirakel nach dessen Auftritt. Es wirkt gehorsam und bereitwillig, statt gezwungen und unwillig. »Wer sagt euch das?« muß entsprechend aufbegehrender sein. Gerade, weil »ihr fehlt nichts – und sie ist gesund« eine Lüge ist, muß es eindringlicher gesagt sein und sich behaupten wollen.

Ein herzliches Toi-toi-toi

Ihr Walter Felsenstein

[An die Darstellerin der vier Frauenpartien, Sylvia Geszty]

22. 5. 1964

Liebe Frau Geszty!

Ich möchte, bevor ich Ihnen anläßlich der zweiten Aufführung begegne, Sie zu Ihrer Leistung und Ihrem Erfolg herzlich beglückwünschen. Ich bin überzeugt, daß Sie Verbesserungs- und Verdeutlichungsmöglichkeiten da und dort selbst erkannt haben, und lasse Sie deshalb zunächst in Ruhe.

Wenn Sie irgendeine Frage haben, ich stehe Ihnen selbstverständlich jederzeit zur Verfügung. Nach der heutigen Aufführung werde ich von mir aus ein Gespräch mit Ihnen suchen.

Ein abermaliges herzliches Toi-toi-toi.

Ihr Walter Felsenstein

»Othello« von Giuseppe Verdi

Komische Oper 1959

[An den Darsteller des Jago, Ernst Gutstein]

18. 10. 1959

Lieber Herr Gutstein!

Wie verabredet, schicke ich Ihnen einige kritische Bemerkungen zur letzten Aufführung, mit denen Sie sich bis zum Freitag auseinandersetzen können. [...]

Der Erfolg Ihres Berliner Debüts sowohl außerhalb wie innerhalb unseres Hauses ist ganz eindeutig. Und diese Gewißheit müssen auch Sie besitzen. Denn Ihre Arbeitsmoral ist beispielgebend für die gesamte Aufführung und deren Bewahrung.

1. Akt: Wenn Sie im Augenblick, da Sie Rodrigo ansprechen, auch noch keinen festen und umfangreichen Plan haben, so besteht doch bereits die leidenschaftliche Absicht, in dieser Nacht noch eine Änderung der für Sie unerträglichen Situation herbeizuführen. Die Anrede muß daher getriebener und absichtsvoller sein. Die Szene selbst fand ich von Ihrer Seite aus sehr gut, nur dürfte sie eben noch mehr von dem Umstand diktiert werden, daß man in diesem allgemeinen Trubel ja nicht weiß, wie lange man ein solches Gespräch ungestört führen kann.

In der zweiten Hälfte dieser Szene nach dem Auftritt Cassios hatte ich den Eindruck, daß Sie von Ihrem Hasse mehr berichten, als daß dieser Haß aus Ihnen hervorbricht. Vor dem Einsatz »Laß uns trinken, o Freund« die absichtsvolle Beziehung zu Cassio pausenlos aufrechterhalten! »Nimm dich in acht vor Cassio«, diese Szene muß etwas weiter vorne auf der Vorbühne spielen.

»Schenkt Wein aus für alle«. Bitte mit dem Wort »alle« (es sind zwei Achtel) genau den Charakter und das Tempo des folgenden Allegro con brio angeben. Hier haben wir ein Beispiel für das, was ich lückenhaft nenne. Das ganze Trinklied war von Ihnen ganz ausgezeichnet und keinesfalls weniger suggestiv durchgeführt als in der Premiere. Aber da die Vorbereitung harmloser und weniger absichtsvoll war, erzielte das gesamte Trinklied nicht mehr die durch Jagos Plan gefährliche Absicht.

Zu dem Satz »Ich weiß nicht ... vorhin noch waren sie gute Freunde ...« kamen Sie zu nahe an die Treppe. Mehr Luft lassen!

2. Akt: Die Eingangs-Szene mit Cassio war gut, machte aber in der Premiere noch mehr den Eindruck »jetzt oder nie«.

»Ja – also glaube ich« wird durch eine neuerliche Angst abgestoppt. Aber diese gelähmte Stille dauert doch nur das dritte und vierte Viertel des letzten Taktes. Mit dem ersten Viertel des nächsten Taktes (Buchstabe E) müssen Sie sich sichtlich von dieser lähmenden Angst zu befreien suchen, was Ihnen kurz vor dem Einsatz »glaube mit aller Kraft...« auch gelingt. In diesem Satz (»...daß sich das Böse, das mein Geist hervorbringt, einst an mir selbst erfüllet!«) prahlen Sie doch mit Ihrer Schonungslosigkeit gegen sich selbst. Das letzte Mal schwang eine Art Befürchtung mit. Die Bewegung (mit den letzten beiden Achteln vor Buchstabe F) gegen Gott muß herausfordernder, frecher und brutaler sein, am besten mit der Faust! Das Stringendo vor Buchstabe G und die folgenden Takte (»bis er im Grab verwest«) waren ein Mittelding zwischen der alten Version und der neuen, die in der Premiere großartig durchgeführt war. Wenn die Angst vor dem Jüngsten Gericht ganz echt ist, darf der Satz »Was aber folgt nach all dem Spott?« nicht zu breit werden.

»Mit einem einz'gen Schimmer dieses Lächelns stürz' ich Othello leicht in sein Verderben« darf keine Prognose sein, sondern ein disziplinloser Ausbruch verfrühten Triumphes.

»Sie ist eine Hydra, haßerfüllt...« etc. war zu breit. Ich habe das Neumann bereits gesagt.

»Gib mir das Tuch da, das du gefunden« ganz mit dem neuen Plan beschäftigt und überhaupt nicht zweifeln, daß Emilia es hergibt. Erst nach dem Satz »Die böse Absicht kann ich dir anseh'n« sich mit ihr beschäftigen, dann aber entsprechend überrascht, jähzornig und drohend.

Die Stellung und Bewegung zu dem Satz »Der Himmel sei euch gnädig« war diesmal besonders früh fertig. Das Orchester begleitet die Bewegung erst mit dem Beginn des vierten Taktes nach Buchstabe F.

Im Rache-Duett bitte am Ende des Satzes »Wenn's sein Wille ist!« und als dessen Bekräftigung hinknien, nicht erst zum nächsten Einsatz.

3. Akt: »Cassio kommt« größer, erregter und stärker. Bei der Rückkehr nach Begrüßungs-Abgang »... leer ist die Halle« in Beziehung mit Cassio bleiben und mit der linken Hand in den Saal zeigen. Bei Cassios Gang nach vorne in die Nähe des Thronsessels fehlte das letzte Mal Ihre Besorgnis, er könnte Othello entdecken.

Das folgende Terzett war im ganzen zu echt souverän. Das ganze Unternehmen ist doch sehr gewagt, sein Ausgang noch keineswegs sicher, und deshalb müssen die Erregtheit, die Wachsamkeit und die blitzschnelle Improvisation eine höhere Temperatur haben. Zum Beispiel war die Stelle »er spitzt die Ohren« zu gemütlich.

Jetzt etwas, das wir noch nicht besprochen haben und das mir erst bei der letzten Aufführung auffiel: Othellos Forderung »Du verschaffst mir ein Gift für heute nacht noch« lehnen Sie ab, weil dadurch die Täterschaft in Zweifel stehen könnte. Die Idee des Erwürgens, wozu sich ja Othello allein bekennen müßte, muß sichtbar kommen im nächsten Takt auf den Chorsatz »... Löwe von San Marco«.

Nachdem Sie während »... den Mann, der neben meinem Banner kämpfte« sich hoffnungsvoll Othello genähert haben, müssen Sie bei der Nennung von Cassios Namen in Ihrer Enttäuschung weiter zurückfahren, sonst haben Sie für den Fluch »O Tod und Hölle« keinen Aggressionsraum mehr.

4. Akt: Die ganze Schluß-Szene dieses Aktes wurde aus Zeitmangel leider nicht so präzise probiert wie alles andere. Ich habe einige Dinge entdeckt, die bisher nicht angesprochen waren, weil ich sie selbst nicht so genau wußte. Zum Beispiel kommt doch Jago mit Cassio und Lodovico nur deshalb zu Othello, um den Verdacht nicht aufkommen zu lassen, er sei am Tode Rodrigos beteiligt. Schon vor Ihrem Auftritt muß Emilias Entschlossenheit, die sich in dem Satz »Othello mordete Desdemona« ausdrückt, Unbehagen und Mißtrauen bei Ihnen auslösen, womit Sie nach Ihrem Auftritt Emilia pausenlos beobachten.

Über die Direktheit ihrer Frage »Hast du geglaubt, daß Desdemona untreu?« sind Sie so bestürzt, daß Emilia Sie mit »Rede!« an eine Antwort mahnen muß. »Ich hab's geglaubt« ist nur der Beginn einer längeren Erklärung an Lodovico, die von Othello unterbrochen wird. Dessen Aussage »... dem Cassio hat sie's gegeben« wollen Sie gerade bekräftigen, da werden Sie durch Emilia unterbrochen, merken sofort, was jetzt von ihr droht, und stürzen auf sie zu: »Schweige!«

Sie wollen Emilias Anklage »... hat das Tuch aus meiner Hand gewaltsam mir entrissen« Lodovico gegenüber gerade widerlegen, da werden Sie von Cassio unterbrochen. Jetzt wollen Sie dessen Entrüstung widerlegen, da kommt Montano dazwischen, so daß Sie jetzt, da Othello das Wort ergreift, keine andere Möglichkeit mehr haben als die Flucht.

Nach Othellos Satz »Verteid'ge dich!!« muß Montano sich Ihnen bereits in den Weg gestellt haben. Sie packen ihn und werfen ihn mit dem letzten Viertel von Ihrem »Nein« zu Boden.

Wenn irgendwie eine Viertelstunde zu erübrigen ist, möchte ich diese Version mit allen Beteiligten kurz probieren, denn ich kann ja die anderen Kollegen theoretisch und in Ihrer Abwesenheit nicht verläßlich informieren. Auf Wiedersehen am Freitag.

Mit herzlichen Grüßen
Ihres Walter Felsenstein

[An den Darsteller des Othello, Hanns Nocker]

8. 1. 1962

Lieber Herr Nocker!

Das Gespräch, das ich Ihnen nach der letzten »Othello«-Aufführung ankündigte, kam durch Ihre Krankheit leider nicht zustande. Ich muß mich mit diesen Zeilen begnügen und möchte sie auch knapp halten, um Sie vor der Aufführung nicht zu sehr zu belasten.

Es geht – abgesehen von Einzelheiten – darum, Ihren neuen Othello (denn er ist in dieser Spielzeit neu) in seiner bedeutsamen Qualität zu erhalten. Ich sagte Ihnen schon, daß die Gesamtleistung auch das letzte Mal hervorragend gewesen ist. Aber bei der Dichte dieses Werkes werden eben nun einmal durch kleine Pannen größere Strecken unter Umständen entwertet.

1. Akt: Der Auftritt »Freut euch alle« war etwas distanziert und entspricht nicht dem Sieg über Sturm und Schlacht, wie sie in der vorangegangenen Chor-Szene geschildert wurden. Nach dem zweiten Auftritt (»Hinweg mit den Schwertern«) müssen die ersten Sätze in der pausenlosen Wut und zunächst ratlosen Enttäuschung improvisierter sein. Sie schienen zu textfertig. Wir sind uns darüber einig, daß die Degradation Cassios »Hauptmann bist du gewesen« in einem beherrschteren Zustand unterbleiben würde. Sie erfolgt aus einem spontanen Ausbruch, der Ihnen am nächsten Morgen bereits leid tut. Dies kam nicht zum Ausdruck.

Duett hervorragend. Nur achtgeben auf »Nun möcht' ich sterben« etc. Qualvolle Überfülle des Glücks, aber weder Schmerz noch Sentimentalität!

»Die Plejaden« in der Zärtlichkeit einfacher.

2. *Akt:* Bitte »Ich mein', es war Cassio« beharrlicher, das heißt: ich glaube, es ist niemand heimlich fortgeschlichen!

Klavier-Auszug S. 126: die beunruhigte Reaktion vor dem Satz »Doch was soll diese Frage?« zu spät. Sie kommt doch bereits auf die Zwei des vorangehenden Taktes und löst den Holzbläser-Akkord aus. (Solche Kleinigkeiten sind enorm wichtig, weil sonst nicht zum Ausdruck kommt, daß nach der ungeheuren Schlacht, nach dem ungeheuren Sturm und nach dieser Liebesnacht die nervliche Wachheit übersensibel ist.) Sie machten in dieser Szene einen etwas zu ausgeruhten Eindruck, so daß der gereizte Ausbruch »Beim Himmel, kannst du nichts als mein Echo sein?« als nicht unbedingt notwendig erschien.

Auch die nachfolgende Stelle muß so gereizt und erregt sein, daß Sie sich mühsam zum Moderato »Also, laß dich nicht bitten« bändigen. Diese ganze Szene machte einen etwas routinierten Eindruck, nicht aber die nachfolgende Desdemona-Szene, das Quartett und das Arioso. Das alles war sehr gut.

Wenn ich von Theatralisieren sprach, so meine ich zum Beispiel das Anpacken Jagos, bevor Sie ihn zu Boden schleudern. Das ist doch ebenfalls ein unvorhergesehener Jähzorns-Ausbruch. Wenn Sie vorher pathetisch auf Jagos Lederwams klatschen, so ist das eben theatralisch und nicht sehr glaubhaft.

Den Satz »Es ist das Tuch, das ich ihr brachte als mein erstes Geschenk« kenne ich einfacher und erschütternder als das letzte Mal.

Im Rache-Duett muß die Stelle auf Seite 197 von *Ihnen* mit der Schwur-Geste eingeleitet werden, nicht von Jago.

3. *Akt:* Der Duett-Beginn mit Desdemona hatte früher nie die hinter dämonischer Ironie versteckte Tragik wie in diesem Jahr. Um so wichtiger ist es, daß Sie in Ihrer qual-

vollen Erforschung ununterbrochen in Achteln, ja – wenn es geht – sogar in Sechzehnteln bleiben.

Wenn Sie auf Desdemonas Satz (Seite 209) »Doch laß uns nochmals sprechen von Cassio!« gleich auf den Kopfschmerz gehen, statt – wie vom Blitz getroffen – das Taschentuch sehen wollen und deshalb den Kopfschmerz wieder vortäuschen, dann ist das eben ein Zeichen, daß Sie sich nicht in dem von Verdi vorgeschriebenen Allegro agitato befinden.

4. *Akt:* Ihre erste Szene hat nichts anderes zum Inhalt als den grauenhaften Konflikt, für den beschlossenen Mord fähig zu werden. Dementsprechend darf Ihnen die ganze Passage (von Buchstabe A, Seite 344) nicht zu leicht fallen. Das ist deshalb wichtig, weil Masur hier sowieso zu einem etwas zu schnellen Tempo neigt.

Ihr Tod war von jeher und ist großartig. Er braucht nicht – wie in der letzten Aufführung – ausgestattet zu werden. Ich meine damit unnötige Eruptionen nach dem Erstechen.

Herzlichen Gruß!

Ihr Walter Felsenstein

»Der Barbier von Sevilla« von Giovanni Paisiello

Komische Oper 1960

[An den Darsteller des Doktor Bartolo, Rudolf Asmus]

5. 5. 1960

Lieber Herr Asmus!

Sie haben bis einschließlich der gestrigen Generalprobe an dieser Rolle so konsequent gearbeitet und befinden sich auf dem Wege zu einer derartigen persönlichen Reife, daß ich Ihnen eigentlich nichts Förderliches mehr zu sagen habe.

Im 2. Bild waren zugunsten der Suche nach Figaro die für das Verständnis der folgenden Szene wichtigen Worte »Schlaftrunk und Nieswurz« etwas zu undeutlich. Vielleicht läßt sich dadurch Abhilfe schaffen, daß Sie für die Dauer des Wortes – scheinbar unbewußt – jeweils die Blickbeziehung zum Treppenhaus wiederaufnehmen, wo sich die Opfer des Schlaftrunkes und des Nieswurz befinden.

Am Ende des letzten Finales muß die Verbeugung zu Rosina und die Verbeugung zu Almaviva noch deutlicher außerhalb der Rolle privat und liebenswürdig sein.

Unabhängig von dem heutigen Premierengelingen und -erfolg danke ich Ihnen jetzt schon für Ihr ungewöhnliches Verständnis und für Ihre beispielhafte Arbeitskameradschaft.

Toi-toi-toi herzlichst
Ihr Walter Felsenstein

[An den Darsteller des Adonis, Josef Burgwinkel]

22. 5. 1960

Lieber Herr Burgwinkel!

Auf daß Sie heute wieder die Shakespeare-Fassung des Adonis erwischen, spucke ich Sie mit einem herzlichen Toi-toi-toi an.

Ihr (Walter Felsenstein)

[An den Darsteller des Argus, Arwed Sandner]

22. 5. 1960

Lieber Herr Sandner!

Denken Sie an die Wahrheit der körperlichen Müdigkeit und Schwäche von Argus und an den Eifer Ihres Aussagebedürfnisses.

Ein herzliches Toi-toi-toi

Ihr Walter Felsenstein

[An den Darsteller des Notars, Walter Staps]

22. 5. 1960

Lieber Herr Staps!

Denken Sie bitte an die Echtheit Ihres Alters und Ihres dürren Körpers.

Mit einem herzlichen Toi-toi-toi für heute abend

Ihr Walter Felsenstein

[An den Darsteller des Grafen Almaviva, Hanns Nocker]

22. 5. 1960

Lieber Herr Nocker!

Für den Anfang ist die leidenschaftliche Ungeduld am Beginn des Figaro-Monologes wichtig, sowie die Bedeutung seines Inkognitos (»Kerl, wenn du redest, nie meinen Namen«).

Auch die erste Vermutung, der Fremde könnte Figaro sein, wird sofort für den »Rosina-Plan« verwertet. »He –!« dementsprechend erregter, ebenso »diese Visage« und die folgenden Stellen.

Die Ungeduld über Figaros Geschwätzigkeit und über die endlose Arie darf an keiner Stelle zur schlechten Laune führen, da sie ja nur der freudigen Erwartung Rosinas entspringt.

»O Gott, morgen heiratet er Rosina« zwar im Augenblick äußerst bestürzt, darf aber keinen resignierenden Schmerz enthalten, sondern eher Wut darüber, daß kein rettender Einfall zur Hand ist. Alles dies gipfelt in der zärtlich-leidenschaftlichen Ausdeutung des Liedes, dessen Noten Rosina vom Balkon herunterwarf. Versuchen Sie sowohl in der improvisierten Neutextierung dieses Liedes wie auch in der Mandolinenbegleitung die Pausenlosigkeit und Steigerung aus der Hauptprobe fortzusetzen.

Am Beginn des 3. Bildes seien Sie bitte besonders ehrgeizig in der Körperhaltung und in dem Basilio nachgeahmten Gang.

»Friede, Glück auf allen Wegen« und das ganze folgende Duett kann nicht deutlich genug sein als Mittel zum Zweck.

Das Rosina-Entgegengehen und Gegenübertreten muß so viel Liebeserregung haben, daß die Rolle »Don Alonso« in Gefahr ist.

Das Gelingen des Finales nach dem Auftritt Basilios hängt nur davon ab, daß alle Beteiligten in jeder Sekunde von der Situation und vom Partner abhängen und jegliche Routine ausgeschaltet bleibt.

Nach Ihrem Auftritt im 5. Bild müssen Sie nach dem Satz »nun haben wir gesiegt« auf Zehenspitzen in den Raum treten.

Das Duett ist Ihnen in der Hauptprobe zärtlich-leidenschaftlich und ohne Portamento gelungen.

Ein herzliches Toi-toi-toi

Ihr Walter Felsenstein

»La Traviata« von Giuseppe Verdi
Komische Oper 1960

[An die Darstellerin der Violetta, Irmgard Arnold]

16. 10. 1960

Liebe Frau Arnold!

Sie haben trotz Ihrer Überanstrengung in den letzten Tagen meine Kritik über die Generalprobe so aufmerksam und konzentriert entgegengenommen, daß sich der übliche ausführliche Premierenbrief erübrigt.

Wenn Sie diese Zeilen erhalten, sind zweifellos alle Ihre Gedanken und Erwartungen bereits auf das Fest gerichtet, das Sie heute nacht geben und das – nach einem ganzen Jahr Abwesenheit von Paris – über Ihren Rang in der Lebewelt und damit über Ihre Existenz überhaupt entscheidet.

Es ist klar, daß alles von dem ersten Eindruck abhängt, den Ihre Freunde von der ersten Wiederbegegnung mit Ihnen haben. Ihren Gästen zu gefallen würde Ihnen nicht genügen. Sie fordern, daß man Sie für gesünder und schöner hält als jemals. Und jeder Beifall – von wem auch immer er kommt – befriedigt Sie nicht, sondern stachelt Sie zu immer größerer Erfolgsgier auf. In diesem Fieber wachsen Sie von der Beherrscherin Ihres Salons zur Primadonna der gesamten Lebewelt und gelangen zu einer Selbstsicherheit, zu einer bisher ungeahnten Größe und überlegenen Ausstrahlung, die zu dem tollkühnen Hypnose-Experiment des Trinkliedes führen. Nur in diesem Rausch kann es geschehen, daß Sie, die *überlegenste* aller Liebeskünstlerinnen, einem Mann und einem neuen Gefühl unterliegen, ohne es zu merken.

Ich bin sicher, daß Sie nach dem anschließenden Ball und

einer herrlichen Nacht wieder zur Besinnung kämen, wenn Sie nicht völlig unerwartet die entsetzliche Herzattacke überfallen und Sie Alfreds Innigkeit und Leidenschaft gegenüber wehrlos machen würde. Die maßlose Bestürzung über Ihren Gesundheitszustand, die blitzartige Erkenntnis, daß die Genesung eine Täuschung war, erregen in Ihnen eine solche Lebensgier und einen solchen Glückshunger, daß Sie Alfreds Werbung und Beteuerungen unentrinnbar ausgeliefert sind.

Sie werden fragen: »Wozu erzählt er mir das alles noch einmal?« Weil ich Sie damit daran erinnern möchte, daß man weder Unbewußtes noch Überraschungen spielen kann, sondern – um glaubhaft zu sein – sich zu einer Selbstvergessenheit bringen muß, in der die geringste Pause, die geringste Unterbrechung tödliche Nüchternheit zur Folge hat. Deshalb der von mir immer wieder gepredigte Achtel-Rhythmus dieser Szene, die von Verdi mit Allegro brillantissimo e molto vivace betitelt ist.

Ich kenne keine Partie in der Literatur, die so pausenlos und so übergangslos Lebens- und Schicksalssituationen zu bestehen hat. Ich glaube, wenn es einer Violetta gelingt, den 1. Akt solcherart zu schaffen, gibt es in der ganzen weiteren Tragödie zwar übermenschliche Beanspruchungen, aber keine Gestaltungsprobleme mehr.

Ich wünsche Ihnen als Lohn für Ihre bewundernswerte Ausdauer in dieser besonders schweren (weil zu kurzen) Arbeitsperiode für heute abend die Tapferkeit und das Selbstvertrauen, die Sie für diese bangniserfüllte Schlacht brauchen.

Ihr Walter Felsenstein

[An den Darsteller des Baron Douphol, Hans Reinmar]

16. 10. 1960

Lieber Herr Reinmar!

Wir hatten während einiger Proben Differenzen, die mir Sorge bereiteten. Ich freue mich aufrichtig, daß Sie während der letzten Tage und in unserer Besprechung nach der Generalprobe diese Sorgen beseitigt haben.

Ich weiß, daß Sie meine Einschätzung der Partie des Baron Douphal als übertrieben empfinden. Aber in dieser Konzeption des Werkes kann die Rolle ebenso unerträglich wirken, wenn sie »gespielt« wird, wie das Gelingen des Abends mitentscheiden, wenn sie von der Überzeugung und der Kraft einer Persönlichkeit wie Ihrer getragen wird.

Ein herzliches Toi-toi-toi

Ihr Walter Felsenstein

»Rigoletto« von Giuseppe Verdi

Hamburgische Staatsoper 1962

[An den Darsteller des Rigoletto, Vladimir Ruzdak]

11. 5. 1962

Lieber Herr Ruzdak!

Es ist ein Prinzip von mir, meine Darsteller nach der Generalprobe nicht mehr kritisch anzusprechen, sondern die Dinge, die zu helfen geeignet sind, zur ruhigen Überlegung schriftlich mitzuteilen.

Sie haben in der Generalprobe ein absolut gültiges 1. Bild abgeliefert. Es ging über Ihre bereits sehr gute Leistung bei der Hauptprobe noch hinaus.

2. Bild: Die Sparafucile-Szene war gut, ist aber hinsichtlich der völlig unerwarteten, höchst aktuellen und erregenden Situation durchaus verbesserungsmöglich. Wenn »Du Dämon« eine wirklich notwendige Äußerung ist, dann sind die um Tarnung bemühten Stellen »Versteh' schon« zu harmlos, bzw. es ist nichts da, was getarnt werden muß. Ebenso erschienen mir die vier »Geh« am Schluß etwas zu mechanisch wiederholt.

Der anschließende Monolog war vom ersten Augenblick bis zum Schluß eine Erfüllung dessen, was Sie bereits in der Aula erarbeitet hatten. Es fehlte wirklich nicht an Innerlichkeit, weil Sie sich dazu bekannt haben. Bravo!

Ich rate Ihnen – selbst auf die Gefahr einer gewissen Überanstrengung hin –, die Temperatur (auch die dauernde Flucht vor dem Fluch) in der Szene mit Gilda nicht absinken zu lassen. Beispielsweise kenne ich die Vision von der geliebten Frau fieberhafter, nackter und unbewußter als heute. Auch der Satz »Wenn man ihr folgte, um sie zu rauben« etc. hatte nicht das selbständige Format wie der Monolog, dagegen das drohende Mißtrauen gegen Giovanna besonders gut.

Seien Sie auf keinen Fall nachlässig betreffs des sorgfältigen Türschließens. Es könnte Ihre ganze Sorge um Gilda entwerten.

Beim Umbinden der Maske dürfen Sie nicht hinfassen, weil Sie dann bereits zu diesem Zeitpunkt die Binde merken würden.

Ihr Schrecken, sobald Sie die offene Türe sehen, war zu äußerlich. Ich habe nichts dagegen, daß Sie in diesem Augenblick schreien. Wenn das aber nicht ganz elementar erfolgt, dann bleiben Sie lieber stumm.

3. Bild: Bei Ihrem Einsatz vor dem Musikeinsatz achten Sie bitte darauf, daß Sie im Scheinwerferkegel stehen. Sie sind sonst nicht sichtbar. Die auf der Probebühne erarbeitete Version des Satzes »Wie erfreulich, daß keiner von den Herren« wünsche ich Ihnen in ihrer ganzen Schärfe für die Premiere, heute war es schwach.

Das Betreten des Raumes könnte innerlich noch erregter sein, war aber wesentlich besser als bei der Hauptprobe.

Die Vermutung, Gildas Taschentuch entdeckt zu haben: ganz schlecht.

Das Hineinplatzen in den Chor »Ha, hier ist sie also« kann – glauben Sie mir – nur als selbstvergessener Ausbruch gebracht werden.

»Feile Sklaven« bis »So gebt mir die Tür frei, so öffnet, ihr Mörder« war leider völlig textunverständlich, und zwar nicht nur, weil das Orchester zu laut war.

Sowohl das folgende Arioso zu Marullo, vor allem aber der Schluß »Edle Herren, Verzeihung« etc. hat nicht die erforderliche Partnerbeziehung. Das hat mit den blendenden Scheinwerfern gar nichts zu tun, sondern nur damit, daß Sie wahrscheinlich zeitlebens gewohnt sind, diese Stelle als Arie zu betrachten. Sie ist aber von Verdi aus eine ariose Szene und als verzweifelte, mit letztem Bemühen vorgebrachte Bitte an die Höflinge einer der erschütterndsten Zentralpunkte der ganzen Oper. Wenn Sie mir nicht glauben wollen, kann ich Ihnen nicht helfen. Aber ich sage Ihnen dies in meiner ganzen Wertschätzung für die Ihnen innewohnenden Möglichkeiten: wenn Sie diese Szene so bringen wie in der heutigen Generalprobe, so bekommen Sie den zweifellos üblich-starken Arienapplaus, aber die Erschütterung, die Verdi will und die auszulösen Sie fähig sind, bleibt aus.

»Hätte doch Gott die Schande« war deshalb nicht gut, weil nicht jede Phrase sprachlich neu gedichtet war. Dieser lange Konditionalsatz ist doch – im Grunde genommen – nichts anderes als ein verzweifeltes Gebet darum, ob der grollende Gott nicht doch die Schande der Tochter rückgängig machen könnte. Nach diesem Duett haben Sie durch die ungeschickte Pause einen falschen Applaus provoziert. Sie müssen am Schluß selbstverständlich Gilda bereits verlassen, noch vor ihrem Einsatz.

Das Schluß-Duett hatte noch immer nicht das rächende Furioso. Es muß größenwahnsinnig und blutrünstig sein. Auf keinen Fall vor dem Gilda-Einsatz accelerieren. Sie können, falls Ihr Solo nicht groß und wild genug war, durch die ungehemmten »Nein«-Rufe, die Sie in das Gilda-Solo schleudern, vieles aufholen.

4. *Bild:* Für dieses Bild besteht grundsätzlich keine Gefahr, wenn Sie im 3. Bild nicht fünfe gerade sein lassen, sondern es im vorhin gesagten Sinne erfüllen. Der wertvolle Satz im Quartett »Schweige, was helfen uns jetzt Tränen« war abermals unverständlich.

Ausgezeichnet, sowohl emotionell wie sprachlich, der Rezitativ-Satz nach dem Quartett.

»O, welche Nacht voll Grauen« bis »und hier auf Erden morden!« war gut, aber Sie dürfen keine Pause machen zum nächsten Aufschrei »Oh wie gewaltig«.

»Mitternacht ist's« darf ebenfalls von der eben erreichten wahnsinnigen Größe nichts verlieren. In diesem Ausdruck muß auch das Klopfen erfolgen.

Wenn Sparafucile den Sack herausschleppt, so dürfen Sie nicht als neutraler Beobachter dastehen. »Er unter meinen Füßen« wird doch nur deshalb noch nicht ausgesprochen, weil Sparafucile noch da ist.

»Er ist's selber, Fluch und Verdammnis« – ich führte diese Stelle heute lediglich auf Übermüdung zurück. Denn wenn sie so weit entfernt ist von letzter und grauenhafter Verzweiflung wie heute, dann ist die ganze Rolle in Frage gestellt.

Am Schluß bitte nicht ohnmächtig zusammenbrechen, sondern in tiefstem Schmerz Gilda umarmen.

Mit einem herzlichen Toi-toi-toi wünsche ich Ihnen aufrichtig die Leistung, zu der ich Sie für fähig halte.

Ihr gez. Walter Felsenstein

PS: Entschuldigen Sie bitte, daß ich diesen Brief wegen meiner Abreise nicht mehr persönlich unterzeichnen konnte.

»Die Hochzeit des Figaro« von Wolfgang Amadeus Mozart

Komische Oper 1975

[An die Darstellerin der Rosina, Magdalena Falewicz]

24. 2. 1975

Liebe Frau Falewicz!

Wenn ich voraussetzen darf, daß Ihr Vertrauen zu mir echt und durch keine anderen Einflüsse gestört ist, dann darf ich wohl ganz klar und undiplomatisch meine Kritik zur Generalprobe sagen, was mir insofern nicht schwerfällt, als Ihnen meine außerordentliche Wertschätzung und Anerkennung bekannt sind.

Bevor ich in Einzelheiten gehe, muß ich – nicht zum ersten Mal – feststellen, daß zwischen Magdalena Falewicz auf den Klavierproben und Magdalena Falewicz auf den Orchesterproben ein sehr großer und für mich bedauerlicher Unterschied besteht.

Auf den Klavierproben sind Sie gesanglichen Hinweisen immer zugänglich, wenn Sie davon überzeugt werden. Bei den Orchesterproben sind Sie zweigeteilt. In den Rezitativen eine Darstellerin von wirklich seltener persönlicher Identität, in allen Gesangsnummern sichtlich eine gute Kennerin der Konzeption, aber eben Ihre wunderschöne

WALTER FELSENSTEIN

15. August 1972

Frau
Ulla Berkéwicz
Residenztheater

8 München

Liebe Ulla Berkéwicz!

Ihre Briefe sind so schön, daß ich kaum eine Antwort darauf finde. Das ist zwar keine Entschuldigung für mein langes Schweigen aber immerhin eine Teilbegründung.

Wie dankbar ich Ihnen für Ihre Arbeit und für Ihre persönliche Verbundenheit bin, brauche ich Ihnen wohl nicht zu sagen. Sie stehen in dem Personenkreis, der mich durch Verständnis, Aufrichtigkeit und Konzeptionstreue (Kutschera, Salloker, Schmidinger, Eckard) ermutigt hat, wie seit langer Zeit niemand, an der Spitze.

Wenn Sie auch keine Gelegenheit haben, im Zuschauerraum zu sitzen, so wäre ich dennoch für ein paar Worte über den Verlauf der Aufführungen aus Ihrer Sicht sehr dankbar, besonders seit dem für mich besonders bestürzenden Tode von Cossy.

Meine Ferien waren so mit Arbeit angefüllt, daß ich die beiden Bücher von Ihnen noch immer nicht lesen konnte. Aber Ihren Talisman bewahre ich mit großer Sorgfalt.

Ob Sie meine Proben in der Komischen Oper anläßlich eines Berlin-Besuches besuchen dürfen? Mit größter Freude, aber ob das auf der Probebühne möglich ist, die ich vorwiegend zu besetzen gezwungen bin, ist doch – wie Sie verstehen werden – vom Einverständnis der Darsteller abhängig.

Mit allen guten Wünschen und sehr herzlichen Grüßen

Ihres

Stimme mehr für Wohllaut als für Inhalt benutzend. Ich wiederhole diese Feststellung hier, weil ich keine Erklärung dafür habe und auch von Ihnen keine Erklärung dafür bekomme. Da die beiden Arien im 2. und 3. Akt in jeder Hinsicht bestimmend für die Partie der Rosina sind, so stehen auch alle anderen Rezitativ- und Accompagnato-Strecken und damit die Wirkung der gesamten Partie innerhalb des Werkes unweigerlich unter dem Einfluß der beiden Arien-Interpretationen.

In der Generalprobe war schon im Vorspiel der ersten Arie die Ungeduld bis zum Finden der geliebten Gedicht-Stelle gemindert und damit dem Orchesterpart eine unbestimmte sentimentale Bedeutung verliehen. Sie suchen und rezitieren dieses Gedicht doch jeden Tag zur Aufrichtung Ihrer Hoffnung und Zuversicht. Deshalb muß schon das Blättern positiv ungeduldiger sein, der Augenblick, wenn Sie den Titel des Gedichtes finden, plötzlicher, das Durchlesen des Vor-Textes ungeduldiger und die Auffindung Ihrer Lieblingsstelle unbehindert freudig. Wenn Sie das derart vorbehaltlos musizieren, können Sie nicht anders als vom Text ausgehend singen, andernfalls kommt nichts anderes zustande als eine sehr schön gesungene Melodie mit auswendig gelerntem und gering beachtetem Text. Wenn Sie sich zu der richtigen und – wie gesagt – bei den Klavierproben durchgeführten Interpretation bekennen, dann werden Sie auch auf die von Mozart nicht gewünschten Schwelltöne und Crescendi verzichten, und die ganze Arie – und darauf kommt es an – kein Vortrag an das Publikum, sondern ein echter Monolog sein.

Dasselbe gilt auch für das Rezitativ und für die Arie im 3. Akt, über die wir uns ja absolut einig waren, die aber auch bei der Generalprobe aus den erwähnten Gründen nicht bzw. nicht ausreichend und unmißverständlich zum Ausdruck kam. [...]

Wenn der Graf Ihnen den Brief entgegenhält, schon vor dem Lesen vermuten, um welchen Brief es sich handelt. »Himmel – der Brief ist's« ist dann nur die erschrockene Bestätigung.

»Der Anstand, der Anstand, wehrt es ihr« kenne ich schon stolzer und hoheitsvoller als bei der Generalprobe. »So muß ich denn leiden für all meine Liebe...«, »Schweige, die bin ich gewesen«, »Nun bin ich verlassen« etc. deutlicher die Wirkung auf den Grafen prüfen. »Ich fühle, Susanna, mein Herz sich erweichen« war leider sehr textundeutlich.

Besonders bedauerlich war die Textunverständlichkeit bei »Ich glaube, von nun an wird dir es gelingen« etc. Damit wurde in der Generalprobe unser Lieblingsterzett ganz entwertet.

Die ganze Antonio-Szene war in der Bestürzung, in der Bemühung um Abwehr ernster als jemals und damit die ganze Szene wirklich gelungen.

3. *Akt:* Ihr erster Auftritt mit Susanna war – wie jedesmal bisher – zu spät, der Dialog mit Susanna ganz hervorragend, aber etwas zu leise. Besonders die Sätze »Heut' abend im Garten«, »dem sagst du davon gar nichts. An deiner Stelle geh' ich selbst in den Garten«.

Sie waren zum Einsatz des Andante in Ihrer Arie im Ausdruck noch nicht fertig. Oberfrank wird warten.

Im Zusammenhang mit meiner Kritik an beiden Arien ist zum Beispiel besonders zu erwähnen die mangelnde Textverständlichkeit und Zuversicht »Doch auch wenn in Qual und Leiden« etc.

Aus demselben Grunde konnte sich Ihre ausbruchhafte Wendung zum Allegro »Ach, wenn doch für meine Liebe« mit den letzten Proben gar nicht vergleichen.

Das in der Generalprobe hervorragende Brief-Duett litt darunter, daß die List und Freude am Schluß nachgelassen haben. Die Steigerung zum übermütigen Humor muß mit dem gemeinsamen Lesen beginnen.

5. Bild: Ich habe das Bedürfnis, Ihnen zu sagen, daß die Bemühungen um eine gültige Susanna-Darstellung sowie die in dieser Szene eintretenden Rosina-Komplikationen wesentlich besser und glaubhafter waren.

Bitte vergessen Sie nicht, nach dem Knien des Grafen »Wie sollt' ich denn zürnen« mindestens zwei Schritte in die Richtung des Pavillons zurückzugehen.

Am Schluß möchte ich Ihnen danken für Ihre stets aufrichtig interessierte Anteilnahme an unserer Arbeit, für Ihre Treue sich selbst gegenüber, die nur leider von manchen Gesangsgewohnheiten unterbrochen wird, und Ihnen mit einem sehr herzlichen Toi-toi-toi den Erfolg wünschen, den Sie verdienen und durch den Sie sich in der Arbeitsmethode bestätigt fühlen werden.

Herzlich Ihr (Walter Felsenstein)

[An den Darsteller des Almaviva, Uwe Kreyssig]

24. 2. 1975

Lieber Herr Kreyssig!

Dieser Brief ist angekündigt und wird erleichtert durch unser Garderobengespräch nach der Generalprobe. Auch will ich Sie nicht mit viel Lektüre belasten. Lobenswerte Bemerkungen erspare ich mir; nur auf eine kann ich nicht verzichten: das ist Ihr erster Auftritt, den ich heute zum erstenmal ganz unmißverständlich empfand. Wenn Sie sich darin wohl fühlten, ist er auch noch etwas steigerungsfähig.

1. Bild: Achten Sie bitte in Ihrem Zorn nach der Basilio-Szene auf Gänge, die nicht zornig sind.

In der im ganzen beispielhaften Interpretation des Grafen gibt es überhaupt mehrmals Diskrepanzen zwischen

Emotion und Gang. Der Beginn des Berichtes über die Cherubino-Begegnung bei Barbarina ist nicht wütend genug, womit ich nicht die Diktion meine, sondern die grundsätzliche Haltung Cherubino gegenüber.

Bei meiner aufrichtigen und vorbehaltlosen Anerkennung Ihrer Almaviva-Interpretation darf und muß ich mir erlauben, Ihnen zu sagen, daß »O du Muster aller Tugend« weit unterboten war, oder besser gesagt, es war noch bei keiner Probe so erreicht, wie es Ihr Verhältnis zu Susanna fordert. Das ewige Hinauszögern Ihres Entgegenkommens ist im Hinblick auf Figaro unerklärlich, wenn auch kaum mehr länger erträglich. Aber der Betrug mit einem anderen muß Sie wahnsinnig machen, und zwar für den ganzen Rest des Aktes und für alle Cherubino-Szenen in den folgenden Bildern. Unter diesem Fehler hat auch die Verleihung der Leutnantsstelle wesentlich gelitten.

»Marcellina muß helfen« ist kein schnelles à part, sondern ein stummer Monolog.

2. *Bild:* Terzett Nr. 13: Das p im ersten Einsatz »Ganz klar ist mir die Sache« darf nicht um ein Jota lauter werden, aber auch nicht die Emotion so verhindern, wie es heute der Fall war. Auch andere p- und pp-Stellen in dieser Nummer sowie im Finale waren manchmal leise statt unheimlich verhaltene ff. Das Rütteln und Klopfen an der Türe, Seite 110 im 3. System, ist unerläßlich. Wenn Sie es aus technischen Gründen vermindert haben, dann muß eben die Türe anders befestigt werden. »Doch daß bei allem nicht der kleinste Verdacht bleibt ...« etc. in der aggressiven Ironie nicht die vorhergehende Emotion vermindern. »Sterben soll er« – ausgezeichnet, jedoch beim zweitenmal viel wirklicher und stärker. Gegenüber anderen Proben waren mir »Welch peinlicher Irrtum« und die anschließenden Selbstbeschuldigungen und Reue-Versicherungen in der Generalprobe etwas schwächer. Dieser umfangreiche und außerordentlich

anstrengende 2. Akt enthält immer wieder die Gefahr, daß momentweise Beruhigungen eintreten, die die Fortsetzung der Konflikt-Emotion in Frage stellen.

Unser gemeinsames Lieblingsterzett »Ich glaube von nun an« etc. ist bei völliger Textunverständlichkeit wertlos. Ich wäre Ihnen dankbar, wenn Sie sich mit Frau Falewicz und Frau Kiss noch einmal besprächen. [...]

3. *Bild:* Die Kenntnisnahme von Susannas Erscheinen fand ich in den frühen Proben in der Überraschung schon ratloser und glücklicher, heute eher zurechtweisend als betroffen.

Über die Forderung des Riechfläschchens muß die etwas enttäuschte Verwunderung Sie daran hindern, gleich auf den Tisch zu gucken.

Der vereinbarte Ausdruck für (Mitgift) »die ich versprochen« verträgt kein vorheriges Beiseite-Schauen. So kam es, daß der Beginn des Duettinos nicht unbedingt ein Orchester-f erfordert hätte, weil Sie hier aus den erwähnten Gründen keines Freudenausbruchs bedurften. Daß Sie nach dem Duett erst nach Beendigung des Nachspiels aufwachen, ist eine ungleich größere Wirkung. Nur war es heute kein echtes Aufwachen.

Über die Arie und Ihr vorhergehendes Accompagnato haben wir gesprochen. Ich wiederhole: Sie brauchen wirklich keine Angst davor zu haben. Jeder mit irgendeiner Befürchtung verbundene Gedanke würde unweigerlich zu dem Ergebnis führen, daß erstens die Rache textgemäß erfüllbar schiene und zweitens aller Haß einem endgültigen Verzicht entspräche. [...]

Mit meinem sehr herzlichen Toi-toi-toi verbinde ich meinen Dank für Ihre ständige Initiative für das Zustandekommen einer echten kollektiven Arbeit. Auch ist Ihnen zweifellos bewußt, welchen grundsätzlichen Schritt vorwärts Sie mit dieser Almaviva-Interpretation, mit der sich schwerlich eine andere vergleichen lassen dürfte, getan haben.

Nun wurde doch – gegen meine Absicht – etwas viel Papier beschrieben. Aber es ist ja auch das letzte Mal.

Ihr Walter Felsenstein

Über Ensemble und »Chef«

Als ich zum Theater ging, das war vor 50 Jahren, da gab es einen Direktor, einen Theatersekretär, eine Schreibkraft, einen Studienleiter und einen, der die Proben disponierte, sowie einen Buchhalter, der die Gagen auszahlte. Dieser Wasserkopf von Verwaltung heute! Jeder baut seinen eigenen Mist und kommt sich kolossal vor und vergißt dann, was der andere schon gemacht hat. Es ist gar keine Einheit mehr.

(1971)

[Das Ensemble] 1948

Bereits die Grundlinien der Inszenierung, der dramaturgischen Einrichtung, werden in gemeinsamer Arbeit festgelegt, und gleichzeitig muß auch der Darsteller technisch und geistig für die Zwecke der Produktion vorbereitet werden.

Die Proben, die nunmehr beginnen, sind befreit vom mechanischen Leerlauf, vom Textaufsagen oder vom Notensingen. Das absolut gleiche Interesse und die gleiche Verantwortung aller führen unvermeidlich zum eigentlichen Gestaltungsprozeß, in dem die Ununterbrochenheit des einzelnen Zustandes, die unmittelbarste Beziehung des einzelnen zum Partner oder zum Geschehnis erarbeitet werden, wo nicht die Aussage als solche zur Hauptsache wird, sondern das, was zur Aussage zwingt und was hinter und nach dem Wort unausgesprochen steht. Denn das Wort ist ja stets nur ein unvollständiger Teil des Ausdruckswillens. Es wird unbedingt verläßlich das probiert, was man meint, und nicht nur das, was man sagt.

Ich wüßte nicht, warum eine solche Forderung als Utopie verdammt werden sollte. Es ergeben sich nur daraus ganz nüchterne und durchaus durchführbare Konsequenzen.

Eine persönlich so innig ineinandergreifende Arbeitsmethode, aus der etwas Ähnliches wie ein Ordensbewußtsein entstehen muß, kann gar nicht dulden, daß irgendein Mitglied nicht an sämtlichen Interessen des Betriebes unmittelbar beteiligt ist. Es kann in einem solchen Haus weder einen Intendanten noch sonst einen Mitarbeiter geben, der nicht von allen gewünscht ist. Und es ist selbstverständlich, daß in regelmäßigen Vollversammlungen des künstlerischen und des technischen Apparates über alle Fragen beraten und diskutiert wird. Damit wäre auch die Frage des Mitbestimmungs- und Mitwirkungsrechts des Betriebrats, die augenblicklich aktuell ist, eindeutig gelöst, und zwar unter Verzicht auf ein Vokabular, das aus einer Zeit der Verkehrsregelung zwischen Arbeitnehmern und Arbeitgebern in technischen Betrieben stammt.

Wir sind durch Entbehrungen, Schmerz und Not vieler Jahre alle in einer Situation, die wie keine andere geeignet ist und dazu herausfordert, das, wozu man auf der Welt ist, in Ordnung zu bringen. Ich persönlich möchte gestehen, daß ich von einer ständigen Angst erfüllt bin, die richtige Zeit könnte versäumt werden. (...)

[An Sonja Schöner]

12. 3. 1951

Liebe Sonja Schöner!

Ich hoffe, daß Sie unser letztes Gespräch in meinem Zimmer noch nicht ganz vergessen haben.

Unsere heutige »Freischütz«-Probe ist eben beendet, und obwohl ich Ihnen wieder manche Qual bereitet habe, so sehe ich doch und immer wieder, wie sehr Sie und Ihr ganzes Wesen in den Bezirk der wirklichen Kunst gehören. Warum ich Ihnen das schreibe? Weil ich etwas erschrocken bin, als ich von Ihrer Zusammenkunft mit dem Direktor des Zürcher Stadttheaters hörte. Vergessen Sie bitte in diesem Augenblick den Intendanten Felsenstein und denken Sie nur an Ihren Freund und Regisseur. Ich war zwei Jahre dort unter der Direktion, die turmhoch über der jetzigen Direktion Zimmermann stand, und ich bin trotz großer Erfolge, die ich persönlich hatte, nach Deutschland, aus dem ich vor Hitler geflohen war, trotz aller politischer Angst zurückgekehrt, nur, um der grauenhaften Schmiere dort zu entgehen. Das wollte ich Ihnen rechtzeitig gesagt haben.

Aus solchen Dingen erkenne ich immer wieder Ihre große Unorientiertheit, und ich bitte Sie herzlich, daran zu glauben, daß Ihre privaten Sorgen, die ich kenne, durchaus zu einer zufriedenstellenden Lösung geführt werden können, ohne daß dies auf berufliche Kosten geschehen muß. Seien Sie versichert, daß Ihnen niemand dabei so helfen möchte und auch helfen kann wie ich. Ich kann Ihnen dazu ganz konkrete Vorschläge machen.

Ihr (Walter Felsenstein)

[An Elfride Trötschel]

22. 12. 1951

Liebe Elfride Trötschel!

Das Datum Ihres Geburtstages kann mir deshalb nicht entfallen, weil ich an diesem Tage immer daran denken muß, wie Sie während der »Carmen«-Einstudierung mir diesen für mich unentbehrlichen Probentag abhandeln wollten. Das war im ersten Jahre unserer Zusammenarbeit, kurz nach dem »Orpheus«. Und jetzt fliegt mir ein Telegramm auf den Tisch mit dem schönen und vieldeutigen Satz »Eurydike ist bereit«.

Bitte unterschätzen Sie nicht meine Dankbarkeit für Ihre Zusage in dieser prekären Situation. Aber was mich noch mehr berührt, ist die Seltsamkeit der Zusammenhänge und des Zeitpunktes. An diesem Geburtstage, und unmittelbar vor Beginn eines neuen Kalenderjahres, bekennen Sie sich zu einer Aufgabe, vor deren tieferer Erfüllung Sie im nachhinein selbst erschrocken waren. Denn Sie hatten in sich Bezirke einer künstlerischen Äußerung entdeckt, die mit der Offenbachschen Dämonie und Schonungslosigkeit verwandt waren. »Eurydike ist bereit« heißt also, daß Sie kein Kapitel Ihrer Bühnenwachträume verleugnen wollen. Und das ist sehr bedeutsam. Ich merke aber, daß man in einem Brief über diese Dinge nicht sprechen kann. Ich wollte sie auch nur andeuten, um Ihnen eine gewisse und besondere Bewegtheit verständlich zu machen, mit der ich Ihnen diesmal zum Geburtstag gratuliere.

Meine Wünsche für Sie, für Ihr Leben, Ihren Beruf und unsere Zusammenarbeit sind sehr vielfältige, aber auf allen Gebieten – seien Sie versichert – die denkbar besten.

Ich konnte nicht ein Geburtstagstelegramm schicken und komme daher mit diesen armseligen Zeilen um drei Tage zu spät. Aber vielleicht gelingt es mir auf diese Art, Sie als erster nach Ihrer Rückkehr mit den allerherzlichsten Festgrüßen und Wünschen in Berlin anzusprechen.

Alles Gute

Ihr sehr dankbarer (Walter Felsenstein)

[An Irmgard Arnold]

11. 3. 1952

Liebe Frau Arnold!

Daß Sie trotz Ihres Zustandes die heutige Aufführung von »Pariser Leben« ermöglichten, offenbart eine Einstellung und Haltung zu Ihrem Beruf und zu unserem Hause, für die Ihnen aufrichtigste Anerkennung auszusprechen mein Bedürfnis ist.

Möge diese Tat gesundheitlich im Rahmen des Verantwortungsmöglichen liegen. Jedenfalls meinen allerherzlichsten Dank und die herzlichsten Wünsche für baldige Genesung.

Ihr (Walter Felsenstein)

[An Josef Herrmann]

23. 6. 1952

Lieber Josef Herrmann!

Seitdem Ihre Frau sich reizenderweise auf meine Probe bemühte, um mir von Ihnen zu berichten, ist schon wieder etliche Zeit vergangen, in der ich mit vielen anderen vom Haus oft an Sie gedacht habe. Aber manchmal, nicht immer, soll ein Kranker auch davon erfahren, daß man seiner gedenkt. Und deshalb diese Zeilen.

Der erste Schreck saß tief, nicht wegen der »Kluge«-Aufführung, sondern durch die Erkenntnis, wie beängstigend das Krankheitsmotiv sein mußte, daß es einen Josef Herrmann zum Nachgeben zwang. Aber jetzt, in der Gewißheit Ihrer bevorstehenden Genesung, bin ich mir klar darüber, wie gut es das Geschick mit Ihnen gemeint hat. Es erzwang, indem es Sie hinwarf, eine Ruhepause, zu der Sie, wie ich Sie kenne, keine andere Macht gebracht hätte und ohne die Ihnen das Wissen um die Ökonomie mit sich selbst nicht in dem Maße zuteil geworden wäre, daß Sie bereit gewesen wären, wirkliche Konsequenzen daraus zu ziehen.

An einen Besuch bei Ihnen, nach dem es mich oft verlangt hat, war bisher nicht zu denken, denn ich bleibe im Wettlauf mit dem mir auferlegten Pensum immer weiter und atemloser zurück.

Kann man Sie im Krankenhaus bereits anrufen, oder zu welchen Zeiten erreiche ich am besten telefonisch Ihre Frau zu Hause? Ich möchte schon etwas mehr über die Entwicklung Ihrer Genesung erfahren, als man im Laufe des Theateralltags gelegentlich zu hören bekommt.

Mit allen guten Wünschen und herzlichsten Grüßen

Ihr (Walter Felsenstein)

[Rede zum 5jährigen Bestehen der Komischen Oper, 1952]

Liebe Kolleginnen und Kollegen! Verehrte Gäste!

Ich begrüße Sie auf das herzlichste und in meiner ganzen Liebe, die mich seit fünf Jahren an dieses Haus bindet. Meinen Gruß, meinen Dank, meinen Glückwunsch zum 23. Dezember an alle, die dieses Theater mit errichtet und eröffnet haben und ihm bis heute treu geblieben sind, und an alle, die es im Verlaufe dieser fünf Jahre erweitert und vergrößert haben und mit den Begründern zusammen die heutige »Komische Oper« ausmachen. (...)

Lassen Sie mich einige Daten und Fakten erwähnen, die zum Teil in Vergessenheit geraten sind, vielleicht manchen von Ihnen noch nicht bekannt waren, die aber für eine gegenwärtige Beurteilung doch von Bedeutung sind.

Der Wiederaufbau dieses Hauses – im Plan und Baubeginn das erste Theaterprojekt im zerstörten Berlin und im Nachkriegsdeutschland überhaupt – erfolgte auf Veranlassung der Sowjetischen Besatzungsmacht und galt dem »Metropol-Theater«. Im Winter 1946 erst wurde – ebenfalls von sowjetischer Seite – dem Magistrat der Vorschlag gemacht, das Haus mit einem Musiktheater neuen Stils zu eröffnen. Die Meinungen darüber in der damals noch ungeteilten Stadtverwaltung waren recht geteilt. Man konnte sich nur schwer entschließen, das traditionsreiche und populäre Berliner Metropol-Theater auszuquartieren. Man hatte wirtschaftliche Bedenken und bezweifelte die Notwendigkeit, neben der Charlottenburger Oper und der benachbarten Staatsoper ein drittes Institut mit Operntendenzen aus öffentlichen Mitteln zu erhalten. Auch sah man darin eine Gefahr sowohl für die beiden Opernhäuser wie für das Metropol-Theater. Weder damals noch später bin ich diesen verständlichen Bedenken mit allzu optimistischen Argumenten entgegengetreten. Ich habe aus den Gegebenheiten und realen Möglichkeiten einen Plan entwikkelt, den ich im großen und ganzen eingehalten habe und auch heute noch aufrechterhalte und der nur ein Ziel gehabt hat und hat: *das wahrhafte Musiktheater.* [...]

Am 5. Juni 1947 überreichte mir der Vertreter der Sowjetischen Militärbehörde in diesem damals noch leeren Zuschauerraum, inmitten der Baugerüste und in Anwesenheit der Kultur-Offiziere aller vier Besatzungsmächte, der Spitzen des Magistrats, sämtlicher Berliner Theaterleiter und vieler Kunstschaffender die Lizenz für die Komische Oper. Der Zeitpunkt dieser Theatergründung war in vieler Hinsicht denkbar ungünstig. Die Restitution der Berliner Bühnen in den Jahren 1945/46 hatte sich mit der kriegsbedingten Abwesenheit beziehungsweise mit dem Verlust vieler bis dahin in Berlin seßhafter Künstler sowie mit der außerordentlichen Materialknappheit auseinanderzusetzen. Als es galt, für die Komische Oper einen ersten Personalbestand zu verpflichten und die für eine Eröffnung erforderlichen technischen Einrichtungen zu beschaffen, waren alle besseren Gesangssolisten, Chorsänger, Orchestermusiker, Tänzer, Kapellmeister, Regisseure, Bühnentechniker und Arbeiter, aber auch Scheinwerfer, Transformatoren und Bühneneinrichtungsgegenstände bereits in festen Händen. Diejenigen von Ihnen, die damals dabei waren, werden sich erinnern, daß das Haus noch nicht beziehbar war und wir in zwei winzigen gemieteten Räumen arbeiteten. Der einzige große Raum, den wir ergattern konnten, diente fast pausenlos zum Vorsingen, Vorspielen und Vortanzen. Innerhalb von zwei Monaten haben wir paar Leute, in einer Zeit schwerster Reisebehinderungen in ganz Deutschland und auch im deutschsprachigen Europa, Mitarbeiter gesucht, über achthundert Sänger vorsingen, etwa dreihundert Musiker vorspielen und annähernd zweihundert Tänzer vortanzen lassen, einen Grundstamm von Solisten verpflichtet, ein siebzig Mann starkes Orchester, einen sechzigköpfigen Chor und eine dreißigköpfige Tanzgruppe neu gegründet. Im selben Zeitraum hat der noch winzige Stab von Bühnenarbeitern und Beleuchtern – verbotenerweise und oft unter Lebensgefahr – aus den Berliner Ruinen Apparate und Material ausgebaut, hat die seitens des Stadtbauamtes viel zu langsam ausgeführten Wiederinstandsetzungsarbeiten vorangetrieben und – ohne Vorhandensein geeigneter Werkstätten – die Ausstattung für die Eröffnungsproduktion geschaffen. In immer wechselnden Mieträumen wurde nach Abschluß der notwendigsten Engagements »Die Fledermaus« probiert. Erst im November war es möglich, auf die Bühne zu gehen, und in bangem Wettlauf mit dem Kalender konnte das Haus am 23. Dezember eröffnet werden. Was damals in beispielloser Hingabe und mit persönlicher Aufopferung ohnegleichen geleistet wurde, war nur wenigen bekannt und wurde daher auch nie gebührend anerkannt. Dieser ausnahmslos beispielhafte persönliche Einsatz und Elan hat – durch den äußeren Erfolg bestärkt – noch lange fortgewirkt und wurde bestimmend für den personellen Zusammenhalt in späteren schweren Situationen. [...] Die grundsätzlichen Vorbehalte der Komischen Oper gegenüber schwanden spürbar, und zahlreiche Künstler wurden für eine Mitarbeit bei uns initiativ. Mancher Kleinmut und manche Ungeduld innerhalb des Hauses – verursacht und gefördert von dem an Schwierigkeiten immer abwechslungsreicheren Berliner Alltag – fanden ein Gegengewicht in dem zunehmenden künstlerischen Selbstbewußtsein und Zugehörigkeitsgefühl zu unserer Pionierarbeit.

Entschuldigen Sie diesen anmaßenden Titel, der insofern nicht anmaßend ist, als wir ihn uns nicht selbst verliehen haben, und der tatsächlich in gewissem Maße zu Recht besteht, in noch größerem Maße aber eine Verpflichtung enthält. Ich glaube zwar nachweisen zu können, daß alles, was wir bisher hier versucht haben, absolut nichts Neues war und ist, nur war das meiste und Grundsätzliche davon im Laufe vieler Jahrzehnte so abhanden gekommen, vernachlässigt und verschüttet gewesen, daß der Versuch zur Wiederherstellung elementarer Gesetze auf der musizierenden Bühne vielen als etwas völlig Neues erscheint. [...]

Wir können immerhin – die Konzerte unseres Orchesters nicht mitgerechnet – auf insgesamt vierundzwanzig Premieren in fünf Jahren zurückblicken und dürfen auf diese Zahl stolz sein, denn die Wiederholungs- und Regenerationsproben machen in der Summe nicht weniger aus als die Probenarbeit an mindestens fünf neuen Werken. Wir dürfen stolz sein aber auch auf den erarbeiteten Inhalt dieser Werke, auf die persönliche Entwicklung unserer Solisten, die in einzelnen Fällen in diesem Maße nicht vorauszusehen war, auf die außerordentliche Qualitätssteigerung unserer Kollektivkörper Chor und Orchester, und dürfen stolz sein nicht zuletzt auf den innerdeutschen und internationalen Ruf, den wir uns bis heute errungen haben.

Es wäre aber unehrlich und des Ernstes unserer Aufgabe nicht würdig, wenn wir es bei unserem gegenseitigen Glückwunsch beließen. Jedem von uns, der dieses Haus und unsere Arbeit liebt, brennt die Frage auf dem Herzen, warum sind gerade jetzt, da wir zum Unterschied von früher ja anerkannt sind und uns durchgesetzt haben, nicht mehr derselbe Elan und dieselbe Zuversicht spürbar wie etwa vor drei Jahren? Gewiß, unsere Aufführungen sind nach wie vor intakt und exakt. Es fehlt nicht an Arbeitsernst und Arbeitsbereitschaft. Aber können diese berufsmäßigen Voraussetzungen allein ausreichen, um das zu verfechten, was uns an diesem Hause zusammengeführt hat und was wir in gemeinsamer Arbeit in stets zunehmendem Maße erkannt haben? Ist es nicht gerade das »Nicht-Berufsmäßige«, das über das Handwerkliche und über die Pflichterfüllung Hinausgehende, das unsere Arbeitsmethoden zum Durchbruch und zur Anerkennung geführt hat, die Initiative und das Eigenschöpferische jedes einzelnen in jedem Augenblick seines Bühnendaseins, die kein einziges Mal bei unserem Publikum das Gefühl einer Repertoire-Vorstellung aufkommen ließen? Ist aufgrund unserer hier gewonnenen Erkenntnis nicht jedes Gleichbleiben und Sichbegnügen bereits ein Nachlassen?

Liebe Kolleginnen und Kollegen, ich sagte eingangs, daß meine Betrachtungsweise unserer heutigen Lage nur subjektiv sein kann, nicht unangreifbar und nicht die Ihre zu sein braucht. Aber daß die eben von mir aufgeworfenen Fragen und Feststellungen unserer wirklichen Lage entsprechen, ist zweifellos auch Ihre Meinung. Warum ist das so? Nun, die nächstliegende Antwort, die sich jeder bereits längst gegeben hat, ist die bange Sorge um die politische Entwicklung, speziell in Berlin; die Sorge, wie lange noch gibt es für uns die Kommunikation zwischen Ost- und West-Berlin. Aber wäre diese Antwort eine Rechtfertigung dafür, in einer Aufgabe, die wir gewählt haben, nachzulassen? Diese ebenso naheliegende wie unbefriedigende Antwort kann lediglich der Feststellung dienen, daß die politische Sorge und die künstlerische Sorge in einem innigen Zusammenhange stehen. Wir sind hier in Berlin geneigt, die Bedeutung unserer Situation zu überschätzen – das ist verständlich, weil uns seit vielen Jahren mehr zugemutet und mehr an unseren Nerven gezerrt wird als in jeder anderen Stadt Europas. Aber das darf uns doch an einem weiteren Überblick und an einer umfassenden Erkenntnis nicht hindern. [...]

Es ist ein Merkmal der Berliner Selbstüberschätzung und Kurzsichtigkeit, zu glauben, daß man innerhalb dieses Geschehens seine persönliche Zukunft wesentlich und maßgebend bestimmen könnte, indem man zwischen Dresden und Frankfurt am Main oder gar zwischen Pankow und Charlottenburg wählt, indem man sein ganzes Tun und Denken auf Erwägungen solcher Art ausrichtet und unmerklich, aber sicher, jede eigenpersönliche Erkenntnis und jeden wirklich eigenen Standpunkt umgeht in der Suche nach dem jeweils und lokalbedingt geringsten Widerstand. Daß dies letzten Endes doch nur zur Selbstaufgabe führen kann, haben viele selbst erfahren. Aus Angst, mit dem Standpunkt oder der Parole einer Großmacht in Widerspruch zu geraten, verzichteten sie lieber auf einen eigenen Standpunkt. Das ist selbstverständlich niemandem zuträglich, für einen Künstler aber bedeutet es schöpferische und künstlerische Impotenz.

Wer von uns die Aufgabe, das Musiktheater durchzusetzen, bejaht – wir sind immer noch dabei, diese Aufgabe in ihrem ganzen Umfang zu erkennen –, der muß wissen, daß diese Aufgabe auch eine historische ist, die bis zu unserem eigenen Lebensende nicht erfüllt werden kann. Wissen Sie aber für einen musikalischen Theatermenschen, für einen Bühnensänger eine andere, eine lohnendere, eine sinnvollere Aufgabe als das Musiktheater? Glauben Sie, glücklicher werden zu können, wenn Sie in einem vorläufig noch reüssierenden und vielerorts beheimateten Opernschlendrian versuchen würden, möglichst viel Geld zu verdienen, um Ruhe zu haben? Ich glaube, daß die meisten von uns diese vermeintliche Ruhe ohne wirkliche Aufgabe nicht werden finden können.

Es gibt – jedenfalls für die Dauer unseres Lebens – heute nur eine relative Ruhe, nämlich: ohne Krieg auszukommen. Kein Mensch – mit Ausnahme der wenigen, die vom Kriege leben – kann eine Lebensaufgabe erfüllen ohne Frieden. Dafür mit seinen Möglichkeiten und bei den ihm erreichbaren Menschen einzutreten ist auch – und besonders für den Künstler – ein Akt der Selbsterhaltung und nicht der Politik. Wie er dafür politisch betitelt wird, muß ihm gleichgültig sein.

Daß die Komische Oper in unmittelbarer Nähe des Brandenburger Tors liegt, ist ein geographischer Zufall. Aber daß ihre künstlerische Aussage, ihre Personalzusammensetzung und ihr Publikum sich über die Teilung Berlins hinwegsetzen, ist eine in Deutschland und darüber hinaus bekannte Tatsache und ein gesamtdeutscher kulturpolitischer Faktor. Erleben wir nicht täglich, wie Besucher Berlins sowohl aus dem Osten wie aus dem Westen Deutschlands, Europas und von Übersee die Komische Oper kennenlernen wollen? Daß die Sektoren- und Zonengrenzen unseren Alltag und bei sehr vielen von uns alle Fragen der privaten Existenz durchschneiden, schafft Schwierigkeiten, die bestimmt jeder unterschätzt, der nicht davon betroffen ist.

Aber ist die Tatsache, daß Hunderte von Künstlern und Zehntausende von Zuschauern in der Komischen Oper sich über die Berliner Sektorengrenzen hinwegsetzen, nicht eine Aufmunterung für viele, die glauben, diese Schwierigkeiten nicht länger ertragen zu können? Ein Nachweis, daß es Stärkeres gibt als Sektorengrenzen, und die einzige Antwort auf die Frage, wie wir diese Schwierigkeiten überwinden können. Wie jemand mit der ungeheuren Strapaze dieses Berliner Daseins fertig wird, kann in keinem Falle ohne Einfluß bleiben auf die Potenz seiner künstlerischen Aussage. Daß er vor dieser Strapaze nicht die Flucht ergreift, ist bereits der Beweis dafür, daß er unserer künstlerischen Aufgabe den Vorrang vor allem anderen gibt, einer Aufgabe, die geographisch eben nicht austauschbar und auch zeitlich nicht verschiebbar ist.

Ich traue niemandem von Ihnen zu, dies bisher nicht gewußt zu haben. Aber mir scheint es nach fünf Jahren gemeinsamer Versuche, Enttäuschungen und Erfolge nützlich zu sein, dies einander zu sagen, weil vielleicht gerade aus diesen Erkenntnissen die persönliche künstlerische Forderung an sich selbst und an andere, die schöpferische Eigeninitiative, ihren Hauptauftrieb erhalten. Und weil im Gegensatz zu beruflichem Zwang und Pflichterfüllung oder mahnendem Gewissen einzig dieser Auftrieb es ist, der eine Stagnation verhindert und Ihnen das Selbstbewußtsein und die künstlerische Selbständigkeit gibt, die dieses Haus an Ihnen nicht entbehren kann. Freilich berechtigt Sie dazu allein schon das bisher Geleistete. Aber vergessen Sie nicht, daß Ihre bisherigen und Ihre gegenwärtigen Leistungen Publikumsansprüche erzeugt haben und weiterhin erzeugen, die woanders nicht gestellt werden und die allmählich stärker zu werden scheinen als von uns erfüllbar. Ein Problem, welches zu lösen der Hauptinhalt unserer Arbeit in den nächsten fünf Jahren ist. Viele Voraussetzungen sind gegeben, diesen Wettlauf zu gewinnen. Was uns dazu noch fehlt, dürfen Sie nicht mich von Ihnen verlangen lassen, sondern müssen es von sich selbst fordern und von all denen, die wir uns für unsere Arbeit noch dazuholen werden.

Ich glaube an das Musiktheater als eine mögliche Realität, ich glaube an seine schöpferische Wahrheit, ich glaube fest, daß es in seiner konsequenten Vollendung die höchste und umfassendste Form der theatralischen Äußerung ist, und ich glaube an Ihren Glauben daran.

[An Ernst Schumacher, Inspizient]

15. 2. 1953

Sehr geehrter, lieber Herr Schumacher!

50. Geburtstag ist keine Kleinigkeit. Es gibt zwei Arten, davon betroffen zu sein und ihn entsprechend zu begehen:

Man empfindet die Dauer und Fülle des seit der Geburt vergangenen Zeitabschnittes mit allen seinen schönen Erinnerungen und seinen Enttäuschungen, bedauert die Unwiederbringlichkeit der vergangenen Jahre und läßt sich letztlich resigniert im Bewußtsein seiner Überlegenheit und Weisheit als einen feiern, der nunmehr das hoffentlich nicht zu trübe Lebensende vor sich hat.

Oder man ist – ohne in seiner Erinnerung etwas von den glückhaften wie auch schmerzlichen Begebenheiten und Erlebnissen auszulassen – für alles in Bausch und Bogen dankbar, bedauert lediglich, so lange Zeit zum Lernen und dazu gebraucht zu haben, ein erwachsener Mensch zu werden, nimmt das Gedenken seiner nächsten und weiteren Umgebung an, dieses Ereignis als angenehm und unwichtig hin und freut sich darauf, sobald die Gratulationen vorbei sind, sich auf das eigentliche sinnvolle und lebenswerte Leben der kommenden Jahre vorbereiten zu können.

Lassen Sie sich von einem, der das vor zwei Jahren mitgemacht hat, ohne sich am Geburtstag selbst präzise für eine dieser beiden Arten entscheiden zu können, eindeutig, herzlich und aufrichtig die zweite Möglichkeit der Betroffenheit wünschen. Ob es gelingt, ist ja immer noch eine andere Frage. Aber sich dazu entschließen ist auf jeden Fall gut. Verbringen Sie diesen Tag, zumal es ein Sonntag ist, schön und ausgiebig und lassen Sie mich Ihnen außer Gesundheit und annähernder Zufriedenheit noch wünschen, daß – zu welchen Erkenntnissen auch immer Sie an diesem Tage gelangen – die Komische Oper und unsere Zusammenarbeit in den nächsten Jahren auch etwas davon abbekommen.

Herzlich Ihr (Walter Felsenstein)

[An Georg Brandt, Technischer Leiter]

15.4.1953

Sehr geehrter, lieber Herr Brandt!

Trotz der uns gemeinsam bekannten zeitlichen Bedrängtheit und personellen Sorgen war der technische Verlauf der gestrigen Wiederaufnahme von »Orpheus in der Unterwelt« so mustergültig, daß ich Ihnen auch auf diesem Wege meinen ganz besonderen Dank und meine Freude zum Ausdruck bringen möchte.

Ich möchte sehr herzlich bitten, auch dem gesamten Bühnenpersonal meine aufrichtige Anerkennung und meinen herzlichsten Dank zu übermitteln, sowohl für den beispielhaften und disziplinierten Einsatz am Abend bei den Umbauten wie auch für die in ihrer Konzentration sehr anspruchsvolle und anstrengende Wiedereinstudierungsperiode. Die alten Mitarbeiter können stolz sein auf ihre Umsicht und Anleitung des neuen Personals, die neuen Kollegen nicht minder stolz auf ihr rasches und ehrgeiziges Einfühlungsvermögen.

Der gestrige Abend müßte uns allen in unserer Sorge um den technischen Apparat Mut und Auftrieb geben.

Mit herzlichen Grüßen an Sie und alle Mitarbeiter
Ihr Walter Felsenstein

[An das Ensemble]

5.5.1953

Sehr verehrte Damen und Herren!

Es ist Ihnen wohl allen selbst bewußt, daß die gestrige Hauptprobe vom »Pariser Leben« (ausgenommen das 3. Akt-Finale) nicht sehr berühmt war. Auch von seiten der

Solisten nicht. Ich möchte jetzt nicht unfruchtbarerweise die Motive dafür untersuchen. Aber es ist – abgesehen von der Müdigkeit oder mangelnden Konzentration – doch so, daß wir alle heute eben nicht mehr mit dem zufrieden sein können, was wir vor zwei Jahren geleistet haben. Unsere Ansprüche wachsen stetig, und zwar – wie sich das auch immer wieder bei anderen Stücken beweist – vom Inhalt her. Es darf eben keine einzige Sekunde auf der Bühne geben, in der nicht jeder einzelne weiß, was er will, warum er musiziert, aus welcher Emotion und in welchem Tempo er musiziert.

Hinzu kommt, daß wir uns nicht genügend eingestehen, daß »Pariser Leben« nahezu die handlungsmäßig anspruchsvollste und damit schwierigste Produktion unseres derzeitigen Spielplanes ist.

In Einzelheiten brauche ich nicht zu gehen, wir haben bei der Kritik jedes Bildes über die erwähnenswerten Dinge gesprochen.

Ich wünsche Ihnen allen ein herzliches Toi-toi-toi und bin mit den besten Grüßen

Ihr Walter Felsenstein

[An Lena Reichle, Personalleiterin]

26. 10. 1955

Liebe Frau Reichle!

Leider habe ich Sie seit meiner Rückkehr aus Wien noch nicht gesehen. Es liegt an meinem wirklich kaum zu bewältigenden Arbeitspensum. Lassen Sie mich also bitte auf diesem Wege ein sehr ernstes Thema ansprechen, das meines Erachtens in Ihr Ressort fällt.

Die allgemeine Lage auf dem Arbeitsmarkt macht vermutlich den häufigen Personalwechsel in manchen Sparten unseres Betriebes unvermeidlich. Das ändert aber nichts daran, daß dieser schon einem Durchgangs-Hotel-Betrieb ähnliche Zustand für die Entwicklung unserer Arbeit und eines gehobeneren Theaters überhaupt sehr gefährlich ist. Viel gefährlicher, als manche Ressortvorstände bei uns, denen die innere Verbundenheit mit einem richtigen Theater fehlt, wissen und wahrhaben wollen.

Ich bitte Sie daher, dieses Thema mit der technischen Leitung, der Hausinspektion und anderen in Frage kommenden Ressorts in Ruhe durchzusprechen, und zwar in erster Linie daraufhin, daß

1. die Auswahl der Kräfte – soweit dies irgend möglich ist – bereits vor der Einstellung so sorgfältig geschieht, daß ein kurzfristiger und häufiger Wechsel nach Tunlichkeit vermieden wird,

2. daß neueingestellte Arbeitskräfte von ihren Ressortleitern oder von ihren mit dem Hause vertrauteren Kollegen über die Erfordernisse ihres Verhaltens und ihrer persönlichen Einstellung dem Hause gegenüber mit etwas mehr Sorgfalt und Liebe informiert werden.

Das Benehmen vieler neuer Arbeitskräfte ist für jeden, der diesen Dingen nicht gleichgültig gegenübersteht, unerträglich, und in den meisten Fällen bestimmt nicht aus bösem Willen, sondern einfach weil sie nicht wissen, wo sie sich befinden und welchen Zwecken ihre persönliche Arbeit eigentlich dient. Ich habe leider nicht die Zeit, mich um diese Dinge so zu kümmern, wie ich das Bedürfnis dazu hätte. Diese Dinge könnten, wenn man sie nicht beachtet, auf einen Punkt hintreiben und einen Einfluß auf die Gesamtatmosphäre dieses Hauses ausüben, wo eine Reparatur vielleicht nicht mehr möglich ist.

Wenn ich in absehbarer Zeit nicht das Gefühl erhalte, daß alle Ressortleiter und Kollegen sich etwas mehr um solche Mißstände kümmern, anstatt sie im täglichen Gleichtrott einfach dahingehen zu lassen, dann werde ich mich nicht mehr bereitfinden können, dieses Haus weiterhin zu leiten.

Bitte verstehen Sie dies alles in keiner Weise als einen Vorwurf gegen Sie. Ich möchte Sie nur auf diese von manchen Mitarbeitern unterschätzte Sorge hinweisen und bin überzeugt, daß Sie in Ihrer Menschenkenntnis, Ihren reichen persönlichen Erfahrungen und Ihrer erprobten Verbundenheit mit dem Hause wirksam genug die verantwortlichen Kollegen anzusprechen vermögen.

Mit den besten Grüßen
Ihr (Walter Felsenstein)

[An die Garderobenfrauen und Platzanweiserinnen]

12. 12. 1955

Liebe Kolleginnen!

Die Grüße der Garderobenfrauen und Platzanweiserinnen mit den schönen Blumen waren eine freudige Überraschung. Ich hoffte immer, mich bald persönlich bei Ihnen bedanken zu können. Und nun muß ich jedem einzelnen von Ihnen auf diesem Wege vorläufig meinen Dank sagen.

Mit freundlichen Grüßen und Wünschen
Ihr (Walter Felsenstein)

[An Richard Holm]

27. 9. 1956

Lieber Herr Holm!

Mit beiliegendem Brief habe ich den Ihrigen vom 7. September dienstlich so beantwortet, wie Sie mich dazu gezwungen haben.

Ich finde einen Verkehr zwischen uns auf dieser Basis unfruchtbar und sowohl unseren beiden Interessen wie dem Inhalt unserer mehr als zweijährigen Bekanntschaft völlig entgegengesetzt. Entweder haben Sie meine Bemühungen um das Zustandekommen unserer Zusammenarbeit, die damit verbundenen Gespräche in München und Berlin sowie unsere Arbeit selbst vergessen, oder Sie wollen sie verleugnen. Ich traue Ihnen aber nicht zu, daß Sie je geglaubt haben könnten, mir wäre irgend etwas in der gesamten Skala und Entwicklung unseres Verhältnisses zueinander entgangen. Sie sind, was ich jedem Künstler konzediere, sehr empfindlich, begehen aber den großen Fehler, dieselbe Empfindlichkeit nicht auch bei anderen vorauszusetzen. Ich war Ihnen gegenüber von Anfang an und ausnahmslos aufrichtig und in meinem Vertrauen so vorbehaltlos, wie ich das für eine Arbeit brauche, und beschäftigte mich auch gar nicht mit der Frage, in welchem Maße Sie mein Verhältnis erwiderten. Ich setzte dasselbe bei Ihnen voraus, obwohl mich Ihre mitunter sehr weitgehende Skepsis manchem gegenüber sehr besorgt machte. Freilich waren unsere ausführlichen und künstlerisch-intimen Gespräche mit der Premiere praktisch ziemlich beendet, die Zahl der Verpflichtungen gestattete Ihnen keinen längeren Zeitraum in Berlin. Aber ich stellte allmählich Ihre Überraschung darüber fest, daß ich unsere Arbeit an der »Zauberflöte« keineswegs als endgültig beendet betrachtete. Sie reagierten auf manche diesbezüglichen Äußerungen meinerseits oft recht nervös oder bemühten sich sichtlich, diese nervöse Reaktion zu verbergen. Sobald ich merkte, daß Sie durchaus in der Lage waren, gelegentlich einen Bogen um mich zu machen, revidierte ich meine Impulsivität Ihnen gegenüber und wurde etwas vorsichtiger und zurückhaltender. Denn ich war ja nicht darauf vorbereitet, daß die Bedenkenlosigkeit und Freimütigkeit in unserem

Verkehr sich ändern könnten. Und in Wien mußte ich sogar feststellen, daß Sie auch in der Arbeit gelegentlich diplomatisch wurden.

Sie werden fragen, was hat das alles mit dem derzeitigen Konflikt hinsichtlich der »Zauberflöten«-Termine zu tun? Ich antworte Ihnen darauf: alles. Denn sowohl unsere Probenarbeit wie auch unser gegenseitiges Verhältnis in der ersten Zeit beruhte in erster Linie auf der durchaus persönlichen und außerordentlichen Wertschätzung des Künstlers Holm durch den Regisseur Felsenstein. Und ich arbeitete und verkehrte mit Ihnen in der Überzeugung, daß Sie sich zu meiner Arbeit bekannt hätten.

Wenn ich das heute wieder ausgrabe, so tue ich es nur, weil ich Sie damals nicht überschätzt haben will. Ich kann mir einfach nicht denken, daß Sie nicht wissen, wieviel Kontrolle und Kritik Sie brauchen. Um so mehr, als die Vielzahl und Vielfalt Ihrer Berufsverpflichtungen die Gefahr mit sich bringt, den inneren Anspruch an sich selbst zu vermindern. Sie haben aber in den zwei Jahren seit der Premiere kein einziges Mal um Proben gebeten, sondern haben ab und zu meinen diesbezüglichen Forderungen mehr oder weniger seufzend nachgegeben.

Wenn ich diesmal fünf Probentage verlangte, so tat ich das – indem ich das erforderliche Pensum weit unterbot – nur in äußerster Anerkennung Ihres Zeitmangels.

Ich erkläre Ihnen hiermit, daß ich mir keine andere Tamino-Besetzung als Richard Holm wünsche, wenn Sie zu den Prinzipien, die uns zusammengeführt haben, zurückfinden. Wenn Ihnen am Tamino so viel liegt, wie diese Aufführung das von Ihnen braucht, dann müssen Ihnen fünf Tage dafür stehen. Aber auch zehn Tage wären für das gesamte Ensemble, das die ständige erneuernde und korrigierende Arbeit mit dem Partner braucht, völlig wertlos, wenn Sie dieses Bedürfnis nicht haben. Jede andere Betrachtungsweise führt unweigerlich zu Aufführungen, die aus der Erinnerung an eine Premiere mit technischem Können »abgezogen« werden. [...]

Mit besten Grüßen
Ihr (Walter Felsenstein)

[An die Damen und Herren des Chores, zu Händen des Vorstandes]

11.2.1958

Liebe Kolleginnen und Kollegen!

Wie ich eben erfahre, bringen viele von Ihnen meiner Anordnung, daß vorerst die Premieren-Applaus-Ordnung beibehalten werden muß, kein Verständnis entgegen.

Ich habe dazu zu sagen: Unserer Einstudierung von »Hoffmanns Erzählungen« wird im In- und Ausland ein Interesse entgegengebracht, wie wir es bisher noch nach keiner Premiere zu verzeichnen hatten. Demgegenüber sind die monatlich drei Vorstellungen, zu denen wir personell in der Lage sind, außerordentlich wenig. Zu jeder dieser Aufführungen sind zahlreiche Gäste von auswärts angemeldet, die mit diesem Theaterbesuch die Komische Oper unter Umständen zum ersten Male kennenlernen.

Die Applaus-Ordnung, wie sie derzeit in Kraft ist, soll sinngebend sein für den Ensemble-Gedanken unseres Hauses und ein sichtbares Zeichen dafür, daß die geschlossene und disziplinierte Wirkung dieser Aufführung kein Zufall ist.

Ich weiß genau, daß für die im »Giulietta«-Akt beschäftigten Mitglieder das Abwarten des Applauses ein Opfer bedeutet. Ich versichere Ihnen, daß ich dieses Opfer nicht für die ganze Reihe der »Hoffmann«-Aufführungen in Anspruch nehmen werde, für die nächsten Aufführungen muß ich aber auf der Durchführung dieser Applaus-Ordnung bestehen.

Mit den besten Grüßen
Ihr (Walter Felsenstein)

[An Georg Baumgartner]

18. 3. 1959

Sehr geehrter Herr Baumgartner!

Ich habe unter Ihrem Namen zwei verschiedene Mitglieder: das eine ist mit einer beachtlichen Konsequenz ehrgeizig, künstlerisch verständig und aufrichtig und auf dem Wege, ein seriöses Mitglied des Musiktheaters zu werden. Das andere ist ein disziplinloser bayerischer Dickkopf, der zu allem bereit ist, wenn es darum geht, an einem Fehler keine Schuld zu haben.

Ihre Konstruktion nach Ihrer kürzlichen Probenversäumnis, Sie könnten im angekränkelten Zustand eine Vorstellung liefern, aber keine Probe wahrnehmen, ist ein schwer überbietbares Paradoxon. Ich durchschaue und verstehe diese Gedanken-Capriole, bei jedem anderen würden Sie sich aber damit lächerlich machen. Sie erinnern sich zweifellos der seinerzeitigen Szene, die wir wegen einer versäumten »Füchslein«-Probe hatten. Vorher und nachher gab es eine Unzahl von Meldungen wegen Unpünktlichkeit. Sie wissen genau, daß wir mit Gagen-Abzügen und irgendwelchen disziplinarischen Maßnahmen nicht weiterkommen. Sie müssen Ihre Einstellung zu diesen Dingen grundsätzlich ändern, und ich bitte Sie ebenso herzlich wie dringlich darum, diese Einsicht aufzubringen. Das »Othello«-Vorkommnis war in seiner Auswirkung schwerwiegend, und ich bin gezwungen, außer der materiellen Sühne, mit der ich die Verwaltung beauftragt habe, einen

Verweis

auszusprechen.

Es ist ja nicht nur so, daß die 1 1/2 Stunden, die versäumt wurden, unwiederbringlich verloren sind, sondern auch die restliche Probe – das müssen Sie ja deutlich gespürt haben – war in der Leistung entscheidend beeinträchtigt und alles eher als ein wertvoller Baustein für unsere »Othello«-Premiere.

Ich bedauere dies um so mehr, als ich über Ihr vorangegangenes Verhalten bei Essers Absage der beiden »Zauberflöten«-Aufführungen voll dankbarer Anerkennung bin.

Mit den besten Grüßen (Walter Felsenstein)

[An die Chorsolisten]

12. 9. 1959

Liebe Kolleginnen und Kollegen!

Ihre Beschäftigung in »Othello« gibt Ihnen keine Gelegenheit, am Ende des Stückes anwesend zu sein. Und so wurden Sie nicht Zeuge des außerordentlichen Beifalls, der sich aus schweigender Ergriffenheit bis zum Fallen des eisernen Vorhanges steigerte, durch den dann noch viele Male durchgetreten werden mußte.

An diesem Erfolg sind Sie maßgebend beteiligt.

Ihre Durchführung des 1. Aktes war so überzeugend, lückenlos und persönlich, daß Sie auch meine Erwartungen übertroffen haben.

Wenn es auch da und dort noch einiges zu verbessern gilt – beispielsweise im klanglichen Ausdruck der Huldigung im 2. Akt und im darstellerischen Impuls des 3. Akt-Finales –, so mindert das nicht Ihre hervorragende Gesamtleistung, zu der ich Sie herzlich beglückwünsche und für die ich Ihnen ebenso herzlich und aufrichtig Dank sage.

Der ganze Abend war auch in den Leistungen der Hauptpartien so konzentriert und vom Glück gesegnet, daß man befürchten muß, daß dieses Arbeitsergebnis in diesem Maße nicht anhalten könnte.

Ich hoffe aber vertrauensvoll, daß auch Sie alles tun werden, daß diese begreifliche Befürchtung nicht eintritt.

Wenn aber diese Aufführung – in ihren Einzelheiten noch verbessert und verdeutlicht – beim Publikum so ankommt wie in unserer ersten Voraufführung, dann hat damit eine neue Epoche der Komischen Oper begonnen.

Mit herzlichen Grüßen
Ihres Walter Felsenstein

[An Karl Petrick, Technischer Direktor]

13. 10. 1959

Lieber Herr Petrick!

Gestern war die einzige Aufführung des »Schlauen Füchslein« während der »Berliner Festtage«. Wie schon so oft, machte sich das nicht bündige Aufliegen der Courtine sehr störend bemerkbar.

Nach jeder Bild- und Orchesterabdunklung knallte durch den Schlitz am Boden das Arbeitslicht in den Zuschauerraum. So etwas darf in der Komischen Oper nicht vorkommen. Aber völlig untragbar ist es bei einem Werk von so poetischer Empfindlichkeit wie diesem.

Daß es vorkommt, liegt scheinbar daran, daß Sie als Technischer Direktor es nicht für notwendig halten, die Vorstellung vom Zuschauerraum aus zu kontrollieren. Wenn Sie das täten, wäre Ihnen auch aufgefallen, daß ausnahmslos bei jeder »Füchslein«-Vorstellung der Requisitenumbau vor und nach den Wirtshausszenen den musikalischen Ablauf wesentlich stört.

Lieber Herr Petrick, ich schreibe Ihnen das, weil ich von Ihnen wissen möchte, wie Sie über diese Dinge grundsätzlich denken. Ich brauche von meinen ersten Mitarbeitern nicht nur ein Bekenntnis, sondern auch in der Tat die Überzeugung, daß ein Repertoire-Ablauf, wie er an anderen Theatern üblich ist und scheinbar auch akzeptiert wird, hier unter keinen Umständen Platz greifen darf.

Mit den besten Grüßen
Ihr Walter Felsenstein

[An Karl Petrick]

26. 6. 1960

Lieber Herr Petrick!

Ich danke Ihnen für Ihre Stellungnahme zu meiner Anfrage über die Klima-Anlage. Aber durch diese meine Anfrage habe ich von Ihnen die Dinge erst so erfahren, wie sie mir seit Jahren bekannt sein müßten.

Was versprechen Sie sich davon, wenn Sie mir für den Betrieb derart gravierende Fragen sowie die ganze Angelegenheit des Theater-Umbaues zur Erledigung auf den Tisch schieben?

Selbstverständlich ist der Intendant dazu da, um überall dort einzugreifen, wo seine leitenden Mitarbeiter trotz größter Bemühungen nicht weiterkommen. Aber haben meine leitenden Mitarbeiter in der Frage des Umbaues, der Entlüftung und vieler anderer dringend aktueller Fragen wirklich alles getan, was nur möglich ist? Ein Direktor degradiert sich doch selbst zu einem subalternen Angestellten, wenn er in den Belangen seines Ressorts nicht so initiativ und unnachgiebig ist, um bei den zuständigen Stellen die erforderliche Wirkung zu erzielen.

Ich sage Ihnen das ohne jede Bösartigkeit. Aber ich muß

es einmal aussprechen, weil es mir in allen Dingen so geht und weil diese Sorgen meine künstlerische Arbeit völlig ersticken.

Was Ihre Aktennotiz vom 25. dieses Monats betreffs »Schwejk«-Vorstellung am 14. Juni betrifft, so müssen Sie entweder in der Lage sein, den Theatermeister Brenneisen so zu befähigen, daß er die Kollegen richtig anleitet und einweist, oder Sie müssen dafür eintreten, daß aus seiner Unfähigkeit die Konsequenzen gezogen werden.

Mit den besten Grüßen
(Walter Felsenstein)

[Aktennotiz]

27. 8. 1960

Fast täglich gehen Meldungen der Personalabteilung ein über Personalzugänge und Personalabgänge. Als Begründung für letztere wird in den meisten Fällen »finanzielle Verbesserung« genannt. Finanzielle Verbesserung in der Produktionsgenossenschaft, finanzielle Verbesserung in einem anderen Betrieb etc.

Wann entschließen sich die Berliner Verwaltungsdirektoren endlich einmal, auf der geeigneten Ebene unmißverständlich und vor allem unnachgiebig feststellen zu lassen, welchen Rang eigentlich die Kultur-Institute bei der Errechnung von Tarifen einnehmen?

Ich persönlich stelle die Frage seit vielen Jahren, freilich an taube Ohren.

Wir befinden uns aus diesem Grunde nicht vor, sondern bereits inmitten des Zusammenbruchs der Personalqualität in den Theatern.

Felsenstein

1. Herrn Direktor Motzkat

2. *Personalabteilung, Frau Reichle*
3. *z. d. A.*

[An den Magistrat von Groß-Berlin, Abteilung Kultur]

14. 4. 1961

Sehr geehrter Herr Roggenbrodt!

Leider sehe ich mich durch die fortlaufenden Kündigungen beim bühnentechnischen Personal verpflichtet, den Magistrat von Groß-Berlin auf die drohende Entwicklung, die zu einem Katastrophenfall im Spielplanablauf des Hauses führen kann, hinzuweisen.

Die Komische Oper hat ein Planstellensoll von 79 Bühnenhandwerkern, wovon z. Z. 57 Stellen besetzt, also 22 Stellen unbesetzt sind. Die 79 Bühnenhandwerker wurden unter Berücksichtigung der schlechten Bühnen- und Magazinverhältnisse im Hause seinerzeit genehmigt, um mit dieser Anzahl einer Überforderung der Arbeitskräfte entgegenzuwirken. Trotz größter Bemühungen gelang es bisher nicht, diese 79 Stellen mit geeigneten Kräften unter den immer noch erschwerten Arbeitsbedingungen jemals zu besetzen. Diese Tatsache ist auch einer der Hauptgründe für den beantragten Umbau der Komischen Oper. Unter diesen Umständen bereiteten Auf- und Abbau der großen Vorstellungen wie »Hoffmanns Erzählungen«, »Das schlaue Füchslein«, »Othello« sowie die Bauten für die umfangreiche Probentätigkeit arbeitsmäßig bisher schon erhebliche Schwierigkeiten und erforderten von den Kollegen der Technik eine große Einsatzbereitschaft. Durch die täglich sich vermindernde Anzahl der Arbeitskräfte werden an die noch vorhandenen Kollegen jedoch Anforderungen gestellt, die mit den Grundsätzen des Gesetzes der Arbeit schlechthin nicht mehr vereinbar sind. Die Vorstellungen können schließlich nicht mehr gespielt werden, wenn uns die erforderlichen eingearbeiteten und versierten technischen Mitarbeiter, die bei der Durchführung einer Vorstellung genau so wichtig wie etwa Solisten, Chor- und Orchestermitglieder sind, fehlen.

Um bei dem verbliebenen Stamm der Bühnenarbeiter der Tendenz der Kündigung im bühnentechnischen Personal und einer ebenso für die Qualität einer Vorstellung schädlichen Fluktuation vorzubeugen, beabsichtigen wir (wie es die Staatsoper bereits durchgeführt hat), mit Wirkung vom 1. 5. 61 alle Seiten-, Schnürboden- und Maschinenmeister, insgesamt 9 Planstellen der Lohngruppe 8, in die Gruppe M 2 einzustufen (bisher: Lgr. 8 = 460,00 DM, neu: 535,00 DM plus Theaterbetriebszulage und Leistungszulage).

Darüber hinaus wollen wir unseren Stamm in der Bühnentechnik (20 Planstellen) in feste Jahresverträge nehmen, um der Gefahr einer plötzlichen Kündigung vorzubeugen (zugrunde gelegt wird ein Monatslohn von 650,00 DM).

Der Mehrbedarf vom 1. 5. bis 31. 12. 61 beträgt mithin
15 400,00 DM und 11 072,00 DM.

Wenn der vorgeschlagenen Maßnahme nicht zugestimmt wird, muß ich mir vorbehalten, einmal in der Woche das Haus zu schließen, um eine weitere Überforderung des technischen Personals zu vermeiden und so zumindest zu versuchen, der Kündigungstendenz entgegenzuwirken.

Indem ich Sie nochmals auf den Ernst der Situation hinweise, bitte ich, mir Ihre Entscheidung umgehend zukommen zu lassen, damit die Ausfertigung der neuen Arbeitsverträge zum 1. Mai ds. Js. noch möglich ist.

Mit vorzüglicher Hochachtung
Walter Felsenstein

[An Richard Kogel, Wiesbaden]

22. 9. 1961

Lieber Herr Kogel!

Verstehen Sie bitte, wenn ich in der Summe meiner Sorgen und der zeitlichen Bedrängnis Ihnen auf Ihren freundlichen Brief nur kurz antworte.

Ich weiß, wie Ihre Absage zustande kam. Sie waren als festes Mitglied des Staatstheaters Wiesbaden nicht in der Lage, eine selbständige Entscheidung zu treffen, die – wie ich weiß – zu unseren Gunsten ausgefallen wäre. Nicht nur ich, sondern auch meine Mitarbeiter betrachten daher Ihren Fall anders als manchen anderen Abgang von der Komischen Oper (es gibt darunter einige sehr häßliche).

Ich wünsche Ihnen beruflich und persönlich alles Gute und bin mit den besten Grüßen

Ihr (Walter Felsenstein)

[An Willibald Kämmer, Beleuchtungsinspektor]

4. 6. 1962

Lieber Herr Kämmer!

Nach der gestrigen »Sommernachtstraum«-Aufführung – ich hatte sie über ein Vierteljahr lang nicht gesehen und war über mehrere darstellerische, sängerische und musikalische Leistungen recht enttäuscht – ist es mir ein Bedürfnis, Ihnen und allen Ihren Mitarbeitern – besonders aber dem Stellwerk – zu sagen, daß die Aufführung technisch überwältigend schön war. Ein paar kleine Schnitzer sind bedeutungslos und wären noch zu besprechen.

Ich möchte Ihnen bei dieser Gelegenheit auch noch einmal zum Ausdruck bringen, was für einen großen Anteil die Beleuchtung und die Technik an dem für alle sehr bedeutungsvollen Prager Erfolg hatten.

Vielen Dank und meinen Glückwunsch!

Ihr (Walter Felsenstein)

[Aktennotiz]

1. 1. 1963

Bei meinem heutigen, sehr verspäteten Besuch bei Herrn Bornemann stellte ich ziemlich erschrocken fest, daß – nach der verhältnismäßig langen Zeit, die seit dem Unfall vergangen ist – er bisher weder Massagen bekommen noch Heilgymnastik betrieben hat.

Ich habe den Eindruck, daß der ihn behandelnde Arzt sich entweder unsicher fühlt oder dem Fall gegenüber gleichgültig ist.

Es ist ein Versäumnis unserer Fürsorge, daß Herr Bornemann noch nicht in den Händen eines ersten orthopädischen Spezialisten ist. Es gilt, raschestens dieses Versäumnis wiedergutzumachen, ohne das Krankenhaus zu beleidigen oder Herrn Bornemann dadurch Ungelegenheiten zu bereiten.

(Felsenstein)

Stellvertretender Intendant
Technischer Direktor
Personalchefin

[An Rudolf Asmus]

26. 1. 1963

Lieber Rudolf Asmus!

Neben Joachim Herz und Werner Enders sind Sie der Hauptverantwortliche dafür, daß wir heute die 100. »Schwejk«-Aufführung erreicht haben. Meine Bewunderung, die ich Ihnen vor kurzem für den »Zettel« gezollt habe und die auch Ihrem »Bartolo« am letzten Sonntag gilt, ist nicht mehr steigerungsfähig. Deshalb kann ich Sie nur meiner Liebe und Dankbarkeit versichern.

Ihr (Walter Felsenstein)

[Aktennotiz]

27. 4. 1963

Vor wenigen Tagen erzählte ich Ihnen von dem unerträglichen Umbaulärm in der »Schwejk«-Vorstellung, die ich besucht hatte.

Mit dem Umbaulärm meine ich nicht nur achtloses Hantieren, sondern vor allem auch rücksichtsloses und unnötiges Sprechen.

Nun lese ich in dem Vorstellungsbericht von Herrn Friedrich über »Tosca« dasselbe.

Ich habe den Eindruck, daß es sich hier nicht um Einzelfälle handelt, die wahrscheinlich auf die große Zahl neuer und junger Leute zurückzuführen sind. Dazu gehört das von mir täglich beobachtete indiskutable Benehmen eines Teiles unserer Belegschaft während der Bühnen-Auf- und -Abbauten. Es scheint vielen Kollegen nicht klar zu sein, daß man auf einer Bühne – auch wenn keine Vorstellung stattfindet – sich nicht so wie auf der Straße oder im Wirtshaus benehmen kann. Da scheinbar keiner meiner Mitarbeiter erkennt, daß dies an den Nerv unserer Produktion und unserer Daseinsberechtigung greift, werde ich in einer dafür speziell einzuberufenden Leitungssitzung wirksame disziplinarische Maßnahmen vorschlagen.

Walter Felsenstein

1. *Technischer Direktor*
2. *Stellvertretender Intendant*
3. *Beleuchtungsinspektor*
4. *Verwaltungsdirektor*
5. *z. d. A.*

[An Johanna Güse, Kassiererin]

12. 7. 1963

Liebe Johanna Güse!

Es fällt mir schwer, Ihnen heute diesen Brief schreiben zu müssen. Sie wissen, daß ich Sie stets als eine meiner wichtigsten Mitarbeiterinnen seit Bestehen der Komischen Oper betrachtet habe. Ihre Tätigkeit als erste Theaterkassiererin hat einen Maßstab geschaffen für das Verhältnis zwischen Komischer Oper und ihren Besuchern. Es ist nicht übertrieben, wenn ich feststelle, daß Sie für mich die beste Theaterkassiererin gewesen sind, der ich in meiner Bühnentätigkeit begegnet bin.

Unabhängig von Ihrem Wirken in der Komischen Oper können Sie am Tage Ihres Ausscheidens auf eine insgesamt 52jährige Tätigkeit als Kassiererin an den Berliner Theatern zurückblicken. Das ist wahrlich ein seltenes Jubiläum, so daß ich im doppelten Sinne veranlaßt bin, Ihnen am Tage Ihres Ausscheidens von ganzem Herzen Dank zu sagen.

Als bescheidenes Zeichen der Anerkennung überreiche ich Ihnen eine Prämie in Höhe von DM 1000,–.

Ich hoffe, daß Sie noch viele Jahre bei bester Gesundheit verbringen können und daß ich Sie immer wieder einmal als Gast der Komischen Oper begrüßen kann.

Mit herzlichen Grüßen

Ihr (Walter Felsenstein)

[An Lena Reichle, Personalleiterin]

2. 9. 1963

Liebe Frau Reichle!

Wieder – diesmal mit Datum vom 29. August – bekomme ich eine ganze Liste von Personal-Veränderungen, denen zuzustimmen Sie mich bitten.

Diese Bitte ist überflüssig und verlogen, denn Sie geben mir überhaupt keine Möglichkeit einer Beurteilung, und die vollzogenen Einstellungen können, auch für den Fall, daß ich nicht zustimme, nicht rückgängig gemacht werden. [...]

Liebe Frau Reichle: Sie wissen, daß wir in der Frage meines persönlichen Kontaktes mit den Angestellten dieses Hauses wiederholt Konflikte hatten, die einige Male sogar dramatisch verliefen. Sie wissen besser als andere Mitarbeiter, wie empörend ich es finde, wenn mir neue Mitglieder in mehr oder weniger exponierter Position nicht vorgestellt werden.

Aber es geht gar nicht darum, wie und was ich empfinde, sondern die von mir genannten Versäumnisse sind eklatante dienstliche Vergehen, die bewußt gegen meinen Vertrag und gegen die oft genug von mir erlassenen dienstlichen Vorschriften verstoßen. Ich möchte keinen neuen Konflikt vom Zaun brechen. Die Situation des Hauses gestattet mir auch nicht, mit diesbezüglichen Aufregungen meine künstlerische Produktion zu vernachlässigen und zu schädigen.

Ich begnüge mich mit dieser Feststellung und erkläre Ihnen und meinen mitverantwortlichen Mitarbeitern zum letzten Male, daß ich eine derartige Praxis nicht dulde, und ich werde in Zukunft ohne Ankündigungen und Schriftsätze die erforderlichen Konsequenzen ziehen.

(Walter Felsenstein)

[An die Damen und Herren des Orchesters]

24. 9. 1963

Die gestrige Hauptprobe gab mancherlei Anlaß zur Kritik – nicht nur an Ihnen. Das ist nach der Verschiebung und ohne wesentliche Proben nur zu begreiflich.

Ich möchte Ihnen aber vor Beginn der »Blaubart«-Premiere auf diesem Wege sagen, daß ich in Ihre heutige Konzentration vollstes Vertrauen setze.

Ich bin überzeugt, daß auch diejenigen unter Ihnen, die Offenbachs Musik vielleicht nicht ganz so schätzen wie ich, einer Offenbach-Aufführung an der Komischen Oper, besonders dieser Premiere, dieselbe Bedeutung beimessen wie ich.

Mit herzlichen Grüßen toi-toi-toi
Ihr Walter Felsenstein

[An Hans-Georg Köhler, Chorsolist]

20. 1. 1966

Lieber Herr Köhler!

Das zahlenmäßige Wachstum der Mitglieder der Komischen Oper hat meine Geburtstagsglückwünsche zu einer Art Routine herabgezwungen.

Ich habe mich daher entschlossen – mit Ausnahme besonderer Jubiläen –, keine Geburtstagsbriefe mehr zu schreiben. Ich habe das Bedürfnis, diesen Entschluß dem mir persönlich am nächsten stehenden Körper unseres Hauses – nämlich dem Chorsolisten-Ensemble – mitzuteilen, damit keine mißverständlichen Enttäuschungen entstehen.

Mit den besten Grüßen

Ihr (Walter Felsenstein)

[Aktennotiz]

26. 8. 1967

Bitte teilen Sie den Herren Košler, Bahner, Voigtmann und Kratzer mit, daß ich die Gesamtleistung des Orchesters in der Qualität des vergangenen Jahres nicht mehr für tragbar halte.

Ich verlange von meinen musikalischen Vorständen konkrete Vorschläge, durch welche Kündigungsmaßnahmen bzw. durch welche andere Maßnahmen hier eine garantierte Änderung erwartet werden darf.

Ich halte es im Sinne des Arbeitsfriedens nicht für richtig, daß die Passivität meiner musikalischen Vorstände mich zwingt, die künstlerischen Mängel des Orchesters kollektiv und öffentlich zu erklären.

(Felsenstein)

1. Herrn Direktor Karl

z. d. A.

[An Grete Gärtner, Chorsolistin]

24. 10. 1968

Liebe Frau Gärtner!

Die Wünsche zu Ihrem 70. Geburtstag, die Ihnen der Intendant gemeinsam mit der BGL sendet, genügen mir nicht.

Gestatten Sie Ihrem Verehrer Walter Felsenstein, noch einen besonderen Glückwunsch hinzuzufügen mit einer Danksagung für all das, worin Sie mir in unserem gemeinsamen Werk so viel geholfen haben.

Bleiben Sie gesund!

Sie haben sich ja mit Ihrem Entschluß, die Kündigung zurückzunehmen, die beste Medizin verschrieben.

Herzlich Ihr (Walter Felsenstein)

[An Liesbeth Nerche, Obergewandmeisterin]

24. 12. 1969

Liebe Frau Nerche!

Anbei überreiche ich Ihnen das gewünschte Zeugnis. Es enthält nicht meine ganze und große Wertschätzung Ihrer langjährigen Arbeit; aber wenn ich versuchte, diese in Worte zu fassen, dann kämen zu viel Lobpreisungen zustande, die mir von uneingeweihten Lesern nicht abgenommen würden.

Mit Ihrem Abgang ist für mich ein entscheidendes Kapitel Komische Oper zu Ende gegangen, und ich bleibe immer mehr allein.

Ich wünsche Ihnen von Herzen alles Gute, besonders für das neue Jahr, und grüße Sie als

Ihr Walter Felsenstein

[Aushang zur Premiere von »Romeo und Julia«]

25. 11. 1972

Nicht zum erstenmal beglückwünsche ich unser Tanztheater-Ensemble zu seiner Entwicklung und zu seinen stetig wachsenden Leistungen.

Diesesmal ist Tom Schilling, Hannelore Bey, Roland Gawlik und Ihnen allen etwas gelungen, was Sie in seiner ganzen Bedeutung vielleicht selbst nicht ermessen können: eine bisherige Gipfel-Synthese von klassischem Tanz und darstellender Kunst, wie ich sie – im Rahmen meiner Erfahrungen – auf internationalem Gebiet noch nicht kennengelernt habe.

Diese Ensembleleistung ist nicht allein mit Fleiß und Gehorsam zu erreichen, sondern nur durch ein kollektives Verständnis für die nachschöpferischen Absichten Ihres Meisters Tom Schilling, darin besteht das Besondere meines Glückwunsches.

In meine superlative Anerkennung ist mit eingeschlossen die Arbeit des Orchesters unter Karl-Fritz Voigtmann, das Bühnenbild, die Kostüme, die Technik und Beleuchtung.

Mit diesem Abend ist das Tanztheater-Ensemble endgültig zu einem führenden Bestandteil des Musiktheaters geworden, wozu Sie zweifellos auch das gesamte Opern-Ensemble beglückwünschen wird.

Ich danke Ihnen allen und grüße Sie herzlich

Ihr Walter Felsenstein

[An Anny Schlemm]

2. 6. 1973

Liebe Anny Schlemm!

Herzlichen Dank für Ihren Hinweis.

Ich nehme an, daß Herr Direktor Adolf daraufhin das Versäumnis sofort nachholen wird.

Meine Versklavung führt dazu, daß wir einander immer seltener sehen. Deshalb muß ich bei einer solchen Gelegenheit wieder einmal darauf hinweisen, daß »Blaubart« ohne

Sie nicht denkbar ist und daß ich Ihnen für Ihre konsequente Treue sehr dankbar bin.

Mit allen guten Wünschen
Ihr (Walter Felsenstein)

[Ansprache an das Ensemble zum Beginn der Spielzeit 1973/74]

Liebe Kolleginnen und Kollegen!

Seien Sie allesamt zum Beginn unseres neuen Arbeitsjahres begrüßt.

Hoffentlich ist es Ihnen gelungen, eine möglichst geruhsame und befriedigende Erholung – die auch für einige Zeit vorhält – mit Erkenntnissen, Einsichten und beruflichen Vorhaben zu verbinden, die es Ihnen – und damit uns gemeinsam – ermöglichen, mit echter Zuversicht weiterzumachen. Was meine Erkenntnisse betrifft, so muß ich Ihnen beichten, daß meine Zuversicht ziemlich angeknabbert ist und nur mit Ihrer Hilfe wiederhergestellt werden kann.

Das hat seinen Grund in einem für mich unbegreiflichen und zunächst unlösbaren Widerspruch. In abenteuerlich zeitknapper Frist, in sommerlicher Hitze, am Ende einer anstrengenden Spielzeit wurde »Háry János« einstudiert, mit berechtigten Zweifeln, ob die unmittelbar vor Ferienbeginn angesetzten Voraufführungen gehalten werden können. Das Ergebnis war noch nicht ganz premierenreif. Aber es hat alle meine Erwartungen übertroffen. Ich bewunderte gleicherweise Darsteller, Orchester, Technik und Werkstätten. Das hätte ausreichen müssen, nach einem mit manchen unliebsamen Ereignissen und Konflikten durchsetzten Jahr, meine diesmal besonders kurzen Ferien dankbar und hoffnungsvoll anzutreten.

Aber in denselben Wochen, in denen mit nahezu ausnahmslos kollektivem Einsatz, Verantwortungsbewußtsein und kollegialem Verständnis dieser »Háry János« erarbeitet wurde, erreichten mich auf Umwegen immer wieder Äußerungen grundsätzlicher Unzufriedenheit, bittere Bemerkungen über die ungute Wandlung der allgemeinen Atmosphäre, Absichten, das Arbeitsverhältnis zu kündigen – aber nie an mich persönlich gerichtet und immer ohne konkrete Begründung.

Warum? Diese Frage begleitete mich ständig und unterwandert weiterhin meine lebhafte und schöne Erinnerung an die »János«- und andere Proben. Nach allen Überlegungen fand ich nur eine Antwort auf diese Frage: das Vertrauen, das man dem Regisseur Felsenstein entgegenbringt, hat man dem Intendanten entzogen. Ich kenne noch nicht den Umfang der Unzufriedenheit, der Abkehr oder gar der Resignation, aber ich kann und will nicht mehr lange im ungewissen bleiben.

Es komme mir niemand mit der Ausrede, er wolle mich nicht mit Unerfreulichem belasten. Es gibt für mich keine größere Belastung als die Ungewißheit über die für unsere Arbeit unentbehrlichen Voraussetzungen. Ich glaube, in 26 Jahren ausreichend bewiesen zu haben, daß ich allen Beschwerden zugänglich bin, die ich als berechtigt empfinde und die auf einer echten Bindung an das Institut beruhen. Ich kann mir kaum Beunruhigungen, Sorgen, Konflikte und Arbeitsbehinderungen solcher Art vorstellen, die nicht zu beseitigen wären. Ich bin – wenn es anders nicht geht – dazu da, Sie von entscheidenden Sorgen zu befreien, und bin – unbeschadet meiner Arbeitsbelastung – auch bereit und entschlossen dazu.

Ich kann es aber nur, wenn ich weiß, worum es geht. Lieber vergrämt sein oder kündigen, statt sich an mich zu wenden, ist nicht nur ein eklatanter Vertrauensbruch mir gegenüber, den ich nicht verdient habe, sondern ein verantwortungsloser Verrat an unserem Werk, an das Sie sich verpflichtet haben. Ja, wenn jemand fühlt, daß seine aufrichtige Hingabe an das, was man von ihm erwartet, zugunsten anderer Interessen schwindet, oder glaubt, mit mir nicht mehr arbeiten zu können, so soll er es rechtzeitig sagen, bevor seine Resistenz Schaden stiftet, und ich werde ihm keine Schwierigkeiten machen, sein Glück anderswo zu versuchen. Aber schweigend und ohne Auseinandersetzung sich abseits stellen ist einfach unfair.

Sie werden jetzt verstehen, daß ohne Ihr Zutun meine Zuversicht nicht ohne weiteres wiederherzustellen ist und daß ich das nicht meiner Person wegen sage, sondern für die Existenzfähigkeit unseres Hauses, die nicht gegeben ist ohne persönliche Opferbereitschaft, ohne initiative Selbstkritik und ohne ständige Überprüfung, ob alles, aber auch wirklich alles, der Verbesserung der Produktion dient.

Seien Sie mir nicht böse, wenn ich es wieder einmal an der Zeit finde, daran zu mahnen. Ob es um Gewerkschaftsarbeit, um Weiterbildungskurse, um gesundheitliche Betreuung oder um Parteiarbeit und soziale Belange aller Art geht, es darf niemals Selbstzweck werden, sondern muß nachweislich stets dem dienen, was sich allabendlich zwischen Bühnen-Kollektiv und Zuschauer-Kollektiv vollziehen soll.

Seit dem ersten Tag ihres Bestehens hat die Komische Oper keine Daseinsberechtigung, wenn sie nicht auch bei sparsamem Repertoire immer wieder Neues bietet. Repetition allein ist Selbstmord, nur Neuentdeckung und Neumitteilung auch dessen, was bereits bekannt und erprobt ist, sind die Voraussetzungen für Erfolg und Fortschritt.

Unbeschadet dieser heute vielen kritischen und mahnenden Worte wünsche ich Ihnen von ganzem Herzen einen Arbeitsbeginn, dessen Befriedigung für Sie weit in die neue Spielzeit hineinreichen soll.

[An Werner Enders]

11. 3. 1974

Lieber Werner Enders!

Es ist lange her, daß ich 50. Geburtstag hatte, und ich versuche, mich an dieses ferne Ereignis zu erinnern, um mich für meinen Glückwunsch an Sie einigermaßen richtig einfühlen zu können.

Ein Vergleich wäre wohl unangebracht, denn Sie sind mit dem, was Sie in fünfzig Jahren erreicht haben, in derselben Zeitstrecke etwas voraus.

Das wäre der erste Anlaß zu einem Glückwunsch.

Wünsche für Sie gibt es natürlich eine Menge. Sie betreffen gleicherweise Ihre Person wie unsere Zusammenarbeit. Heute – 23 Jahre nach meinem 50. Geburtstag – stelle ich einen Wunsch in den Vordergrund: daß Sie rechtzeitiger und erfolgreicher als ich sich darum bemühen, Ihre gegenwärtige Jugend und Schaffenskraft so zu erhalten, wie wir alle uns das wünschen. Dieser Wunsch, richtig gehegt und verfolgt, ist erfüllbarer, als Sie es glauben. Ich habe es nur damals noch nicht gewußt, und deshalb ermahne ich Sie heute so sehr dazu.

Für die unerläßliche Gesundheit ist – glauben Sie mir – die Parität von Physis und Psyche wichtig und gar nicht so schwer herzustellen, wie dies zunächst den Anschein hat. Wenn ich die bisher geäußerten Wünsche in ihrer Konsequenz durchdenke, so bleibt nur noch einer übrig: die Bewahrung unserer – wie ich meine – sehr aufrichtigen Freundschaft.

Seien Sie umarmt von
Ihrem (Walter Felsenstein)

[Aktennotiz]

30. 3. 1974

Daß wir unsere Gäste im Appartement-Haus unterbringen, ohne eine Säuberungskraft zur Verfügung zu stellen, und sie im Schmutz verkommen lassen, ist eine Blamage, die wir uns nicht leisten können. Der Kranken- bzw. Beurlaubungsstand unseres Reinigungspersonals macht eine Abzweigung für das Appartement-Haus unmöglich.

Wer ist für diese Dinge verantwortlich?

Ich weiß wirklich nicht mehr, wie ich weitermachen soll, wenn täglich auf dem Beschwerdeweg Dinge an mich kommen, für die in jedem Falle jemand im Hause zuständig ist und die ich dann selber regeln muß.

(Felsenstein)

Herrn Direktor Adolf

[An Hannelore Bey, Primaballerina]

12. 3. 1975

Liebe Hannelore Bey!

Glückwunsch! Glückwunsch! Glückwunsch!

Wenn Sie und Ihr Sohn gesund sind, ist es wundervoll und läßt uns alle dafür dankbar sein.

Ohne meine unbeschreibliche Hetzjagd gäbe es jetzt einen langen Brief. Ich hoffe, ihn in absehbarer Zeit durch ein persönliches Gespräch ersetzen zu können.

Alles Liebe und Gute

Ihr (Walter Felsenstein)

[Aushang an das Ensemble zum Beginn der Spielzeit 1975/76]

(geschrieben im Krankenhaus)

25.8.1975

Liebe Kolleginnen und Kollegen!

In diesen Stunden beginnen Sie mit den Proben zu unserer neuen – achtundzwanzigsten – Spielzeit, zum erstenmal ohne einen Chef. Die realen Gegebenheiten, die Verantwortung vor meinem Beruf und meinem Namen haben mich dazu gezwungen.

Mit meinen Wünschen an Sie zu diesem Unternehmen verbinde ich besonders die Liebe zu allen denen, die mich bis hierher begleitet haben, die Dankbarkeit für Ihr Verständnis, mit dem Sie aus Überzeugung und nicht aus Gehorsam sich künstlerisch äußern. Daß auch eine kleine Befürchtung dabei ist, Ihr Tun könnte vielleicht in meiner Abwesenheit nicht immer ganz dasselbe sein wie in meiner Anwesenheit, nehmen Sie mir bitte nicht übel. Die Gesinnung, zu der wir uns erzogen haben und zu der wir uns weiter erziehen, ist ein heikles Ding, vielen Prüfungen unterworfen und immer erkennbar, ob es sauber ist.

Sie verstehen sicher die Gedanken, die mich bewegen und die sich nur unvollkommen aussprechen lassen, die aber sehr herzlich gemeint sind und mit dem höchstmöglichen Vertrauen ausgestattet sein möchten.

Auf baldiges Wiedersehen

Ihr (Walter Felsenstein)

Über Publikum und Theater

Seit es Theaterspiel gibt, hat es für sich geworben, die Glocke des Ausrufers war immer in Tätigkeit, Programme wurden bekanntgegeben, verlockende Darbietungen angepriesen, Reden gehalten, Artikel geschrieben und – wie auch jetzt – durchs Mikrofon gesprochen. Wir wissen aber, daß die Glocke des Straßenverkäufers bestenfalls zum Karren locken kann, die Äpfel wird er nur verkaufen können, wenn sie gut sind. Jede Art Theaterwerbung kann nur Vorbereitung sein für die einzig nachhaltige Werbung der künstlerischen Leistung.

(1934)

[Ich kenne kein schlechtes Publikum] 1971

Ich erwarte vom Publikum das Mitspielen. Nicht ein rational beurteilendes, sondern ein sich mit der Handlung, mit der Interpretation verbindendes Verhalten. Natürlich kann ich das vom Publikum nicht fordern, sondern ich muß zuerst einmal eine Aufführung anbieten, die dem Publikum genügt, um sich so verhalten zu können. Denn das ist die Grundvoraussetzung, die – wie ich leider sagen muß – von den Theaterleuten sehr oft nicht ausreichend beachtet wird.

In Theaterkreisen hört man häufig den Satz: Wir haben heute ein sehr schlechtes Publikum! Ich kenne kein schlechtes Publikum, von einigen Ausnahmefällen abgesehen, bei denen Menschen zum Besuch des Theaters veranlaßt wurden, ohne das Theater zu begehren; doch diese Zeiten sind, glaube ich, überwunden. Ein »schlechtes« Publikum ist eine Vereinigung von Menschen, die lediglich ihre Plätze einnehmen im Theater – das gibt es nicht. Kein Publikum zahlt den Eintrittspreis und kommt dann ins Theater, ohne wohlwollend etwas zu erwarten: ein Erlebnis nämlich – und nicht eine Vorführung, die es mit verschränkten Armen kritisch zu beurteilen gilt. Das wäre nicht der Sinn des Theaters.

Ein Publikum, wie ich es voraussetze, ein Publikum also, das Theater begehrt, das des Theaters bedürftig ist, muß natürlich eine Aufführung geliefert bekommen, die in der Lage ist, zum Mitspielen zwingend zu veranlassen. Vermag sie das nicht, dann freilich urteilt das Publikum bestenfalls distanziert – oder es langweilt sich. [...]

[Über das neue Publikum] 1949

Liebe Kollegen!

Wir alle, die in diesem Hause versammelt sind, sind in dem, was wir wollen und wozu wir uns in diesem Unternehmen vereinigt haben, noch nicht die Einheit, die wir sein müßten. Die Erfolge, die wir überwiegend bisher hatten und für die wir auch dankbar sein wollen, dürfen uns darin nicht täuschen.

Sie wissen, daß die Gründung der Komischen Oper vor zwei Jahren auf die Initiative der Informationsabteilung der Sowjetischen Militär-Administration erfolgt ist, als Gründung einer Musikbühne, die in konsequenterem Maße, als dies an Opernbühnen der Fall ist, den Forderungen des lebendigen Theaters gerecht wird. Lebendiges Theater heißt aber in erster Linie *künstlerische Wahrheit*. In unserer ungewöhnlich umfangreichen Probenarbeit – so umfangreich, daß wir darüber von anderer Seite belächelt werden – bemühen wir uns, ganz egal, ob es sich um »Carmen« oder »Orpheus in der Unterwelt«, um »Figaros Hochzeit« oder um »Vogelhändler« handelt, in gleicher Weise um diese Wahrheit. Das heißt, wir wollen *Unklarheit, Täuschung, Verstellungskunst* beseitigen und den Ausdruck des Werkes und den Ausdruck einer Rolle in der nacktesten Unmittelbarkeit und Gültigkeit zeigen. Und darin sind wir meines Erachtens noch nicht weit genug fortgeschritten und werden uns auch nur dann entwickeln, wenn diese Forderungen nicht in erster Linie von mir als künstlerischem Leiter und Regisseur erhoben werden, sondern wenn sie eigenes Bedürfnis jedes einzelnen sind. Daß dem noch nicht in genügendem Maße so ist, hat meiner Ansicht nach nur den Grund, daß noch nicht alle von uns wissen, *an wen sie sich eigentlich in ihrer Kunstausübung wenden wollen.* Denn soweit es uns Ältere in diesem Beruf betrifft, so sind wir in einer Zeit erzogen und groß geworden, da man in erster Linie den Beifall des vorgebildeten Publikums und der Sachverständigen begehrte, da das Theater und die Kunst überhaupt sich an den sogenannten gebildeten Kreis wandten. Unsere Aufgabe ist aber heute eine ganz andere – und zwar abseits von einem politischen und kulturpolitischen Programm oder Dogma –, einfach aus der tatsächlichen Zeitentwicklung heraus. Wir haben uns heute an die *Ganzheit des werktätigen Volkes* zu wenden und können auch nicht befriedigt sein, wenn wir nicht gerade von diesem verstanden werden. Bereits die erste Probe eines Stückes läuft in einem falschen Geleise, wenn ich als ausübender Künstler voraussetze, daß dieses angeblich seit Jahrzehnten bekannte Werk doch jedem geläufig wäre. Falsches Geleis insofern, als ich nämlich dann dazu verleitet werde, mit dieser Rolle zu spielen und womöglich interessant und originell damit zu spielen, statt die Substanz dieses Werkes zu entdecken und dem Autor und Komponisten gemäß auszudeuten. Denn mit dieser Unbefangenheit und Aufnahmebereitschaft kommen die Menschen abends in das Haus, die allein uns heute interessieren. Und je erlebnisbereiter und williger ein solches Publikum ist, desto schwerer kann es verzeihen, wenn ihm von der Bühne herab Sand in die Augen gestreut wird. Sie werden vielleicht innerlich sagen, das sind Binsenwahrheiten. Aber ich muß Ihnen darauf entgegnen, daß das ganze deutsche Theater heute anders dastünde, wenn diese Binsenwahrheiten in der Vergangenheit immer und konsequent befolgt worden wären. Ich glaube, daß wir uns in dieser Stunde ganz unpathetisch besinnen sollten, wie weit wir in dieser Entwicklung und auf der Suche nach künstlerischer Wahrheit gediehen sind, und uns gegenseitig und jeder für sich in aller Stille geloben, in unserem künftigen Berufsleben diese Forderung zu einer wirklichen Perfektion, zu einwandfreiem Können und zu überzeugender Wirkung zu bringen.

[An die Kulturabteilung des Zentralkomitees der Sozialistischen Einheitspartei Deutschlands]

4. 10. 1950

Sehr geehrter Herr Heymann!

Herzlichen Dank für Ihren freundlichen Brief, den ich eben erhalte und den zu beantworten ich mich beeile.

Der Werbeprospekt der Komischen Oper, der am Anfang der Spielzeit herausgegeben – ich erlaube mir, Ihnen anbei einen beizulegen – und im Laufe der ersten Vorstellungen kostenlos verteilt wurde, enthält Auszüge aus den wesentlichsten Pressestimmen über unsere Aufführungen.

Daß der Abdruck auch westberliner Äußerungen nicht überflüssig ist – abgesehen von anderen Argumenten –, wäre schon hinreichend damit begründet, daß die Referenten von ihren Redaktionen und westberliner Behörden wiederholt die heftigsten Vorwürfe erhielten für ihre positive Berichterstattung über die Komische Oper.

Ihre Anregung, Äußerungen von werktätigen Besuchern zu veröffentlichen, würde ich nur zu gerne auf Kosten von Pressestimmen aufgreifen. Aber Sie sind leider im Irrtum, wenn Sie glauben, daß sich auf meinem Schreibtisch die Zuschriften türmen.

Bei meinen bisherigen Werkbesuchen und gelegentlichen Referaten in Volksbühnenkreisen habe ich immer wieder auf die Notwendigkeit einer aktiven Stellungnahme und auf die Unentbehrlichkeit von Diskussionen hingewiesen. Abgesehen von theoretischer Zustimmung ist dabei leider noch nicht viel herausgekommen. Vielleicht bin ich auch diesbezüglich etwas zu ungeduldig. Aber ich kann mich des Eindruckes nicht erwehren, daß das Theaterpublikum, soweit es mir im Rahmen der Volksbühne überprüfbar ist, ein recht bürgerliches Gesicht im üblichen Sinne trägt. Die Physiognomie des Arbeiters, mit dem ich mich sofort im unmittelbaren Kontakt befinde, erscheint mir relativ selten.

Ich wäre Ihnen sehr dankbar, wenn ich mich mit Ihnen über dieses Thema, wie über manches andere, einmal persönlich unterhalten könnte.

Mit ergebensten Grüßen
Ihr Walter Felsenstein

[Zur Theater-Diskussion] 1950

Es ist ein großes Verdienst dieses Blattes, innerhalb der in jüngster Zeit erfreulich lebhaften Diskussion um das Theater besonders dem Problem der Oper einen starken Antrieb gegeben zu haben. In der Vielzahl der hier zum Ausdruck gekommenen Meinungen und Äußerungen gibt es kaum welche, denen nicht beizustimmen wäre. Erstaunlich ist aber die allen Äußerungen gemeinsame Selbstverständlichkeit, mit der die Kunstgattung Oper in das Theater einbezogen wird. Wenn eine Berechtigung dafür heute in Deutschland bestünde, so wäre das Thema Oper um den Großteil seiner Problematik erleichtert. Hier sehe ich eine

Gefahr, trotz aller Bemühungen das Thema zu verwirren statt zu klären.

Es ist erwiesen, daß die Entwicklung des Theaters in seiner Breiten- und Tiefenwirkung und Bedeutung, und damit auch in seinem Breiten- und Tiefenanspruch an einen Punkt gekommen ist, der eine in der Theatergeschichte bestimmt seltene Chance bedeutet. Diese Entwicklung hat die Frage nach theatralischer Gültigkeit und Glaubwürdigkeit der Oper überhaupt erst so stark aufgeworfen und empfinden lassen, wie das heute geschieht. Immer schon hatten Oper und Schauspiel nur einen sehr kleinen Prozentsatz gemeinsamen Publikums. Wie wäre es sonst möglich, daß nach einem weitverbreiteten Sprachgebrauch mit »Oper« und »Theater« zwei gegensätzliche, zumindest aber verschiedene Dinge bezeichnet werden?

Ich glaube nicht, daß man an einem geschichtlich so bedeutsamen Wendepunkt des Theaters weiterhin von Opernerneuerung sprechen darf, ohne genau zu wissen, wo man steht und was man will. Heute, da es doch darum geht, die Existenz zahlreicher Theater und ihre ungewöhnliche Förderung aus öffentlichen Mitteln dadurch zu rechtfertigen, daß jeder werktätige Mensch in die Lage versetzt und aufgefordert wird, sich mit dem Theater auseinanderzusetzen, Stellung zu beziehen, Forderungen zu stellen, kurz, das Theater als seinen unentbehrlichen Besitz zu betrachten. Das kann nur gelingen, wenn ihm die Möglichkeiten des Theaters praktisch vor Augen geführt werden, wenn eine oder mehrere dieser Möglichkeiten sein aufrichtiges Begehren erwecken und selbst die Bedeutung der Kunst als Gleichnis seines Lebens- und Arbeitsinhaltes erwächst. Theoretische Ausführungen sind also nur förderlich, soweit sie mit dem konkreten Beispiel Schritt halten. Tun sie das nicht und suchen sie der Beweismöglichkeit zuvorzukommen, so sind sie nur hemmend für eine selbständige

Meinungsbildung. Auf die aber kommt es bei der Erneuerung des Publikums durch das werktätige Volk gerade an. Und ohne diese selbständige Erneuerung auf breitester Grundlage gibt es keine Erneuerung des Theaters.

Diese unentbehrliche Wechselbeziehung zwischen Erneuerung des Theaters und Erneuerung des Publikums ist – soweit es die Schauspielkunst betrifft – auf gutem Wege. Es besteht kein Zweifel über das Bedürfnis des Schauspielpublikums, den Inhalt einer zeitgültigen Dichtung und die mit diesem Inhalt möglichst identische Persönlichkeit und Meisterschaft der Darstellung zur Kenntnis zu nehmen. Dieses Publikum – ich verstehe hier und im folgenden unter Publikum den Menschenkreis, der in den nächsten Jahren für den Besuch unserer Theater maßgebend sein wird – entscheidet heute ziemlich unmißverständlich über Wert und Unwert des ihm Gebotenen und beginnt, mit seiner Kritik Produktion und Gestaltung maßgebend zu beeinflussen.

Wie steht es aber um die Oper? Heute wie seit je wird diese seltsame Kunstgattung in erster Linie am Leben erhalten von dem Bedürfnis, dem Ohr vertraut gewordene Werke mit eingängigen Melodien und durch äußere Wirkung sinnfälliger Handlung immer wieder zu hören, von schönen Stimmen gesungen und dem Zeitgeschmack entsprechend ausgestattet. Dieses Bedürfnis läßt sich gleicherweise befriedigen durch Werke, die für diese Anspruchslosigkeit geschaffen sind, wie auch durch solche, die – in streng künstlerischer Gesetzlichkeit dem wahren und großen Theater zugehörig – für diese Anspruchslosigkeit mißbraucht werden. An allen Stätten, wo Oper gemacht wird, gab und gibt es Musiker, Sänger, Regisseure, die das unverbindliche Musizieren aus der Oper verbannen wollen und sich um das musikalische Theatererlebnis bemühen. Je nach Anzahl und Vermögen nähern sie sich auch ihrem Ziele, aber mangels vieler Voraussetzungen sind auch die

Kompromisse zahlreich, und nur selten läßt sich verläßlich entscheiden, ob der Publikumserfolg auf ihre Bemühungen zurückzuführen ist oder sich unabhängig davon einstellt. In meiner ganzen bisherigen Berufserfahrung kenne ich zwar eine Reihe von Opernaufführungen, deren Erfolge durch Annäherung an das reine Theatererlebnis ohne Zweifel wesentlich beeinflußt waren – aber nur ganz vereinzelte Abende, die vom Publikum unmißverständlich als Sieg des »Musiktheaters« über die »Opernbranche« anerkannt wurden. So seltene Erfahrungen können aber nicht ausreichen für die Beantwortung der Frage, welche Bedeutung das künftige Publikum dem konsequenten Musiktheater zuweist.

Die Beantwortung dieser Frage ist im Rahmen der gesellschaftsbildenden Aufgabe unseres Theaters unerläßlich. Sie kann aber nicht beantwortet werden, solange das ausreichende praktische Beispiel für eine breitere Meinungsbildung fehlt, solange nicht der vom singenden Darsteller bestrittene Theaterabend in aller Konsequenz sinnfällig dem üblichen Opernbetrieb gegenübergestellt werden kann, weil in der Praxis, soweit sie dem Publikum sichtbar wird, die verschiedenartigsten und gegensätzlichsten Bestrebungen immer noch in einen Topf mit dem Firmentitel »Oper« geworfen werden. Ganz unzweifelhaft werden Ohrenschmaus und Augenweide, kostümiertes Konzert und pseudodramatisches Marionettenspiel auch in der Zukunft einen großen Bedarf zu befriedigen haben. Die Kunstgattung, in der Menschendarsteller den Gesang zu ihrem überzeugendsten Ausdrucksmittel entwickeln und die Dramaturgie einer Musikpartitur schöpferisch nachdichten, diese Kunstgattung muß sich erst konstituieren, denn sie ist über andeutende Versuche noch nicht hinausgelangt. Vermutlich ist ein sehr großer Teil des Schauspielpublikums bereit, sich dieser Kunstgattung zusätzlich zuzuwenden, und ein

Teil des Opernpublikums, der Theaterhunger hat, wird zu ihr hinüberwechseln. Das kann sich aber erst dann erweisen, wenn innerhalb des heute noch als »Oper« bezeichneten Gesamtbildes der Trennungsstrich gezogen wird, wenn man bereit ist, sich zu entscheiden, statt mit Möglichkeiten dieser Art gelegentlich zu spielen. Es wäre unernst zu behaupten, daß irgendwo diese Entscheidung bereits gefallen wäre. Sie ist auch nicht ohne weiteres von jedem zu fordern. Zu fordern ist aber von den Fachleuten – Theaterleitern, Sängern, Regisseuren, Kapellmeistern, Lehrern und nicht zuletzt Behörden –, die sich mit diesem Thema beschäftigen, nicht von Erneuerung der Oper zu sprechen, wenn sie selbst zu dieser Entscheidung nicht in aller Konsequenz bereit sind. Es gab und gibt genügend Versuche, die den Weg weisen, Versuche, die diesen Fachleuten bekannt sind, und dabei ist ihnen allen auch bekannt, was eine solche Entscheidung beinhaltet. Diesen Inhalt und alle Konsequenzen hier aufzuzeigen, bietet dieser Aufsatz nicht Raum. Allen denen aber, die beruflich mit den starken Auseinandersetzungen innerhalb des Musiktheaters nicht befaßt sind, kann versichert werden, daß in der gegenwärtigen materiellen, personellen und arbeitsmethodischen Organisationsform des Theaters eine Entscheidung dieser Art nicht herbeizuführen ist.

[An den Magistrat von Groß-Berlin/Stadtrat]

16. 4. 1957

Sehr geehrte Frau Blecha!

Die Auswirkungen der jüngsten Währungs-Kontrollen an den Sektorengrenzen auf die Kulturinstitute sind Ihnen zweifellos bekannt. Ich habe mich, als ich davon erfuhr, ausführlich damit auseinandergesetzt und unverantwortlich viel Arbeitszeit für die künstlerische Produktion dadurch verloren.

Ich habe weder das Recht noch die Absicht, Ihnen gegenüber zu polemisieren. Aber ich muß doch mein größtes Erstaunen darüber zum Ausdruck bringen, wie wenig die kulturellen Instanzen sich mit den auch für die weitere Zukunft schwerwiegenden Auswirkungen dieser Angelegenheit auseinandersetzen. Es mag für unsere Wirtschaftsorgane triftige Gründe gegeben haben, den Besitz von Geld der Deutschen Notenbank bei Westberlinern zu untersagen, obwohl ich eine gesetzliche Begründung für diesen Standpunkt nicht kenne. Es wäre aber dann unsere Pflicht gewesen, die ausdrückliche Aufforderung an Westberliner, gegen Bezahlung des Eintrittspreises in M der Deutschen Notenbank Eintrittskarten bei uns zu erwerben, rechtzeitig zu widerrufen. Ich hätte auch Verständnis dafür, wenn – ebenso wie in HO-Gaststätten – an unseren Kulturinstituten eine Preistabelle in Westmark eingeführt würde. Ja, es könnte vielleicht sogar Gründe geben, Westberlinern den Besuch unserer Theater überhaupt zu verwehren. Aber von alledem ist doch keine Rede. Unsere Kulturpolitik legt doch nach wie vor den allergrößten Wert darauf, daß die Westberliner unser Theater für DM der Deutschen Notenbank besuchen.

Ist Ihnen bekannt, daß durchschnittlich fünfzehn bis zwanzig Prozent unserer Besucher – auch im Wunschanrecht – Westberliner sind? Die Mehrzahl dieser Besucher ist durch diese Aktion – wenn sie nicht offiziell widerrufen wird – für lange Zeit verscheucht. Der kleinere Teil versucht durch Mittelsleute, die im demokratischen Sektor wohnen oder tätig sind, weiterhin Karten zu erwerben.

Ich wünschte Ihnen, daß Sie an den letzten beiden Sonntagen dem Kartenvorverkauf an unserer Kasse beigewohnt hätten, wo Stammgäste der Komischen Oper aus Schuhen und sonstigen erfolgreichen Verstecken schamvoll das Eintrittsgeld herausgezogen haben. Ich möchte mich nicht darüber auslassen, wie einem als Theaterleiter dabei zumute ist. Aber ich habe das Bedürfnis, Ihnen zu erklären, daß ich nicht mehr in der Lage bin, das in unserem Haushaltplan eingesetzte Einnahme-Soll anzuerkennen. Wenn ich vorsichtig die Besucher, die uns bis auf weiteres fernbleiben, mit zehn Prozent schätze, so bedeutet das minimal einen Einnahmeverlust von M zweihunderttausend für das Wirtschaftsjahr. Selbstverständlich rechne ich mit einer Beruhigung der Gemüter, aber auch im günstigsten Falle bleibt ein erheblicher Schaden bestehen.

Über die anderen Schäden möchte ich nicht befinden.

In vorzüglichster Hochachtung (Walter Felsenstein)

[Theateranrecht] 1959

Ich will keine Belehrungen geben, aber versuchen, den Begriff Kulturpolitik im Theater zu definieren, und ich bitte um Diskussion oder Widerspruch. Ich sehe im Theater von jeher ein soziologisches Phänomen, denn ich kenne kein Ereignis außer dem Theater, das geeignet ist, ohne Rücksicht des Berufs, des Standes, der Klasse, Menschen zu vereinen und zu geistigen Emotionen zu bewegen. Dieses Wunder, wenn es zustande kommt, muß, glaube ich, im Vordergrund stehen, wenn man von Kulturpolitik spricht. Ich muß weiter feststellen, daß seit längerer Zeit die Erkenntnisse eines gemeinsamen Erlebnisses sehr selten sind. Theater wird leider oft so gespielt, daß mehr oder weniger begabte Künstler eine Darstellung vollziehen und Zuschauer, die darauf hingewiesen wurden, davor sitzen und sie betrachten, um mit dieser oder jener Meinung dann nach Hause zu gehen. Das ist *kein* Theatererlebnis. *Das* beginnt dort, wo ein Vorgang, mag er gesungen, getanzt oder gesprochen werden – in seinem Anliegen auf diesem eben wunderbaren Wege den Zuschauer interessiert und ihn so sehr in den Vorgang einbezieht, daß er in diesem Vorgang mitspielt. Warum sage ich das? Deshalb, weil ich bei der Kulturpolitik immer im Vordergrund höre, ihre Aufgabe sei es, möglichst viele Menschen ins Theater zu bringen. Das ist natürlich eine sehr vornehme Aufgabe. Aber wie wird diesen Menschen, die das Theater noch nicht gekannt haben, dieses Theatererlebnis vermittelt? Ist jener Weg der richtige, daß möglichst viele Leute da unten sitzen? Ich müßte das sehr in Frage stellen nach den Erfahrungen der letzten Jahre.

So wie es bisher war, geht es nicht mehr weiter. Ich fühle mich in meiner künstlerischen Produktion zur Impotenz verurteilt, wenn ich gezwungen bin, vor Zuschauern zu spielen, von denen nur ein kleiner Teil die Absicht hat, an dem Erlebnis teilzunehmen. Der Prozentsatz derer, die zum Theaterbesuch *überredet* werden, wird größer.

Ich unterscheide zwischen guten und schlechten Theaterdarbietungen. In meinem Hause finden einige gute, aber auch schlechte statt. Wenn ich von guten Darbietungen spreche, die gut sind aus ihrem nachweisbaren Erfolg, so haben die Vorstellungen einen sehr großen Erfolg, wenn das Zentrale Anrecht und das Betriebsanrecht nicht höher liegen als bei dreißig Prozent. Die Folge ist, daß die schöpferische Teilnahme der Zuschauer einen Auftrieb erfährt, der für die Weiterarbeit der betreffenden Künstler eine sehr große Rolle spielt. Dieselbe gute Vorstellung ist dort, wo das ermäßigte Anrecht den Prozentsatz fünfzig bis sechzig erreicht, gelähmt. Ein vernichtenderes Urteil gibt es nicht. Ich spreche das absichtlich überspitzt aus. Ich bin genauso an dieser Entwicklung beteiligt wie Sie alle. So geht es nicht! Es entsteht eine Qualitätsnivellierung! Es wird nichts Außergewöhnliches mehr geboten!

Das Theaterethos steht im Vordergrund, wenn ich sage, ich kann nur weiterspielen, wenn ich eine Form finde, die den Theaterbesuch zu dem ersehnten – und sei es mit Opfern erkauften – Erlebnis werden läßt.

Wenn Sie glauben, daß ich in meiner Sorge über die Erscheinungen übertreibe, so weise ich Sie darauf hin, daß im Kassenraum der Komischen Oper nachweisbar Angehörige des Jugendanrechts und Angehörige des Zentralen Anrechts versuchen, ihre zu ermäßigten Preisen erworbenen Karten zum Kassenpreis zu verkaufen. Das ist ein Fakt, keine Ausnahmeerscheinung.

Das Theaterbedürfnis beträgt bei uns unter zehn Prozent und noch darunter. Nicht der *Theaterbesuch*, sondern das *Theaterbedürfnis*. Ich glaube, unsere allgemeine Aufgabe ist es, hier einen Riegel vorzuschieben und das Ethos des Theaterbesuches wiederherzustellen, das abhanden gekommen ist.

[Dialog über das Musiktheater] 1961

Siegfried Melchinger: Die Aufgabe des Musiktheaters wäre es also, den Leuten ein Erlebnis zu vermitteln, das ihnen auch ohne die Kenntnis von Konventionen, ohne den Umgang mit eingebürgerten Gewohnheiten, zugänglich ist.

Walter Felsenstein: Und in der gleichen Weise sollen die Gewohnheiten auch für diejenigen abgetragen werden, die wohlvertraut mit diesen Gewohnheiten sind, so vertraut, daß sie sich einschläfern lassen von ihnen und der dramatischen Wahrheit zunächst ihre Indifferenz und Indolenz entgegensetzen.

Sie sprachen von der Neugier auf das Andersartige, das zur Lust und Leidenschaft werden kann. Ist es das, worauf Sie zunächst die Verhärteten stoßen wollen?

Ja. Denn jeder Mensch besitzt doch, bewußt oder unbewußt, eine Sehnsucht nach dem, was ihm der Alltag, das Privatleben, die Realität nicht bietet. Ich kann das mißbrauchte Wort Sehnsucht nicht entbehren.

Brecht würde jetzt hohnlachen!

Wieso würde Brecht hohnlachen?

Weil das, was wir hier als ein Grundbedürfnis der Menschen im Musiktheater bezeichnen, identisch wäre mit der Flucht aus dem Alltag, also mit der Flucht aus dieser Wirklichkeit, die zu bestehen und zu verändern das Theater mithelfen soll.

Aber Brecht sagt doch: Theater muß zuerst einmal amüsant sein. Unterhaltung. Paragraph 1 des »Kleinen Organon«. Das ist doch ein Widerspruch.

Er würde wohl antworten: Wir müssen diesen Trieb zugleich befriedigen und lenken.

Wir lenken ihn ja auch. Wenn man Brecht beim Wort nimmt, kann Flucht aus dem Alltag nichts Negatives bedeuten. Setzen wir dafür einmal: Aufbruch zum Unbekannten. [...]

Also doch mehr als Alltag.

Ja, aber ohne daß der Alltag weggeschoben würde.

Voraussetzung bleibt, daß der Alltag diesen Menschen nicht genug gibt.

Der Alltag gibt keinem genug. [...]

Einer Ihrer Mitarbeiter hat Sie einen »Priester des Eros« genannt. Vielleicht hören Sie so hochgegriffene Worte nicht gern. Aber sicherlich geben sie Eindrücke richtig wieder, die Ihre Probenarbeit hervorruft. Ein großer Teil Ihrer künstlerischen Einbildungskraft hat seine Quellen im Bereich des Erotischen. Diese Produktivität des Menschlich-Kreatürlichen verbindet Sie als Regisseur mit den Darstellern, auf die Sie sie zu übertragen wünschen. Es gibt keine stärkere Gemeinsamkeit unter uns Menschenwesen als diese. Daß sie von jeher ins Göttliche gesteigert wurde, zeigen alle Religionen, tausend Mythen, zeigt die Kunst. Ich weiß, daß Sie die »Geschlechtslosigkeit«, in die man die Kunst heute immer mehr hineinzutreiben scheint, beunruhigt. Abstraktion ist tödlich für den Eros. Das ist auch meine Meinung. Trotzdem sollten wir uns, glaube ich, nicht verhehlen, daß die Fähigkeit, im Erlebnis oder mit der Phantasie so sublime Regionen zu erreichen wie die, in welche Mozart seine Susanna erhoben hat, nicht sehr verbreitet ist. Einige sagen, daß sie in unserer technisierten Zeit immer mehr abnimmt. Ihnen wäre entgegenzuhalten, daß diese Zeit zum erstenmal allen, in denen eine solche Erlebnis- und Imaginationsfähigkeit schlummert, die Möglichkeit gibt, sie zu verwirklichen. Die Kunst ist nicht mehr an eine Klasse gebunden. Sublimste Kunst und sublimster Eros sind auch den sogenannten »einfachen Menschen« zugänglich geworden. Sie haben gesagt, Sie wünschten, nur für naive Menschen zu spielen. Mit dem, was Sie über »Susanna« sagten, haben Sie sich korrigiert: Sie wünschen für das Naive in allen Menschen zu spielen. Snobs sind Ihnen verhaßt. Die Gebildeten müssen vergessen, was sie gelernt haben. Frauen müssen werden wie »Susanna«, um mehr als »Susanna« zu begreifen: Mozart. Es werden immer nur wenige im Publikum sein, die so weit mit Ihnen gehen. Daß diese wenigen heute kommen, woher sie mögen, gibt dem Musiktheater jene Chance, die es gestern, in der Blütezeit der kulinarischen Oper, noch nicht besessen hätte. Und doch – wenn es immer nur wenige sind, für die Sie spielen, für die es sich zu spielen lohnt –, was ist mit den anderen, den vielen anderen? Was bietet denen das Musiktheater?

Unterhaltung – was sonst?

Also das gleiche, was die kulinarische Oper bietet, nur in anderer Art? Das gleiche wie Kino oder Zirkus?

Ja, wenn Sie Rangunterschiede berücksichtigen. Der Zirkus steht jedenfalls von meinem Standpunkt aus höher als die kulinarische Oper.

Ist das nicht ein wenig ungerecht?

Nein, denn das Hassenswerte an der kulinarischen Oper ist nicht die Tatsache, daß sie kulinarisch ist, sondern die Tatsache, daß sie das Theater zum Zweck der Befriedigung kulinarischer Genüsse mißbraucht und verfälscht. [...]

Dennoch werden Sie wohl auch in Ihrem Theater mit drei Schichten rechnen müssen: Das sind einmal die Leute, die noch nie oder selten im Theater gewesen sind und nun die Möglichkeit dazu haben, übrigens im Westen wie im Osten. Auch der Westen subventioniert ja in seinen Theatern nicht die Primadonnen und die Intendanten, sondern die Preise: jeder, der Lust hat, soll es sich leisten können, ins Theater zu gehen. Dann sind zweitens eine Menge Leute da, die sich eine Karte gekauft haben, weil sie Oper kennen und lieben und wieder einmal hören wollen. Und schließlich sind dann noch drittens diejenigen da, für die es gleichgültig ist, ob sie das erste oder zwanzigste Mal das Werk hören, weil sie die Fähigkeit haben, in die sublimen Regionen Ihrer »Susanna« vorzudringen.

Die zweite Schicht ist die, die ich nicht haben will.

Es ist auch die, die Sie nicht haben will. Da haben sie die Arie, die ihnen teuer ist, im Ohr. Und nun kommen Sie daher und machen ein Drama draus. Im Grunde spielen Sie doch eigentlich für die erste und dritte Schicht: für diejenigen also, die zum erstenmal ins Theater gekommen sind, oder für diejenigen, die sich, wenn ich einmal so sagen darf, in diesen Stand der Unschuld zurückzuversetzen mögen. [...]

Ich betrachte es als eine entscheidende Aufgabe meines Theaters, das kulinarische Mißverständnis der Musik nicht nur nicht mitzumachen, sondern zu verhindern.

Verhindern ist vielleicht zuviel gesagt. Wenn Sie das Radio aufdrehen, werden Ihnen neunzig Prozent aller Musik kulinarisch vorgesetzt. Und Schuberts Unvollendete oder die Neunte gehören auch dazu, weil sie so konsumiert werden.

Aber das ist doch Mißbrauch! Man rasiert sich oder macht Kartoffelpuffer und dreht das Radio auf: »Freude, schöner Götterfunken ...«

Gut, es ist Mißbrauch. Ich kann es trotzdem nicht so schrecklich finden, wenn die Menschen ernste Musik kulinarisch hören. Es gibt ja auch den umgekehrten Vorgang: Das Papageno-Lied in der »Zauberflöte« ist gleich nach der Uraufführung ein Schlager geworden, den ganz Wien in allen Gassen gepfiffen hat.

Mit diesem »Mißbrauch« des Papageno-Lieds bin ich völlig einverstanden. Wenn das ein Schlager wird, so preise ich den, der es als Schlager pfeift.

Sie sind ein Idealist. Der pfeift das genauso, wie er einen anderen Schlager pfeift. Er hat keine Ahnung von der Kostbarkeit.

Er braucht keine Ahnung davon zu haben. Er bekommt sie mit, ohne daß er's weiß. [...]

Ich glaube, wir reden jetzt aneinander vorbei. Mag uns die Radioberieselung noch so sehr belästigen – wir sollten doch bedenken, wie unerträglich es wäre, wenn aus dem Radio den ganzen Tag wirklich ernst genommene Musik rieseln würde. Ich fände es ebenso unerträglich, wenn im Theater nur hochkünstlerische Vorstellungen gegeben würden, die mich jedesmal in die Ekstase der Hingerissenheit versetzen würden. Noch unerträglicher ist ein Theater, wie es immer wieder von Parlamenten oder politischen Gremien kunstfremder Politiker gefordert wird: das Kulturinstitut auf der Grundlage der Volksbildung.

Wer solche Forderungen stellt – und das sind keineswegs

nur Leute jenseits der Rampe –, kennt das elementare Theatererlebnis überhaupt nicht. [...]

Alles, was sich im Qualitätsanspruch heraushebt, ist auf eine relativ kleine Schicht angewiesen. Es werden, das ist meine Überzeugung, immer nur wenige sein, die begreifen oder auch nur ahnen, was in Ihrer »Susanna« vorgeht. Ich halte es für utopisch, eine Veränderung des Publikums sozusagen in der Horizontale anzustreben. Es kommt nur auf die Vertikale, auf den aus dem Alltag heraustreibenden Menschen an, der abends ins Theater geht, den Kopf noch voller Sorgen und Probleme, und sich auf seinem Platz zurücklehnt und wartet, bis es dunkel wird. Was passiert jetzt? Es kann alles mit ihm passieren. Und es kann auch gar nichts mit ihm passieren.

Wenn Sie auch davon überzeugt sind, daß der Wirkung in die Breite Grenzen gesetzt sind, sei es in der menschlichen Natur, sei es in den Verhältnissen, so steht doch eines fest: die Zahl der Leute im Publikum, die bereit sind, ein mehr als kulinarisches Erlebnis aufzunehmen, sich aufwühlen oder hinreißen zu lassen von der Wahrheit des Dramas und der Musik, wird im ganzen und auf lange Sicht doch merkbar größer. Aber ich sage aus Erfahrung: es gibt kein schlechtes Publikum. Bereitschaft und Aufnahmefähigkeit sind immer gegeben. Nur die Fähigkeit, sie von der Bühne her zu aktivieren, ist Schwankungen unterworfen.

Ich finde es wunderbar und tröstlich, daß auch im Massenzeitalter die Kunst, also auch die darstellende Kunst, an Persönlichkeiten gebunden ist, daß ohne die Leidenschaft von Persönlichkeiten nichts Schöpferisches entstehen könnte. Wenn es keinen Felsenstein gäbe, gäbe es kein Musiktheater.

Aber um Gottes willen, das würde ja heißen, daß es auch kein Musiktheater mehr gäbe, wenn es keinen Felsenstein mehr gibt. Das lehne ich ab. Alles, was ich hier zustande bringe, kann nur ein erster Versuch sein, ein erster tastender Versuch, die Vorarbeit für diejenigen, die weiter daran arbeiten müssen.

Sie reden wie Brecht: »Das Ziel lag in großer Ferne. Es war deutlich sichtbar, wenn auch für mich kaum zu erreichen.« Vielleicht ist es die Art derer, welche die Wahrheit suchen, ob in der Kunst oder im Leben, so zu reden.

Wäre es nicht eine Verkleinerung dieses großen Zieles, seine Erreichbarkeit in allzu greifbare Nähe zu rücken? Ich bin überzeugt, daß das Ziel »Musiktheater«, wie wir es sehen, erreicht werden wird.

Und ich, der ich nicht so viel von der Zukunft halte, antworte: Sie arbeiten doch auch für die Gegenwart, für jene einzelnen, glücklichen Abende, an denen sich im Publikum ein paar Menschen befinden, die das Werk genau so aufwühlt und hinreißt, wie es Sie aufgewühlt und hingerissen hat, während Sie an seiner Verwirklichung auf der Bühne gearbeitet haben. Das sind dann wohl auch die wenigen, die das Leben mit anderen Augen betrachten, wenn sie das Theater verlassen, wenigstens für eine kurze Zeit. Sie versuchen es, bis die Wirklichkeit sie in die nächste Enttäuschung stößt.

Ich bin nicht der Meinung, daß es so wenige sind. Denn gerade an den spärlichen Abenden, die dem großen Ziel so nahe gekommen sind, wie es konstant erst in ferner Zukunft möglich werden wird, bin ich immer fasziniert von dem umfassenden Verständnis, das auch das große Publikum den Intentionen unserer Arbeit entgegenbringt. Das ermutigt nicht nur mich, sondern auch viele meiner Mitarbeiter, trotz der großen Schwierigkeiten und zahlreicher Rückschläge an dem Ziel festzuhalten: die Menschen in ihrem Wunsch nach gesteigertem Dasein auch außerhalb des Theaters zu bestärken. Darin liegt doch der Sinn alles dessen, was wir treiben.

[Publikumsbeschimpfung] 1971

Wie steht es nun mit der Publikumsbeschimpfung?

Publikumsbeschimpfung ist kurz gesagt nackter Betrug. Das Publikum zahlt für seinen Eintritt Preise, ist wohlwollend und jeder Interpretation gegenüber zunächst einmal unvoreingenommen positiv gestimmt. Wenn es beschimpft wird, dann haben also die Leute, die es beschimpfen, die Absicht, das Geld einzustecken und die Leute davonzujagen, ohne ihnen etwas zu bieten. Das ist etwas grob gesagt, aber das ist meine Betrachtungsweise. [...]

Ist auf diesem Kongreß auch von dem Verhältnis Publikum/Theater gesprochen worden, vom Publikum als Feind des Theaters?

Im Generalkomitee war das die Hauptfrage dieses Kongresses: Publikum – Freund oder Feind des Theaters. Ich verstehe diese Frage nicht und habe – leider wurde es nicht richtig und gut übersetzt – auch diese Fragestellung sehr angegriffen. Ich sagte den Initiatoren dieser Frage, daß sie sich darüber klar sein müßten, daß mit dieser Frage die Existenz unseres Berufes überhaupt in Frage gestellt werde. Es wäre viel angebrachter – bei der heutigen Theatersituation –, die Gegenfrage zu stellen: ist das Theater Freund oder Feind des Publikums?

[Notizen]

1971

Zu dem Thema der Generalversammlung »Ist das Publikum Freund oder Feind des Theaters?« kam ich aus Zeitmangel nicht mehr dazu, mich zu Wort zu melden. Ich machte mir für eine Stellungnahme folgende Notizen:

Es gäbe kein Internationales Theaterinstitut, wenn wir nicht überzeugt wären, daß Theater etwas für unser Leben Unentbehrliches darstellt.

Das Publikum würde nicht bezahlen, wenn es kein Freund des Theaters wäre.

Theater hat also mit dem jeweils gegenwärtigen Leben, mit der Gesellschaft von heute, in unmittelbarer Verbindung zu stehen.

Ich habe kein Recht, meine persönliche Meinung oder die Meinung einer kleinen Gruppe einer Mehrheit aufzuzwingen. Aber ich habe die Pflicht, die Wahrheit zu finden, die unser Leben ermöglicht. Dabei darf ich den Problemen der Gegenwart nicht aus dem Wege gehen.

Es ist ein großer Unterschied, ob ich vor zerstörenden Problemen des menschlichen Zusammenlebens warne oder die Selbstverstümmelung als Lebensinhalt propagiere.

Es wäre falsch, prüde zu sein und die Fragen des Sex auf der Bühne verhindern zu wollen. Aber den Sex auf der Bühne zum Selbstzweck zu machen entzieht unserer Kunst das primäre Lebenselement, nämlich den allumfassenden Eros.

Leben und Tod sind in ihrer Beziehung nicht voneinander zu trennen. Um das Leben zu ermöglichen, ist das Streben nach seiner Verbesserung unentbehrlich. Tod kann nicht mit Erfüllung des Lebens verwechselt werden.

[An alle in »Fiedler auf dem Dach« beschäftigten Kolleginnen und Kollegen]

8. 3. 1974

Ohne Zweifel waren alle ausnahmslos willens, mit dem 100. »Fiedler« eine gute Aufführung abzuliefern. Seltsamerweise ist dies nur teilweise gelungen, und zwar am wenigsten in den Szenen, auf die es gerade ankommt.

Unter den Kolleginnen und Kollegen war – wie ich mich überzeugte – vielfach die Meinung vertreten, das Publikum wäre am Anfang nur träge mitgegangen. Die Anwesenheit einer größeren Gruppe Sehbehinderter hätte die Stimmung gelähmt etc. etc. Das trifft nicht zu oder ist jedenfalls nicht maßgebend. Das Publikum war sehr aufnahmebereit und neugierig, wurde aber von der Bühne herab nicht zur Teilnahme gezwungen. Und zwar nicht, weil irgend etwas falsch war, sondern weil vielfach die jeweilige Aussage im Sinne eines wichtigen Anliegens nicht genug erstmalig und gezielt war, sondern bereits vorher bekannt. Manchmal sogar so bekannt, daß sie textundeutlich wurde. Wenn so etwas drei- bis viermal vorkommt, so genügt das, um die Aufmerksamkeit absinken und die Erwartung erlahmen zu lassen.

Ich hatte vor der Aufführung einige Kolleginnen und Kollegen zu einer »Demonstration ohne Theater« aufgefordert. Vielleicht haben das manche mißverstanden und dadurch manches unterspielt bzw. auf private Art von sich gegeben.

Es gibt doch keine einzige Szene, die nicht von einem bestimmten Interesse verursacht und angetrieben wird. Wenn zum Beispiel der Prolog heiter und aggressiv sein soll, so deshalb, weil es uns allen sehr schlechtgeht und wir das Bedürfnis haben, trotz Armut und Not unseren Lebenswillen zu zeigen, unser Selbstbewußtsein zu demonstrieren. Deshalb die Ansprache an das Publikum, und zwar als persönliche Mitteilung und nicht an eine unbekannte Masse.

Wenn Tewje wichtige Persönlichkeiten aus Anatevka vorstellt und den Frieden und die Harmonie betont, so ist der Streit über Pferd und Maultier nicht vorgesehen, sondern bricht unvermittelt leidenschaftlich aus, für das Publikum ebenso überraschend wie erheiternd.

Wenn Jente sich ausführlich über ihr bisheriges Leben

ausläßt, so hat sie natürlich in keiner Sekunde etwas anderes im Sinn als das Geschäft mit Lejser Wolf. Und wenn Golde zuhört und mit ihr spricht, so wartet sie – ohne es natürlich zuzugeben – gierig auf einen Schwiegersohn. Tewje, Perchik, Motel, Lejser Wolf, Mordche und alle anderen – es gibt keinen im Stück, der nicht in jedem Augenblick seines Bühnendasein und seiner Partnerschaft mit einer konkreten und akuten Absicht befaßt ist. Deshalb kann und darf es keinen aufgesagten Text geben, keine Beschäftigung mit sich selbst, sondern nur mit dem Partner, von dem man etwas will.

Diese Zeilen wollen nur eine Rechtfertigung dafür sein, daß ich – bevor ich mich in die Proben für eine Neuproduktion stürze – versuche, die Aufführungen, die künstlerisch und vor allem finanziell den Spielplan repräsentieren, wieder in die Premierennähe zu rücken, von der wir in unseren Veröffentlichungen so oft schreiben. Sie können versichert sein, daß Korrekturproben, wenn sie angesetzt werden, auch wirklich erforderlich sind.

Walter Felsenstein

Über Politik und Theater

Mein Herz gehört der Komischen Oper und allen ihren Mitgliedern, für die ich – wie Sie wissen – alles tue, was ich nur kann, und bestimmt mehr tue als jeder andere Theaterleiter.

(1953)

[Man muß etwas unternehmen] 1971

Es gibt nicht allzu viele Parteigenossen, die ideell so konsequente Sozialisten sind wie ich. Aber als solcher, als Sozialist bin ich zutiefst traurig, daß die Komische Oper nicht wäre, wenn ich Parteigenosse und DDR-Bürger wäre. Verstehen Sie, wenn jetzt ein Intendant kommt, der dem Parteisekretär untersteht... Es gibt eben dieses Mysterium, in dem der Sozialismus nicht gedeihen kann. Gerade wertvolle Leute sind in ein System verwickelt, wo sie nie informiert sind über das, was wirklich passiert, oder sie sind mangelhaft informiert und können infolgedessen nicht die richtigen Maßnahmen ergreifen etc. etc. Ich will damit sagen, ich habe die Komische Oper entwickelt als illegales Institut. Dafür mußte sich Walter Ulbricht furchtbar viel anhören in seinen eigenen Kreisen. Er hat sofort nach der Mauer verlangt: Sie behalten alle Westberliner, Sie bekommen Devisen, es darf nichts angerührt werden. [...]

Ich kenne leider zu viele, gegen die ich mißtrauisch bin, die also wirklich nicht mehr sind als Jasager und das »Neue Deutschland« auswendig lernen. Brecht hat eine Vokabel erfunden, die ich unersetzlich finde: »Diese Eintreiber!« Diese Eintreiber, gegen die muß man etwas unternehmen! [...]

[An den Dirigenten Meinhard von Zallinger-Thurn, Salzburg]

14. 10. 1947

Lieber Herr von Zallinger!

Sie werden inzwischen von Starka erfahren haben, daß Ihre Unterlagen glücklich Anfang September hier angekommen sind und ich zu diesem Zeitpunkt erst anfangen konnte, für Sie zu operieren. Für jemanden, der nicht unmittelbar damit zu tun hat, sind die in Berlin geltenden Vorschriften hinsichtlich politischer Belastung wirklich eine Wissenschaft für sich, und ich glaube, erst seit kurzer Zeit sagen zu dürfen, daß ich in meinem Amte als Intendant sie einigermaßen erlernt habe. Ich wiederhole Ihnen kurz noch einmal, was ich an Starka geschrieben habe.

Die Tatsache, daß Sie vor 1937 Mitglied waren, reiht Sie automatisch in die sogenannte Gruppe I ein, wonach Sie vor Ihrer Entnazifizierung durch die Berliner Spruchkammer auch vorläufig nicht beschäftigt werden dürfen. Verhandlungstermine für Angehörige der Abteilung I sind auch mit großer Förderung von Behörden kurzfristig überhaupt nicht und nur zu erreichen, wenn der Betreffende seinen Wohnsitz in Berlin hat. Dafür wäre eine Zuzugsgenehmigung erforderlich, die wieder nur erteilt werden kann, wenn politisch keine Belastung vorliegt: Also für einen von auswärts hier Begehrten eine unlösbare Angelegenheit. Was ich versuchen will, ist – unter Nachweis Ihrer beruflichen Tätigkeit in Österreich –, über die für mich zuständige Militärbehörde einen Antrag bei der Kommission des Alliierten Kontrollrates zu erwirken mit dem Ziele, einen absehbaren Verhandlungstermin hier zu erreichen. Es war ein ziemlich schwerer Schlag für mich, denn ich hatte sehr fest mit Ihnen gerechnet und bin zwar in Verhandlungen, aber praktisch noch ohne Vertragsabschluß mit einem Dirigenten für die »Fledermaus«. Es scheint ein Gesetz zu sein, daß alle Dirigenten Parteimitglieder waren.

Was ich von Ihnen in erster Linie wissen möchte, ist, ob Sie für unsere gemeinsame Arbeit bei einer so ungewissen Verzögerung überhaupt noch Interesse haben und welchen Grenztermin Sie mir setzen können. Eines kann ich Ihnen allerdings sagen: Wenn Sie in Berlin denazifiziert werden – was ja zweifellos ohne Schwierigkeiten vonstatten gehen wird, wenn nur ein Termin dafür zu erhalten wäre –, dann sind Sie tatsächlich endgültig rehabilitiert. Berlin ist in seinen diesbezüglichen Bestimmungen völlig isoliert und allein dastehend in seiner Rigorosität. Nicht nur österreichische Entlastungen werden hier nicht anerkannt, sondern auch solche aus sämtlichen Zonen Deutschlands nicht. Ja, es ist so, daß Künstler, die sogar an Staatstheatern der russischen Zone tätig sind, im russischen Sektor von Berlin nicht beschäftigt werden dürfen.

Sie wissen, lieber Herr von Zallinger, wie ehrlich und interessiert meine Vereinbarungen mit Ihnen gemeint waren, und wenn ich für die Angelegenheit weiter bemüht bin, so dürfen Sie überzeugt sein, daß Sie einen besseren Anwalt nicht finden können, weil ich diese Dinge ja nicht aus einem Gefühl der Verpflichtung oder freundschaftlichen Gefälligkeit heraus tue, sondern aus der Überzeugung, daß Sie zu den Plänen, die ich mit dem neuen Theater verfolge, wirklich dazugehören. Lassen Sie also bitte bald von sich hören und seien Sie und Ihre Familie herzlich gegrüßt von

Ihrem Walter Felsenstein

[An Hans Bauer, Magistrat von Groß-Berlin]

5. 9. 1950

Sehr geehrter Herr Bauer!

Gestatten Sie mir, zu dem Brief der Abteilung Finanzen vom 3. August, dessen Abschrift Sie mir heute zugehen ließen, Stellung zu nehmen.

Gestatten Sie ferner, daß ich aus grundsätzlichen Erwägungen diesmal etwas ausführlicher darauf eingehe. Denn der in diesem Brief angeschlagene Ton und die völlig willkürlichen Behauptungen von nicht zutreffenden Tatsachen – beides kommt von seiten dieser Dienststelle nicht zum ersten Male vor – sind beleidigend und untragbar.

Seit länger als einem Jahre werden – nicht auf Wunsch der Finanzabteilung, sondern in allseitiger Erkenntnis einer Notwendigkeit – bei Neuverpflichtungen künstlerischer Kräfte Angebote aus der DDR bevorzugt.

Die im ersten Abschnitt des Briefes angeführten »mehreren Unterredungen«, in denen »auf den Mißstand hingewiesen wurde, daß im Westen wohnende Künstler mit durchschnittlichen Leistungen bei den städtischen Theatern beschäftigt werden, obwohl sie durch gleichwertige Kräfte aus der DDR oder aus dem Ostsektor Berlins ersetzt werden könnten«, habe ich scheinbar nicht mitgemacht, denn ich hätte bei der ersten Unterredung mir auf das nachdrücklichste verbeten, daß von fachunkundiger Seite befunden wird, ob die Leistungen meiner Künstler durchschnittlich sind bzw. durch bessere Leistungen nicht genutzter Verpflichtungen ersetzt werden können.

Daß die Mehrzahl der ausübenden Künstler an sämtlichen Bühnen Berlins im Westen wohnt, ist eine, heute sehr bedauerliche, Tatsache, aber eine so uralte Tatsache, daß eine ungewöhnliche Bösartigkeit dazu gehört, daraus ein politisches Kriterium zu machen.

Die interalliierte Entwicklung nach Kriegsende und die Spaltung Berlins sind historisch um ein Vielfaches jünger als der traditionelle Wohnsitz der Berliner Künstler. Es ist für die Personalpolitik in unserem Kunstleben verhängnisvoll, die im Westen wohnenden Künstler mit der politischen Bedeutung Westberlins zu belasten, die erst in jüngster Zeit entstanden ist. Denn gerade die Mehrzahl der heute an den Bühnen des Ostsektors tätigen Künstler mit Wohnsitz im Westen haben unter keineswegs geringen Opfern die Treue zu unseren Bühnen gehalten – und tun es noch.

Ein Leserbrief an die Berliner Zeitung, wie er dem Schreiben beiliegt, ist verständlich, da der Betreffende über diese Umstände nicht informiert ist oder nicht nachgedacht hat. Es ist nicht verständlich, daß ein maßgebender Beamter des Berliner Magistrats, der mit diesen Dingen laufend beschäftigt ist, einen solchen Brief zum Anlaß nimmt, sich in die künstlerische Personalpolitik der Berliner Bühnen einzuschalten, statt dafür zu sorgen, daß die Presse ihre Leser über die Irrigkeit ihrer Beschwerden aufklärt.

Die Komische Oper hat für die Spielzeit 1950/51 drei Neuverpflichtungen im Ballett vorgenommen. Alle drei neuverpflichteten Mitglieder kommen aus der DDR zu uns.

Auch in der größten Arbeitsbedrängnis habe ich noch nie versäumt, einer künstlerischen Bewerbung nachzugehen oder eine Empfehlung, mag sie gekommen sein woher auch immer, auf ihre Nutzungsmöglichkeit zu überprüfen. Obwohl dieses mein Prinzip außerordentlich zeitraubend ist und bestenfalls im Verhältnis 1:100 zum Erfolge führt, werde ich es auch nicht aufgeben. Aber ich verbitte mir eine derartige Kritik von jedem, der nicht willens und nicht fähig ist, mir das Vorhandensein einer förderungswürdigen

Kraft nachzuweisen. Ich betone: von jedem, in welcher Dienstposition er sich auch befinden mag.

Ein weiterer toller Satz in dem vorliegenden Brief heißt: »Wie uns aus Zuschauerkreisen zu Ohren gekommen ist, wird die Überladung der Bühne als unangenehm empfunden.« Aus diesem Satz leitet der Unterzeichnete die Forderung ab, in Orchester, Chor und Ballett eine Personalverminderung vorzunehmen. Ich finde das geradezu ungeheuerlich. Unsere Premieren sind zu 60 Prozent mit Mitgliedern der Regierung und des Magistrats besetzt. Jedem dieser Eingeladenen steht es frei, der Theaterleitung gegenüber Kritik zu äußern.

Ich muß gleichzeitig auch die Frage aufwerfen: Wie denkt der Magistrat, der für seine Bühnen die größten Opfer bringt, ihre Tätigkeit in einer Weise fördert, wie es in der Geschichte Berlins kaum je vorher der Fall gewesen ist, über einen immerhin leitenden Beamten, der, weitgehend mit der Wirtschaftsführung der städtischen Bühnen beschäftigt, alles tut, um einem die Freude an der Aufbauarbeit – eine Freude, gesteigert gerade durch das selten gute Einvernehmen zwischen Magistrat und Theaterleitung – zu verleiden?

Ich habe vor drei Jahren die Entstehung der Komischen Oper geleitet. Jeder Orchestermusiker, jeder Solist, jeder Chorsänger wurde einzeln in einer Zeit gewonnen, in der die meisten guten Fachkräfte sich bereits in festen Engagements befanden. Ich betrachte meinen Auftrag, das maßgebende Berliner Musiktheater zu schaffen, noch lange nicht als erfüllt. Aber ich habe vor wenigen Tagen für die bisherige Entwicklung des Institutes den ersten Goethe-Preis der Stadt Berlin erhalten, und ich habe keine Lust, mich von einer Dienststelle desselben Magistrats wie ein Anfänger belehren zu lassen. Ich bin nicht nur für jede Kritik zugänglich, sondern bitte bei jeder Gelegenheit darum und werde hoffentlich noch oft Gelegenheit haben zu beweisen, wie dankbar ich das Verständnis der mir vorgesetzten Dienststelle empfinde und wie sehr ich gewillt bin, allen gerechten Forderungen nachzukommen. Ich muß aber auch erwarten können, daß alle mit der Komischen Oper befaßten Dienststellen des Magistrats sich mit mir darüber einig sind, daß dieses Institut im Gegensatz zu einem Stadttheater der Provinz Aufgaben zu erfüllen hat und Ansprüchen gerecht werden muß, für die noch mancherlei äußere Voraussetzungen fehlen, aber in keinem Falle mühsam geschaffene Voraussetzungen vermindert werden können.

Ich stehe augenblicklich vor der schwierigsten Premiere, die die Komische Oper bisher herausgebracht hat, und unmittelbar vor der Eröffnung der neuen Spielzeit. Und es mag verwunderlich erscheinen, daß ich zu diesem Zeitpunkt mich in einer so langen Epistel ergehe, zumal ich weder Anlaß noch Absicht habe, mich zu rechtfertigen. Aber ich spüre hier einen direkten Angriff gegen den Bestand dieses Theaters und seine eigentliche künstlerische Zielsetzung.

Ich möchte Sie deshalb bitten, sehr verehrter Herr Bauer, diese Angelegenheit an die höchsten Dienststellen des Magistrats heranzutragen, und auch ich werde nicht ruhen, bis dieser Fall einmal offen und rückhaltlos bereinigt ist.

Ich danke Ihnen für Ihre Bemühungen und bin in vorzüglicher Hochachtung

Ihr sehr ergebener Walter Felsenstein

[An Ferdinand Friedensburg]

26. 10. 1950

Sehr verehrter Herr Bürgermeister!

Ich schreibe Ihnen heute im selben Augenblick, da ich erfahre, daß durch einen Magistratsbeschluß Ihrerseits das bisher – nicht zuletzt durch Ihre Bemühungen – über alle Schwierigkeiten hinweg aufrechterhaltene Wochenplakat der Berliner Städtischen Bühnen aufhören soll. Damit wäre das letzte Bindeglied beseitigt. Wissen Sie das? Muß das wirklich sein? Wenn ja, dann verliere ich jeden Glauben an das, worin ich meine wesentlichste Aufgabe sah.

Bitte geben Sie auch im negativen Falle eine Nachricht an mich.

Mit vorzüglichster Hochachtung
Ihr sehr ergebener (Walter Felsenstein)

[An Max Kreuziger, Magistrat von Groß-Berlin]

20. 1. 1951

Sehr verehrter Herr Stadtrat!

Ich hatte bisher gleich Ihnen und Herrn Bauer auch die Hoffnung, daß die durch die wirtschaftliche Umorganisation bedingten Schwierigkeiten vorübergehender Art sein würden. Es ergibt sich aber aus endgültigen Verfügungen und praktischen Handhabungen ein Bild, das meine Hoffnung schwinden läßt und darüber hinaus die Frage aufwirft, wieweit mein bestehender Vertrag mit dem Magistrat überhaupt noch gültig ist. Denn aus den Paragraphen 4 und 5 meines Vertrages ergibt sich eindeutig, daß die Komische Oper unter meiner künstlerischen und geschäftlichen Leitung ein Magistratsbetrieb ist, während ich Ihnen leider im nachstehenden beweisen muß, daß die Komische Oper nur mehr eine Magistratsdienststelle geworden ist, bei der der Intendant jede für ihn unentbehrliche geschäftliche Selbständigkeit innerhalb seiner Verantwortung und der ihm auferlegten Vorschriften verliert.

1. Alle Geschäftsvorgänge ab DM 3000,– bedürfen eines Sichtvermerkes der Kämmerei. In einer Unterredung wurde

ich theoretisch von der Harmlosigkeit dieser Verfügung überzeugt. Praktisch ist es so, daß Herr Hiller bereits in einem entscheidenden Falle, dessen Entscheidung ausschließlich mir zusteht, den Sichtvermerk mit Einwänden und Forderungen verweigert hat, über die ich mich mit Herrn Hiller gar nicht auseinanderzusetzen habe. In diesem genannten Falle, es betrifft den Vertragsabschluß mit Herrn Hülgert von der Staatsoper, besteht augenblicklich die Gefahr, daß ich die für die betreffende Rolle schwer erkämpfte und einzig mögliche Besetzung wieder verliere, womit also die Kämmerei bereits schwerwiegend in künstlerische Befugnisse eingreift.

2. Der eingereichte Haushaltsplan für das Jahr 1951 wurde in wesentlichen Positionen herabgesetzt, ohne vorher mit mir oder auch nur mit einem Vertreter von mir darüber zu diskutieren. Mein im Interesse des Institutes sofort erfolgter Protest blieb bis heute unbeantwortet, und die Abstriche des Haushaltplanes gelten als verbindlich.

3. Eine für die Existenz der Komischen Oper entscheidende und vertraglich verankerte Voraussetzung ist die in materiellen Konsequenzen zu beachtende Gleichrangigkeit mit der Staatsoper. Darüber bedarf es schon deshalb keiner Diskussion, weil die offizielle Betrachtung der künstlerischen Ziele der Komischen Oper eine Zweitrangigkeit irgendwelcher Art keinesfalls duldet, abgesehen davon, daß über diesen Punkt eine klare Vereinbarung in Gegenwart des Herrn Stadtkämmerers, Vertretern des Finanzministeriums, Herrn Bork als Vertreter des Volksbildungsministeriums, mehreren Vertretern des Magistrats und mir getroffen worden ist. Die für uns sehr katastrophal sich auswirkende Verschleierung der Tatsache, daß die Staatskapelle besser gestellt ist als das Orchester der Komischen Oper, steht neben der nachweisbaren Tatsache, daß die Staatsoper über ein größeres Westmark-Konto verfügt und

beispielsweise ein Sänger aus der Westzone, der pro Abend DM 1500,– erhält, ohne sein ausdrückliches Verlangen automatisch 25 % dieses Vertrages in Westmark ausbezahlt bekam. Abgesehen von den außerordentlichen Westmarkschwierigkeiten, mit denen Sie sich ja selbst befaßt haben, ist, angesichts der außerordentlichen Personalschwierigkeiten, mit denen die Komische Oper zu kämpfen hat, unter diesen Umständen eine Konkurrenz in keiner Weise möglich.

4. Die Anordnung, daß die Gehalts- und Lohnempfänger an die Hauptgehalts- und Lohnstelle des Magistrats angegliedert werden, bedeutet neben nahezu unlösbaren praktischen Schwierigkeiten eine ebenfalls vertragswidrige Einbuße der Personalhoheit.

5. Durch die neuen Bestimmungen sind Barzahlungen über DM 50,00 hinaus verboten, eine Bestimmung, die für jeden mit der notwendigen Elastizität eines Theaterbetriebes vertrauten Fachmann untragbar ist.

6. Selbst die kleinsten Anschaffungen können laut neuer Verfügung nicht mehr von der Theaterleitung direkt vorgenommen werden; der vorgeschriebene Dienstweg lähmt unter allen Umständen auf eine untragbare Weise den Betrieb. Es kann auch in diesem Punkte von einer geschäftlichen Leitung durch die Intendanz nicht mehr gesprochen werden.

7. Die Anordnung, wonach überhaupt keine Überstunden gezahlt werden dürfen, würde auch den unabgeänderten Haushaltsplan völlig über den Haufen werfen, weil bei der zur Verfügung stehenden Belegschaft die Arbeit ohne Überstunden nicht zu leisten ist.

8. Selbst wenn ich in der Lage wäre, unter den vielen und hier gar nicht vollständig aufgezählten Einengungen die volle Verantwortung für die Betriebsführung zu tragen, so bedeutete das eine solche Unzahl von schriftlichen Anträ-

gen und Fragestellungen, wie sie das Volksbildungsamt als unmittelbar vorgesetzte Dienststelle gar nicht erledigen kann und, wie die Erfahrung der letzten Monate beweist, tatsächlich auch nicht erledigt, weil auch für eine derartige Bürokratisierung ihr Personalbestand zahlenmäßig nicht ausreicht.

Diese hier aufgeführten Feststellungen sind notwendig, aber alle in der Anerkennung der Bemühungen ausgesprochen, die sich die Dienststellen des Magistrats in bester Förderungsabsicht geben. Die gute Absicht wird durch die Tatsache nicht in Frage gestellt, daß man ein Theater so nicht führen kann.

Dieser Brief, sehr verehrter Herr Stadtrat, von dem die Durchschrift auch an Herrn Bauer geht, ist nicht geschrieben, um den für uns beide bereits allzu umfangreichen Schriftverkehr zu vermehren, auch nicht, um gegen Sie als mir vorgesetzte Behörde eine Anklage zu erheben, sondern ausschließlich zur Darlegung meiner Situation und meines Verantwortungsbewußtseins und als Ergänzung zu noch darzulegenden Gründen, die mir eine Verlängerung meines bisherigen Vertrages unmöglich machen.

Mit dem Ausdruck der aufrichtigen Verbundenheit und in vorzüglichster Hochachtung

(Walter Felsenstein)

[An Herbert Fechner, Magistrat von Groß-Berlin]

18. 12. 1951

Sehr verehrter Herr Stadtrat!

Ich spreche Sie heute wegen eines Berichtes im »Nacht-Express« vom 15. dieses Monats an, den ich Ihnen in Abschrift beilege. Der Satz »So soll die Komische Oper grundlegende Veränderungen erfahren« hat innerhalb und außerhalb meines Hauses große Beunruhigung hervorgerufen. Die Mitglieder und Freunde der Komischen Oper sind seit deren Existenz daran gewöhnt, daß sie von geplanten Veränderungen durch ihren Intendanten benachrichtigt werden, bevor die Öffentlichkeit davon erfährt. Wie Ihnen teilweise bekannt, wird die Arbeit dieses Institutes durch die gesteigerten Ansprüche und durch mancherlei Ungunst der Verhältnisse immer schwieriger. Beunruhigende Nachrichten und Mutmaßungen über die Zukunft des Hauses stören den Arbeitsfrieden bei uns wesentlich mehr als anderswo.

Ich bin an mancherlei durch Nachlässigkeit, vielleicht auch durch Absicht verursachte Entgleisungen gerade des »Nacht-Express« gewöhnt und halte es für ausgeschlossen, daß Sie selbst einen solchen Satz gesagt haben. Deshalb bin ich auch der einzige, der durch diese Nachricht nicht beunruhigt ist. Aber ich bin der Meinung, daß Sie, wenn Sie schon in einem Blatt zitiert werden, sich falsche Berichte nicht gefallen lassen dürfen. Sie werden daher verstehen, sehr verehrter Herr Stadtrat, daß ich Sie um eine Erklärung bitte, vor allem aber darum bitte, den »Nacht-Express« zu einer Berichtigung zu veranlassen.

Mit ergebensten Grüßen (Walter Felsenstein)

[Vorschläge für den Magistrat] 12. 1. 1953

1. Die Komische Oper ist der in Deutschland erstmalige konsequente Versuch eines realistischen Musiktheaters. Als solcher in keiner Weise vergleichbar mit einer anderen Opernbühne und einem Repertoire-Theater. Der Zeitpunkt für diesen Versuch ist durch die allgemeine künstlerisch-personelle Situation in Deutschland denkbar ungünstig und die derzeitige Durchführung dieses Zieles mit unver-

gleichbaren politischen und materiellen Schwierigkeiten verbunden. Ist es daher nicht zunächst erforderlich, daß die auf höchster Ebene entscheidenden Persönlichkeiten sich mit dem Inhalt dieses Theatergebildes und seinen sehr subtilen Erfordernissen wirklich auseinandersetzen? Es ist dies seit Gründung des Institutes bisher noch nie geschehen.

2. Hält die Kulturpolitik unserer Regierung und im besonderen die des Magistrats von Groß-Berlin die Unterhaltung dieses Institutes auf der Grundlage seines eigentlichen Sinnes und seines Wesens für unentbehrlich?

Diese Frage ist meines Erachtens nur zu beantworten, wenn die für eine solche Entscheidung maßgebendsten Persönlichkeiten sich in einer Diskussion mit dem Intendanten und Gründer dieses Hauses über Punkt 1 klarwerden. Bejaht kann die Frage nur werden, wenn man zu allen sich daraus ergebenden Konsequenzen bereit ist, die in mancher Hinsicht in politische Fragen eingreifen, zumindest in die Technik politischer Fragen. Mehrere Themen sind grundsätzlich ungeklärt, ihre Betrachtungsweise und Behandlung daher sehr verschiedenartig, worin nachweislich die Hauptursache ununterbrochener Berunruhigungen und mangelnder Ökonomie zu erblicken ist. Zu diesen Themen gehören:

– die Einstellung zu den West-Berliner, westdeutschen und ausländischen Mitarbeitern des Hauses

– eine grundsätzliche Anweisung an die obersten Organe der Polizei und des auswärtigen Amtes hinsichtlich Elastizität und Entgegenkommen im Intersektoren- und Interzonenverkehr

– die Fragen des Grundstückkomplexes und der künftigen baulichen Planung für das Objekt

– die Werbung

– die Preisgestaltung.

(Felsenstein)

[An Johannes R. Becher, Ministerium für Kultur]

30. 3. 1954

Sehr verehrter Herr Minister!

Aus Ihren Darlegungen anläßlich der Gründung eines künstlerisch-wissenschaftlichen Rates, sowie aus anderen Ihrer Äußerungen unmittelbar vor und seit Ihrer Übernahme des Ministeriums, ist mir Ihre Auffassung von den vordringlichen Aufgaben des Ministeriums für Kultur ziemlich umfassend klargeworden. Ich hätte kein Recht, dem künstlerisch-wissenschaftlichen Rat anzugehören, wenn ich mich nicht – unbeschadet meiner großen Überlastung – dauernd damit beschäftigte. Dabei liegt mir der Fragenkomplex gesamtdeutscher Bemühungen, Durchdringung des Westens mit unseren kulturellen Intentionen, vor allem aber unseren vorweisbaren künstlerischen Fakten besonders am Herzen.

Ich sehe jetzt die Zeit und die Gelegenheit, spät, aber vielleicht noch rechtzeitig, die nicht nur für mich evidente Diskrepanz zwischen guten Absichten einerseits und der mangelnden Förderung konkreter Vorschläge andererseits zu beseitigen oder zumindest endgültig klarzustellen.

Vor etwa zwei Jahren waren etwa zwölf prominente Künstler und Wissenschafter viele Stunden beim Herrn Ministerpräsidenten Grotewohl zu Gast, um gerade dieses Thema zu behandeln. Die Diskussion war lebhaft, und eine Reihe wertvoller Anregungen tauchte aus dem Kreise der Versammelten auf. Ich weiß bis heute nicht, ob der Herr Ministerpräsident, nachdem kaum eine dieser Anregungen bisher durchgeführt wurde, uns, die damals bei ihm versammelt waren, für Schwätzer hält oder ob ihm bekannt ist, daß unsere realen diesbezüglichen Bemühungen in der Staatlichen Kommission für Kunstangelegenheiten zu Tode behandelt wurden. Einigen Ihrer Mitarbeiter, die aus der Staatlichen Kommission übernommen wurden, müssen diese Dinge bekannt sein.

Sie werden daher verstehen, sehr verehrter Herr Minister, wenn ich darum bitte, Sie darüber persönlich sprechen zu dürfen.

Da gegenwärtig, wie ich mir sehr wohl denken kann, jeder derartige Termin ein großes Opfer für Sie bedeutet, so darf ich zur Ersparnis Ihrer Zeit vorschlagen, diese Unterredung zusammenzulegen mit der ebenso dringlichen und schon seit längerem fälligen gemeinsamen Aussprache mit dem Leiter des Hauptamtes Kunst beim Magistrat, die Komische Oper betreffend. Für mich ist jeder Ihnen genehme Zeitpunkt einzurichten, wenn ich ihn zwei Tage vorher erfahre.

Mit verbindlichstem Dank im voraus und in vorzüglichster Hochachtung

Ihr sehr ergebener Walter Felsenstein

[An Johannes R. Becher]

26. 2. 1955

Sehr geehrter Herr Minister!

Eine Entscheidung Ihres Ministeriums, die für mich angesichts der Bestrebungen um die politische und kulturelle Einheit Deutschlands völlig unverständlich ist, veranlaßt mich heute zu diesem persönlichen Schreiben:

Im Januar wandte sich an mich der bekannte Westberliner Kritiker und Musikwissenschaftler Professor Hans-Joachim Moser in seiner Eigenschaft als Mitarbeiter an dem westdeutschen »Kürschners Theater-Kalender«. Er betonte, daß dem Verlag wie den Herausgebern sehr daran gelegen sei, nicht nur die Opernschaffenden Westdeutschlands, Österreichs und der deutschsprachigen Schweiz zu erfassen, sondern auch die Ensembles der Deutschen Demokratischen Republik, um – wie es wörtlich heißt – »auch hier die Einheit des deutschen Sprachraumes vor Deutschland wie vor dem Ausland zu bekunden«. Herr Professor Moser, der uns übrigens mit regstem Interesse zugetan ist und wiederholt an einschlägigen Diskussionen im Kulturbund und bei anderer Gelegenheit teilgenommen hat, bat mich um dreierlei:

1. einen künstlerischen Fragebogen (Werdegang, Inszenierungen, gegenwärtige Tätigkeit) zu beantworten,

2. ihm eine Anschriftenliste der bedeutenden Mitarbeiter der Komischen Oper zu senden, denen der gleiche Fragebogen zugestellt werden soll,

3. ihm mitzuteilen, bei welcher Dienststelle in Berlin er für alle übrigen Theater in der DDR die authentischen Anschriften und eine Empfehlung an den betreffenden Intendanten erhalten könnte.

Da ich die internationale Bedeutung des altbewährten Theaterkalenders kenne und mich besonders darüber freute, daß hier von einer Stelle im Westen Deutschlands endlich einmal die Politik des eisernen Vorhangs gegenüber der DDR aufgegeben werden soll – da ich andererseits auch für die Komische Oper keine derartige Maßnahme ohne Wissen Ihres Ministeriums treffen wollte –, beauftragte ich meinen Dramaturgen, den gesamten Fragenkomplex Herrn Bork zu unterbreiten. Nachdem mehr als zwei Monate verstrichen sind und mein Mitarbeiter von einer Dienststelle zur anderen verwiesen worden war, erhielt er am 21. Februar von Herrn Semmt einen abschlägigen Bescheid: Das Ministerium sei grundsätzlich gegen jede Unterstützung des Kürschner-Kalenders. Folgende Gründe wurden für diese Ablehnung angeführt:

a) Es sei grundsätzlich bedenklich, Informationsmaterial, ganz gleich welcher Art, nach Westdeutschland herauszugeben, da ein derartiges Vorgehen mit dem Prinzip der Wachsamkeit im Widerspruch stünde.

b) Wenn Künstler und Bühnenschaffende der DDR in einem derartigen Almanach oder Verzeichnis erschienen, würde dadurch ein Bedürfnis entstehen, das Buch in die DDR zu importieren. Hierfür müßten Westgeldbeträge ausgegeben werden, die auf anderen Gebieten dringender nötig wären.

c) Die zeitweilige Erwägung, mit dem westdeutschen Verlag über einen Teildruck der Auflage in Leipzig zu verhandeln, sei aus Gründen der Rentabilität fallengelassen worden, denn die Nachfrage nach dem Theaterkalender wäre voraussichtlich nicht groß genug, um diesen Teildruck zu amortisieren.

Ganz abgesehen davon, daß Punkt b) und c) sich in der Frage des Bedürfnisses widersprechen, kann ich die Grundhaltung nicht billigen, aus der heraus die Entscheidung überhaupt getroffen wurde: Lange schon vermissen die Bühnenschaffenden der DDR ihr Jahrbuch, das seit Generationen ununterbrochen erschienen war. Seit Jahren scheitern alle Bemühungen um die gemeinsame Herausgabe dieses gesamtdeutschen Theater-Almanachs. Auch die schlimmsten Boykott-Maßnahmen Westberlins gefährden die Einheit der deutschen Theaterkultur nicht so sehr wie diese Trennung des Schrifttums. Daher sollte meiner Meinung nach jede Maßnahme – woher sie auch immer kommen möge, wenn sie nur gutem Willen entspringt – begrüßt und aktiv unterstützt werden.

Ich bitte Sie, sehr verehrter Herr Minister, die genannte Entscheidung zu überprüfen und – falls meine Argumentation Sie überzeugt – eine Revision zu veranlassen. Freilich ist die Zeit inzwischen weit fortgeschritten, und nur ein rascher Entschluß kann hier etwas bewirken, da das genannte

Werk kurz vor der Drucklegung steht. Andernfalls würde wieder ein ganzes Jahre vergehen und vielleicht diese Einladung auch gar nicht wiederholt werden.

In vorzüglichster Hochachtung

Ihr sehr ergebener Walter Felsenstein

[An Herbert Fechner, Magistrat von Groß-Berlin]

3.7.1955

Sehr geehrter Herr Fechner!

Während meines kurzen, vor allem der Vorbereitung der neuen Spielzeit gewidmeten Berliner Aufenthaltes werde ich vordringlich mit zwei Themen befaßt, die mich ziemlich beunruhigen und meine Freude über den nun endlich doch zustande gekommenen Vertrag zwischen uns etwas trüben.

Sie werden schon erfahren haben, daß die Ergänzungsbauten an unserem Hause, für die auch Sie sich so stark eingesetzt haben, eine Verzögerung erleiden, die sich zur Katastrophe auswirken könnte und alle bisherigen erfolgreichen Bemühungen ad absurdum führen würde. Und zwar durch den Standpunkt des Präsidiums der Deutschen Volkspolizei, Abteilung Brandschutz, wonach die Seitenbühne erst dann errichtet werden kann, wenn ein den Maßen entsprechender Teil der alten Ruine völlig abgetragen ist. Die Abtragung des Ruinenteiles ist abhängig davon, wann die derzeit darin enthaltenen Arbeitsräume in das Gebäude Unter den Linden verlegt werden können. Diese Übersiedlung ist wieder abhängig von der anderweitigen Unterbringung der im Lindengebäude befindlichen Mieter. Also: die Katze beißt sich in den Schwanz, und wir drehen die Daumen. Ich erkläre Ihnen aber noch einmal, daß eine Weiterführung des Spielbetriebes nicht möglich ist, wenn nicht vor Einbruch des Winters diese Seitenbühne errichtet wird.

Das zweite Thema: Wie ich höre, wurde von der Abteilung Arbeit des Magistrats wieder die Forderung erhoben, die Westberliner Mitarbeiter in Technik und Verwaltung durch neue Kräfte aus dem demokratischen Sektor zu ersetzen. Mein Standpunkt zu diesem Thema, den ich seinerzeit mit allen erforderlichen Begründungen und in persönlichen Besprechungen mit unserer Regierung durchgesetzt habe, ist Ihnen bekannt und braucht hier nicht noch einmal dargelegt zu werden. Zu meiner Beruhigung und großen Befriedigung haben auch sowohl die Abteilung Kultur des Magistrats wie das Ministerium für Kultur eine derartige Aktion, wie sie von der Abteilung Arbeit gefordert wird, abgelehnt. Genau so, wie ich dies seinerzeit unserem Herrn Ministerpräsidenten zugesichert habe, bin ich auch heute mit den zuständigen Behörden darin einig, daß bei eintretenden Vakanzen im Personalbestand in jedem Falle einem Einwohner des demokratischen Sektors der Vorzug vor jedem anderen Bewerber gegeben wird, wenn er die fachlichen Voraussetzungen besitzt. Es wird aber, wie ich das deutlich merke und mir das von verschiedenen Seiten bestätigt wird, immer wieder neue Unruhe in diese Frage hineingetragen, die geeignet ist, das subtile Gebilde eines führenden Kunst-Institutes entscheidend zu gefährden, ja unter Umständen durch moralische Verletzung des Kollektivbewußtseins seine Arbeitskraft zu lähmen.

An meinen Stellvertreter, Herrn Direktor Kostka, ist während meiner Abwesenheit mehrfach das Ansinnen gestellt worden, Arbeitskräfte, die nicht durchgehend im Jahresvertrag stehen, sondern sich nur im saisonbedingten Angestelltenverhältnis befinden, aus dem Betrieb zu entfernen, wenn sie ihren Wohnsitz in Westberlin haben. Und zwar wird dabei mit folgendem Argument operiert: Das Hauspersonal zum Beispiel (Platzanweiserinnen, Garderobenfrauen etc.) wird alljährlich zum Schluß der Spielzeit gekündigt, da es keinen Anspruch auf Bezahlung während der Ferien hat. Die Neueinstellung solcher Personen widerspricht nach dem Buchstaben den Arbeitsvorschriften, da sie für die darauffolgende Spielzeit neu verpflichtet werden würden. Das heißt: in diesen Fällen wird der rein formale Verwaltungsvorgang dazu benutzt, durch viele Jahre hindurch bewährte Spezialkräfte (denn auch der allabendliche Verkehr mit dem Publikum unseres Hauses erfordert eingearbeitete Spezialkräfte) zu entfernen und durch nicht eingearbeitete Halbtagsarbeiter, die das Arbeitsamt zur Verfügung stellen möchte, zu ersetzen. Das ist – wenn man offiziell erklärt, daß unsere führenden Bühnen durch derartige Fragen nicht beunruhigt werden sollen – ein Trick, der diese Zusicherung hintenherum wieder aufhebt und für den ich unter keinen Umständen zu haben bin. Der Beweis hierfür ist damit geliefert, daß die fristgerechten Kündigungen des Abendpersonals, die Herr Direktor Kostka korrekterweise vorgenommen hat, zu derartigen Mißverständnissen und zu großen Beunruhigungen auch im künstlerischen Personal geführt haben.

Meine bisherige Haltung in einer gesamtdeutschen demokratischen Personalpolitik und alles, was ich dazu zu sagen hätte, entspringt nicht meiner privaten Meinung, und schon gar nicht irgendeinem obstruktiven Bedürfnis, sondern lediglich meiner Verantwortung für die bestmögliche Führung dieses Institutes im Rahmen unserer Kulturpolitik.

Ich muß Sie allen Ernstes bitten, entweder meine vorbehaltlose politische Loyalität zur Kenntnis zu nehmen oder mir grundsätzlich das Vertrauen zu entziehen. Ich übe als vollverantwortlicher Angestellter des Magistrats das alleinige Hausrecht in der Komischen Oper aus und werde jeden Versuch, es einzuschränken, mit meiner sofortigen Demission beantworten. Ich habe das Bedürfnis, dies in aller

Form Ihnen nochmals zu erklären, damit Sie jedermann gegenüber mit diesem Ihnen bekannten Anspruch operieren können. Und ich bitte Sie herzlich, überall dort, wo es erforderlich ist, dafür zu sorgen, daß Herr Direktor Kostka, der seine ganze Kraft einsetzt, während meiner Abwesenheit diesen komplizierten und schweren Betrieb in dem von uns gemeinsam gewünschten Sinne unmißverständlich zu bewahren und weiterzuführen, mit diesen Dingen nicht am laufenden Bande belästigt und in Konflikte gebracht wird, die er sich bei seiner außerordentlich schweren und erfolgreichen Arbeit weder psychisch noch physisch leisten kann.

Ich zweifle nicht an Ihrem vollen Verständnis für diese meine Erklärung und danke Ihnen dafür im vorhinein bestens.

In vorzüglichster Hochachtung (Walter Felsenstein)

[An Herrn Roggenbrodt, Magistrat von Groß-Berlin]

12. 12. 1957

Sehr geehrter Herr Roggenbrodt!

Heute erhielt ich Ihren Brief vom 9. dieses Monats, worin ich angewiesen werde, keine Verpflichtung von westdeutschen oder Westberliner Künstlern ohne Ihre Zustimmung vorzunehmen.

Ich glaube, Sie sind neu im Amt, und so wissen Sie vielleicht nicht, daß Sie mir einen solchen Brief nicht schreiben können. Aber Herr Hösch, der diesen Brief mit unterzeichnet hat, hätte Ihnen dies sagen müssen.

Ich habe die Komische Oper gegründet und leite sie seit 10 Jahren. Die Zahl ausländischer, westdeutscher und Westberliner Künstler auf ein Minimum zu beschränken war seit der Spaltung Berlins an meinem Hause immer ein vordringliches Problem. Es gibt weder in Berlin noch in der DDR ein einziges Theater, das so umfangreich und sorgfältig alle nur denkbaren Möglichkeiten der Personalprüfung und der Personalsuche ergreift wie wir.

Ich bitte Sie bzw. Ihren Auftraggeber, mir einen einzigen Fall nachzuweisen, in dem für eine Position bzw. für eine Aufgabe, die durch einen in der DDR wohnhaften Künstler zu besetzen gewesen wäre, ein westdeutscher Künstler verpflichtet worden ist.

Ich kann Ihre Anweisungen auch nicht annehmen, weil weder in der Abteilung Kultur des Magistrats noch im Ministerium für Kultur ein Fachmann ist, der mich darüber belehren könnte, welchen Künstler ich für eine bestimmte Aufgabe zu verpflichten habe.

Hochachtungsvoll (Walter Felsenstein)

[Gedanken zur Erhaltung und Fortführung der Komischen Oper: 10 Punkte zur Rettung der Komischen Oper, 1961]

An der Komischen Oper werden – wie an keinem anderen Institut – Erkenntnisse und Arbeitsmethoden, aus denen das realistische Musiktheater entstehen kann, mit der höchstmöglichen Konsequenz entwickelt und angewandt. Das ist die Aufgabe und die einzige Rechtfertigung für die Existenz dieser Bühne. Ihre Aufführungen müssen – trotz mancher Unvollkommenheiten – in jedem Falle und unmißverständlich die gesellschaftliche Bedeutung eines realistischen Musiktheaters und seine Erreichbarkeit beweisen. Es können daher in der Produktion nur solche Kräfte eingesetzt werden, die neben den fachlichen Voraussetzungen und der künstlerischen Reife den Willen und die Fähigkeit besitzen, sich in monate-, mitunter jahrelanger Arbeit dem Ensemble und den Ansprüchen des Hauses einzufügen.

Diese Erfordernisse waren von jeher nur schwer erfüllbar und zwangen zu einer Personalpolitik, die auf etwas anderes als auf fachliche Eignungen keine Rücksicht nehmen konnte (also nicht auf Staatsangehörigkeit oder Wohnort), die in manchen politischen Situationen begreiflicherweise nicht allseitig Verständnis fand, die aber nach wie vor im Zentrum aller Überlegungen für die Fortführung dieses Theaters steht.

Ich bin entschlossen und erkläre mich bereit, die Komische Oper gegen alle gegenwärtigen und künftigen Schwierigkeiten weiterzuführen, solange die methodische Entwicklungsarbeit uneingeschränkt fortgesetzt und das sichtbare und hörbare Niveau der bisherigen Produktion bewahrt werden kann. Um dies zu ermöglichen und die dafür geeigneten Maßnahmen zu treffen, muß zunächst bei allen beteiligten Organen eine möglichst einheitliche Auffassung und Beurteilung der Tatsachen hergestellt werden.

1. Die Komische Oper hatte am Ende der Spielzeit 1960/61 unter rund 300 Mitgliedern der künstlerischen Sparten 125 Bewohner des demokratischen Sektors von Berlin und 157 Einwohner Westberlins bzw. der Bundesrepublik, einschließlich der 15 Solisten aus der ČSSR, den USA, Österreich und der Schweiz. Diese Zusammensetzung ist bereits das Ergebnis ständiger Bemühungen, sich von Künstlern, die nicht im demokratischen Sektor von Berlin oder in der DDR wohnen, unabhängiger zu machen, und stellt gegenüber den vergangenen Jahren eine erhebliche Senkung des »westlichen« Personalanteils dar. Es handelt sich also bei dem weitaus größten Teil dieser 157 Mitglieder um hochqualifizierte Kräfte, die kurzfristig nicht ersetzt werden können, einige von ihnen in absehbarer Zeit überhaupt nicht.

2. Seit dem 13. August hat sich das künstlerische Personal durch Republikflucht, Vertragsbruch und Vertragslösung um 31 Mitglieder vermindert, ist aber – mit tragbaren Einschränkungen – derzeit noch spielfähig. Nur die Ausstattungsabteilung ist – was neue Produktionen betrifft – durch die Republikflucht von Rudolf Heinrich bis auf weiteres arbeitsunfähig.

3. Die 131 verbliebenen, nicht im demokratischen Sektor wohnhaften Künstler sind trotz erheblicher Schwierigkeiten und Unannehmlichkeiten ausnahmslos zur Vertragserfüllung entschlossen, wenn der Lohnumtausch weiter gezahlt wird.

4. Bei Fortfall des Umtausches ist der größte Teil der Mitarbeiter zur Weiterarbeit bereit, wenn ein für ihre Existenz ausreichender Betrag in DM West zur Auszahlung gelangt.

5. Eine Übersiedelung in den demokratischen Sektor wird fast ausnahmslos abgelehnt.

Aus diesen Tatsachen ergibt sich:

1. Der Spielbetrieb ist zunächst nur so lange aufrechtzuerhalten, als der gegenwärtige Personalstand erhalten bleibt.

2. Im Falle weiterer Abgänge wird die Schließung des Hauses erforderlich, und zwar so lange, bis geeigneter Ersatz gefunden und in ausreichendem Maße in das Ensemble eingefügt worden ist.

3. Da die Schließung des Hauses über die Dauer eines halben Jahres hinaus nicht nur finanziell, sondern auch arbeitsmoralisch und hinsichtlich der künstlerischen Substanzerhaltung kaum tragbar wäre, muß unter allen – auch unter den im Augenblick noch unbekannten – Umständen über die Möglichkeit einer Weiterführung des Institutes bis Ende dieses Kalenderjahres verbindlich entschieden werden können.

4. Solange die Möglichkeiten für künstlerisch ausrei-

chende Neuverpflichtungen nicht konkret übersehbar und gesichert sind, ist die Erhaltung der Komischen Oper von der Vertragserfüllung der Grenzgänger abhängig und daher ungewiß.

Ich schlage folgende Maßnahmen vor:

1. Das Ministerium für Kultur beauftragt sofort geeignete Fachkräfte mit der Verpflichtung der in Berlin und der Republik verfügbaren Fachsänger, Chorsolisten und Operninstrumentalisten.

2. Nach entsprechender Vorbereitung durch die zuständigen Kulturministerien werden Beauftragte der Komischen Oper spätestens bis Ende Oktober in die Volksdemokratien entsandt, um verfügbare Künstler kennenzulernen und gegebenenfalls zur verbindlichen Prüfung nach Berlin einzuladen. Alle dafür erforderlichen Paßformalitäten müßten durch vorherige Vereinbarungen auf diplomatischem Weg als bevorzugt und beschleunigt durchführbar erklärt werden. Die Komische Oper verpflichtet für diese Reisen geeignete Mitarbeiter außerhalb des Stellenplanes.

3. Für den Fall, daß solcherart zustande kommende Neuverpflichtungen vor einer aktuellen Vakanz erfolgen, werden für den Überhang des Stellenplanes die erforderlichen Mittel zur Verfügung gestellt.

4. Eine Kündigung von Westberlinern erfolgt nicht. Es werden sofort Maßnahmen getroffen, um diesen Kollegen die bis auf weiteres mit Opfern verbundene Erfüllung ihres Vertrages zu erleichtern und jedes Gefühl des Unerwünschtseins zu nehmen. Das muß im Hinblick auf Vorkommnisse in anderen Instituten gesagt werden – auch wegen des Verhaltens einzelner Kontrollorgane und nach einigen Geschmacklosigkeiten der Presse.

5. Im Falle einer Sperre des Lohnumtausches wird allen Umtauschberechtigten, die ihren Vertrag erfüllen, ein prozentualer Anteil ihrer Gage in DM West, im Mindestfall

DM 400,– (vierhundert), angeboten. Diese freiwillige Leistung ist, für den Fall, daß die Position gleichwertig ersetzt werden kann, vierteljährlich kündbar.

6. Mit vereinzelten und bis auf weiteres nicht ersetzbaren Spitzenkräften werden erforderlichenfalls Sonderverträge in DM West abgeschlossen. Diesen Kräften wird bei Gefährdung in Westberlin Umzug in die Bundesrepublik vorgeschlagen.

7. Einige im demokratischen Sektor wohnhafte Künstler leiden unter der Unerfüllbarkeit ihrer beruflichen Verpflichtungen in der Bundesrepublik, andere darunter, daß sie auf auswärtige Berufskontakte weitgehend verzichten müssen. Ich halte eine Erklärung des Ministeriums für Kultur für unerläßlich, daß diesbezügliche Erleichterungen erfolgen, sobald sich die politischen Verhältnisse einigermaßen normalisiert haben.

Das Ministerium für Kultur bietet diesen Künstlern – soweit es ihre Berliner Tätigkeit zuläßt und im Einvernehmen mit der Intendanz der Komischen Oper – Gastspiele und Konzerte im befreundeten Ausland an.

8. Solange der Spielplan aus personellen Gründen eingeschränkt ist, kann die Intendanz das Haus wöchentlich einmal schließen.

9. Über die Spielfähigkeit oder die Notwendigkeit einer vorübergehenden längeren Schließung des Hauses aus vorerwähnten Gründen entscheidet der Intendant.

10. Das Ministerium für Kultur sorgt dafür, daß Anträge, die die Komische Oper im Interesse der Aufrechterhaltung oder der beschleunigten Wiederaufnahme ihres Spielbetriebes stellt, von allen Dienststellen des Staatsapparates und des Magistrats verständnisvoll und ohne Verzögerung erledigt werden.

Es handelt sich bei diesen zehn Punkten – wie gesagt – um Vorschläge, die zu diskutieren und gegebenenfalls zu ergänzen sind. Sollte daraus eine Vereinbarung zustande kommen, so bitte ich um eine für mich entlastende Information des Herrn Oberbürgermeisters.

[An Erich Rahn, 1. Kascheur und Bildhauer]

2.9.1961

Lieber Herr Rahn!

Ich will versuchen, trotz meiner tiefen Traurigkeit und großen Enttäuschung Sie davon zu überzeugen, daß ich für alles, was Sie empfinden, das größte Verständnis habe und Ihre Handlungsweise trotzdem nicht verstehen kann. Ihre Gedanken und Empfindungen über die Berliner Ereignisse und ihre Auswirkungen auf unser Institut teilen Sie mit vielen Kollegen. Aber alle Kollegen, von denen viele nicht so theaterbesessen sind wie Sie und von denen nur wenige am Aufbau der Komischen Oper so maßgebend beteiligt sind und für ihre Entwicklung Opfer gebracht haben wie Sie, sind gekommen und arbeiten in Erwartung der Entscheidungen über die Möglichkeit oder Unmöglichkeit einer Fortsetzung ihrer Arbeit.

Von vereinzelten Ausnahmen abgesehen, sind die Ostberliner Kollegen, die sich auf Urlaub außerhalb der DDR befanden, zum Arbeitsbeginn zurückgekehrt. Sie gehören zu denen, die volle Bewegungsfreiheit haben und damit die Möglichkeit, über Tragbarkeit und Untragbarkeit der Grenzübergangsschwierigkeiten, über Möglichkeit oder Unmöglichkeit, die Zugehörigkeit zur Komischen Oper aufrechtzuerhalten, aus praktischer Erfahrung und nicht aus Mutmaßung zu urteilen und zu entscheiden.

Das heißt: ich verstehe Ihre inneren Konflikte in der Frage, ob Sie trotz erschwerender Umstände und großer Ungewißheiten Ihre von Ihnen geliebte und von uns allen höchst anerkannte Arbeit fortsetzen sollen oder nicht. Aber ich und auch Ihre Kollegen verstehen nicht, daß Sie eine Entscheidung aus der Ferne getroffen haben, ohne zu prüfen, ob Ihre ersten Eindrücke und Mutmaßungen sich in der Praxis so bestätigen, daß eine negative Entscheidung erforderlich ist.

Ich habe Herrn Petrick, der Sie ja in meinem Auftrage besucht hat, gebeten, Ihnen Ihr in Ihrem Briefe aufgeführtes Eigentum zu überbringen und Ihre sonstigen Ansprüche mit Ihnen zu regeln.

Das von mir gewünschte Zeugnis kann ich Ihnen erst ausstellen, wenn Sie mir – entgegen meiner Hoffnung – antworten, daß mein Brief Ihren Entschluß nicht mehr ändern kann.

Mit den besten Grüßen

Ihr (Walter Felsenstein)

[An Siegfried Melchinger, Stuttgart]

3. 9. 1961

Lieber Doktor Melchinger!

Ihr Brief vom 27. August, die an Möglichkeiten für Mißverständnisse so reiche Korrespondenz zwischen Ihnen und Dr. Seeger, die Auswirkungen des 13. August auf mein Theater (Sie haben Anspruch darauf, etwas darüber zu erfahren) – wo soll ich zuerst anfangen?

Die Berliner Lage, deren Unerträglichkeit aus der Presse und aus der Ferne gar nicht zu beurteilen ist, bringt begreiflicherweise auch in meinem Personal manche Nerven zum Versagen. Die Atmosphäre als solche erschwert bereits die Arbeit. Dazu kommt das dauernde Hin und Her in der Lohnumtauschfrage für Westberliner (ich habe ja immerhin 166 Leute, die im Westen wohnen und deren Ausfall natürlich eine Schließung des Theaters erforderlich machen würde). Trotzdem laufen die Proben für »Tosca«, »Zauberflöte«, »Sommernachtstraum« und für andere Regenerationsarbeiten augenblicklich noch auf vollen Touren. Das Personal ist bis auf ganz wenige Ausnahmen noch vollzählig beisammen.

Heinrich, dem ich für die Hamburger Bauprobe von »Schweigsame Frau« mit den allergrößten Schwierigkeiten einen Reisepaß besorgte und für den ich die Bürgschaft übernommen hatte, ist auf Veranlassung seiner Frau nicht zurückgekehrt. Es gibt noch einige Schläge dieser Art, und ich kann und möchte Ihnen nicht sagen, wie es mir geht, denn Indien war ebenso interessant wie anstrengend und die Erholung auf Hiddensee zeitlich sehr begrenzt, und meine Reserven sind nicht so groß, wie ich möchte.

Ich habe mich – ohne die politische Entwicklung der nächsten Monate zu unterschätzen – dazu entschlossen, nichts unversucht zu lassen, um die Komische Oper zu erhalten – freilich nur in der erforderlichen Qualität. Aus zwei Gründen: die – wenn auch mit unterschiedlichem Gelingen – wichtigen Versuche der letzten zwölf Jahre sind, wenn sie abgebrochen werden, in dieser Art unwiederholbar. Und unter den siebenhundert Menschen, die hier verpflichtet sind, befinden sich sehr viele, die meinetwegen und auf meine Veranlassung bis heute hiergeblieben sind. Dieser Entschluß erstreckt sich auch auf den Fall, daß ich wegen erheblichen Ausfalls von Westberlinern das Haus so lange schließen muß, bis ich neue Kräfte gefunden und dem Ensemble eingefügt habe. Für diesen Fall habe ich mir eine Frist von zwei Monaten gesetzt, in der ich Gewißheit darüber erlangen muß, ob ich die notwendigen Ersatzkräfte finde oder nicht. Trifft letzteres zu, dann muß ich aufhören, und zwar als einer, der dann natürlich im Westen bereits geächtet ist und nicht mehr aufgenommen wird. Auch rechne ich damit, daß meine Aufenthaltsgenehmigung, die am

6. November abläuft, nicht mehr erneuert wird. Ich muß dann einen auswärtigen Wohnsitz wählen. Die persönlichen Repressalien, denen ich ausgesetzt bin, steigern sich von Tag zu Tag.

Aber, wie dem auch sei: Ich kann und darf weder das, worüber zum Beispiel auch unser Buch berichtet, noch einige hundert Menschen nur deshalb im Stich lassen, weil ein großer Teil der Öffentlichkeit meinen Rettungsversuch zum politischen Bekenntnis stempelt. [...]

Dieser Brief steht – wie Sie sich denken können – unter größtem Zeitdruck. Ich möchte am Schluß nur noch sagen, welch große Freude mir Ihre »Sommernachtstraum«-Kritik in »Theater heute« gemacht hat.

Gerne würde ich Ihnen über Indien berichten, und noch mehr gäbe ich darum, mich mit Ihnen über die gegenwärtige Situation besprechen zu können. Aber das muß ich aufschieben.

Ich wünsche Ihnen für Ihren Urlaub alles erdenklich Gute und hoffe von ganzem Herzen, daß es Ihnen gelingen möge, ihn voll zu nutzen.

Herzlich Ihr
Walter Felsenstein

[An Melitta Muszely, Hamburg]

23. 10. 1961

Liebe Frau Muszely!

Ich habe mit großem Erstaunen und noch größerem Bedauern von den Mitteilungen Ihres Mannes Kenntnis genommen, daß Sie die vertraglich festgesetzten »Hoffmann«-Termine im September und Oktober nicht wahrnehmen wollen. Denn es kann keine Rede davon sein, daß Sie sie nicht wahrnehmen können.

Vor einigen Tagen teilte mir Herr Kremer mit, daß Ihr Mann mit denselben Argumenten, die er mir gegenüber bereits dargelegt hatte, auch die November-Termine abgesagt hat. Es ist Ihnen zweifellos klar, wie jeder andere Theaterleiter in der Welt auf ein solches Verhalten reagieren würde. Mir ist aber unser Arbeitskontakt so wertvoll, daß ich – ehe ich die hier angebrachten Pflichten eines Theaterleiters erfülle – versuchen möchte, Sie von der rechtlichen und moralischen Unmöglichkeit Ihres Standpunktes zu überzeugen und den zwischen uns bestehenden Vertrag zu retten.

Sie sind bisher von niemandem gehindert worden, Ihren Vertrag mit der Komischen Oper zu erfüllen. Sie haben es länger als sechs Jahre für politisch unbedenklich gehalten, an der Komischen Oper zu singen, und Sie wurden mit der Komischen Oper in Paris und Moskau gefeiert. Sie hatten auch keine Bedenken, den Kammersängerinnen-Titel der DDR anzustreben und zu erhalten.

Es gibt im Westen nicht weniger Leute als im Osten, die mit großer Freude anerkennen, daß die Komische Oper bisher trotz aller personellen Schwierigkeiten und politischen Anfeindungen ihre Existenz und ihre künstlerische Qualität bewahrt.

Während der Berliner Festtage hat kaum ein internationaler Gast versäumt, sich hier den »Sommernachtstraum« anzusehen.

Eine britische Fernseh-Firma will in nächster Zeit einen Reportage-Film über die Komische Oper herstellen.

Aber Ihnen, die Sie Ihre Verbundenheit mit der Arbeit an der Komischen Oper versichern, sind scheinbar nur die Personengruppen maßgebend, die – aus sehr durchsichtigen Motiven – neuerdings das Auftreten an der Komischen Oper mit einem politischen Glaubensbekenntnis gleichzusetzen suchen.

Liebe Frau Muszely, ich kann das nicht verstehen, und

ich glaube, gleicherweise in Ihrem wie im Interesse der Komischen Oper zu handeln, wenn ich von Ihnen bis spätestens 11. November eine schriftliche Erklärung fordere, daß Sie die für Dezember vereinbarten »Hoffmann«-Termine unter allen Umständen wahrnehmen. Wenn Sie das nicht tun, betrachte ich unser Vertragsverhältnis als von Ihrer Seite aufgehoben.

Mit den besten Grüßen
Ihr Walter Felsenstein

[An Hans Bentzien, Ministerium für Kultur]

24. 10. 1961

Sehr verehrter Herr Minister!

Durch den Ministerratsbeschluß, der meine Vorschläge zur Erhaltung und Fortführung der Komischen Oper akzeptierte und realisierte, ist – mit Ausnahme einiger Vertragsbrüche und Vertragslösungen – der künstlerische Personalbestand erhalten geblieben. Damit ist – wenn der gegenwärtige Stand bis zum nächsten Herbst aufrechtzuerhalten ist – die Erneuerung des Institutes ohne längere Spielpause (die sich vielleicht tödlich ausgewirkt hätte) vermutlich durchführbar. Der am 25. September eröffnete Spielbetrieb ist quantitativ noch eingeschränkt, qualitativ verbessert.

Der Entschluß der Westberliner Künstler, sich mit einem Teil der bisherigen Lohnumtauschsumme einzurichten, bedeutet ein Opfer, das vor allem in seiner Einmütigkeit bei den Kollektivkörpern Chor und Orchester Anerkennung verdient. Durch diese materielle Einschränkung sind diese Kollegen mehr denn je auf den Einkauf im demokratischen Sektor angewiesen. Ihr Entschluß wäre ohne die verbindliche Zusage, daß ihre engeren Familienangehörigen Passierscheine für den Einkauf, den Theaterbesuch und für die ärztliche Betreuung erhalten, nicht zustande gekommen. Auch der späterhin zugesagte Bezug von S-Bahn-Monatskarten und die in Aussicht gestellte Erleichterung der Kontrollen spielten dabei eine wichtige Rolle.

Die pünktliche Auszahlung der Westgeld-Beträge hat einen starken Eindruck hinterlassen und die grundsätzliche Zuversicht so bestärkt, daß die Verzögerung in der Realisierung der anderen Zusagen bisher mit Geduld ertragen wurde.

Seit aber wiederholt empfindliche Härten dadurch auftreten, daß im Erkrankungsfalle des Mitgliedes der Einkauf für die Familie entfällt und auch vier Wochen nach Spielzeiteröffnung noch keine einzige Vorstellung besucht werden konnte, beginnen sich Zweifel über die Zuverlässigkeit dieser Zusagen einzuschleichen. Wenn dem nicht raschestens ein Ende gesetzt wird, so ist zu befürchten, daß nicht nur Erklärungen des Intendanten, sondern auch Äußerungen von Mitgliedern des Staatsapparates nicht mehr ernst genommen werden.

Ich muß Sie, sehr verehrter Herr Minister, wieder einmal bitten, persönlich einzugreifen und die für diese Verzögerungen verantwortlichen Persönlichkeiten davon zu überzeugen, daß die so großzügige und opfervolle Aktion Komische Oper in Frage gestellt wird, wenn der Regierungsbeschluß nicht wörtlich zur Ausführung gelangt.

Ich danke im voraus für Ihre Bemühungen und bin mit ergebenstem Gruß

Ihr (Walter Felsenstein)

[An alle Mitarbeiter der Komischen Oper]

30. 12. 1961

Liebe Kolleginnen und Kollegen!

Ernstere Gedanken bewegen uns als an jeder anderen Jahreswende zuvor, und ich scheue mich vor oft gesagten Worten und Wünschen.

Der Versuch, unsere Komische Oper – ohne Qualitätsminderung, ohne Abweichung von ihren Prinzipien und Zielen – spielfähig zu erhalten, wurde zum bestimmenden Ereignis des vergangenen Jahres.

Diesen Versuch – der noch immer Unsicherheiten, Gefahren und Anfeindungen ausgesetzt ist – dem Gelingen, nämlich einem gesicherten Bestand, entgegenzuführen ist für jeden, der der Komischen Oper wirklich angehört, der bestimmende Inhalt des neuen Jahres.

Wünschen wir einander dafür Frieden, Gesundheit, Erkenntnis unserer Fehler, Willenskraft, Liebe und Glauben!

Walter Felsenstein

[An Ernst Gutstein, Frankfurt/Main]

10. 1. 1962

Sehr geehrter Herr Gutstein!

Sie äußern Ihr Erstaunen, daß ich Ihren Brief vom 27. November nicht beantwortet habe. Abgesehen von meiner übergroßen Arbeits- und Sorgenlast fiel es mir – bei meiner mehr als wohlwollenden Einstellung zu Ihnen – zu schwer, diesen höchst unerfreulichen Brief zu beantworten. Im höchsten Maße unerfreulich deshalb, weil Sie auf eine durchaus offene und sachliche Anfrage meinerseits, in der ich Ihnen mein Verständnis für jede – wie immer geartete –

Stellungnahme Ihrerseits zugesichert hatte, mit lauter Ausreden antworten.

Sie hatten und haben einen Vertrag mit der Komischen Oper. Wir hatten unsererseits nach dem 13. August nicht den geringsten Anlaß, diesen Vertrag nicht zu erfüllen. Wenn Sie – wie Sie schreiben – zur Vertragserfüllung entschlossen waren, so hätten Sie die Pflicht, die für Sie wissenswerten Dinge zu erfragen und Ungewißheiten zu beseitigen, bevor Sie andere, den Vertrag mit der Komischen Oper verhindernde Verpflichtungen eingingen.

Ihre an der grenztechnischen Durchführbarkeit Ihres Vertrages geäußerten Zweifel sind insofern lächerlich, als Herr Kremer nicht Ihre Termine erfragt hätte, wenn Ihre Reise- und Aufenthaltsmöglichkeiten hier auch nur im geringsten in Frage stünden.

Ihr nunmehr eingegangener Brief bestätigte nur meine Meinung über Ihren ersten Brief, denn an der Berliner Situation hat sich seit unserem ersten Briefwechsel nichts geändert. Was Sie mir jetzt schreiben, hätten Sie mir im September schreiben müssen, zumindest aber in Ihrem November-Brief bekennen können.

Wenn Sie aus Ihrer bisherigen Verbindung mit mir und der Komischen Oper nicht gewußt haben, warum ich dieses Institut nicht aufgeben kann und darf, dann haben Sie es in einigen Presseäußerungen gelesen, die – im Gegensatz zu den über mich geschriebenen Schmähartikeln – eingestehen, daß dieses Theater, wenn es einmal geschlossen würde, andernorts nicht wiederholbar wäre. Und es gibt eine ganze Anzahl von »nichtöstlichen« Mitarbeitern, die unter materiellen Opfern und politischen Anfeindungen sich weiterhin zu diesem Haus bekennen.

Was Ihre Situation mir gegenüber erschwert, ist die Tatsache, daß Sie von niemandem bedroht oder behindert wurden, den Vertrag mit der Komischen Oper zu erfüllen.

Ich bin auf Ihren ausdrücklichen Wunsch hin natürlich bereit, den zwischen uns bestehenden Vertrag als gelöst zu betrachten. Sie müssen aber verstehen, daß ich das Bedürfnis hatte, Ihnen die Dinge so darzulegen, wie ich sie sehe und wie sie ja auch wirklich sind.

Mit besten Grüßen (Walter Felsenstein)

[An den Intendanten Rolf Liebermann, Hamburgische Staatsoper]

2. 6. 1962

Lieber Herr Doktor Liebermann!

Schon länger als vierzehn Tage ist Ihr Brief, der mir nach Prag nachgebracht wurde und für den ich Ihnen sehr herzlich danke, unbeantwortet. Aber seit meiner Ankunft in Prag, am Tag nach der Hamburger Premiere, bis zu meiner gestrigen Rückkehr nach Berlin, blieb mir buchstäblich keine Minute, um Ihnen zu berichten, wozu es mich drängt und worauf Sie Anspruch haben. Ich kenne den neuen Angriff der »Bild-Zeitung« auf mich nicht und hörte nur gerüchteweise davon. Aber der Anlaß dazu war zweifellos der höchst geschmacklose Bericht des »Neuen Deutschland« vom 17. Mai, den ich Ihnen original beilege.

Unmittelbar nach dem Empfang auf dem Flugplatz in Prag wurde mir die Einladung des tschechoslowakischen Staatspräsidenten Novotný zu einem Empfang der deutschen Regierungsdelegation überbracht. Da meine Ankunft groß angekündigt sei, würde es unangenehm auffallen, wenn ich mich dieser Einladung entzöge, wurde mir gesagt. Und so ging ich trotz meiner Müdigkeit nach der Hamburger Premiere hin.

In dem Gespräch, das die Herren Novotný und Ulbricht mit mir führten, stellte ich erstaunt fest, wie genau man über Hamburg informiert war. Im Anblick der gezückten Presse-Bleistifte und -Kameras beschränkte ich mich auf die Erklärung, daß die um meine Gastinszenierung aufgetretenen politischen Spannungen auf sehr taktvolle und geschickte Art beruhigt worden wären und ich es für richtig hielt, jegliche Polemik von Berliner Seite aus zu vermeiden. Das wurde mir auch zugesagt. Ein Gespräch mit mir in dem Umfange, wie es beiliegender Artikel wiedergibt, hat nicht stattgefunden, und ich bin sichtlich von der Redaktion als passender Aufhänger benutzt worden. Meine und nicht nur meine Empörung darüber wurde unmißverständlich und an die richtige Adresse zum Ausdruck gebracht. Aber das konnte ja die Angelegenheit nicht mehr ungeschehen machen, und im Rahmen des »Prager Frühlings« und des Regierungsbesuches war ein öffentlicher Protest unmöglich.

Auch Ihnen berichte ich dies vertraulich und bitte Sie, keinerlei Gebrauch von meiner Mitteilung zu machen. Aber sowohl mir wie meinem Ensemble hat diese Sache die Freude an unserem Prager Erfolg getrübt.

Die Aufführungen von »Othello« und »Das schlaue Füchslein« begegneten ungewöhnlichem Interesse und waren – soweit sich das aus der bisherigen Presse, aus öffentlichen und privaten Diskussionen übersehen läßt – ein wirklich großer und nachhaltiger Erfolg.

Von meiner Promotion zum Ehrendoktor der alten Karls-Universität erfuhr ich erst wenige Tage vorher. Es war ein wirklich sehr feierliches Ereignis. Die Schönheit des historischen Rituals – von dem ich Ihnen bei Gelegenheit erzählen werde – hat mich tief berührt, aber auch die Ehrung als solche, denn die älteste und traditionsreichste Universität Mittel-Europas hat diese Würde zum ersten Male einem Theatermann verliehen. Und so bezog ich diese Auszeichnung mehr auf unseren Beruf als auf meine Person.

Die mir bisher geschickten »Rigoletto«-Kritiken vergrößerten noch meine tiefe Dankbarkeit an ein gütiges Geschick, das mein dieses Mal wirklich abenteuerliches Hamburger Unternehmen zu einem so unerwarteten Erfolg gelenkt hat. Besonders die Ausführungen von Heinz Joachim in der »Welt«, Joachim Kaiser in der »Süddeutschen Zeitung« und Carl Dahlhaus in der »Stuttgarter Zeitung« sind trotz gesteigerten Wohlwollens grundsätzlich und bedeutend, wie in Berlin eben nicht geschrieben wird.

Mein Verhalten Ihnen gegenüber während der ganzen Zeit war auch so sehr von meinen Sorgen, Ängsten und Ärgernissen bestimmt, daß ich Ihnen meine Dankbarkeit für Ihren Glauben an das Gelingen der Arbeit und für Ihr konsequentes Einstehen für meine Person bestimmt nicht genug zum Ausdruck gebracht habe. Ich möchte dies jetzt in aller Aufrichtigkeit und Freundschaft nachholen und dabei auch nicht die sonntäglichen Stunden und anderen Zusammenkünfte mit Ihnen und Ihrer Frau vergessen.

Heute flog mir der Leserbrief aus der Hamburger »Welt«: »Felsenstein damals« auf den Schreibtisch. Wenn auch die Redaktion für den Inhalt der Leserbriefe keine Gewähr übernimmt, so kann ich doch den Abdruck dieser Zuschrift, deren Unwahrheit für die meisten an meiner Person interessierten Leute evident ist, zu diesem Zeitpunkt nicht verstehen. Scheinbar beruht die Ungestörtheit der »Rigoletto«-Premiere doch nur auf einem sehr kurzfristigen Stillhalte-Abkommen, und ich sehe für die Zukunft düster.

Ich wäre Ihnen dankbar, wenn Sie Herrn Wenk veranlassen könnten, trotz seiner zweifellos sehr großen dienstlichen Beanspruchung, ein paar Zeilen über den Verlauf der zweiten (und vielleicht auch schon dritten?) Aufführung zu diktieren.

Mit allen guten Wünschen für Sie und Ihre Familie und sehr herzlichen Grüßen

Ihres (Walter Felsenstein)

[An den Regieassistenten Ulrich Wenk, Hamburgische Staatsoper]

9. 6. 1962

Lieber Herr Wenk!

Ihr Brief mit Bericht hat mich aus etwas quälender Ungewißheit erlöst. Ich danke Ihnen sehr herzlich dafür.

Trotz der unsäglich gedrängten Arbeit in Prag, von wo ich vor einer Woche zurückgekommen bin, hat mich die Frage nach »Rigoletto« ziemlich beschäftigt. Was Sie mir schrieben, hebt sich bereits wesentlich von den hymnischen Pressekritiken ab, die mir inzwischen zugeschickt worden sind, ist aber noch positiver, als ich es nach Kenntnis und Lage der Dinge erwartet hatte.

Der jüngste Angriff der »Bild-Zeitung« war an Umfang und Unappetitlichkeit doch stärker, als es mein für solche Dinge angeschafftes dickes Fell verträgt. Freilich war auch der Anlaß dazu nicht gerade appetitlich, aber von der »Bild-Zeitung« doch schamlos benutzt und entstellt.

Auch der unter den Leserbriefen der »Welt« veröffentlichte Absatz »Felsenstein damals« hat mich viel Aufregung und Zeit gekostet. Obwohl meine erste Frau gerichtlich gegen diese Lüge vorgehen wird, wird ja ein solcher Anwurf nicht ungeschehen gemacht.

Aber so entsetzlich dies alles ist, so erkenne ich doch, daß ich es zugunsten der Komischen Oper ertragen muß, solange es nur irgend geht. Denn die Geduldsproben in der Arbeit, die mir Hamburg auferlegt hat, die Sie freundschaftlichst mitgetragen haben und die ja schließlich mit einem nicht unwichtigen Erfolg belohnt wurden, wären ohne den Heimathafen Komische Oper nicht möglich und nicht tragbar.

Entschuldigen Sie bitte, daß ich Sie mit diesen Bekenntnissen privat belästige. Aber Sie haben sich durch Ihr für mich unvergeßliches Verhalten in der ganzen Hamburger Arbeitsperiode mir sehr genähert.

Alles Gute und herzliche Grüße
Ihres (Walter Felsenstein)

[An Walter Ulbricht, Staatsrat der DDR]

16. 12. 1962

Sehr verehrter Herr Vorsitzender des Staatsrates!

Es gibt einige für die Zukunft der Komischen Oper wichtige Fragen, die meines Erachtens ohne Ihre persönliche Hilfe nicht lösbar sind. Diese Meinung teilt der Leiter der Kulturabteilung des Zentralkomitees, Herr Siegfried Wagner, mit dem ich vor längerer Zeit ein Gespräch über diese Fragen hatte.

Ich unterschätze nicht Ihre ungeheure Arbeitslast, die eine Erfüllung meiner Bitte um ein baldiges Gespräch zweifellos nur schwer ermöglicht. Aber da ich bereits am 2. Januar eine vertragliche Verpflichtung an der Hamburger Staatsoper antrete und fürchten muß, daß dieses Gespräch nach meiner Rückkehr im März für manche Fragen zu spät wäre, wage ich zu hoffen, daß ich noch vor meiner Abreise Gelegenheit habe, Ihnen die wichtigsten Dinge vorzutragen.

Verzeihen Sie bitte diese Pression. Aber ich glaube, Sie wissen, daß ich Sie noch niemals leichtfertig in Anspruch genommen habe. Und ich weiß, wie viel Ihnen daran liegt, daß die Opfer, die die Regierung für den Fortbestand der Komischen Oper bisher erbracht hat, auch in der Perspektive rentabel sind.

In vorzüglichster Hochachtung
Ihr sehr ergebener Walter Felsenstein

[Anhang zum Protokoll über ein Gespräch mit dem Vorsitzenden des Staatsrates am 20. 12. 1962]

Über die einzeln angesprochenen und behandelten Fragen hinaus ist das Gesamtergebnis der Unterredung dahingehend zu bewerten, daß der Herr Vorsitzende des Staatsrates eine Diskrepanz zwischen der kulturpolitischen Bedeutung der Komischen Oper und ihrer Behandlung von seiten mancher Staatsorgane aufrichtig erkannt hat.

Dies kommt unter anderem darin zum Ausdruck, daß der Komplex Komische Oper und der Inhalt dieser Unterredung bereits am darauffolgenden Tage in einer Sitzung des Politbüros der SED behandelt wurden. Auch die Grußadresse des Herrn Vorsitzenden des Staatsrates anläßlich des 15. Jahrestages der Komischen Oper war sichtlich von dieser Unterredung beeinflußt. In einem Telefongespräch am 28. dieses Monats bestätigte mir der Leiter der Kulturabteilung im ZK der SED, Siegfried Wagner, den Eindruck, den die Unterredung auf den Herrn Vorsitzenden machte, und kündigte dessen Kritik an der Verfahrensweise mancher Staatsfunktionäre der Komischen Oper gegenüber an.

Ich bin überzeugt, daß die in Aussicht gestellten Maßnahmen für uns in absehbarer Zeit zur Durchführung gelangen, halte aber – ich betone dies im Hinblick auf meine Abwesenheit in Hamburg – für erforderlich, die nun für uns gegebene Situation noch im Monat Januar zu nutzen, und zwar durch pausenlose Überprüfung der in unserem Interesse angeordneten Vorgänge und gegebenenfalls durch Mahnungen oder Beschwerden im Falle der Verzögerungen beim Leiter der Kulturabteilung des ZK. Auch ist mir ab Mitte Januar wöchentlich über den Stand der in diesem Protokoll angesprochenen Dinge nach Hamburg Bericht zu erstatten.

(29. 12. 1962 Felsenstein)

[An Gerhard Karl, Direktor]

20. 1. 1966

Sehr geehrter Herr Karl!

Ich bekam für meine Dienstreise nach Hamburg – den Bestimmungen gemäß – DM West 57,–. Aus den Belegen ergibt sich eine Summe von 79,50 DM. Ich habe als Ausländer Devisen bei mir. Aber gesetzt den Fall, ich wäre als Intendant der Komischen Oper DDR-Bürger, so hätte ich sowohl in Hamburg wie bei der Rückkehr auf dem Flugplatz Tegel blamablerweise kein Geld zur Verfügung gehabt. Ich möchte nicht unerwähnt lassen, daß ich für Abendessen und Frühstück – in durchaus normalen Grenzen – DM West 32,15 bezahlt habe. Mein Tagegeld betrug DM West 30,–. Es wäre durchaus normal gewesen, wenn ich im Zusammenhang mit meinem Theaterbesuch es für nötig befunden hätte, jemanden zum Essen einzuladen. Es geschah in diesem Falle nicht. Ich stelle hiermit fest, daß eine Dienstreise auf einer solchen Grundlage sowohl persönlich unzumutbar wie dem Prestige der Komischen Oper abträglich ist. Ich schreibe Ihnen diese Zeilen nicht nur zu Ihrer persönlichen Information, sondern mit der Bitte, diese Frage mit dem Ministerium für Kultur grundsätzlich zu klären. Es muß möglich sein, daß der Intendant einer führenden DDR-Bühne für eine Dienstreise ausreichende Mittel zur Verfügung gestellt bekommt, die er natürlich abzurechnen hat. Wenn das nicht möglich ist, werde ich in Zukunft auswärtige Termine absagen, aber auch die Gründe für diese Absage schriftlich mitteilen.

Mit den besten Grüßen
Ihr (Walter Felsenstein)

[An Bruno Gade, Verwaltungsleiter]

7. 12. 1968

Für Herrn Gade zur Mitteilung an das Ministerium

Ich finde es ungehörig, wenn mir durch einen Mitarbeiter des Ministeriums für Kultur auf dem Umweg über meinen Verwaltungsleiter mitgeteilt wird, daß der Minister Einsicht in meine Korrespondenz wünscht.

Dieser Wunsch als solcher ist bereits seltsam, da es sich aber um eine sehr politische Angelegenheit handelt, verständlich. Ich hätte ihn sofort erfüllt, wenn Herr Minister Gysi mich persönlich angesprochen hätte. Dieser hier eingeschlagene Weg hat die Form einer ministeriellen Kontrolle, die ich als Mißtrauen und daher beleidigend empfinde.

gez. Walter Felsenstein

[An Herbert Fechner, Magistrat von Groß-Berlin]

15. 12. 1968

Sehr geehrter Herr Oberbürgermeister!

Ich danke Ihnen aufrichtig für Ihren Brief, der – wenn ich Sie richtig verstehe – nicht nur der Anklage wegen geschrieben ist, sondern helfen soll, das Vertrauensverhältnis zwischen Berliner Publikum und Komischer Oper nicht zu gefährden. Bitte haben Sie Verständnis dafür, wenn ich Ihre Anfrage zunächst nur unvollkommen beantworten kann.

Neben meiner persönlichen Bedrängnis wenige Tage vor einer ungewöhnlich schwierigen Premiere liegt der Grund dafür bei gewissen Komplikationen, die zwischen dem Ministerium für Kultur und der Komischen Oper seit einiger

Zeit aufgetreten sind und einer umständlicheren Erläuterung bedürfen, als ich sie im Augenblick geben kann. Zweifellos sind Sie von seiten des Ministeriums darüber informiert und könnten gleichzeitig helfen, Konflikte zu beseitigen, die sich die Berliner Kulturpolitik derzeit nicht leisten kann.

Zu Ihren konkreten Fragen:

Die von mir angegebenen zwölf Schließungstage im November und Dezember vermindern sich praktisch um die in den genannten Zeiträumen (aus personellen Gründen) regulär geschlossenen vier Montage. Aber auch diese acht zusätzlichen Schließungstage sind eine erhebliche Anzahl, die der Öffentlichkeit gegenüber einer Rechtfertigung bedarf. Wir haben unsere Besucher damit bekannt gemacht, daß die ungeheuer zeitraubende Vorbereitung von drei Dokumentarfilmen der Komischen Oper zwischen 1968 und 1970 einen uneingeschränkten Produktionsplan, auf den das Publikum Anspruch hat, nur durch zusätzliche Schließungstage für Proben ermöglicht wird und haben Verständnis dafür gefunden.

Im Gegensatz zu häufigen kurzfristigen Spielplanänderungen in früheren Jahren, die uns berechtigt Vorwürfe aus Besucherkreisen insofern eingetragen haben, konnten diese Änderungen seit längerem so weit vermieden bzw. ausgeglichen werden, daß uns Klagen hierüber schon lange nicht mehr zu Ohren gekommen sind. Ich wäre Ihnen sehr dankbar, wenn Sie mir Durchschriften oder Adressen der Beschwerdeführenden zuleiten lassen könnten, damit auch wir eine befriedigende Auskunft geben können. Wir sind stolz darauf, daß wir hinsichtlich Spielplanänderungen, die ja in keinem Theater vermieden werden können, derzeit nicht mehr an erster Stelle der Berliner Bühnen stehen.

Sie wissen, daß der Komischen Oper bereits als Magistrats-Theater wie auch später als Staatstheater der Charakter einer Experimentierbühne zuerkannt wurde, und haben – meines Wissens – besonderes Verständnis dafür gezeigt, wie wir auf der Grundlage dieses Status versuchen, einen wissenschaftlich begründeten Beitrag zur Entwicklung des realistischen Musiktheaters zu bieten. Insofern betrübt mich etwas Ihre Formulierung, daß »schließlich andere Berliner Bühnen auch probieren und abends spielen«.

Ich bitte Sie sehr herzlich, in Ihren Argumentationen der Öffentlichkeit gegenüber diese Grundbedingung unserer Arbeit nicht unerwähnt zu lassen. Normalerweise ist – worin ich Ihnen durchaus beipflichte – eine so große Anzahl von Schließungstagen nicht vertretbar. Aber mir blieb, um meine Premiere »Die Liebe zu drei Orangen« nicht ganz fortfallen zu lassen, nichts anderes übrig.

Dazu bedarf es freilich noch anderer Erläuterungen, die mit der Arbeitskräftelage auf dem Gebiete der Bühnentechnik, mit Raumfragen, künstlerischen Personalsorgen und nicht zuletzt mit dem Arbeitsstil des Ministeriums zusammenhängen und nicht für die Öffentlichkeit bestimmt sind, jedoch unaufschiebbar erörtert werden müssen, wenn eine weitere Duldung dieser Situation nicht irreparable Konsequenzen nach sich ziehen soll.

Ich hoffe, Ihnen mit diesen Auskünften wenigstens teilweise gedient zu haben, und bin zu einer persönlichen Aussprache nach der Premiere sehr gern bereit.

In vorzüglicher Hochachtung

Ihr sehr ergebener Walter Felsenstein

[An Horst Oswald, Magistrat von Groß-Berlin]

18. 3. 1971

Sehr verehrter Herr Stadtrat Oswald!

Hinsichtlich Ihres Briefes vom 15. dieses Monats, für den ich Ihnen danke, kann ich Sie beruhigen. Es gibt aus unserem Gespräch vom 5. 2. dieses Jahres kein Mißverständnis. Die Verpflichtung von Künstlern aus kapitalistischen Ländern kann sich nur auf Fachkräfte beschränken, die trotz aller Bemühungen und nachweislich in der DDR in der erforderlichen Qualität nicht erhältlich sind.

Mein Antrag vom 26. 2., Herrn Schwichow betreffend, war lediglich eine Anfrage für eine Hospitation. Dazu muß ich sagen, daß Hospitationen keine unentbehrlichen Verpflichtungen darstellen, weder aus der DDR noch aus der BRD, sondern befähigten angehenden Fachkräften die Möglichkeit geben, mit den Intentionen der Komischen Oper bekannt zu werden, diese Arbeitsprinzipien anderwärts zu verbreiten und gegebenenfalls im Falle der besonderen Befähigung an der Komischen Oper selbst tätig zu werden.

Ich bin der Meinung, daß diese Möglichkeit nicht nur Nachwuchskräften aus den sozialistischen Ländern zugänglich gemacht werden sollte, sondern international. Aber von einer zwingenden Notwendigkeit kann keine Rede sein.

Wenn ich in dieser Hinsicht den Standpunkt der Internationalität vertrete, so geschieht das nur im Sinne des außenpolitischen Prestiges der DDR. Ein Standpunkt, der von Ihnen nicht geteilt zu werden braucht.

Ich hoffe, damit Unklarheiten beseitigt zu haben, und verbleibe

in vorzüglicher Hochachtung (Walter Felsenstein)

[An Klaus Gysi, Ministerium für Kultur]

9. 1. 1973

Sehr verehrter Herr Minister Gysi!

Ihre Anwesenheit und Aufmerksamkeit bei der Jubiläums-Gedenkstunde in der Komischen Oper hat mir für die Befreiung von den allerschlimmsten Sorgen wieder etwas Mut gemacht.

Daß ich die Vertreter der Partei und Regierung auch wegen der prekären Situation meiner Westberliner Mitglieder ansprach, war nicht nur eine notwendige Mahnung, sondern sollte auch den anwesenden betreffenden Mitgliedern des Hauses beweisen, wie sehr mir an der Erleichterung ihrer Lage gelegen ist.

Diese insgesamt 37 Mitglieder werden nun schon das zweite Jahr von mir mit Hoffnungen und Versprechungen vertröstet, sie glauben mir nicht mehr und neigen zur völligen Resignation.

Sie, sehr verehrter Herr Minister, gehören zu den wenigen, die wissen, daß diese Mitglieder – sie wurden seit dem Jahr 1961 von 223 auf 37 reduziert – wirklich unentbehrlich sind. Die für 37 Personen erforderliche Erhöhung des Westgeldanteils ist – gerade jetzt – keine nennenswerte Devisenbelastung für die Deutsche Demokratische Republik.

Angesichts der betriebsgefährdenden Personalsituation wäre eine weitergehende Verzögerung dieser Angelegenheit nicht verständlich.

In vorzüglicher Hochachtung

Ihr sehr ergebener (Walter Felsenstein)

[An Werner Rackwitz, Ministerium für Kultur]

19. 2. 1973

Sehr geehrter Herr Minister!

Anbei überreiche ich Ihnen wunschgemäß die von Herrn Direktor Adolf ausgearbeiteten drei Varianten für die Neuregelung des Umtauschbetrages für Westberliner sowie eine Übersicht über den Geldumtausch von fest verpflichteten Mitgliedern in der Spielzeit 1972/73.

Ich habe Herrn Direktor Adolf bereits gesagt, daß keine der beiliegenden Varianten der Notlage, in der sich die Westberliner Mitglieder befinden, gerecht wird.

Die derzeit bestehende Regelung wurde im September 1961 der Komischen Oper als einzigem Theater der Deutschen Demokratischen Republik angeboten – nicht von mir gefordert –, betraf 114 fest verpflichtete Westberliner Mitglieder und wurde von diesen gleicherweise als Anerkennung für die dem Institut gehaltene Treue wie auch als unanzweifelbare Sicherung für die Zukunft empfunden.

Die Maßnahme hat damals die künstlerische Produktivität nicht unwesentlich beeinflußt und den Ensemblegeist gefördert.

Gemäß der von mir eingegangenen Verpflichtung, die Zahl der Westberliner Mitglieder nach Möglichkeit zu senken, habe ich den Abgang einigermaßen ersetzbarer Künstler nicht verhindert.

Daß die Zahl bis 1973 bereits auf 31 sinken würde, war aber nicht vorauszusehen und hat noch andere Gründe: Ein Teil war westlichen Diffamierungen wegen ihres Verbleibens bei uns auf die Dauer nicht gewachsen, andere fürchteten nach der einsetzenden Teuerung in Westberlin, daß dem beim Umtausch keine Rechnung getragen würde. Unter denen, die aus diesen Gründen weggegangen sind, befanden sich nicht wenige, die nicht wieder ersetzt werden konnten. Unter den nunmehr 31 Westberliner Mitgliedern wären die Solisten, Vorstände, Chorsolisten und Orchestermitglieder bis auf weiteres keinesfalls zu ersetzen.

Meine dieses Problem betreffenden mündlichen und schriftlichen Mahnungen reichen beinahe zwei Jahre zurück. Die Hoffnungen, die man mir machte, gab ich – um weitere Verluste, vor allem aber um eine leistungsmindernde Resignation zu vermeiden – optimistischerweise als Zusagen an die Betroffenen weiter.

Man glaubt mir heute nicht mehr, und die Enttäuschung beginnt irreparabel zu werden. Die Gedanken, die den bisherigen Vorschlägen für eine Neuregelung zugrunde liegen, haben sich mit der inflationistischen Preisentwicklung in Westberlin nicht konkret auseinandergesetzt. Mieten und andere unvermeidliche Ausgaben sind teilweise bis zu 100%, manchmal sogar noch höher, gestiegen.

Das seinerzeit verständnisvolle und großzügige Entgegenkommen ist praktisch entwertet.

Es kann nur eine außervertragliche, zusätzliche Zahlung in Westgeld helfen. Die erforderlichen Finanzen wären – in Anbetracht der wenigen Mitglieder – geringfügig. Vertragsjuristisch kann meines Erachtens nicht diskutiert werden, weil die Regelung im Jahre 1961 auch eine – gesetzlich nicht verankerte – Notmaßnahme war.

Ob im Falle einer nicht ausreichenden Hilfe die Mitglieder, die es sich leisten können, weggehen oder alle zusammen ihre Leistungsqualität verlieren, kommt im Ergebnis auf dasselbe hinaus.

Ich müßte, da ich den unvermeidlichen Leistungsabfall nicht verantworten könnte, die Leitung des Institutes niederlegen und hoffe in letzter Stunde auf eine positive Entscheidung.

In vorzüglicher Hochachtung (Walter Felsenstein)

[An Hans-Joachim Hoffmann, Ministerium für Kultur]

6. 11. 1974

Sehr verehrter Herr Minister Hoffmann!

Daß Sie mein vorbehaltloses Vertrauen genießen, wissen Sie.

Aus den Ihnen – zum großen Teil – bekannten Schwierigkeiten hat sich nun eine Situation entwickelt, die mich zu einem Entschluß zwingt, den ich zunächst allein dem Mann meines höchsten Vertrauens beichten muß, bevor ich offiziell den Minister davon unterrichte.

Die Wohnungsfrage ist eine in ihrem schauerlichen Umfang bis auf weiteres unlösbare Angelegenheit. Ich habe zum 31. Oktober (dem Stichtag der möglichen Kündigungen) Vertragslösungen von Mitarbeitern, die ich unter keinen Umständen entbehren kann, bekommen. Ich will nicht von den 51 Mitgliedern sprechen, die zum Teil gar keine, zum Teil unzumutbare Behausungen innehaben, sondern eben von einigen Spitzenmitgliedern, die – trotz aufrichtiger Zugehörigkeit zur Komischen Oper – entschlossen sind, sich um eine andere Arbeitsstelle zu bemühen.

Ich habe zwar am Freitag dieser Woche einen Termin bei dem mir persönlich noch unbekannten Herrn Oberbürgermeister, aber ich bin sicher, daß über eine aufrichtig gemeinte Vertröstung hinaus kaum etwas geschehen wird. Und die Wohnungs-Reserven, die es meines Wissens für außergewöhnliche Fälle gibt, sind vermutlich auch dem Herrn Oberbürgermeister unzugänglich.

Die Ihnen mehrfach geschilderte Unmöglichkeit, daß nach den derzeit gültigen Gesetzen jedes Mitglied vierteljährlich kündigen kann – also unentbehrlich langfristige Verträge undurchführbar sind –, andererseits die Theaterleitung nur mit voller Zustimmung der Betriebsgewerkschaftsleitung eine Kündigung aussprechen kann, führt – oder besser gesagt: hat bereits geführt – zu einer Personalentwicklung, die mit einer nach sozialistischen Grundsätzen anzustrebenden künstlerischen Höherentwicklung nichts mehr zu tun hat und die ich – einschließlich aller Kompromißbereitschaft – nicht mehr verantworten kann.

Zur Minderung der Personalqualität gehört auch die nach wie vor ungelöste Frage der Bühnenhandwerker und Werkstatt-Spezialisten. Sie, sehr verehrter Herr Minister, haben durch die Kontaktaufnahme mit der Volksarmee wertvolle Hilfe versucht, die sich aber nur minimal auswirkt. Denn durch weitaus mehr Abgänge – verursacht durch Unfähigkeit oder mangelndes Interesse – wird nicht nur die Erfüllung höherer Ansprüche verhindert, sondern werden auch die laufenden und ursprünglich technisch absolut intakten Aufführungen gefährdet.

Ich will diese Beichte nicht bis zu einer für Sie unlesbaren Quantität fortführen, aber die genannten Fakten, verbunden mit einer sehr großen Zahl – teilweise auch überwindbarer – Schwierigkeiten, erzeugen ein Arbeitsklima, dessen Unberechenbarkeit ich nicht gewachsen bin. Vielleicht liegt das an meiner durch Alter und Erfahrung großen Empfindlichkeit hinsichtlich der Wahrheitsfindung und meiner Forderung nach steter persönlicher Meinungsäußerung.

Jedenfalls habe ich erkannt, daß ich unter diesen Verhältnissen, die sich im Laufe der nächsten drei Jahre kaum ändern werden (ein Zeitraum, der vermutlich identisch ist mit der Dauer meiner noch wirklich schöpferischen Arbeitskraft), die Komische Oper nicht nur nicht mehr weiter leiten kann, sondern im Interesse dessen, was ich künstlerisch noch auszusagen hätte, nicht weiterführen darf.

Mehr, sehr verehrter, lieber Herr Minister Hoffmann, brauche ich Ihnen nicht zu sagen. Sie sind der einzige, dem ich dies in aller Klarheit anvertraue, bevor ich Sie offiziell damit beschäftige.

Selbstverständlich stehe ich Ihnen für jedes Gespräch zur Verfügung, aber ich kann mir nicht denken, daß Sie die Ursachen meines Entschlusses in absehbarer Zeit wesentlich ändern könnten.

Mit allen guten Wünschen und innigem Dank für Ihr Verständnis

Ihr (Walter Felsenstein)

[An den Intendanten Günther Rennert, Bayerische Staatsoper München]

22. I. 1975

Sehr lieber Günther Rennert!

Eine große und freudige Überraschung – Ihr handschriftlicher Brief. Er sagt in kurzen Worten alles, was unsereinen bewegt. Nur Ihre neidische Feststellung von meiner »unendlichen Kraft« ist ein großer Irrtum. Ich beneide Sie, daß Sie Ihrem Willen folgen und selber entscheiden können, wann Sie die Intendanz aufgeben. Ich versuche es seit drei Jahren vergeblich, weil ich wirklich nicht mehr kann. Und zwar nicht der Arbeitsquantität wegen, sondern wegen der Würdelosigkeit, die in der Praxis dieser Amtsführung enthalten ist. Es ist wirklich die einzige Aufgabe, die wir noch haben, nämlich »den Stücken weniger schuldig zu bleiben als mit dem dauernden Paket im Nacken«.

Da also Ihr Wunsch ganz bestimmt früher erfüllbar ist als meiner, besteht die Aussicht, daß Sie mich in Berlin besuchen und wir dann – nach vielen Jahren – wieder einmal mehr miteinander sprechen können als an einer Straßenecke oder in einem Treppenhaus. Das wäre ein Geschenk. Denn Sie sind einer der ganz wenigen Freunde, mit dem man sich in dem, woran wir uns zeitlebens verkauft haben, versteht.

Jedenfalls aufrichtig und alles erdenklich Gute und nochmals vielen Dank.

Ihr (Walter Felsenstein)

[An Hans-Joachim Hoffmann, Ministerium für Kultur]

21. 8. 1975

Sehr verehrter Herr Minister!

Eine schwere Erkrankung zwingt mich, ab sofort, und zwar bis zu meiner Wiederherstellung, von der persönlichen Verantwortung für die Führung der Komischen Oper zurückzutreten.

Ich übergebe die Verantwortung vorübergehend dem Stellvertreter des Intendanten, der aus den Vorständen des Hauses jeweils die zuständigen Mitarbeiter zur Beratung heranzieht.

Unabhängig davon habe ich die Hoffnung, mit Einverständnis und unter Kontrolle der leitenden Ärzte, jeweils an einigen wenigen Tagesstunden in der Zeit vom 1.-12. September die Wiederherstellung meiner Inszenierungen »Figaros Hochzeit« und »Der Fiedler auf dem Dach« mit meinem vollen persönlichen Arbeitseinsatz noch zu den Festtagen durch Regenerationsproben sichern zu können.

Über die Möglichkeit einer Fortsetzung dieses Verfahrens soll später entschieden werden.

In vorzüglichster Hochachtung

Ihr (Walter Felsenstein)

Adolf Dresen
Felsenstein, aus der Ferne

Er war der erste große Opernreformer, der nicht Musiker war. Er war Regisseur, d. h., er war Interpret, und seine Reformen bezogen sich vor allem auf die Interpretation. Das scheint wenig – doch verglichen mit der Zeit Glucks, Mozarts oder Wagners leben wir in einem Interpretenjahrhundert. Die Interpretationen alter überwiegen bei weitem die Herstellung neuer Werke. Auf den Plattencovers prangen die Dirigenten in Imperatorenpose, Sonaten, nur noch am Rande von Schubert, bezeugen die unterschiedlichen Handschriften der Pianisten, und über die verschiedenen Arten, Beethovens Klavierstücke zu spielen, gibt es schon ein ganzes Buch. Die Orchester spielen alte Werke inzwischen wieder mit alten Instrumenten und in alten Stimmungen. Das sei eine Frage der Authentizität, wird behauptet. Als Mendelssohn Bartholdy die Matthäuspassion zum erstenmal wiederaufführte, tat er es mit zeitgenössischem Orchester, und er spielte den vergessenen Bach auch auf der romantischen Orgel der Thomaskirche. Er übersetzte die Werke gewissermaßen in die Sprache der eigenen Zeit. Er leitete ein Bachkonzert mit eigenen Werken ein und schloß es mit eigenen Werken, weil niemand auf Anhieb bereit war, *alte* Musik zu hören. Heute überlegt der Kapellmeister, wo er ein modernes Werk am besten plaziert: Steht es am Anfang, kommen die Leute später, steht es am Schluß, gehen sie früher.

Aber man spielte damals nicht nur die alten Stücke in neuem Gewand, die Autoren benutzten die alten Stücke oft einfach als Steinbruch für neue. Für Shakespeare war es selbstverständlich, daß er Plautus spielte, verwandelt in ein Stück Shakespeares. Brecht hat ihn um diese Möglichkeit beneidet – er holte sich bei dem Versuch, ähnlich zu verfahren, einen Urheberrechtsprozeß an den Hals. Es gibt jetzt das Copyright und das »geistige Eigentum«. Die »Originalität« ist ein Erzeugnis der Marktwirtschaft. Die zahllosen verschiedenen Interpretationen schieben sich in die letzten Marktlücken. Die Regisseure ersetzen nun den Autor – sie verändern die alten Stücke, doch ohne sie zu verändern. Ohne ein Wort zu ersetzen, stellen sie das Stück auf den Kopf – oder, wie sie behaupten, vom Kopf auf die Füße. Einer meiner ehemaligen Assistenten rief mich einmal an; er habe da und da einen »Fidelio« zu inszenieren; was ich von der Idee hielte, Pizarros Wachen mit Maschinengewehren zu versehen. So neu sei die Idee nicht, wandte ich ein; vor allem aber würde ich mich fragen, warum die entscheidende Nachricht am Schluß dann mit einer Trompete komme und nicht mit dem Telefon. Kunst hat eine innere Stimmigkeit; wird sie verletzt, kann zwar etwas Neues herauskommen, jedoch um den Preis der Kunst. Alles Geniale sei zwar originell, meint Kant, nicht alles Originelle aber genial, es gebe auch »originellen Unsinn«. *Neu* aber muß bei uns sein, was verkauft werden will; »neu« ist das wichtigste Wort der Werbung.

Wir zeigen die Opern aller Zeiten. Das ist nicht nur ein Reichtum – denn wo ist unsere *eigene* Oper? Auf den Spielplänen der Opernhäuser stehen kaum Zeitgenossen, es dominieren die »Klassiker« – diese Klassiker allerdings hätten das kaum verstanden; zu ihrer Zeit wurden *sie* gespielt, und nur darum konnten sie überhaupt Klassiker werden. Ein Teufelskreis scheint zu wirken: Wir interpretieren die Opern alter Zeiten, weil wir keine eigenen haben, und wir haben keine eigenen, weil wir die alten Opern interpretieren. Das Resultat ist eine doppelte Misere: Unsre eigene neue Oper kommt nicht hoch, und die alte interpretieren wir in Schutt und Asche. Aus der Ferne werden die großen Linien sichtbar. Ich weiß nicht, ob es so etwas wie einen Felsenstein-Stil gab – wenn, dann ist er wohl etwas Historisches, das die Zeit überholt hat. Es gibt aber etwas anderes, das mit der Zeit erst deutlich wird. Ich arbeite seit vielen Jahren an der Oper, habe Erfahrungen gemacht an Häusern, die Repertoire oder en suite spielen, an Häusern mit Ensemble oder ohne eigenes Orchester; ich habe in Hamburg und London, in Paris und Wien gearbeitet. Man muß sehr blind sein oder sehr voreingenommen, wenn man die Probleme nicht sehen will, vor denen heute die Oper steht. Es sind die Probleme einer Kunstgattung, die kaum Neues schafft, die jedoch versucht, das Alte als etwas Neues erscheinen zu lassen – und oft genug durch dessen Zerstörung. Dann entartet der Kunstbetrieb, und die Kunst zerstört sich selbst. Die Bewahrung des Alten vor solchem Zugriff ist daher nicht einfach konservativ – sie begünstigt zugleich die *neue* Oper. Das ist es, was Felsensteins Reform der Interpretation wieder aktuell macht.

Zu Felsensteins Zeit hatten die Opernhäuser fast überall, ebenso wie die Schauspielbühnen (und ganz ausdrücklich das der Komischen Oper benachbarte Berliner Ensemble Brechts), ein eigenes *Ensemble*. Diese Ensembles verschwinden inzwischen fast überall. Das hat Gründe und Konsequenzen, die an die Wurzeln des Theaters rühren. Die Verkehrsverhältnisse haben sich verändert, ein Sänger kann heute leicht in Sydney singen und morgen in München. Sein Name fliegt ihm über die Medien und per CD voraus; man kennt ihn, er ist der Star, ohne ihn läuft nichts mehr. Es geht nicht nur um »CD-Qualität« – wie der Markenfetischismus die Werbung, so beherrscht der Namenfetischismus längst den »Sängermarkt«. Für den Star ist es unpraktisch, in einem Ensemble zu sein, es stört seinen Terminplan. Der reisende Star zerstört andererseits das Ensemble: aus diesem besetzt man nur noch die immer kleineren Partien. Ich habe mit solchen reisenden Berühmtheiten oft gearbeitet – fast nie benahmen sie sich wie Stars; sie verdienten gut, doch ihr Leben war hart; sie waren meist gut vorbereitet, fleißig und kompetent; und irgendwie entsteht durch sie auf eine sonderbare Weise sogar wieder ein Ensemble – man ruft es gewissermaßen aus der Einflugschneise ab.

Es ist aber schwierig und teuer, so ein reisendes »Ensemble« lange zusammenzuhalten, und absurderweise können die entsprechenden Häuser sich *mehr* Aufführungen auch finanziell gar nicht leisten; da jede Aufführung hoch subventioniert ist, macht jede *ausfallende* Aufführung den Betrieb billiger. Natürlich ist das letztlich ein Schein. Wenn da mit großem Aufwand eine Aufführung erzeugt und nur für wenig Leute gespielt wird, kommt es die *Gesellschaft* letztlich teuer zu stehen – auch wenn die Bilanz das nicht ausweist. Häuser dieser Art reüssieren inzwischen. Sie können Regisseure oder Bühnenbildner in ihrer spezifischen »Handschrift« zur Geltung bringen, und sie geben sich gegenüber den Repertoire-Häusern gern als avantgardistisch. Felsenstein oder Brecht hätten ihr Reformwerk an solchen Häusern jedoch nicht leisten können – dafür brauchten sie ein Ensemble; ihre neuen Arbeitsmethoden erforderten Kontinuität, sie mußten um sich Leute sammeln, die die neue Sprache verstanden und mit denen man aus Fehlern lernen konnte. Mit dem Verlust der Ensembles geht die Basis einer an die Wurzeln greifenden Opernarbeit verloren. Der reisende Regisseur kann nur »originell« sein und sein Namensschild putzen. Verloren geht auch ein wichtiger Ausbildungsort – man merkt es am Verlust des Sängernachwuchses.

Mit dem Verlust des Ensemble-Theaters wird zugleich das Repertoire-Theater unmöglich. Ein großes Repertoire kann man nur mit festem Ensemble halten. Es gibt auch heute noch große Häuser mit Repertoire, doch müssen auch sie es mit reisenden Gästen aufrechterhalten. Die aber werden von den Agenturen gehetzt, und so muß eine Aufführung, deren Dekoration oft Monate im Magazin gelegen hat, manchmal vom Abendspielleiter mit ein, zwei Proben – Bühnenzeit ist rar – hochgejubelt werden. Mit Kunst hat das meist nichts mehr zu tun, von Regie kann keine Rede mehr sein, oft kaum noch von Beleuchtung und Bühnenbild. Der Öffentlichkeit wird kaum bewußt, was für Dreck da über die Bühne geht. Die Kritik hält sich ja an die Premieren.

Felsensteins Reform wollte, den Reformen Glucks, Mozarts und Wagners darin durchaus ähnlich, die Oper nicht allein als ein musikalisches, sondern als ein *Gesamt*kunstwerk wiederherstellen, d. h., sie kämpfte um die *Dramaturgie*, die *Fabel*, den *Text*. An die Stelle der alten »Oper« sollte ein »Musiktheater« treten. Ich kann mich erinnern, zu welcher darstellerischen Bravour Felsensteins Sänger z. B. in Janáčeks »Schlauem Füchslein« fähig waren, allen voran Irmgard Arnold. Ebenso wichtig war es Felsenstein, daß die Aufführung in *deutscher Sprache* gesungen wurde. Heute hält schon ein kleines Opernhaus es für unter seiner Würde, den »Figaro« anders als italienisch zu bringen, angeblich aus Respekt vor dem Original. Aufgekommen ist dieser Wahn nach dem Krieg, in Nachahmung amerikanischer Methoden, und er bekam seinen Sinn darin, daß die reisenden Sänger natürlich nicht immerzu einen neuen Text lernen können. Ich habe aber miterlebt, wie sich die nichttschechischen Sänger bei »Jenůfa«-Proben in Brüssel den Originaltext einbleuen mußten; zur Premiere kamen einige tschechische Gäste, die sich erfreut äußerten, sich aber dann höflich erkundigten, in welcher Sprache man gesungen habe. Es ist inzwischen üblich geworden, den gesungenen Text über die Bühne in der Landessprache zu projizieren; ein bekannter Baß beklagte, daß man seither von der Bühne aus nur noch Nasenlöcher sehe.

Alle Opernreformer kämpften um den Text und seine Verstehbarkeit. Gluck hatte seinem Texter viel zu verdanken und wußte das. Mozart begrüßte es, als man in Wien seine da-Ponte-Opern auch auf deutsch zeigte – dahinter stand der soziale, ja der politische Anspruch, die Oper möchte auch zur Sache der Vorstadt werden. Um die Fabel des Stücks zu verstehen, muß man den Text verstehen. In seiner Bemühung um die Fabel ähnelte Felsensteins Reform der Brechtschen (und entsprach auch der Forderung des alten Aristoteles). Die Geschichte von der »Zauberflöte« oder die Geschichte der »Carmen« habe ich bei ihm zum erstenmal verstanden. Die Fabel aber ist für alles Theater entscheidend – sie ist, was den *Sinn* des Stücks stiftet; wenn ein Theaterabend nicht in sich stimmig ist, wenn man nichts mehr versteht, liegt das meist nicht an undeutlichem Sprechen, sondern daran, daß keine Fabel inszeniert wurde. Das hat den Erfolg eines solchen Theaters nicht bremsen können. Gesehen werden dann Kaisers neue Kleider. Der Schaden, der entstehen kann, liegt jedoch leider tief. Leuten, die da Verstehen heucheln, kann man bald alles mögliche einreden, sie sind manipulierbar. Vieles im neueren Kunstbetrieb dient dazu, Menschen an der wichtigsten und tiefsten Stelle ihrer Persönlichkeit inkompetent zu machen: in ihrem ästhetischen Gefühl bzw. in dem, was Kant Urteilskraft nannte. Der Prototyp eines solchen Mannes ohne Urteilskraft war, Hannah Arendt zufolge, Eichmann.

Es ist keineswegs ein Zufall, daß Felsenstein in der *Komischen* Oper arbeitete – der Säulenheilige seines Hauses wäre nicht Wagner, eher Offenbach gewesen. Auch darin war Felsenstein Brecht ähnlich. Intelligenz hält sich gern auf in der Nähe des Lachens, sie schwindet bei rauschhaften Aufschwüngen – nach dem Ende des »Dritten Reiches« konnte man das nicht scharf genug betonen. Felsenstein wollte die *Komödie*. Sie war schon immer die Sache der *sozial Deklassierten*, und sie war schon immer eine Gestalt des *Realismus*. Die Komödie hatte es in Deutschland immer schwer. Schon Gottsched erkaufte ein Theater der »Gebildeten« mit der Vertreibung des Harlekins, zugleich damit wich der Realismus einer intellektuellen Verblasenheit. In der Bundesrepublik wird »Realismus« ebensooft als Schimpfwort benutzt wie »Publikum« – das gehört wohl zu den negativen Folgen der Subventionierungspolitik. Der deutsche Elfenbeinturm war über viele Jahre ziemlich luxuriös; die Subventionsprobleme der Gegenwart könnten einen positiven Sinn darin haben, daß die Verstiegenheit der Kunstinstitute verschwindet (hoffentlich ohne der Anbiederei zu weichen). Vielleicht ist es jedoch nicht überflüssig zu sagen, daß der in der DDR propagierte »Realismus«, besonders der »sozialistische«, kaum ein Vorbild sein kann; er diente zu sehr der Bemäntelung von Lügen – auch Felsenstein hatte damit seine Not.

Die unsägliche Spaltung in U- und E-Kunst ist eine typisch deutsche Erfindung. Noch Mozart wäre sie absurd erschienen. Kurt Weill war anscheinend der letzte, der in der Oper beide Seiten mit Erfolg verbinden konnte. Inzwischen aber ist die »seriöse« Orchestermusik von der »populären« Rock- und Popmusik so weit entfernt, daß eine Einheit schon rein instrumental kaum noch zu erreichen ist, jedenfalls nicht mehr in einem normalen Opernbetrieb mit Orchestergraben und computergesteuertem Spielbetrieb. Ein ehrgeiziges Haus kommt mit dem »Ring« leichter in die Charts. Wo man noch Operette spielt, meint man sie als Zugeständnis ans Abonnement und verfehlt sie so von vornherein.

Es ist der allgemeine Zustand unserer Oper, der die Frage provoziert: Wo ist unser neuer Felsenstein?

Anhang

Editorial Notiz

... ich habe die Pflicht, die Wahrheit zu finden, die unser Leben ermöglicht. Dabei darf ich den Problemen der Gegenwart nicht aus dem Wege gehen. Es ist ein großer Unterschied, ob ich vor zerstörenden Problemen des menschlichen Zusammenlebens warne oder die Selbstverstümmelung als Lebensinhalt propagiere.

Wie ein Motto seines Lebens lesen sich diese Worte Felsensteins – eines Lebens, das für die Bühnenkunst, für sein Theater und sein Ensemble stand. Zwei Schriftenbände mit Reden, Äußerungen, Briefen etc. dokumentieren das bereits.

Seine Feststellung, daß *theoretische Ausführungen nur dann förderlich sind, soweit sie mit dem konkreten Beispiel Schritt halten*, soll nun in diesem, einem dritten Band weitestgehend am praktischen Beispiel belegt werden.

Felsenstein hat seine theoretisch-methodischen Grundsätze, die sich früh herauskristallisierten und von ihm formuliert wurden, im Laufe seines Arbeitslebens vertieft, später ausführlicher und detaillierter begründet, stets aber – bei Beibehaltung seiner Grundpositionen – aus der konkreten Arbeit abgeleitet, am praktischen Beispiel demonstriert. Deshalb sagt ein Brief oder eine Aktennotiz oftmals mehr über das Verhältnis zu seinen Mitarbeitern aus als eine längere Abhandlung, kann eine kurze Notiz den konzeptionellen Zugang zum Stück belegen, ist ebendieser Brief über eine bestimmte Figurensicht oder die Wertigkeit und inhaltliche Bedeutung einer Achtelnote oder Fermatenpause dann gerade der »praktische Beweis« für das vorher theoretisch Formulierte.

In die große Klammer – »Ästhetik/Methode/Theorie« auf der einen Seite, die »Bedingungen und Behinderungen durch politische Instanzen« auf der anderen – sind die Kapitel gestellt, die die künstlerische Produktion spiegeln, bis hin zum Adressaten aller Bemühungen, dem Zuschauer. In diesen Kapiteln soll noch einmal verdeutlicht werden, wie wenig Felsenstein in der Probenarbeit dem Zufall überließ, wie minutiös das später auf der Bühne leicht, spontan, mitunter improvisiert Wirkende einer sehr genauen geistigen Vorarbeit und partnerschaftlichen Zusammenarbeit zu verdanken war, wie tief er psychologisch in die handelnden Figuren und die darzustellende Situation einzudringen wußte, wie genau er den musikalischen Text nahm, wie sehr der Ausspruch »die Partitur ist das Regiebuch« nicht nur ein Lippenbekenntnis darstellte, wie sein Umgang mit den Sängerdarstellern, mit jedem Mitarbeiter seines Ensembles aussah, wie hoch er den Publikumsanspruch setzte.

Seine Briefe zeugen davon, daß er im Arbeitsprozeß alle bis zum Letzten forderte. Es diente jedoch stets der Sache, dem gemeinsamen Anliegen, dem Aufrechterhalten künstlerischer Qualität, wobei ihm die Arbeit anderer genauso wichtig war wie die eigene. Gleichgültigkeit gab es niemandem und nichts gegenüber. Felsenstein war ein insistierender und unbequemer Partner in der Auseinandersetzung, aber auch ein vorbehaltlos Lobender, Sich-Freuender – und bei alldem nicht zuletzt ein Taktiker und Komödiant.

Bevormundungen von übergeordneter Stelle hat er nie akzeptiert. Da gab es kein Taktieren und Feilschen mehr, da ging es immer nur um den Erhalt der Komischen Oper unter den Bedingungen, die er für notwendig erachtete, Bedingungen, die er kompromißlos und unmißverständlich benannte.

Eine Inszenierung Felsensteins ist nicht mehr zu erleben. Einige wenige Filme, die herausragende Inszenierungen dokumentieren, sind zum Glück bewahrt, entbehren aber notgedrungen das Wichtigste – den Kontakt zum Zuschauer, das Erlebnis Theater.

So sind es darüber hinaus noch die Schriftstücke und nicht zuletzt auch die Erinnerungen derer, die mit ihm gearbeitet haben, die sein Wirken für uns gegenwärtig halten. In der letzten Rede vor seinem Ensemble stellte Felsenstein fest, daß er *zu spät die Unterordnung des gesamten Lebens unter die Arbeit* erlernt hätte – alle Dokumente aus seiner Hand belehren uns eines Besseren. Mögen sie bedacht werden.

Ilse Kobán, im August 1997

Lebensdaten

1901	geboren am 30. Mai in Wien
1919	Abitur in Villach
1920/21	2 Semester Studium an der Technischen Hochschule in Graz
1921/23	Ausbildung als Schauspieler
1923/24	Erstes Engagement als Schauspieler (Naturbursche und jugendlicher Liebhaber) am Stadttheater Lübeck
1924/25	Schauspieler am Nationaltheater Mannheim
1925/27	Schauspieler, Dramaturg und Spielleiter an den Vereinigten Städtischen Bühnen Beuthen
1927/29	1. Spielleiter des Schauspiels und der Oper am Stadttheater Basel
1929/32	1. Spielleiter des Schauspiels und der Oper und 1. Dramaturg am Stadttheater Freiburg, Schriftleiter der »Freiburger Theaterblätter«
1932/34	Oberspielleiter der Oper an den Städtischen Bühnen Köln
1934/36	Oberspielleiter der Oper an den Städtischen Bühnen Frankfurt am Main
1936	Ausschluß aus der Reichstheaterkammer; Sondergenehmigung für zwei Operetteninszenierungen am Admiralspalast in Berlin
1938/40	Oberspielleiter der Operette mit Opernverpflichtung am Stadttheater Zürich
1940/44	Spielleiter am Schiller-Theater Berlin
1944/45	Dienstverpflichtung bei Siemens
1945/47	Spielleiter am Hebbel-Theater Berlin, Leiter eines Schauspiel-Studios am gleichen Theater. Die Inszenierung »Pariser Leben«, als der ersten Offenbach-Inszenierung im Nachkriegs-Berlin, bringt ihn in Kontakt mit der sowjetischen Militäradministration, die Felsenstein für die Übernahme einer »Komischen Oper«

nach dem Vorbild der französischen Opéra comique zu gewinnen sucht. Am 5. Juni 1947 wird ihm im wiederaufgebauten Metropoltheater die Lizenz für die »Komische Oper« überreicht und damit die Berufung zum Intendanten und Chefregisseur. Eröffnet wird das Theater am 23. Dezember mit der »Fledermaus«

1949 1. Gastspiel der Komischen Oper mit der »Klugen« von Carl Orff in Leipzig

1950 Felsenstein erhält den Goethe-Preis der Stadt Berlin und den Deutschen Nationalpreis II. Klasse für das Kollektiv der Inszenierung »Die verkaufte Braut«

1951 Deutscher Nationalpreis II. Klasse für die »Freischütz«-Inszenierung; Felsenstein wird Korrespondierendes Mitglied der Deutschen Akademie der Künste zu Berlin

1952 Berufung zum Ordentlichen Mitglied der Akademie der Künste

Gastspiel der Komischen Oper mit »Falstaff« in Dresden

Erstes Auslands-Gastspiel der Komischen Oper mit der gleichen Inszenierung in Budapest

1956 Vaterländischer Verdienstorden in Silber

Deutscher Nationalpreis II. Klasse für die Inszenierungen der »Zauberflöte« und des »Schlauen Füchsleins«; Wahl zum Vizepräsidenten der Akademie der Künste; Gastspiel in Prag mit der »Schweigsamen Frau« und mit dem »Freischütz«

1957 Gastspiele in Wiesbaden und in Paris mit dem »Schlauen Füchslein«

1959 Ernennung zum Professor durch die Musikhochschule »Hanns Eisler« Berlin

Direktoriumsmitglied des Internationalen Theaterinstituts (ITI)

Gastspiel in Moskau mit »Hoffmanns Erzählungen«, »Zauberflöte« und »Albert Hering« sowie in Paris mit »Hoffmann« und »Hering«

Grand prix des »Cercle international de la jeune critique« anläßlich dieses Gastspiels im »Theater der Nationen«, Paris
Musikkursus mit Studenten der »Bayreuther Meisterklassen«

1960 Deutscher Nationalpreis I. Klasse für das künstlerische Gesamtwerk
Gastspiel in Schwetzingen und in Karl-Marx-Stadt mit dem »Barbier von Sevilla« von Paisiello
»Meisterklassen«-Kursus in Bayreuth

1961 Verleihung der Ehrendoktorwürde durch die Philosophische Fakultät der Humboldt-Universität zu Berlin anläßlich des 60. Geburtstages

1962 Anläßlich eines Gastspiels in Prag mit »Othello« und dem »Schlauen Füchslein« wird Felsenstein die Ehrendoktorwürde der Karls-Universität Prag verliehen
»Meisterklassen«-Kursus in Bayreuth

1963 Ehrensenator der Deutschen Hochschule für Musik »Hanns Eisler«
»Meisterklassen«-Kursus in Bayreuth
Musikkursus an der Akademie für Musik und darstellende Kunst Wien

1964 Anläßlich der »Shakespeare«-Tage Gastspiel in Weimar mit »Othello«
»Meisterklassen«-Kursus in Bayreuth
Internationales Regie-Seminar in Berlin

1965 Vaterländischer Verdienstorden in Gold
Beginn des Umbaus der Komischen Oper
Gastspiele der Komischen Oper während der Umbauzeit in Stuttgart, Stockholm, Venedig, Leipzig, Moskau, Buna, Bukarest ausschließlich mit Felsenstein-Inszenierungen

1966 Wiedereröffnung der Komischen Oper mit »Don Giovanni« in der Inszenierung Felsensteins
Auszeichnung mit dem Titel »Held der Arbeit« anläßlich des 65. Geburtstages

	Auszeichnung mit dem »Goldenen Lorbeer« des Deutschen Fernsehfunks für die Ausstrahlung des »Füchslein«-Films
	Felsenstein wird zum Vizepräsidenten des neugegründeten Verbandes der Theaterschaffenden gewählt
	Wahl zum Präsidenten des ITI-Zentrum DDR
1967	Gastspiel in Bologna mit »Hoffmanns Erzählungen« und »Ritter Blaubart«
1969	Verleihung des Karl-Marx-Ordens in Würdigung hervorragender Verdienste
	Co-Präsident des Musiktheater-Komitees beim ITI
	Fernsehfilm »Othello«
	Gastspiele in Leipzig und in Warschau
1970	Nationalpreis I. Klasse für den Fernsehfilm »Othello« (zusammen mit Generalmusikdirektor Kurt Masur und Kammersänger Hanns Nocker)
	Fernsehfilm »Hoffmanns Erzählungen«
	Verleihung des Vaterländischen Verdienstordens in Bronze an die Chorsolisten der Komischen Oper
1971	Johannes R. Becher-Medaille in Gold
	Dreiwöchige Vortragsreise und szenische Übungen mit jungen Opernsängern in verschiedenen Städten der USA
	Verleihung der Plakette »Orpheus triumphant« für die Verdienste bei der Entwicklung eines realistischen Musiktheaters durch das »Opera Consortium« in Boston
1972	Gastspiel in Wien mit »Hoffmanns Erzählungen« und »Ritter Blaubart«
	Ehrenmitgliedschaft in der »Gesellschaft für Musiktheater« Wien
1973	Verleihung der Ehrenspange zum Vaterländischen Verdienstorden in Gold
	Fernsehfilm »Ritter Blaubart«
	1. Seminar des Theaterverbandes
	Verleihung des Ordens »Banner der Arbeit« an das Ensemble der Komischen Oper

1974	Gastspiel in Budapest mit »Ritter Blaubart«
1975	Felsenstein stirbt am 8. Oktober in Berlin

Auswahlbibliographie zu Walter Felsenstein

Die Komische Oper 1947-1954. Werner Otto & Götz Friedrich (Hrsgg). Berlin: Henschelverlag, 1954.

Die Zauberflöte *in der Inszenierung Walter Felsensteins an der Komischen Oper.* Götz Friedrich (Hrsg). Berlin: Henschelverlag, 1954.

10 Jahre Komische Oper. Wolfgang Hammerschmidt (Hrsg). Berlin, 1958.

Felsenstein, Walter & Siegfried Melchinger. *Musiktheater.* Bremen: Carl Schünemann Verlag, 1961.

Jahrbuch der Komischen Oper I-XII. Horst Seeger & Martin Vogler (Hrsgg). Berlin: Henschelverlag, 1961-1973.

Walter Felsenstein – Weg und Werk. Götz Friedrich (Hrsg). Berlin: Henschelverlag, 1961.

Schlegel, Klaus. *Wege zum Musiktheater.* Berlin, 1965.

Felsenstein/Friedrich/Herz. Musiktheater – Beiträge zur Methodik und zu Inszenierungskonzeptionen. Stephan Stompor (Hrsg). Leipzig: Reclam, 1970.

Kohl, Clemens & Ernst Krause. *Felsenstein auf der Probe.* Berlin: Henschelverlag, 1971.

Felsenstein inszeniert Carmen. Manfred Koerth (Hrsg). Berlin, 1973.

Walter Felsenstein – Schriften zum Musiktheater. Stephan Stompor (Hrsg). Berlin: Henschelverlag, 1976.

Kranz, Dieter. *Gespräche mit Felsenstein.* Berlin: Henschelverlag, 1976.

Felsenstein/Herz. Musiktheater – Beiträge zur Methodik und zu Inszenierungskonzeptionen. Stephan Stompor (Hrsg). Leipzig: Reclam, 1976.

Felsenstein, Walter. »Materialien zu Walter Felsensteins Inszenierung *Hoffmanns Erzählungen* von Jacques Offenbach an der Komischen Oper Berlin 1958«. In *Arbeiten mit der Romantik heute.* Berlin, 1978.

Felsenstein, Walter. »Materialien zu Walter Felsensteins Inszenierung *Der Freischütz* an der Komischen Oper Berlin 1951«. In *Arbeiten mit der Romantik heute.* Berlin, 1978.

Walter Felsenstein inszeniert Die Hochzeit des Figaro. Ilse Kobán (Hrsg). Berlin, 1980.

Walter Felsenstein inszeniert – Bestandsverzeichnis des Felsenstein-Archivs. Akademie der Künste der DDR (Hrsg). Berlin, 1981.

Walter Felsenstein – Tondokumente. Werkanalysen, Proben-Mitschnitte, Reden. Ilse Kobán (Hrsg). Berlin: VEB Deutsche Schallplatten, 1981.

Walter Felsenstein – Theater muß immer etwas Totales sein. Schriften zum Musiktheater. Ilse Kobán (Hrsg). Berlin: Henschelverlag, 1986.

Walter Felsenstein. Theater (Gespräche, Briefe, Dokumente). Ilse Kobán (Hrsg). Berlin: Edition Hentrich, 1991.

Das schlaue Füchslein *von Leoš Janáček. Zu Walter Felsensteins Inszenierung an der Komischen Oper Berlin (1956).* Ilse Kobán (Hrsg). Anif/Salzburg: Verlag Müller-Speiser, 1997.

Routine zerstört das Stück oder Die Sau hat kein Theaterblut – Ensemblearbeit unter Felsenstein. Ilse Kobán (Hrsg). Wilhelmshorst: Märkischer Verlag, 1997.

Anmerkungen

S. 23 *Die Ursache muß erkenntlich sein* Felsenstein war in den Spielzeit-Ferien schwer erkrankt. Er ließ sich aus dem Krankenhaus beurlauben, um sein Ensemble – wie gewohnt – zur Spielzeit zu begrüßen und um mitzuteilen, daß er trotz Rekonvaleszenz in Kürze beabsichtige, die Proben zum »Figaro« aufzunehmen. Diese Rede, eine ganz persönliche Reflexion über seine Arbeit, ist die einzige, die er – den Umständen war es geschuldet – aus dem Stegreif sprach. Sie ist veröffentlicht in: Walter Felsenstein: »Theater muß immer etwas Totales sein« (s. Bibliographie).

S. 27 *Melchinger* Siegfried Melchinger (1906-1984); Theaterwissenschaftler und -kritiker; seit 1963 Professor für Theorie des Theaters in Stuttgart.

S. 33 *Ist das Musiktheater eine Angelegenheit des Volkes?* Referat, das Felsenstein anläßlich einer Diskussion hielt, zu der die Volksbühne Berlin am 4. Dezember 1951 eingeladen hatte.

S. 35 *Götz Friedrich* Götz Friedrich (1930); Regisseur, ab 1953 Dramaturg und Regieassistent, ab 1959 Regisseur und wissenschaftlicher Mitarbeiter, 1968-1972 Oberspielleiter an der Komischen Oper; seit 1981 Generalintendant und Chefregisseur der Deutschen Oper Berlin.

S. 56 *Ernesto Grassi* Ernesto Grassi (1902-1991); italienischer Philosoph, bis 1973 als Professor für Philosophie und Geistesgeschichte des Humanismus an der Universität in München.

S. 57 *Jean Darcante* Jean Darcante (1910-1990); französischer Schauspieler und Regisseur, 1957-1980 Generalsekretär des Internationalen Theater-Instituts (ITI).

S. 58 *Wieland Wagner* Wieland Wagner (1917-1966); Regisseur und Leiter der Bayreuther Festspiele. Einen Widerruf forderte Felsenstein für den letzten Absatz des Artikels, in dem es hieß: »... Pischner reagierte übrigens auf die Herausforderung seines Kollegen mit der Bemerkung, demnächst werde an seinem Institut Wieland Wagner (den Felsenstein als ignoranten Dilettanten zu titulieren pflegt) die ›Elektra‹ inszenieren«.

S. 68 *Jerome Robbins, Strehler, Brook* Jerome Robbins (1918); amerikanischer Tänzer, Choreograph und Regisseur. Giorgio Strehler (1921); Leiter des von ihm und Paolo Grassi gegründeten Piccolo Teatro in Mailand. Peter Brook (1925); Regisseur, leitete seit 1961 die Royal Shakespeare Company London.

S. 68 *Fehling* Jürgen Fehling (1885-1968); Regisseur, ab 1910 vor allem in Berlin tätig, zusammen mit Felsenstein während des Krieges am Schiller-Theater engagiert.

S. 68f. *Pierre Boulez* Pierre Boulez (1925); französischer Komponist, Dirigent und Schriftsteller, 1976-1991 Leiter des IRCAM (Institut de Recherche et du Coordination Acoustique/Musique). Diese Äußerung bezieht sich auf ein Interview, das Boulez im Dezember 1967 dem »Spiegel« gab.

S. 70 *Herterich, Ebert* Franz Herterich; Burgtheaterdirektor 1925-1929. Carl Ebert (1887-1980); Regisseur und Theaterleiter.

S. 70 *Heinrich George* Heinrich George (1893-1946); Schauspieler und Intendant des Schiller-Theaters, engagierte Felsenstein 1940 als Spielleiter an sein Theater.

S. 84 *Benjamin Britten* Benjamin Britten (1913-1976); englischer Komponist. Es war die Berliner Erstaufführung des »Sommernachtstraums«.

S. 86 *Ernst Roth* Ernst Roth war der Generaldirektor des Musikverlages.

S. 89 *Werner Enders* Werner Enders (1924); Tenor, seit 1955 an der Komischen Oper.

S. 90 *Rudolf Asmus* Rudolf Asmus (1921); Baß, seit 1956 an der Komischen Oper.

S. 94 *Leo Slezak, Käthe Dorsch* Leo Slezak (1873-1946); Tenor. Käthe Dorsch (1890-1957); Schauspielerin.

S. 97 *Voigtmann* Karl-Fritz Voigtmann (1928); 1952-1994 Studienleiter und Kapellmeister an der Komischen Oper.

S. 105 *Werz* Wilfried Werz (1930); Bühnenbildner, stattete für Felsenstein 1963 »Blaubart« und 1972 »Carmen« aus.

S. 107 *Anny Schlemm* Anny Schlemm (1929); Sopran, seit 1949 ständige Gastsolistin an der Komischen Oper.

S. 114 *Tirso de Molina* Tirso de Molina (1571/72-1648); »El burlador de Sevilla y Convidado de piedra« (»Der Spötter von Sevilla und der Steinerne Gast«), 1630, ist unter dem Namen Molinas überliefert.

S. 116 *Gazzaniga* Giuseppe Gazzaniga (1743-1818); »Don Giovanni ossia Il convitato di pietra« (1787).

S. 118 *Oppenheim* Hans Oppenheim (1892-1965); Dirigent der Deutschen Musikbühne, nach der Emigration in Glyndebourne, Edinburgh und London.

S. 118 *eine deutsche »Opéra comique« auf die Beine zu stellen* Nachdem die Alliierten Felsensteins Inszenierung von Offenbachs »Pariser Leben« im Hebbel-Theater im Dezember 1945 gesehen hatten, beschlossen die für die sowjetische Besatzungszone zuständigen sogenannten Kulturoffiziere der Sowjetischen Militäradministration um Alexander Dymschitz und Alexander Mosjakow, daß in Berlin ein Theater – analog der französischen Opéra comique – entstehen sollte. Über ein Jahr lang verhandelte man mit Felsenstein, der zwar die künstlerische Leitung, aber nicht die Intendanz übernehmen wollte. Am 5. Juni 1947 erfolgte im wiederaufgebauten ehemaligen Metropol-Theater die Übergabe der Lizenz für die »Komische Oper« mit Felsenstein als Intendant und Chefregisseur (s. S. 175 ff.).

S. 119 *»Der goldene Hahn«* Wurde nicht realisiert.

S. 120 *Arthur Grüber* Arthur Grüber (1910-1990); 1950-1955 Gastdirigent der Komischen Oper.

S. 120 *Albert Müller* Albert Müller; 1951-1952 Gastdirigent der Komischen Oper.

S. 123 *Tittert* Siegfried Tittert; 1951-1953 Regieassistent und Spielleiter an der Komischen Oper.

S. 124 *Hans Löwlein* Hans Löwlein (1909-1992); 1949-1950 Musikalischer Oberleiter der Komischen Oper, bis 1953 noch als Gastdirigent tätig.

S. 126 *Staatsbesuch* Bezieht sich auf den Besuch des Staatspräsidenten Wilhelm Pieck, der ein häufiger Gast in der Komischen Oper war.

S. 128 *Václav Neumann* Václav Neumann (1920-1995); 1956-1960 Chefdirigent der Komischen Oper, danach neben seiner Tätigkeit als Chef des Gewandhauses Leipzig noch als Gastdirigent tätig.

S. 128 *Hammerschmidts Brief* Wolfgang Hammerschmidt (1925); 1954-1960 Chefdramaturg der Komischen Oper.

S. 130 *Meinhard von Zallinger* Meinhard von Zallinger (1897-1977); GMD, 1953-1956 Musikalischer Oberleiter der Komischen Oper.

S. 132 *»Hoffmann«* Felsenstein arbeitete an einer neuen Textfassung von »Hoffmanns Erzählungen«.

S. 133 *Kurt Masur* Kurt Masur (1927); GMD, 1960-1964 Musikalischer Oberleiter der Komischen Oper. Masur hatte in einem Brief seine Kündigungsabsicht mitgeteilt mit dem Wunsch, der Komischen Oper weiterhin als Gastdirigent zur Verfügung stehen zu können. Das hatte Felsenstein abgelehnt. Masur leitete nach seinem Weggang noch mehrere Konzerte des Orchesters der Komischen Oper.

S. 134 *Gert Bahner* Gert Bahner (1930); 1964-1973 an der Komischen Oper, 1964-1966 als Kapellmeister, 1966 GMD und ab 1969 Musikalischer Oberleiter.

S. 134 *»Così«-Proben* Nach dem Weggang Masurs übernahm Bahner die Leitung dieser »*Così fan tutte*«-Inszenierung von Götz Friedrich.

S. 135 *Otto Klemperer* Otto Klemperer (1885-1973); Dirigent, an der Komischen Oper dirigierte er »Carmen«, 1949, sowie drei Sinfoniekonzerte. Zu einer weiteren Zusammenarbeit mit Felsenstein an der Komischen Oper, geplant war der »Freischütz«, kam es jedoch nicht. Auch die Eröffnung der umgebauten Komischen Oper 1966 mit einem Konzert unter Klemperer konnte nicht realisiert werden.

S. 135 *Zdeněk Košler* Zdeněk Košler (1928-1995); 1966-1968 zunächst Gastdirigent, dann Musikalischer Oberleiter. Löste seinen Vertrag in Folge der Ereignisse in der ČSSR.

S. 136 *Kremer* Hans-Walter Kremer (1909); 1948-1974 Leiter des Künstlerischen Betriebsbüros der Komischen Oper.

S. 141 *Geza Oberfrank* Geza Oberfrank (1936); 1973-1977 zunächst Chefdirigent, dann Gastdirigent an der Komischen Oper.

S. 144 *Caspar Neher* Caspar Neher (1897-1962); Bühnenausstatter, Librettist, enger Mitarbeiter von Brecht, der ihn als den »größten Bühnenbauer unserer Zeit« bezeichnete.

S. 146 *Rudolf Heinrich* Rudolf Heinrich (1926-1975); Bühnenbildner, 1954-1961 Ausstattungsleiter der Komischen Oper, dann Professur in München und Gasttätigkeit an den großen Bühnen der Welt.

S. 146 *Brief von Meisel* Kurt Meisel (1912); Schauspieler und Regisseur, 1972-1983 Intendant des Bayerischen Staatsschauspiels.

S. 150 *Amerika-Vortrag* »Bekenntnis zum musizierenden Theater«, Vortragsreise zu verschiedenen Universitäten der USA, April/Mai 1971.

S. 157 *Reinhart Zimmermann* Reinhart Zimmermann (1936); ab 1957 an der Komischen Oper, seit 1963 Ausstattungsleiter.

S. 157 *Arbeitsbücher* Das komplette Arbeitsbuch von Reinhart Zimmermann wurde veröffentlicht in: »Walter Felsenstein inszeniert ›Die Hochzeit des Figaro‹« (s. Auswahlbibliographie).

S. 164 *Kämmer* Willibald Kämmer (1929); 1958-1969 Beleuchtungsinspektor, danach bis 1995 Technischer Direktor an der Komischen Oper.

S. 164 *aus dem Jahre 1950* Ausstattung: Josef Fenneker.

S. 167 *Arbeit in Wien* »Torquato Tasso« am Wiener Burgtheater, 28. 6. 1975.

S. 172 *Lu Säuberlich* Lu Säuberlich (1911); Schauspielerin, seit 1938 in Berlin.

S. 173 *Werner Faulhaber* Werner Faulhaber (1927-1953); Bassist, 1951-1953 als Gast an der Komischen Oper.

S. 174 *Ralph Peters* Ralph Peters (1923); Tenor, 1949-1959 an der Komischen Oper.

S. 175 *Irmgard Arnold* Irmgard Arnold (1919); Sopran, 1950-1984 an der Komischen Oper.

S. 176 *Irmgard Armgart* Irmgard Armgart; Sopran, 1948-1962 an der Komischen Oper.

S. 177 *Josef Burgwinkel* Josef Burgwinkel (1895-1966); zunächst Tenor, später Bariton, 1950-1966 an der Komischen Oper.

S. 178 *Willy Sahler* Willy Sahler; Baß, 1948-1962 als Gast an der Komischen Oper.

S. 179 *Sonja Schöner* Sonja Schöner (1924); Sopran, 1948-1960 an der Komischen Oper.

S. 181 *Georg Baumgartner* Georg Baumgartner (1925); Tenor, Gast an der Komischen Oper als Fuchs und Tamino.

S. 185 *Richard Kogel* Richard Kogel (1927); Baß, 1956-1961 als Gast an der Komischen Oper.

S. 192 *Hanns Nocker* Hanns Nocker (1926-1992); Tenor, 1951-1956 im Studio der Komischen Oper, 1956-1991 im festen Engagement.

S. 194 *Erich Blasberg* Erich Blasberg; Baßbariton, 1949-1965 an der Komischen Oper.

S. 195 *Sylvia Geszty* Sylvia Geszty (1934); Koloratursopran, 1964-1969 Gast an der Komischen Oper als Titania in der Neueinstudierung des »Sommernachtstraums« vom 21. 12. 1964 und in den vier Frauenrollen des »Hoffmann« in der Neueinstudierung vom 18. 5. 1964.

S. 195 *Ernst Gutstein* Ernst Gutstein (1924); Bariton, Gast an der Komischen Oper als Jago, Germont und Giovanni.

S. 202 *»Barbier von Sevilla«* Die Premiere des »Barbier« fand im Rahmen der »Schwetzinger Festspiele« statt.

S. 204 *Arwed Sandner* Arwed Sandner; Baß, in den 50er und 60er Jahren an der Komischen Oper.

S. 204 *Walter Staps* Walter Staps; Sänger mit Chorverpflichtung.

S. 208 *Vladimir Ruzdak* Vladimir Ruzdak; Bariton, 1947-1954 Zagreb, danach Hamburgische Staatsoper.

S. 212 *Magdalena Falewicz* Magdalena Falewicz (1946); Sopran, 1972-1978 an der Komischen Oper, danach Deutsche Staatsoper und als Gast an der Komischen Oper.

S. 217 *Uwe Kreyssig* Uwe Kreyssig (1930); Bariton, 1956-1976 an der Komischen Oper, danach noch bis 1982 als Gast.

S. 223 *Elfride Trötschel* Elfride Trötschel (1913-1958); Sopran, 1948-1953 an der Komischen Oper.

S. 225 *Josef Herrmann* Josef Herrmann (1903-1955); Baßbariton, 1949-1955 an der Komischen Oper.

S. 235 *auf diesem Wege ... meine Freude zum Ausdruck bringen möchte* Wie allen seinen Mitarbeitern verlangte Felsenstein der Bühnentechnik in seinen Inszenierungen sehr viel ab. Auch bei überschrittenen Proben- oder Ruhepausen (das betraf dann auch Solisten, Chor und Orchester) versagte ihm niemand die Gefolgschaft. Bei Premieren war es Usus, daß die gesamte Bühnenmannschaft zum Applaus erschien. Proben hielt Felsenstein für besonders geglückt, wenn Bühnenarbeiter dablieben und zusahen und nicht in der Kantine verschwanden. Es gibt zahlreiche Briefe an die Technik, an die Beleuchtung, Requisite u. a., in denen nicht nur Mängel oder Versäumnisse gerügt, sondern auch Freude und Dank formuliert werden, wenn es besonders geglückte Vorstellungen, einen besonderen Einsatz bei Unvorhergesehenem gegeben hatte.

Bei den Banketten, die die Russen nach den ersten Premieren ausstatteten, sorgte Felsenstein dafür, daß alle Mitarbeiter der betreffenden Inszenierung daran teilhatten. Er wußte, daß das oftmals die einzige Möglichkeit war, sich einmal relativ satt essen zu können. Zusätzlich zur Lebensmittelkartenversorgung gab es noch die Pajoks, die (Lebensmittel-)Päckchen, die die Russen für Künstler eingeführt hatten. Brecht dazu in seinem »Arbeitsjournal«: »*da ist das leistungsprinzip, das die russen anwenden, weil sie es als das zuletzt gefundene für das beste halten. felsenstein warf die russischen pajoks in seinem theater einmal zusammen und verteilte die dinge einigermaßen gleichmäßig; die russen kamen ihm drauf und entzogen ihm die pajoks für zwei monate völlig. die russen hatten die ungleichheit der entlohnung, felsenstein hatte die eingleichung für produktionssteigernd befunden.*«

S. 238 *An die Garderobenfrauen und Platzanweiserinnen* Putzfrauen, Pförtner, Garderobenfrauen u. a. bekamen ebenfalls Briefe; Briefe, die belegen, daß Felsenstein sie ebenso als unverzichtbare Mitglieder seines Ensembles betrachtete wie Solisten, Technik, Orchester, Chorsolisten, Vorstände, Verwaltungsmitarbeiter usw. Wissend um ihren schmalen Lohn, gab es dann auch immer eine gesonderte Weihnachtsgratifikation aus der eigenen Tasche.

S. 238 *Richard Holm* Richard Holm (1912-1983); Tenor, Gast an der Komischen Oper als Hans in der »Verkauften Braut« und als Tamino.

S. 250 *bei Herrn Bornemann* Herbert Bornemann (1920); 1953-1985 Theatermeister/Bühnenobermeister an der Komischen Oper.

S. 251 *Joachim Herz* Joachim Herz (1924); Regisseur der Inszenierung »Der brave Soldat Schwejk« von Robert Kurka, 6. 3. 1960. Joachim Herz war 1953-1956 als Regisseur an der Komischen Oper engagiert, seine einzige Assistenz bei Felsenstein war in der »Zauberflöte«; später Gastregisseur und von 1976-1981 Intendant und Chefregisseur der Komischen Oper.

S. 257 *Tom Schilling* Tom Schilling (1928); 1965-1993 Chefchoreograph der Komischen Oper.

S. 257 *Hannelore Bey* Hannelore Bey; seit 1965 an der Komischen Oper, seit 1969 als Primaballerina.

S. 257 *Roland Gawlik* Roland Gawlik; Meistertänzer, 1966-1978 an der Komischen Oper.

S. 257 *Anny Schlemm* Anny Schlemm hatte darauf hingewiesen, daß sie noch keinen gültigen Vertrag für Boulotte in »Ritter Blaubart« habe.

S. 268 *An die Kulturabteilung des Zentralkomitees* In dem Brief des ZK vom 2. 10. 1950, auf den Felsenstein Bezug nimmt, heißt es u. a.: » ... man sollte den Vorschlag des Genossen aufgreifen und Stimmen von werktätigen Besuchern der Komischen Oper zu einzelnen Aufführungen veröffentlichen. Ich schlage Ihnen vor, daß Sie solche Stimmen von Arbeitern, Angestellten oder anderen werktätigen Schichten der Berliner Bevölkerung berücksichtigen und zum Abdruck bringen.«

S. 268 *Herr Heymann* Stefan Heymann; 1948-1950 Leiter der Abteilung Parteischulung, Kultur und Erziehung beim ZK.

S. 273 *Frau Blecha* Johanna Blecha; 1953-1960 Stadtrat für Volksbildung.

S. 284 *Im Generalkomitee* Felsenstein war seit 1966 Präsident des Zentrums DDR des Internationalen Theater-Instituts (ITI).

S. 289 *Man muß etwas unternehmen* Veröffentlichung des gesamten Interview-Textes s. Walter Felsenstein: »Theater«. Gespräche, Briefe, Dokumente (s. Bibliographie).

S. 289 *Walter Ulbricht* Walter Ulbricht (1893-1973); 1954-1973 Erster Sekretär des ZK der SED, ab 1960 Vorsitzender des Staatsrates der DDR.

S. 290 *Starka* Karl Starka, Bühnenvermittler in Wien.

S. 290 *Wohnsitz in Berlin* Dazu Felsenstein in einem Brief vom 5.9.1947 an die Entnazifizierungskommission für Kunstschaffende: »*Ich bin gerade in der Kapellmeisterfrage ziemlich verzweifelt, da nahezu alle Herren, für die ich mich interessiere, Parteimitglieder waren. Warum eigentlich? Eine Frage, die mich nachgerade in einen anklagenden Zustand versetzt.*«

S. 292 *Hans Bauer* Hans Bauer; 1951-1952 Verwaltungsdirektor der Komischen Oper.

S. 295 *Ferdinand Friedensburg* Ferdinand Friedensburg (1886-1972); 1946-1951 Stellvertretender Oberbürgermeister von Berlin (West).

S. 296 *Wochenplakat* Auf dem Wochenplakat waren die Vorstellungen sämtlicher Berliner Bühnen aufgeführt.

S. 299 *Herbert Fechner* Herbert Fechner (1913), 1951–1961 Stadtrat für Volksbildung, 1953-1961 Stellvertretender Oberbürgermeister, 1967–1974 Oberbürgermeister von Berlin (Ost).

S. 302 *Johannes R. Becher* Johannes R. Becher (1891–1958); Schriftsteller, 1954-1958 Minister für Kultur der DDR.

S. 302 *künstlerisch-wissenschaftlicher Rat* Sofort nach Übernahme seines Amtes als Kulturminister informierte Becher führende Künstler, u. a. Felsenstein, über sein Vorhaben der Bildung eines wissenschaftlichen Rates, der die Aufgabe haben sollte, »den Minister bei wichtigen Entscheidungen zu beraten«. Becher bittet Felsenstein, »*ihn als Mitglied dieses Rates betrachten zu dürfen*«.

S. 302 *Otto Grotewohl* Otto Grotewohl (1894-1964); 1949-1964 Ministerpräsident der DDR, 1960-1964 auch Stellverteter des Vorsitzenden des Staatsrates.

S. 309 *mit diesem Ihnen bekannten Anspruch* Dieser Satz galt bis dato und auch weiterhin für alle weiteren Vorschläge, Eingriffe, Bevormundungen usw. von seiten der Stadt bzw. des Staates, wenn es darum ging, daß man sich in personalpolitische Angelegenheiten der Komischen Oper einmischte. Diese Versuche beantwortete Felsenstein stets mit dem Angebot seiner sofortigen Demissionierung.

S. 315 *Erich Rahn* Erich Rahn; 1947-1961 1. Kascheur und Bildhauer an der Komischen Oper.

S. 316 *Dr. Seeger* Horst Seeger (1926); Musikwissenschaftler, 1960-1973 Chefdramaturg der Komischen Oper.

S. 318 *Melitta Muszely* Melitta Muszely; Sopran, 1955-1961 und wieder 1967-1972 an der Komischen Oper (»La Traviata« und »Hoffmanns Erzählungen«). Felsenstein befand sich durch die personellen Veränderungen in einer außerordentlich schwierigen Lage. Auf »Hoffmanns Erzählungen«, einer Vorstellung mit hoher Publikumsauslastung, konnte er schwerlich verzichten; sie wurde aber erst in neuer Besetzung 1964 wiederaufgenommen.

S. 320 *Hans Bentzien* Hans Bentzien (1927); 1961-1966 Minister für Kultur der DDR.

S. 324 *Rolf Liebermann* Rolf Liebermann (1910); Komponist, 1959-1973 Intendant der Hamburgischen Staatsoper.

S. 324 *der höchst geschmacklose Bericht* Die »Bild-Zeitung« hatte am 12. 5. 1962 den »4. Rang« zu Protestdemonstrationen anläßlich der Felsenstein-Premiere aufgerufen und schrieb u. a.: »... *Wir haben Felsenstein aufgefordert, sich zu entscheiden, ob er ein Mauerstein des Ostens oder ein Felsenstein bei uns werden will.*« Auf Intervention des Intendanten Liebermann korrigierte sich »Bild« und appellierte an seine Leser: »*Protestiert, aber nicht im Theater! Macht die Oper nicht zum politischen Sportpalast!*« Die Premiere verlief ruhig. Als »*Dank spuckte*«, laut »Bild«, »*Felsenstein Hamburg ins Gesicht. Er fuhr zu seinem Herrn und Meister nach Prag. Er soll nach Peking fahren, dort gehört er hin!*« Die Komische Oper hatte in Prag ein Gastspiel anläßlich des »Prager Frühlings«. Auf Einladung des Staatspräsidenten Novotný traf Felsenstein dort mit Walter Ulbricht zusammen, der mit einer Regierungsdelegation Besucher des Festivals war. Das ergab die Schlagzeile »Felsenstein war bei Ulbricht«. Schon Monate vorher hatte es Veröffentlichungen über einen notwendigen Wechsel Felsensteins von Ost nach West bzw. einen möglichen von Berlin nach Hamburg gegeben, z. B. Trudy Goth in »Musical America« vom Dezember 1961 mit »Felsensteins Zwickmühle«, Ossia Trilling in »The Christian Science Monitor«, London, vom 2. 1. 1962 mit »Pyramus' ›böse Wand‹«, Franz Willnauer im »Opernfreund«, Wien, Januar 1962, der in seinem Artikel »Der Fall Felsenstein« geäußert hatte: »*Wer blieb, legte ein Bekenntnis ab gegen die Freiheit. Nur ein Mann, an dem uns liegen muß, blieb im Osten: Walter Felsenstein*« und Heinz Joachim in der »WELT« im Artikel »Walter Felsenstein Kunst im Schatten der Politik« in einem fiktiven Gespräch zwischen A. und B.: »... *B: Es interessiert mich nicht, wie der große Regisseur Felsenstein zu den politischen Problemen steht. Aber ich möchte wissen, ob er sich klar darüber ist, daß seine künstlerische Bindung an Ostberlin zwangsläufig ein*

Politikum darstellt, für das wir allergisch sind. Es gibt gewisse Dinge, die man heute einfach nicht mehr tun kann . . .« und weiter »*. . . was in diesem Mann vorgeht, wenn die Beauftragten des Herrn Ulbricht ihm Auszeichnungen umhängen und Preise verleihen – Preise, die sie ihm verleihen müssen, weil sie anders die Sonderbewilligungen für Felsenstein vor dem ZK nicht rechtfertigen könnten*« und mit Blickrichtung auf die Westberliner Mitglieder der Komischen Oper »*Heute, nach der Spaltung, geraten die ›Grenzgänger‹ in ominöses Zwielicht – hier wie drüben! Die Komische Oper steht und fällt mit Felsenstein.*«

Zu diesem Artikel schrieb Felsenstein in einem Brief vom 23. 6. 1962 an den Verfasser: »*. . . Als ich Ihren ausführlichen Artikel am Tag vor der Premiere las, war ich einerseits stark berührt von der aufrichtigen und ausgezeichnet formulierten Bemühung, die geplanten Demonstrationen zu verhindern, andererseits wurde ich das unangenehme Gefühl nicht los, daß Sie – eben um dieses gute Ziel zu erreichen – vor den Rädelsführern dieses Vorhabens eine Art Kotau machen!*«

S. 327 *Ulrich Wenk* Ulrich Wenk; Spielleiter an der Hamburgischen Staatsoper und Abendspielleiter des »Rigoletto«.

S. 327 *wird ein solcher Anwurf nicht ungeschehen gemacht* In dieser Leserzuschrift vom 31. 5./1. 6. 1962 wurde Felsenstein indirekt bezichtigt, während der NS-Zeit seine jüdische Frau und beide Söhne im Stich gelassen zu haben. In der Richtigstellung von Ellen Felsenstein, der ersten Ehefrau Walter Felsensteins, heißt es u. a.: »*Es ist zwar richtig, daß meine Ehe mit Walter Felsenstein geschieden wurde, doch erst mit dem Urteil des Landesgerichts ZRS Wien vom 29. Mai 1946. Meine Ehe mit Walter Felsenstein hat somit während der ganzen Nazizeit bestanden. Walter Felsenstein ist im Jahre 1940 auch nicht allein nach Berlin zurückgekehrt, sondern mit seiner ganzen Familie und in meinem Einverständnis. Walter Felsenstein war es auch, der sich während der vergangenen schweren Zeit schützend vor mich und die Kinder gestellt hat.*« S. auch Walter Felsenstein: »Theater«, a. a. O.

S. 330 *Gerhard Karl* Gerhard Karl; 1965-1972 Direktor und Stellvertretender Intendant der Komischen Oper.

S. 335 *Klaus Gysi* Klaus Gysi (1912); 1966-1973 Minister für Kultur der DDR.

S. 336 *Werner Rackwitz* Werner Rackwitz (1929); 1969-1981 Stellvertretender Minister für Kultur der DDR, 1981-1993 Intendant der Komischen Oper.

S. 338 *Hans-Joachim Hoffmann* Hans-Joachim Hoffmann (1929-1994); 1973-1989 Minister für Kultur der DDR.

S. 340 *An den Intendanten* Günther Rennert (1911-1978); Opernregisseur und Intendant; 1935/36 Regieassistent Felsensteins in Frankfurt/Main, dann u. a. in Berlin, Hamburg, München.

Personenregister

(Die kursiv gesetzten Zahlen geben Seiten im Anhang an.)

Werkregister

(Die kursiv gesetzten Zahlen geben Seiten im Anhang an.)